2023

中国跨境电商发展年鉴

《中国跨境电商发展年鉴》编委会◎编著

CHINA CROSS BORDER E-COMMERCE DEVELOPMENT YEARBOOK

中国海关出版社有限公司
中国·北京

图书在版编目（CIP）数据

中国跨境电商发展年鉴．2023/《中国跨境电商发展年鉴》编委会编著．
—北京：中国海关出版社有限公司，2024.1
ISBN 978－7－5175－0730－7

Ⅰ．①中…　Ⅱ．①中…　Ⅲ．①电子商务—产业发展—中国—2023—年鉴
Ⅳ．①F724.6-54

中国国家版本馆 CIP 数据核字（2024）第 030635 号

中国跨境电商发展年鉴（2023）

ZHONGGUO KUAJING DIANSHANG FAZHAN NIANJIAN（2023）

作　　者：《中国跨境电商发展年鉴》编委会
责任编辑：夏淑婷
责任印制：孙　倩
出版发行：中国海关出版社有限公司
社　　址：北京市朝阳区东四环南路甲 1 号　　邮政编码：100023
编 辑 部：01065194242-7539（电话）
发 行 部：01065194221/4238/4246/5127（电话）
社办书店：01065195616（电话）
https：//weidian.com/？userid＝319526934（网址）
印　　刷：北京新华印刷有限公司　　经　　销：新华书店
开　　本：787mm×1092mm　1/16
印　　张：28.75　　字　　数：635 千字
版　　次：2024 年 1 月第 1 版
印　　次：2024 年 1 月第 1 次印刷
书　　号：ISBN 978－7－5175－0730－7
定　　价：300.00 元

《中国跨境电商发展年鉴（2023）》协编单位

京东国际

广东卓志供应链科技集团有限公司

艾多美（中国）有限公司

江苏佳利达国际物流股份有限公司

创贸 科技(深圳）集团有限公司

京东国际

JD WORLDWIDE

好物好价　全球直达

京东国际是京东旗下进出口商品一站式消费平台。其中，全球购（进口板块）以跨境电商和免税零售两大业务为基础，依托于京东数智化供应链优势能力，通过消费场景、营销生态、品质和服务、招商四大维度全面升级、加码开放生态，帮助品牌商家在中国市场高效“着陆”。京东国际始终践行寻遍全球，给消费者多一种可信赖选择的使命与责任，以具有丰富度、品质力、价格力的全球商品供给和一站式服务，为消费者打造“好物好价　全球直达”的良好体验，成为消费者信赖的跨境购物重要平台；全球售（出口板块）以京东主站为引擎，利用京东积累多年的交易、支付、物流、营销、技术等商业基础设施，将京东的整个生态模式扩展到海外市场，面向全球华人输出海量优质商品。

跨境电商
保税仓备货或跨境直邮模式

业务保持稳定增速；
具备行业领先的物流、
服务、系统基础设施。

免税零售
线下免税店或免税会员购模式

布局海南线下免税店，
业务增速超200%；
免税市场存在千亿规模机遇。

全球售
触达全球消费者

与沃尔玛等全球合作伙伴深度合作；
全球网络覆盖
114个国家和地区。

2015年 4月　成立“京东全球购”，使其成为中国领先的跨境电商平台

2016年 9月　向第三方用户开放跨境物流服务

2019年 11月　京东大进口业务全面升级为“京东国际”。京东国际成为统一消费场景、创新营销生态、聚集品质服务和开放全球招商的平台。

2020年 12月　免税全渠道业务上线京东国际，开拓免税购物新场景；

2022年 9月　京东国际整合全球购及全球售业务，实现“买全球、卖全球”

2023年 4月　京东国际品牌升级从“同步世界生活”到聚焦产品、价值、服务的“好物好价　全球直达”，销售过亿品牌近100家。

2022年全球购共有销售过亿品牌近	2023年京东平台的国家馆数量突破	商家入驻到破单时间缩短	用户从商详到购买决策效率较2022年提升	女性plus用户两年内翻	正品鉴别（京智检）项目覆盖品牌/商家销售转化率提升	打造“爆品”全链路孵化新店&新品上线2天销售突破
100家	100家	24天	20%	3倍+	2pp	100w

◆ 业务展示

◆ 品牌展示

◆ 正品鉴别板块

跨境商品正品保障措施是影响用户消费决策的核心因素之一。针对行业内普遍存在的假货管控手段滞后、效率体验差、检测成本高等问题，京东国际联合多家权威机构，创新推出了“京智检”正品保障服务，打造集能力体系、数字效率、服务体验于一体的正品保障闭环生态链。

建立多品类鉴别能力体系实现先鉴别后发货；以京东数字技术能力首创推出商品版本库鉴别模型，实现正品鉴别完全线上化；推出“一物一码一视频”升级防伪标识，为用户打造跨境商品消费的良好体验。

atom美 ATOMY

全球流通枢纽——艾多美

韩国艾多美株式会社（以下简称“艾多美”）是一家创立于2009年的全球化产品流通企业，目前已在包括韩国在内的全球27个国家及地区开展业务。2017年艾多美（中国）有限公司（以下简称“艾多美中国”）在山东烟台成立，是艾多美在烟台投资成立的全资子公司，是山东省跨国公司地区总部企业和首批山东省重点培育的跨境电商平台企业。

跨境电商平台

2020年7月，艾多美中国电商平台——艾购商城正式上线运营，开始开展跨境电商业务，业务范围涵盖艾多美自有的类别商品。自电商平台上线后，同年完成1210保税备货，出库63万单，成为山东省内单体较大的跨境电商企业。

优品良价的大众精品

以流通的原理和原则为基础，艾多美参与研发所有品类产品，严格把控产品品质，诞生了如艾多美焕力饮、艾诗洛特臻颜系列等高品质明星产品。同时艾多美中国也在积极开发本土优势资源，家电开发结合中国技术进一步优化和迭代升级，推出了艾多美空气净化器、高速吹风机、声波电动牙刷等小家电，让产品真正意义上做到中国制造值得信赖。

GSGS全球流通枢纽

艾多美秉承GSGS（Global Sourcing Global Sales）战略，全球采购，全球销售，臻选全世界的优质货源，搭建双向贸易流通渠道，致力于让世界顾客享受到优品良价的大众精品。目前艾多美中国本土开发的艾多美苹果脆片、亲自然纯棉卫生巾等产品已相继出口至新加坡、马来西亚等国家，受到海内外消费者一致好评。

艾多美健康产业园

艾多美健康产业园坐落于烟台市高新区，建立在中韩（烟台）产业园内，自艾多美中国电商平台上线后，吸引了许多优质合力公司入驻，艾多美产业集群逐步形成。未来将会引进更多的产业链企业入驻，形成艾多美生态系统，让中国消费者体验到更好的产品。

未来已来，艾多美将本着“为消费者利益着想”的初心，为广大消费者提供优品良价的产品，让更多中国的消费者爱上艾多美，也让中国的优质产品通过流通枢纽分享给全球的消费者。

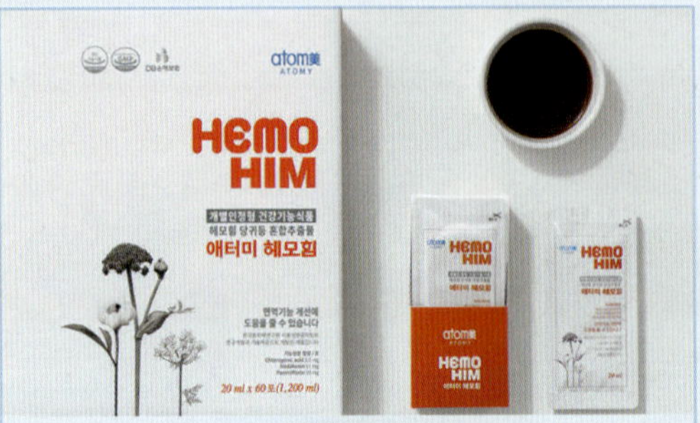

艾多美焕力饮

艾多美艾诗洛特臻颜系列

艾多美发酵诺丽果汁饮料

艾多美空气净化器

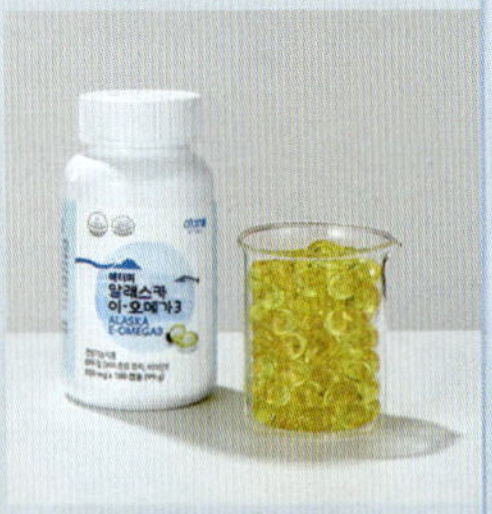
艾多美鱼油软胶囊

江苏佳利达国际物流股份有限公司

中欧班列
CHINA RAILWAY Express

中海川公共海外仓株式会社

2016年3月，山东云悠天下外贸综合服务有限公司在韩国仁川设立中海川公共海外仓，注册资本为10000.003万元。这是山东省经过正式备案的在韩国设立的首个公共海外仓。

中海川公共海外仓位于韩国仁川广域市西区正西津2路32号，距离仁川机场和仁川港15分钟车程，邻近青萝大巴物流中心，具有韩国国内物流及跨境物流较佳地理优势。中海川公共海外仓主要为客户提供仓储、配送、国际物流、清关等一站式服务。其功能定位为中韩两国产品交易的枢纽和中韩跨境贸易的“火箭”配送基地，是中国企业经“威海—仁川”进军韩国乃至世界市场的中转仓，也是全球产品经“仁川—威海”进入中国市场的中转仓。

合作拓展

中海川公共海外仓成立以来陆续与多家中韩跨境电商企业、跨境平台签订合作协议。

◆ 2016年5月，与中国检验认证集团签署项目合作协议。

◆ 2016年9月，仁川—威海首次海运跨境直邮通关放行。

◆ 2019年1月，与中通云仓达成战略合作关系。

◆ 2019年4月，与小红书签署合作协议，成为小红书的韩国海外仓。

◆ 2019年11月，与直播团队合作，承接其跨境物流业务。

◆ 2020年3月，开通韩国仁川机场的转运服务。

◆ 2020年11月，成为菜鸟的韩国中心仓。目前已成为菜鸟的海运及空运GFC仓。2021年8月，菜鸟海运9610业务落地威海，中海川公共海外仓成功走通威海口岸首例跨境电商9610业务。2023年4月，菜鸟空运业务中标，与菜鸟达成全面战略合作关系。

◆ 2021年，9810试单成功；2023年5月，开启跨境电商 B2B2C 出口业务模式。

◆ 2023年，继续推进与抖音、速卖通平台的合作落地，同时拓展韩国—东南亚的跨境直邮业务。

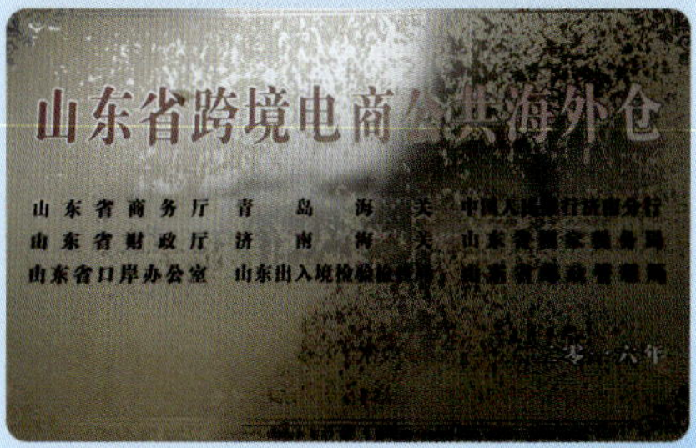

杭州慧源通

杭州慧源通网络科技有限公司（以下简称“杭州慧源通”)以“1210业务”为核心，致力于成为仓配一体化综合型服务公司。通过深度整合多种类型仓储资源，为客户提供跨境仓储配套、供应链金融、国际货物运输代理、信息咨询、人工智能、软件开发、税物流中心经营等服务。仓网体系已入驻温州、义乌、潍坊、九江、扬州等多个综合保税区，占据全国重要港口地域优势，率先完成跨境业务全国分仓布局。杭州慧源通搭建了“物流、商流、资金流、信息流”四流合一的供应链系统形态，目前已经与菜鸟、京东、拼多多等多个主流平台建立深度合作。年度发运单量达1070万单、GMV超30亿。

业务覆盖

江西九江　　浙江绍兴

浙江温州　　浙江义乌

山东潍坊　　江苏扬州

湖北黄石　　山东青岛

潍坊综保

杭州慧源通成功入驻潍坊综合保税区，建设仓储面积11000平方米，截至2023年12月31日发单量达350万单，进口额达1.3亿元。

义乌综保

义乌综合保税区大力发展物流分拨、跨境电商、销售服务等业务。杭州慧源通入驻义乌综合保税区建设仓储面积达30000平方米，仓储使用率达80%，最大产能3万单/日。

温州综保

温州综合保税区位于温州瓯江口产业集聚区。杭州慧源通成功入驻建设仓储面积30000平方米，仓储使用率约为80%，最大产能3万单/日。

万里汇 WORLD FIRST

万里汇（WorldFirst）2004 年成立于英国伦敦，2019 年加入蚂蚁集团，一直致力于为全球中小企业提供更优质的跨境收付兑服务。

100 万	19 个	200 +	$2000 亿
服务全球商户数	全球办事处	覆盖国家和地区	累计交易额超

作为服务全球跨境中小企业的一站式数字支付和金融服务平台，万里汇（WorldFirst）的全球企业账户，可轻松满足全球跨境中小企业的全球收款、全球付款、供应链融资、全球开店等多种需求。依托蚂蚁集团安全风控、人工智能、区块链等前沿技术能力，以及在跨境金融领域的全球生态合作网络，万里汇（WorldFirst）可为客户提供丰富多元的产品解决方案与资金安全保障，有效节约资金成本、提升周转效率、快速捕捉全球商机。

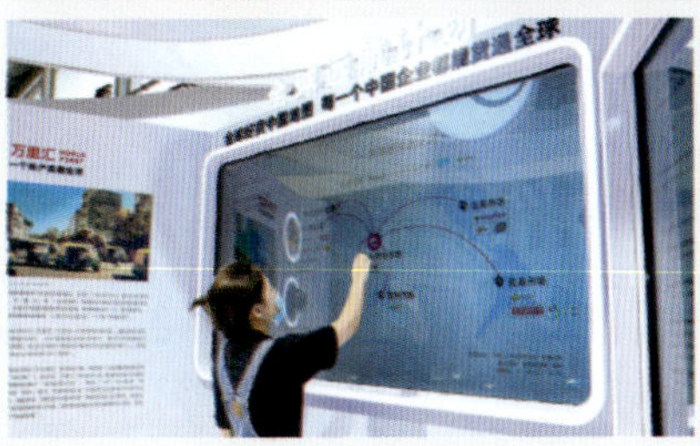

科技助力“一个账户卖遍全球”

万里汇（WorldFirst）始终陪伴，让中小企业的全球远航之路行稳致远。

中国民生银行
CHINA MINSHENG BANK
广告
民生跨境e
外贸更容易
兑
汇
盈
融
为中小微进出口企业倾力打造的一站式金融服务
线上化更高效
场景化更全面
便利化更贴心

中国外运 SINOTRANS

中国外运股份有限公司

中国外运股份有限公司（以下简称“中国外运”）是招商局集团物流业务统一运营平台和统一品牌。中国外运以打造世界一流智慧物流平台企业为愿景，聚焦客户需求和深层次的商业压力与挑战，以较佳的解决方案和服务持续创造商业价值和社会价值，形成了以专业物流、代理及相关业务、电商业务为主的三大业务板块，为客户提供端到端的全程供应链方案和服务。

中外运空运有限公司是中国外运的全资子公司。该公司聚焦核心业务为空运业务，致力于提升空运业务的核心竞争能力。十四五期间，公司坚决推进“新型承运人”模式创新，打造国际航空货运全链路的运营商和整合商，彻底打破货代思维，形成新的核心竞争力。围绕空运通道建设形成端到端的全链路服务能力，以客户为中心设计产品和解决方案，以科技创新为驱动加强一体化的精益运营，按照“以规模提升效益，以效益带动规模”的循环改善原则实现“双循环”发展格局下的内生式成长，为提高国家航空物流供应链体系的竞争力和抗风险能力贡献国企力量。

在解决方案方面，聚焦新型显示、半导体、通信及电子、医疗健康、奢侈免税消费品、航空航天和汽车及零配件业务，以空运需求为核心，整合公司综合物流资源，为行业客户提供专业化全程物流解决方案。

中国外运深耕跨境电商业务，具备业内效率体验较佳的电商物流操作经验，整合全链路优质资源，通过专业化服务能力提供端到端供应链解决方案，为客户提供进出口B2C、B2B，保税、海外仓等多种跨境模式的跨境电商服务。在进口电商方面，以自营海外仓为基础，提供仓储、增值服务、国际运输、清关、国内派送为一体的海外直邮服务。在出口电商方面，在国内航空枢纽城市和口岸城市均设有专业操作场地，提供上门揽收、仓库管理、分拣作业、进出口报关、航空干线运输、末端配送等服务。服务包括但不限于拼多多、菜鸟、京东、eBay、wish、小米等客户。

在跨境电商产品方面，利用通道资源优势，推出B2C跨境小包、B2B空派头程、电商国内仓产品和中速卡航产品，为客户提供多种跨境模式的跨境电商服务，持续加强产品开发能力与数字化能力。

广发银行
CHINA GUANGFA BANK
中国人寿集团成员单位
广发银行全力支持
海关业务发展
广发银行将依托大股东中国人寿综合金融平台，为海关提供涵盖全国通关一体化改革、授权支付、资金结算、现金管理、个人综合金融服务、非税收入收缴业务等一揽子专项服务方案。
积极推进中国国际贸易单一窗口金融服务建设
• 为外贸型企业提供关税线上实时缴纳（瞬时支付）
• 汇总征税保函电子信息传输(瞬时保函)
结合中国人寿财险关税保证保险业务，覆盖企业国际贸易链条各主要交易环节需求，进一步促进贸易便利化，优化口岸营商环境。
广发银行专项服务方案
海关专项服务方案
通关一体化改革
授权支付业务
资金结算服务
现金管理服务
个人综合金融服务
非税收入收缴业务
公务卡
外贸型企业专项服务方案
瞬时支付
瞬时保函
开证瞬时通
在线结汇
全自动收汇
融汇瞬时通
关税保证保险

国药大健康产业有限公司

CHINA SINOPHARM HEAL THCARE INDUSTRY COMPANY

中国国际医药卫生有限公司（以下简称“国药国际”）是国药集团全资子公司，致力于打造成为国内领先、有国际影响力、不断满足人民健康美好生活需要的创新型战略支柱企业。业务涵盖国际化经营、免税业务、大健康产业、医养康养业务。

国药大健康产业有限公司（以下简称“国药大健康”），成立于1993年，是国药国际全资子公司，肩负着国药集团“生命健康产业发展主平台”的重任。

充分集合国药集团在医药、医疗、健康领域的全生命周期、全方位服务、全产业链、全生态圈的经营优势，拥有自有、经销及日韩、欧美独家代理知名健康品牌160余个，SKU超1200个，并携同国药国际四大业务，致力于成为科贸工一体化现代化生命健康旗舰企业。

国药品质 央企好物

丽兹® “健康食用油”品牌

不咸山® “健康饮品”品牌

“滋补品”品牌

深度逆转™ “功能性健康食品”品牌

LIZE 千山下 植物健康

宠嘉安 CHONGJIAAN 动物健康

4thMeal “营养保健”品牌

国药大健康

国药严选 全球名品

FANCL Health Science 日本首个“无添加”国民健康品牌

来自韩国农协的道地红参品牌

UNIMAT RIKEN 日本国民儿童健康食品品牌，畅销50余年

Youguth Probiotics 全家一起健康快乐享用的益生菌

OLIMP SPORT NUTRITION 波兰运动营养领军品牌

DAESANG Wellife 韩国特医食品领军企业

HERAGON Reimagining Life 美国领先抗衰抑制剂品牌

KAYAJ AUSTRALIAN PURE POWER 澳大利亚专业健康保健品品牌

1993.8.16 中服嘉远贸易公司成立，隶属于中国出国人员服务总公司

2000 取得一般贸易进出口经营权，公司业务进入快速发展阶段

2008 进出口额突破1亿美元

2010 并入国药集团，营业收入突破10亿元

2011 公司更名为国药嘉远国际贸易公司

2012 成立印度公司，展开全球布局

2017 与日本FANCL达成战略合作，开启零售市场业务

2018 成立乌克兰公司，同年自有品牌丽兹葵花籽油销售额突破1000万元

2019 销售额突破100亿元，利润超8000万元。成立印度尼西亚办事处

2020 公司更名为国药大健康产业有限公司，全面进军生命健康产业

2022 国药全系健康产品平台“国药大集”上线运营。公司拥有自有、经销及日韩、欧美独家代理知名健康品牌160余个，SKU超1200个

韵达国际

以科技驱动提升客户价值的跨境电商物流服务商

韵达国际事业部隶属于韵达上市公司，于2013年底正式以事业部制开始运行，总部位于上海。

韵达国际是一家以科技驱动，提升用户价值的跨境电商物流服务商，致力于为国内外制造企业、贸易企业、跨境电商平台或独立站等中国企业及国内外消费者，海外华人在全世界提供稳定、高效的快递物流运输网络。

2019年1月5日，韵达上市公司官宣，向国际市场推出海外品牌“uda”，口号是：“delivery with care”“用心交付，运达全球”。

韵达国际目前已在全球40个国家(地区)布局海外加盟商，从RCEP区域到美洲，从澳新地区到欧洲，从中东南亚到非洲都可以看到城市中亮眼的韵达uda的标识。

众多的海外加盟商组成了一张全球网络，完成从海外门店至中国消费者的全程进口包裹快递服务，是各类全球购平台及海外代购选择的国际电商快递服务公司。

近5年来，韵达继续拓展中国出海业务，不断丰富产品服务线，优化货源结构，目前已经在美国、加拿大、澳大利亚、韩国、马来西亚、阿联酋、坦桑尼亚、尼泊尔等18个国家同时上线出口集运业务。

韵达国际在韩国拥有全自动机器人仓，出口中国的包裹其分拣的准确率、仓库出货的包裹数量在韩国都名列前茅。韵达国际也在马来西亚拥有超过100个城市的加盟门店，为中国出海东南亚的企业提供了完整的物流保障。

中国邮政
CHINA POST
EMS
传邮万里
交付美好
中国邮政EMS心怀“国之大者”，积极融入国家发展战略，打造完整的国际快递物流产品体系，拥有海陆空铁一体、运行高效、覆盖全国、通达全球的服务网络，在主动服务国家大局中找准坐标、选准方位、发挥作用，助力“双循环”新发展格局。
中国邮政EMS提升“出海”能力，加快“走出去”步伐，邮商货并进，进出口并进。拥有通达全球200多个国家和地区的寄递服务网络，提供邮政、商业双渠道，多重量段直邮解决方案。整合海陆空铁资源，中速快运产品聚焦汽配、机械、电子、新能源、光伏、箱包、户外家居等制造业，提供门到门、门到港、港到门、港到港海陆空铁等多渠道定制化货运服务及海外仓配服务。
国际快递
纵横万里 畅达商机
商务市场
个人市场
国际供应链
通达全球 速递畅行
制造业市场
国际电商
仓储智能 高效运营
逆向海淘市场
跨境电商市场
欢迎垂询 高女士：+86（10）68855987

福建有好货供应链管理有限公司

福建有好货供应链管理有限公司（以下简称“有好货”）成立于2018年，是厦门象屿采颐控股商业投资有限公司在福建专业从事跨境电子商务的龙头企业之一，对接天猫国际、淘宝全球购、拼多多、蜜芽、有赞、快手、抖音等国内主流跨境电商平台。有好货致力于跨境电商保税进口业务(1210进口)、跨境电商出口业务(9610出口)和保税仓储业务，拥有成熟的关务、运营IT及仓储团队。

有好货配套保税仓库3万平方米，库内SKU1.4万个，存货量超1800万件，峰值订单处理能力为40万单/天。2021年，全年跨境保税进口申报单量为1300万单，申报进口总额约16亿元，同比增幅139%；2022年，全年跨境保税进口申报单量为2020万单，申报进口总额约25亿元；2023年，上半年跨境保税进口申报单量为1170万单，申报进口总额约14亿元。菜鸟保税仓业务量居全国前三。

有好货以第三方电商平台为主要渠道，以客户满意为首要目标，以技术驱动为核心，严控服务质量，提供跨境电商在运营和物流上的解决方案，具备跨境电商全流程一体化的服务能力，实现一仓发全网的蓝图。

ZTO: 中通国际 Global Logistics

中通快递集团是一家以快递为核心业务，集跨境、快运、商业、云仓、航空、冷链、金融、智能、社区生活服务、数字营销等生态板块于一体的综合物流服务企业。2016年10月27日，中通快递集团在美国纽约证券交易所上市，向全世界打开了一扇了解中国快递发展的窗口；2020年9月29日，在中国香港证券交易所上市。

作为中通快递集团的国际窗口，中通国际自2014年成立以来，始终围绕中通快递集团“成为全球一流的综合物流服务商”的发展目标，依托强大的地面服务网络与全球资源整合能力，打造以快递为核心的综合物流服务体系，通过整合海外仓、海外专线、跨境电商供应链，建立“多渠道、多元化、全方位”的服务模式，推动产品国际化、服务全球化，提供定制化的一站式物流供应链服务。

现拥有16个海外仓，已打造澳大利亚、马来西亚、柬埔寨、越南、泰国、南美、中东等特色精品专线十余条，跨境服务可达全球220多个国家和地区；海外自营网络，已覆盖柬埔寨、老挝、缅甸、新加坡、韩国、巴基斯坦等亚洲国家，以及尼日利亚、加纳、乌干达、肯尼亚、摩洛哥、埃及等非洲国家。

Hongkong Post
香港郵政

香港邮政致力创新求变

开发物流业务方案　继续“传心意，递商机”

香港邮政一直以成为香港公认的卓越服务机构和全球公认的卓越邮政机关为目标，致力于满足市民和企业客户的多元化需求，并秉承“传心意，递商机”的宗旨。

为配合不断发展的电子商贸行业，香港邮政积极推广多元化的电子商贸方案，协助中小企业应对物流方面的需求。其中，特别注重与“一带一路”共建国家的邮政机关合作，致力于拓展专为跨境电子商贸和网上平台而设的国际派递方案。

为提升香港作为粤港澳大湾区邮政物流枢纽的竞争力，香港邮政正积极推展空邮中心的重建计划，预计于2027年年底启用。新的空邮中心将配置先进的设备和全新的冷冻链设施，大幅提升邮递物流的处理能力，从而促进香港和内地的跨境电子商贸贸易。这将充分发挥香港“背靠祖国、联通世界”的优势，为高增值物流服务的发展作出重要贡献。

中信银行
CHINA CITIC BANK
信汇服贸通
跨境物流集中收付汇
2019年
首家
取得跨境电商外汇
收结汇业务资质
2020年
首创
一达通创新型外综
服集中收汇
2023年
首家
服务贸易物流行业
集中购付汇业务开
展行
数据直连
降低成本 跨境直付
阳光合规
中信银行手机银行
微信公众号
全国统一客服热线
95558
www.citicbank.com
让财富有温度

联宇集团(广东联宇物流有限公司)

荣誉

高新技术企业证书

跨境电商物流标准化委员会成员

优秀跨境电商物流服务商——物流博览会

深圳市跨境电子商务协会金牌会员

金口碑品牌奖

省级公共海外仓

可信理事成员单位

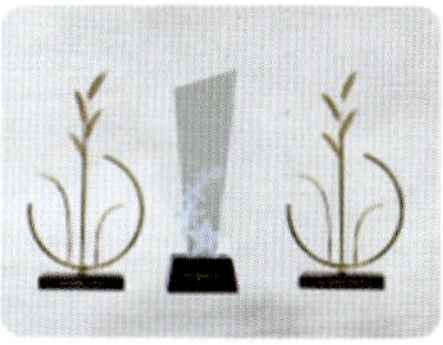
获颁SPN三大奖项

国内仓

海外仓

联宇集团（广东联宇物流有限公司），成立于2010年，公司总部设于东莞，在全球多国设有超20个服务机构。

联宇集团旗下拥有联宇物流、劲港物流、盈仓科技、无限链接四大品牌，提供跨境电商物流服务、海外仓储服务、物流智能系统服务、船司资源整合和传统物流订舱服务。为跨境电商卖家提供强有力的全链条物流保障，为企业的货物保驾护航。

2021年，获得高新技术企业认证；2022年，获得产业区块链典型案例企业、省级海外仓称号及“品质东莞”价值品牌评选金口碑品牌奖；2023年，联宇物流荣获“亚马逊SPN”“亚马逊2022金牌辅助”“亚马逊2022拓展先锋”三大奖。

圆通速递

圆通速递有限公司（以下简称“圆通速递”）于2000年5月28日在上海创立。近年来，圆通速递服务国家战略、坚守快递物流主业、加大产业生态投资布局，已发展成为一家集快递物流、科技、航空、金融、商贸等为一体的综合性国际供应链集成商，目前旗下拥有圆通速递（600233.SH）和圆通速递国际（6123.HK）两家上市公司。

截至2023年，圆通速递全网拥有分公司5100多家，服务网点和终端门店8万多个，各类集运中心133个，员工50万人，服务网络已经实现全国31个省（自治区、直辖市）县级以上城市的全部覆盖。

圆通速递国际化布局随着“一带一路”走出去、随着跨境电商走出去、随着华人华企走出去。截至2023年，圆通国际在18个国家和地区设立50多个分公司及办事处，拥有全球加盟及代理商500多家，业务覆盖6大洲、150多个国家和地区，构建起一张覆盖全球的快递物流供应链服务网络。

此外，圆通航空于2015年9月首航，已成为国内航空货运领域的头部企业之一。截至2023年，拥有全货机40架（B737运力），累计开通国内、国际航线100余条，航线网络覆盖日韩、东南亚、南亚、中亚，并已经开通中欧货运航线，是国际货运航班比重较高的中国航企。为了打造“72小时全球达”的空运网络、支撑国家国际供应链安全，圆通速递于2022年在嘉兴开工建设全球航空物流枢纽——“东方天地港”。

圆通速递始终坚持“客户要求，圆通使命”的宗旨，以人为本，以客户体验为中心，以“做中国人的快递、世界因我触手可得”为追求，致力于为客户提供“安全、快速、便捷、可靠、科技”的快递物流供应链服务，打造品质圆通、科技圆通、绿色圆通、德善圆通，构建圆通供应链网络生态命运共同体。

近年来，圆通速递多次荣列“中国民营企业500强”“中国民营企业服务业100强”和“上海市民营企业十强”等，被评为国家5A级物流企业，获得全国交通运输行业文明单位、中国物流社会责任贡献奖等荣誉。圆通速递还是杭州2022年第19届亚运会官方独家物流服务赞助商。

中国（银川）跨境电子商务综合试验区

中国（银川）跨境电子商务综合试验区（以下简称“银川综试区”）于2019年12月15日经国务院批准设立。银川综试区以“两平台六体系”为建设目标，围绕组织保障、主体培育、园区建设、招商引资、人才培养等方面推动银川综试区高质量发展，通过优化顶层设计，逐步实现数量增加、质量提升、产业升级。以第五届、第六届中国—阿拉伯国家博览会跨境电商展和跨境电商创新发展高峰论坛为发展契机，强化银川综试区品牌影响力，着力优化营商环境，促进银川综试区建设。截至2023年7月，银川综试区累计完成交易额59.11亿元。其中，2021年完成交易额22.3亿元；2022年完成交易额25.83亿元；2023年1~7月，银川市实现跨境电商交易额10.98亿元，占银川市进出口总额的15.76%，同比增长91.62%。

银川综试区取得的成绩来之不易。其将以更加饱满的激情、更加昂扬的斗志、更加拼搏的精神，立足新发展阶段，贯彻新发展理念，融入新发展格局，坚持打造向西开放的桥头堡，着力优化跨境电商发展环境，支持跨境电商产业发展，推动银川综试区建设再上新台阶。

高新技术企业
证书

软件产品证书

国家鼓励的软件企业证书

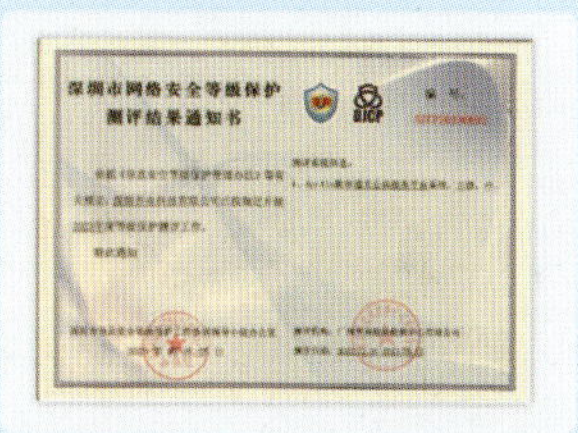
深圳市网络安全等级保护
测评结果通知书

MUSTARD BOAT
芥舟科技

海南商免科技
HAINAN SHANG MIAN TECHNOLOGY CO.,LIMITED

海南商免科技有限公司

公司简介
COMPANY PROFILE

海南商免科技有限公司是一家立足海南，服务全国，为进口跨境电商新零售商家提供一站式综合服务的科技创新型企业。在自贸港和跨境电商IP背景下，通过提供合规、专业的一站式服务，形成了从全球源头直采进保税区备货，到电商销售平台研发、海关清关发货、售后服务综合运营的全链条闭环。

全线产品由PICC（中国人民保险）承保

核心竞争力
CORE COMPETITIVENESS

进口跨境电商行业平台全线产品由 PICC（中国人民保险）承保的企业

自主知识产权的 SAAS+ERP

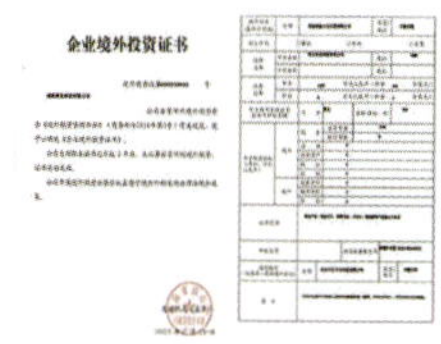

进口跨境电商 ODI 投资备案

业务介绍
INTRODUCTION

自主研发了具备完整自主知识产权的进口跨境电商供应链集成系统“海购云仓”。以供应链为基础，积极推动跨境电商异业合作，业务布局全国18个行政区域。已与抖音、天猫国际、拼多多、快手等头部电商平台和50余家央国企以及数百家民企展开了深度合作。未来，将继续深耕进口跨境电商，抢抓封关机遇，协助合作伙伴为大众提供来自全球的精品消费新选择。

业务模式
BUSINESS MODEL

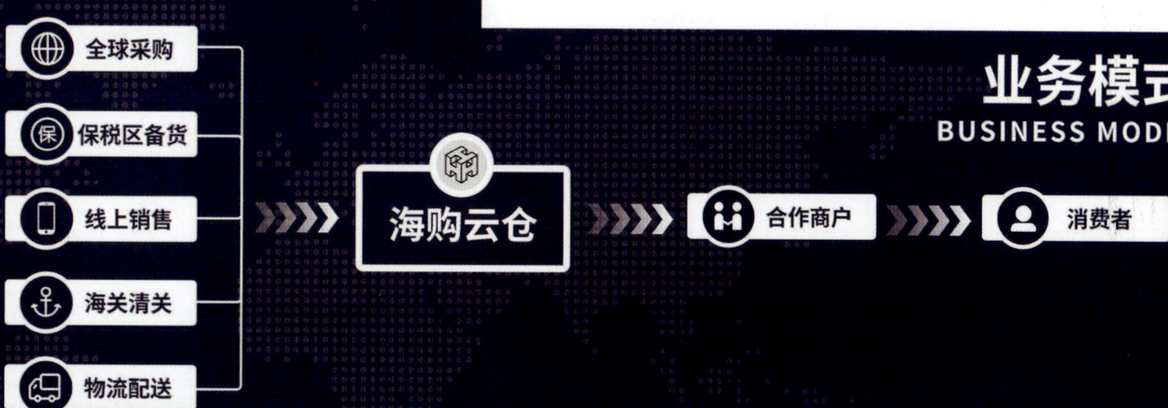

编辑说明

《中国跨境电商发展年鉴（2023）》（以下简称《年鉴》）是由中国海关出版社有限公司联合主要跨境电子商务试点城市编撰的一部具有史料性、资料性的实用工具书。《年鉴》旨在翔实记载我国跨境电子商务发展状况，重点收录2022年跨境电子商务的国家相关政策及主要城市的发展情况，客观提供相关统计数据；突出宣传创新、规范的跨境电子商务企业；对于创新跨境电子商务的海关监管模式进行了研究和探索。《年鉴》为各级政府部门、行业协会、企事业单位等社会各界了解中国跨境电子商务发展、获取资料信息、实施科学决策、进行咨询研究提供全面、系统的参考。《中国跨境电商发展年鉴》自2016年起，每年出版一卷，以出版年份标序，2021年版因受客观原因影响与2022年版合并于2022年出版，2023年为第七卷。

《年鉴》采用分类编辑法，力求结构合理、类别分明、层次有序。内容包括“跨境电商综述篇”“跨境电商城市发展篇”。其中，“跨境电商城市发展篇”分别记载了北京、天津、大同、哈尔滨、衢州、漳州、赣州、九江、洛阳、郴州、深圳、珠海、东莞、中山、湛江、肇庆、成都、遵义18个城市的跨境电商发展现状、配套文件、企业名录、统计数据、典型案例、大事记等。考虑到目前各相关城市跨境电商发展模式不尽相同，故《年鉴》“跨境电商城市发展篇”中不同城市的内容结构会略有不同。

《年鉴》引用的各类数据和资料，未标明时间的，均截至2022年12月31日。“跨境电商综述篇”所用的数据，是根据42个直属海关监管部门的业务统计数据汇总而成。各城市的跨境电商进出口统计数据，主要由主管跨境电子商务的口岸办公室、商务局等部门提供。由于数据来源有差别，各城市所列统计数据的项目内容有所不同。

《年鉴》所列跨境电商城市依照行政区划顺序进行编排。《年鉴》中涉及金额的表述，未标明币种的，均为人民币。

由于编辑水平和经验有限，在资料收集、内容编排等方面还有待进一步提高，所以书中难免有不足和疏漏之处，敬请广大读者批评指正，力争明年工作再上一个新台阶。

目录

跨境电商综述篇

跨境电商城市发展篇

跨境电商综述篇

综合情况

党的十八大以来，以习近平同志为核心的党中央高度重视跨境电子商务（以下简称“跨境电商”）等国际贸易新业态、新模式的高质量发展。习近平总书记对我国如何培育和发展新业态、凝聚和激发新动能、推动中国经济社会高质量发展这一重要问题发表了系列重要论述，为充分发挥新业态在经济社会发展中的重要作用指明了方向。国务院原总理李克强连续八年在《政府工作报告》中对跨境电商等新业态高质量发展提出要求、作出部署。近年来，随着互联网数字技术更新迭代、物流网络等基础设施建设不断完善，以及我国制度型开放稳步推进，跨境电商等对外贸易新业态新模式的行业结构优化明显、监管效能大幅提升、体量和质量快速发展，已成为推进我国高水平对外开放的重要力量之一。

2022 年，一方面，全球跨境物流受阻叠加消费需求萎缩等不利因素深刻影响跨境电商行业涉及的各方主体；另一方面，“宅经济”热度不减，5G、大数据云计算等互联网技术手段发展迅速，物流业和制造业体系优化升级等使全球消费市场从线下向线上转移保持加速度。

2022 年，为应对机遇和挑战并存的复杂局面、支持跨境电商新业态高质量发展，商务、财政、海关、税务、银行等部门落实党中央、国务院有关部署和中央经济工作会议特别强调的“要更大力度推动外贸稳规模、优结构，更大力度促进外资稳存量、扩增量，培育国际经贸合作新增长点”要求，继续秉持坚持“创新、包容、审慎、协同”的监管理念，陆续出台或更新优化跨境电商监管政策，积极推进海外仓建设和跨境物流网络建设，引导企业加强业务协同和资源整合，优化出口信用保险业务，支持外贸新业态跨境人民币结算，加大跨境电商领域知识产权保护力度，有效推动跨境电商高质量发展。

一、跨境电商发展概况

（一）总量扩大

据海关统计，2022 年我国跨境电商进出口规模首次突破 2 万亿元人民币（以下简称“元”），达到 2.11 万亿元，同比增长 9.8%，其中，出口同比增长 11.7%、进口同比增长 4.9%，均高于同期我国商品进出口总值增速。在总量大幅增长的同时，跨境电商也实现了质的有效提升，越来越多“中国制造”商品通过跨境电商进入国际市场，跨境电商已经成为我国外贸发展的新动能和高质量发展的新抓手。2020—2022 年，我国跨境电商进出口规模及增速具体情况见图1-1。

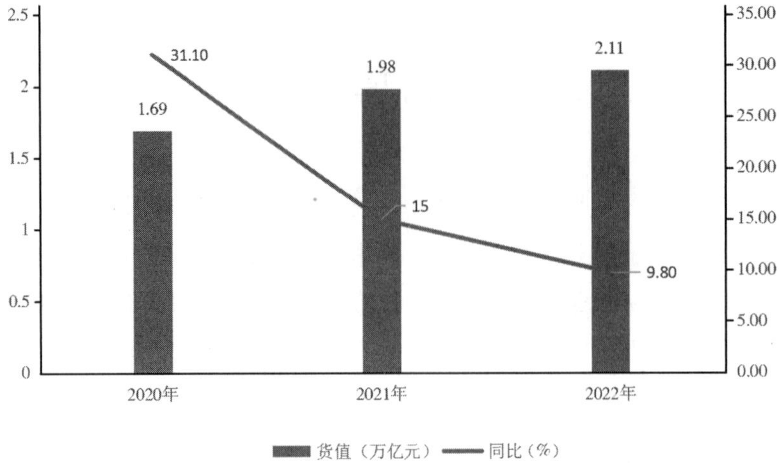

图 1-1　2020—2022 年我国跨境电商进出口规模及增速

（数据来源：海关总署）

（二）增速逐年放缓

跨境电商等新业态新模式凭借其在线营销、在线交易、无接触交付等特点优势，进出口规模连续三年保持增长，但随着线下销售逐步恢复和消费者对线上购物新鲜感下降，跨境电商增速逐年下降。

（三）出口为主、进出互促

我国跨境电商发展模式一直保持以出口跨境电商为主的特点发展，这取决于我国经济发展模式及商品结构特征。2020 年，我国海关推出跨境电商企业对企业（以下简称“跨境电商 B2B”）直接出口（9710）和跨境电商出口海外仓（9810）两种模式，进一步刺激跨境电商出口规模增长。2022 年，我国跨境电商出口规模 1.55 万亿元，占跨境电商进出口总额的 73.5%。这说明中国制造的跨境电商出口商品是全球主流的采购趋势，贸易主要向需求方倾斜，并且生产端对海外的需求处优先位置。随着我国作为需求方的消费潜力不断被挖掘，跨境电商进口规模稳步增长，从而进一步促进国内再生产规模的扩大，反推跨境电商出口的发展，并以此实现我国跨境电商发展的良性循环。

二、支持跨境电商发展的举措

2022 年 10 月 16 日，习近平总书记在中国共产党第二十次全国代表大会（以下简称“党的二十大”）上的报告要求“推动货物贸易优化升级，创新服务贸易发展机制，发展数字贸易，加快建设贸易强国”；11 月 4 日，习近平主席在第五届中国国际进口博览会（以下简称“进博会”）开幕式上的致辞中指出，要扩大优质产品进口，创建“丝路电商”合作先行区，凸显了我国对于进口和跨境电商的高度重视。2022 年 3 月 5 日，国务院原总理李克强在《政府工作报告》中指出要“多措并举稳定外贸”，要求“加快发展外贸新业态新模式，充分发挥跨境电商作用，支持建设一批海外仓”；国务院常务会议也多次就促进跨境电商高质量发展进行研究部署。

（一）国家层面密集出台指导性政策

《国务院办公厅关于推动外贸保稳提质的意见》要求“针对跨境电商出口海外仓监

管模式，加大政策宣传力度，对实现销售的货物，指导企业用足用好现行出口退税政策，及时申报办理退税。尽快出台便利跨境电商出口退换货的政策，适时开展试点。针对跨境电商行业特点，加强政策指导，支持符合条件的跨境电商相关企业申报高新技术企业”，推动跨境电商加快发展提质增效，并提出“加快中国进出口商品交易会（广交会）等展会数字化、智能化建设，加强与跨境电商平台等联动互促，积极应用虚拟现实（VR）、增强现实（AR）、大数据等技术，优化云上展厅、虚拟展台等展览新模式，智能对接供采，便利企业成交”。2022 年 9 月，国务院办公厅印发《国务院办公厅关于进一步优化营商环境降低市场主体制度性交易成本的意见》，提出“支持有关地区搭建跨境电商一站式服务平台，为企业提供优惠政策申报、物流信息跟踪、争端解决等服务。探索解决跨境电商退换货难问题，优化跨境电商零售进口工作流程，推动便捷快速通关”。2022 年 12 月，指引“十四五”时期建设现代物流体系、推动高质量发展“新蓝图”的纲领性文件《“十四五”现代物流发展规划》要求“加快物流数字化转型”“积极参与全球物流领域数字治理，支撑全球贸易和跨境电商发展”，并对积极推进海外仓建设等作出部署。

（二）跨境电商综合试验区扩围至 165 个

2022 年 1 月和 11 月，国务院分别制发《国务院关于同意在鄂尔多斯等 27 个城市和地区设立跨境电子商务综合试验区的批复》和《国务院关于同意在廊坊等 33 个城市和地区设立跨境电子商务综合试验区的批复》，通过发挥跨境电商综合试验区的示范引领作用促进和规范跨境电商产业发展壮大。至此，我国跨境电商综合试验区已达 165 个，覆盖 31 个省（自治区、直辖市），其中广东、山东、江苏、浙江四省已全域覆盖。跨境电商综合试验区城市（地区）汇总见表1-1。

表 1-1　跨境电商综合试验区城市（地区）汇总表

区域	第一批	第二批	第三批	第四批	第五批	第六批	第七批	数量
	2015 年 3 月	2016 年 1 月	2018 年 7 月	2019 年 12 月	2020 年 4 月	2022 年 1 月	2022 年 11 月	
北京	—	—	北京	—	—	—	—	1
天津	—	天津	—	—	—	—	—	1
河北	—	—	唐山	石家庄	雄安新区	—	廊坊、沧州	5
山西	—	—	—	太原	大同	—	运城	3
内蒙古	—	—	呼和浩特	赤峰	满洲里	鄂尔多斯	包头	5
辽宁	—	大连	沈阳	抚顺	营口、盘锦	—	鞍山	6
吉林	—	—	长春	珲春	吉林	—	延吉	4
黑龙江	—	—	哈尔滨	绥芬河	黑河	—	同江	4
上海	—	上海	—	—	—	—	—	1

续表1

区域	第一批	第二批	第三批	第四批	第五批	第六批	第七批	数量
	2015年3月	2016年1月	2018年7月	2019年12月	2020年4月	2022年1月	2022年11月	
江苏	—	苏州	南京、无锡	徐州、南通	常州、连云港、淮安、盐城、宿迁	扬州、镇江、泰州	—	13
浙江	杭州	宁波	义乌	温州、绍兴	湖州、嘉兴、衢州、台州、丽水	金华、舟山	—	12
安徽	—	合肥	—	芜湖	安庆	马鞍山、宣城	蚌埠	6
福建	—	—	厦门	福州、泉州	漳州、莆田、龙岩	—	南平、宁德	8
江西	—	—	南昌	赣州	九江	景德镇、上饶	萍乡、新余、宜春、吉安	9
山东	—	青岛	威海	济南、烟台	东营、潍坊、临沂	淄博、日照	枣庄、济宁、泰安、德州、聊城、滨州、菏泽	16
河南	—	郑州	—	洛阳	南阳	—	焦作、许昌	5
湖北	—	—	武汉	黄石	宜昌	襄阳	—	4
湖南	—	—	长沙	岳阳	湘潭、郴州	—	衡阳、株洲	6
广东	—	广州、深圳	珠海、东莞	汕头、佛山	梅州、惠州、中山、江门、湛江、茂名、肇庆	韶关、汕尾、河源、阳江、清远、潮州、揭阳、云浮	—	21
广西	—	—	南宁	—	崇左	—	柳州、贺州	4
海南	—	—	海口	—	三亚	—	—	2
重庆	—	重庆	—	—	—	—	—	1
四川	—	成都	—	泸州	德阳、绵阳	南充、眉山	宜宾、达州	8
贵州	—	—	贵阳	—	遵义	—	铜仁	3
云南	—	—	昆明	—	德宏傣族景颇族自治州	红河哈尼族彝族自治州	大理白族自治州	4
西藏	—	—	—	—	—	—	拉萨	1
陕西	—	—	西安	—	延安	宝鸡	—	3

续表2

区域	第一批	第二批	第三批	第四批	第五批	第六批	第七批	数量
	2015 年 3 月	2016 年 1 月	2018 年 7 月	2019 年 12 月	2020 年 4 月	2022 年 1 月	2022 年 11 月	
甘肃	—	—	兰州	—	天水	—	—	2
青海	—	—	—	海东	西宁	—	—	2
宁夏	—	—	—	银川	—	—	—	1
新疆	—	—	—	—	乌鲁木齐	喀什、阿拉山口	伊犁哈萨克自治州	4
合计	1	12	22	24	46	27	33	165

（三）优化调整零售进口商品清单

2022 年 1 月，财政部、海关总署等 8 部门发布公告，自 2022 年 3 月 1 日起在《跨境电子商务零售进口商品清单（2019 年版）》基础上，增加了滑雪用具、家用洗碟机、番茄汁等 29 项近年来消费需求旺盛的商品，同时根据近年我国税则税目变化情况调整了部分商品的税则号列，根据监管要求调整优化了 206 项清单商品备注。本次调整后，清单税目合计 1476 个。通过优化调整跨境电商零售进口商品清单，丰富国内市场供给，更好满足人民美好生活需要，同世界共享市场机遇。

（四）完善支持政策推动高质量发展

商务部、财政部、国家发展和改革委员会、海关总署等部门，以及地方政府为加快推进跨境电商高质量发展，在打造智慧化物流供应链、创新完善金融保险配套服务、规范提升经营合规化等方面完善相关配套政策。

国家部委层面，由商务部和北京市人民政府主办的 2022 中国电子商务大会聚焦数字经济与实体经济的融会贯通，探索新技术新业态新模式的创新应用，展望全球电商发展新趋势，共同探讨《区域全面经济伙伴关系协定》（Regional Comprehensive Economic Partnership，RCEP）新机遇、科技赋能、全球化布局、DTC（Direct To Customer）品牌出海等前沿话题，推动电子商务高质量发展。根据《商务部关于印发支持外贸稳定发展若干政策措施的通知》的要求，出台进一步支持跨境电商海外仓发展的政策措施，共同支持跨境电商、海外仓等外贸新业态发展，进一步发挥跨境电商稳外贸的作用；根据商务部办公厅印发的《关于用好服务贸易创新发展引导基金支持贸易新业态新模式发展的通知》要求，聚焦新业态新模式培育发展新动能，鼓励地方相关基金及社会资本与服贸基金协同配合，加大对新业态新模式的投资力度，支持海外仓、跨境物流等跨境服务体系建设，培育数字贸易企业，推动老字号优质服务“走出去”，鼓励以融资新途径支持贸易新业态新模式。根据国家发展和改革委员会《关于印发促进工业经济平稳增长的若干政策的通知》，鼓励具备跨境金融服务能力的金融机构在依法合规、风险可控前提下加大对跨境电商等建设和使用海外仓的金融支持。国家发展和改革委员会、商务部印发的《鼓励外商投资产业目录（2022 年版）》将含跨境电商（不包括法律法规实施特殊管理的药品医疗器械等商品）的电子商务零售、电子商务供应链公司、跨境物流等相关产业列入全国鼓励外商投资产业目录。《中华人民共和国海关综合保税区管理办法》首次明确将跨境电商列入综合保税区内企业可以依法开展的业务类型。

地方政府层面，深圳发布《深圳市推动跨境电子商务高质量发展行动方案（2022—2025）》，提出七大行动方案二十一条重点工作，目标是2025年深圳市跨境电商产业发展水平等居于全国前列，初步建成跨境电商国际枢纽城市；青岛通过打造载体平台“硬实力”，优化产业生态“软环境”，积极贯通海空一体物流通道，推动跨境电商全产业链发展；2022年4月11日，国家跨境电商零售进口药品试点在河南保税物流中心完成首单实测交易，正式启动国家对跨境电商方式进口药品新渠道的试点探索。

（五）进一步加强监管引导合规发展

在积极出台扶持跨境电商政策的同时，国家层面和地方层面也加大了对跨境电商合规发展的指导和监管力度。

在《中共中央　国务院关于构建数据基础制度更好发挥数据要素作用的意见》中，提出“针对跨境电商、跨境支付、供应链管理、服务外包等典型应用场景，探索安全规范的数据跨境流动方式。统筹数据开发利用和数据安全保护，探索建立跨境数据分类分级管理机制”。国家市场监督管理总局连续发布《跨境电子商务交易服务质量评价》（GB/Z 42007—2022）、《中小微企业跨境电商综合服务业务管理规范》（GB/T 41825—2022）等4项跨境电商国家标准，约束跨境电商企业行为，为跨境电商领域走出国门、走向世界提供更多标准化支持。农业农村部等4部门发布《外来入侵物种管理办法》，防范和应对外来入侵物种危害，保障农林牧渔业可持续发展，保护生物多样性，并由海关完善境外风险预警和应急处理机制，强化跨境电商等渠道外来入侵物种的口岸检疫监管。另外，海关加强了跨境电商知识产权保护力度，全年扣留侵权嫌疑货物2.1万批、402.3万件，扣留批次和数量在非货运渠道执法的占比进一步提升，分别由2021年的23.53%和22.70%提升至35.73%和50.39%。

2022年7月，广州市人民检察院、广州市商务局、国家税务总局广州市税务局、广州市市场监督管理局、广州海关和黄埔海关等8个单位联合发布了国内跨境电商综合试验区首个多部门联合发布的跨境电商合规指引——《广州市跨境电商行业合规指引（试行）》，引导五类跨境电商市场主体合规发展，并对跨境电商业务合规管理体系建设提出要求。

三、跨境电商发展成效

（一）步入数字技术驱动的立体化发展时代

近年来，受世界秩序动荡、新冠疫情反复等因素影响，我国跨境电商面临着需求变化快、成本上涨大、境内外消费者购买需求不足等问题。就此，各大跨境电商平台更加注重品牌培育，积极为生产者、零售商家、B2B商家等提供全方位一站式外贸供应链服务；同时社交媒体、直播带货、独立站等逐渐成为跨境电商进出口的重要运营方式。随着“互联网+”与电子商务的深度融合，大量中小企业依托数字化转型和人工智能、大数据云计算技术的深度应用，从营销、交付能力、资金链、利润和技术创新等方面提升了经营韧性和抗风险能力，数字化的跨境贸易已成为国际市场主流模式。大数据、云计算、人工智能和区块链等数字技术深刻影响跨境电商的生产运营、跨境支付、仓储物流和营销服务等各个方面，跨境电商行业也得到了更多维度的发展空间。

（二）在“双循环”战略中发挥纽带和排头兵作用

跨境电商积极发挥联通国内外全供应链、带动数字化转型等作用，全方位赋能“双循环”新发展格局。一是由点及面联通了“国内—国外”两端、“生产—销售—支付—运输—消费（再生产）—金融（保险）”全供应链，在加快基础设施建设、提升生产要素效能、培育壮大市场主体、创新高效协作方式、完善风险治理体系等过程中，持续激发各方市场主体活力；二是天然带有数字技术基因的跨境电商助力产业链和供应链数字化转型，加快了不同产业链之间的开放与融合，拓宽了面向未来的特色优势产业赛道，以跨境电商领域的数字化、网络化、智能化的科技创新提升全产业链和整体供应链现代化水平，推动我国产业链和价值链向中高端迈进。

（三）促进区域跨境电商体量和质量协调发展

国际贸易中心等机构联合发表的研究报告显示，RCEP 区域跨境电商在新冠疫情后不降反升且进一步加速，区域内国家跨境 B2B 总指数 2020 年和 2021 年同比增长均在 40%以上；2019—2021 年，反映区域跨境电商市场的发展质量的企业产品多样化指数增长 3.2 倍、贸易规模指数增长 2.9 倍、市场多元化指数增长 1.8 倍，表明区域跨境电商在规模总量日益增加的同时，跨境电商企业的产品丰富度、市场多元化进程也在持续提升和加速。另外，RCEP 中关于海关程序和贸易便利化、知识产权、电子商务等章节规则内容的约定与执行，继续刺激区域内国家，以及国与国之间的跨境电商产业链、供应链和价值链进一步合规、协调、快速发展。

（四）打造全球贸易合作范本

2022 年 8 月，第六届全球跨境电商大会在郑州开幕，与会各方聚焦全球电子商务贸易便利化、物流创新与新经济发展、“丝路电商”国际合作等内容进行探讨，促进中国和其他国家，特别是新兴发展中国家的跨境电商合作，推动经济全球化向前发展。“中欧班列+跨境电商专列”“跨境电商陆转海”等新型服务业态快速发展和“跨境电商嵌入式监管”等高效监管流程创新，不仅给世界各地消费者送去了“中国制造 2025”带来的高性价比优质商品、共享中国发展的成果，也捎回了“世界产品”。中国跨境电商的发展，让更多国家共享中国市场机遇，打造出一份可复制、可推广的互利共赢全球贸易合作范本。

四、跨境电商发展路径建议

（一）进一步筑牢发展基础

1. 扎实推进跨境电商综合试验区建设，加大机场、铁路、港口、公路等支持智能多式联运的交通设施和物流仓储的建设投入，引入融资孵化、报关清关、支付结算、税务保险、软件开发、大数据分析等服务型企业，建强跨境电商产业生态；根据各地区的发展情况打造具有特色化、个性化的跨境电商平台，实现精准化贸易交流、差异化发展和“多赛道冲刺”。

2. 加快“一带一路”共建国家和地区、RCEP 成员、欧美市场等海外仓布局，通过打造高效协同的供应链物流、建立高效的物联网体系、提升仓储智能化管理水平和扩展本地化服务维度，建构好服务“中国制造”出海的“桥头堡”。

3. 加大跨境电商人才培养力度，通过建立跨境电商专家团队、政府—高校—企业等多方合作培养等方式，培养同时具备专业素质和国际视野的跨境电商平台运营、信息技术产品开发、供应链运营管理、消费心理及媒体公关等专业和综合性人才。

（二）进一步优化监管服务

1. 进一步加强财政、税务、海关、银行、邮政等部门间全链条的监管合力，探讨通过汇聚各方数据、实施去中心化和智能化的监管手段防范和化解风险的可行性。

2. 开展立体化、多渠道政策解读和宣传，充分利用多种宣传媒介，加强对各项政策的解读，推广好经验、好做法，让各类企业均能充分受惠于跨境电商支持政策。

3. 引导跨境电商综合试验区所在地加大对跨境电商产业生态的培育，促进跨境电商与本地产业联动发展，提高发展韧性，并及时回应地区市场主体的改革诉求。

4. 深刻认识和准确掌握各发展阶段和宏观监管环境的客观限制，积极从制度体系、政策配套、生态建设等方面共同着手，积极应对新业态发展进程的不确定性和解决地区之间发展不平衡的问题。

（三）进一步推进国际合作

1. 继续办好进博会、全球跨境电商大会、“丝路电商”国际合作论坛等国际性跨境电商会议，进一步分享跨境电商发展经验，加强政策沟通和标准对接，促进数字互联互通，携手共建高质量新业态模式。

2. 相关政府部门应及时适应国际经贸规则变化，主动争取国际经贸规则制定和执行的话语权，支持我国跨境电商企业由“制造出海”向“品牌出海”延伸；借鉴世界贸易组织、世界海关组织相关协定和其他高水平自贸协定的跨境电商内容，积极开展国际合作提升双边、多边数字化监管水平，共同促进贸易安全与便利。

配套文件

中共中央　国务院关于构建数据基础制度更好发挥数据要素作用的意见

（2022 年 12 月 2 日）

数据作为新型生产要素，是数字化、网络化、智能化的基础，已快速融入生产、分配、流通、消费和社会服务管理等各环节，深刻改变着生产方式、生活方式和社会治理方式。数据基础制度建设事关国家发展和安全大局。为加快构建数据基础制度，充分发挥我国海量数据规模和丰富应用场景优势，激活数据要素潜能，做强做优做大数字经济，增强经济发展新动能，构筑国家竞争新优势，现提出如下意见。

一、总体要求

（一）指导思想。以习近平新时代中国特色社会主义思想为指导，深入贯彻党的二十大精神，完整、准确、全面贯彻新发展理念，加快构建新发展格局，坚持改革创新、系统谋划，以维护国家数据安全、保护个人信息和商业秘密为前提，以促进数据合规高效流通使用、赋能实体经济为主线，以数据产权、流通交易、收益分配、安全治理为重点，深入参与国际高标准数字规则制定，构建适应数据特征、符合数字经济发展规律、保障国家数据安全、彰显创新引领的数据基础制度，充分实现数据要素价值、促进全体人民共享数字经济发展红利，为深化创新驱动、推动高质量发展、推进国家治理体系和治理能力现代化提供有力支撑。

（二）工作原则。

——遵循发展规律，创新制度安排。充分认识和把握数据产权、流通、交易、使用、分配、治理、安全等基本规律，探索有利于数据安全保护、有效利用、合规流通的产权制度和市场体系，完善数据要素市场体制机制，在实践中完善，在探索中发展，促进形成与数字生产力相适应的新型生产关系。

——坚持共享共用，释放价值红利。合理降低市场主体获取数据的门槛，增强数据要素共享性、普惠性，激励创新创业创造，强化反垄断和反不正当竞争，形成依法规范、共同参与、各取所需、共享红利的发展模式。

——强化优质供给，促进合规流通。顺应经济社会数字化转型发展趋势，推动数据要素供给调整优化，提高数据要素供给数量和质量。建立数据可信流通体系，增强数据的可用、可信、可流通、可追溯水平。实现数据流通全过程动态管理，在合规流通使用中激活数据价值。

——完善治理体系，保障安全发展。统筹发展和安全，贯彻总体国家安全观，强化数据安全保障体系建设，把安全贯穿数据供给、流通、使用全过程，划定监管底线和红线。加强数据分类分级管理，把该管的管住、该放的放开，积极有效防范和化解各种数据风险，形成政府监管与市场自律、法治与行业自治协同、国内与国际统筹的数据要素治理结构。

——深化开放合作，实现互利共赢。积极参与数据跨境流动国际规则制定，探索加入区域性国际数据跨境流动制度安排。推动数据跨境流动双边多边协商，推进建立互利互惠的规则等制度安排。鼓励探索数据跨境流动与合作的新途径新模式。

二、建立保障权益、合规使用的数据产权制度

探索建立数据产权制度，推动数据产权结构性分置和有序流通，结合数据要素特性强化高质量数据要素供给；在国家数据分类分级保护制度下，推进数据分类分级确权授权使用和市场化流通交易，健全数据要素权益保护制度，逐步形成具有中国特色的数据产权制度体系。

（三）探索数据产权结构性分置制度。建立公共数据、企业数据、个人数据的分类分级确权授权制度。根据数据来源和数据生成特征，分别界定数据生产、流通、使用过程中各参与方享有的合法权利，建立数据资源持有权、数据加工使用权、数据产品经营权等分置的产权运行机制，推进非公共数据按市场化方式“共同使用、共享收益”的新

模式，为激活数据要素价值创造和价值实现提供基础性制度保障。研究数据产权登记新方式。在保障安全前提下，推动数据处理者依法依规对原始数据进行开发利用，支持数据处理者依法依规行使数据应用相关权利，促进数据使用价值复用与充分利用，促进数据使用权交换和市场化流通。审慎对待原始数据的流转交易行为。

（四）推进实施公共数据确权授权机制。对各级党政机关、企事业单位依法履职或提供公共服务过程中产生的公共数据，加强汇聚共享和开放开发，强化统筹授权使用和管理，推进互联互通，打破“数据孤岛”。鼓励公共数据在保护个人隐私和确保公共安全的前提下，按照“原始数据不出域、数据可用不可见”的要求，以模型、核验等产品和服务等形式向社会提供，对不承载个人信息和不影响公共安全的公共数据，推动按用途加大供给使用范围。推动用于公共治理、公益事业的公共数据有条件无偿使用，探索用于产业发展、行业发展的公共数据有条件有偿使用。依法依规予以保密的公共数据不予开放，严格管控未依法依规公开的原始公共数据直接进入市场，保障公共数据供给使用的公共利益。

（五）推动建立企业数据确权授权机制。对各类市场主体在生产经营活动中采集加工的不涉及个人信息和公共利益的数据，市场主体享有依法依规持有、使用、获取收益的权益，保障其投入的劳动和其他要素贡献获得合理回报，加强数据要素供给激励。鼓励探索企业数据授权使用新模式，发挥国有企业带头作用，引导行业龙头企业、互联网平台企业发挥带动作用，促进与中小微企业双向公平授权，共同合理使用数据，赋能中小微企业数字化转型。支持第三方机构、中介服务组织加强数据采集和质量评估标准制定，推动数据产品标准化，发展数据分析、数据服务等产业。政府部门履职可依法依规获取相关企业和机构数据，但须约定并严格遵守使用限制要求。

（六）建立健全个人信息数据确权授权机制。对承载个人信息的数据，推动数据处理者按照个人授权范围依法依规采集、持有、托管和使用数据，规范对个人信息的处理活动，不得采取“一揽子授权”、强制同意等方式过度收集个人信息，促进个人信息合理利用。探索由受托者代表个人利益，监督市场主体对个人信息数据进行采集、加工、使用的机制。对涉及国家安全的特殊个人信息数据，可依法依规授权有关单位使用。加大个人信息保护力度，推动重点行业建立完善长效保护机制，强化企业主体责任，规范企业采集使用个人信息行为。创新技术手段，推动个人信息匿名化处理，保障使用个人信息数据时的信息安全和个人隐私。

（七）建立健全数据要素各参与方合法权益保护制度。充分保护数据来源者合法权益，推动基于知情同意或存在法定事由的数据流通使用模式，保障数据来源者享有获取或复制转移由其促成产生数据的权益。合理保护数据处理者对依法依规持有的数据进行自主管控的权益。在保护公共利益、数据安全、数据来源者合法权益的前提下，承认和保护依照法律规定或合同约定获取的数据加工使用权，尊重数据采集、加工等数据处理者的劳动和其他要素贡献，充分保障数据处理者使用数据和获得收益的权利。保护经加工、分析等形成数据或数据衍生产品的经营权，依法依规规范数据处理者许可他人使用数据或数据衍生产品的权利，促进数据要素流通复用。建立健全基于法律规定或合同约定流转数据相关财产性权益的机制。在数据处理者发生合并、分立、解散、被宣告破产时，推动相关权利和义务依法依规同步转移。

三、建立合规高效、场内外结合的数据要素流通和交易制度

完善和规范数据流通规则，构建促进使用和流通、场内场外相结合的交易制度体系，规范引导场外交易，培育壮大场内交易；有序发展数据跨境流通和交易，建立数据来源可确认、使用范围可界定、流通过程可追溯、安全风险可防范的数据可信流通体系。

（八）完善数据全流程合规与监管规则体系。建立数据流通准入标准规则，强化市场主体数据全流程合规治理，确保流通数据来源合法、隐私保护到位、流通和交易规范。结合数据流通范围、影响程度、潜在风险，区分使用场景和用途用量，建立数据分类分级授权使用规范，探索开展数据质量标准化体系建设，加快推进数据采集和接口标准化，促进数据整合互通和互操作。支持数据处理者依法依规在场内和场外采取开放、共享、交换、交易等方式流通数据。鼓励探索数据流通安全保障技术、标准、方案。支持探索多样化、符合数据要素特性的定价模式和价格形成机制，推动用于数字化发展的公共数据按政府指导定价有偿使用，企业与个人信息数据市场自主定价。加强企业数据合规体系建设和监管，严厉打击黑市交易，取缔数据流通非法产业。建立实施数据安全管理认证制度，引导企业通过认证提升数据安全管理水平。

（九）统筹构建规范高效的数据交易场所。加强数据交易场所体系设计，统筹优化数据交易场所的规划布局，严控交易场所数量。出台数据交易场所管理办法，建立健全数据交易规则，制定全国统一的数据交易、安全等标准体系，降低交易成本。引导多种类型的数据交易场所共同发展，突出国家级数据交易场所合规监管和基础服务功能，强化其公共属性和公益定位，推进数据交易场所与数据商功能分离，鼓励各类数据商进场交易。规范各地区各部门设立的区域性数据交易场所和行业性数据交易平台，构建多层次市场交易体系，推动区域性、行业性数据流通使用。促进区域性数据交易场所和行业性数据交易平台与国家级数据交易场所互联互通。构建集约高效的数据流通基础设施，为场内集中交易和场外分散交易提供低成本、高效率、可信赖的流通环境。

（十）培育数据要素流通和交易服务生态。围绕促进数据要素合规高效、安全有序流通和交易需要，培育一批数据商和第三方专业服务机构。通过数据商，为数据交易双方提供数据产品开发、发布、承销和数据资产的合规化、标准化、增值化服务，促进提高数据交易效率。在智能制造、节能降碳、绿色建造、新能源、智慧城市等重点领域，大力培育贴近业务需求的行业性、产业化数据商，鼓励多种所有制数据商共同发展、平等竞争。有序培育数据集成、数据经纪、合规认证、安全审计、数据公证、数据保险、数据托管、资产评估、争议仲裁、风险评估、人才培训等第三方专业服务机构，提升数据流通和交易全流程服务能力。

（十一）构建数据安全合规有序跨境流通机制。开展数据交互、业务互通、监管互认、服务共享等方面国际交流合作，推进跨境数字贸易基础设施建设，以《全球数据安全倡议》为基础，积极参与数据流动、数据安全、认证评估、数字货币等国际规则和数字技术标准制定。坚持开放发展，推动数据跨境双向有序流动，鼓励国内外企业及组织依法依规开展数据跨境流动业务合作，支持外资依法依规进入开放领域，推动形成公平竞争的国际化市场。针对跨境电商、跨境支付、供应链管理、服务外包等典型应用场景，探索安全规范的数据跨境流动方式。统筹数据开发利用和数据安全保护，探索建立跨境数据分类分级管理机制。对影响或者可能影响国家安全的数据处理、数据跨境传输、外资并购等活动依法依规进行国家安全审查。按照对等原则，对维护国家安全和利益、履行国际义务相关的属于管制物项的数据依法依规实施出口管制，保障数据用于合法用途，防范数据出境安全风险。探索构建多渠道、便利化的数据跨境流动监管机制，健全多部门协调配合的数据跨境流动监管体系。反对数据霸权和数据保护主义，有效应对数据领域“长臂管辖”。

四、建立体现效率、促进公平的数据要素收益分配制度

顺应数字产业化、产业数字化发展趋势，充分发挥市场在资源配置中的决定性作用，更好发挥政府作用。完善数据要素市场化配置机制，扩大数据要素市场化配置范围和按价值贡献参与分配渠道。完善数据要素收益的再分配调节机制，让全体人民更好共享数字经济发展成果。

（十二）健全数据要素由市场评价贡献、按贡献决定报酬机制。结合数据要素特征，优化分配结构，构建公平、高效、激励与规范相结合的数据价值分配机制。坚持“两个毫不动摇”，按照“谁投入、谁贡献、谁受益”原则，着重保护数据要素各参与方的投入产出收益，依法依规维护数据资源资产权益，探索个人、企业、公共数据分享价值收益的方式，建立健全更加合理的市场评价机制，促进劳动者贡献和劳动报酬相匹配。推动数据要素收益向数据价值和使用价值的创造者合理倾斜，确保在开发挖掘数据价值各环节的投入有相应回报，强化基于数据价值创造和价值实现的激励导向。通过分红、提成等多种收益共享方式，平衡兼顾数据内容采集、加工、流通、应用等不同环节相关主体之间的利益分配。

（十三）更好发挥政府在数据要素收益分配中的引导调节作用。逐步建立保障公平的数据要素收益分配体制机制，更加关注公共利益和相对弱势群体。加大政府引导调节力度，探索建立公共数据资源开放收益合理分享机制，允许并鼓励各类企业依法依规依托公共数据提供公益服务。推动大型数据企业积极承担社会责任，强化对弱势群体的保障帮扶，有力有效应对数字化转型过程中的各类风险挑战。不断健全数据要素市场体系和制度规则，防止和依法依规规制资本在数据领域无序扩张形成市场垄断等问题。统筹使用多渠道资金资源，开展数据知识普及和教育培训，提高社会整体数字素养，着力消除不同区域间、人群间数字鸿沟，增进社会公平、保障民生福祉、促进共同富裕。

五、建立安全可控、弹性包容的数据要素治理制度

把安全贯穿数据治理全过程，构建政府、企业、社会多方协同的治理模式，创新政府治理方式，明确各方主体责任和义务，完善行业自律机制，规范市场发展秩序，形成有效市场和有为政府相结合的数据要素治

理格局。

（十四）创新政府数据治理机制。充分发挥政府有序引导和规范发展的作用，守住安全底线，明确监管红线，打造安全可信、包容创新、公平开放、监管有效的数据要素市场环境。强化分行业监管和跨行业协同监管，建立数据联管联治机制，建立健全鼓励创新、包容创新的容错纠错机制。建立数据要素生产流通使用全过程的合规公证、安全审查、算法审查、监测预警等制度，指导各方履行数据要素流通安全责任和义务。建立健全数据流通监管制度，制定数据流通和交易负面清单，明确不能交易或严格限制交易的数据项。强化反垄断和反不正当竞争，加强重点领域执法司法，依法依规加强经营者集中审查，依法依规查处垄断协议、滥用市场支配地位和违法实施经营者集中行为，营造公平竞争、规范有序的市场环境。在落实网络安全等级保护制度的基础上全面加强数据安全保护工作，健全网络和数据安全保护体系，提升纵深防护与综合防御能力。

（十五）压实企业的数据治理责任。坚持“宽进严管”原则，牢固树立企业的责任意识和自律意识。鼓励企业积极参与数据要素市场建设，围绕数据来源、数据产权、数据质量、数据使用等，推行面向数据商及第三方专业服务机构的数据流通交易声明和承诺制。严格落实相关法律规定，在数据采集汇聚、加工处理、流通交易、共享利用等各环节，推动企业依法依规承担相应责任。企业应严格遵守反垄断法等相关法律规定，不得利用数据、算法等优势和技术手段排除、限制竞争，实施不正当竞争。规范企业参与政府信息化建设中的政务数据安全管理，确保有规可循、有序发展、安全可控。建立健全数据要素登记及披露机制，增强企业社会责任，打破“数据垄断”，促进公平竞争。

（十六）充分发挥社会力量多方参与的协同治理作用。鼓励行业协会等社会力量积极参与数据要素市场建设，支持开展数据流通相关安全技术研发和服务，促进不同场景下数据要素安全可信流通。建立数据要素市场信用体系，逐步完善数据交易失信行为认定、守信激励、失信惩戒、信用修复、异议处理等机制。畅通举报投诉和争议仲裁渠道，维护数据要素市场良好秩序。加快推进数据管理能力成熟度国家标准及数据要素管理规范贯彻执行工作，推动各部门各行业完善元数据管理、数据脱敏、数据质量、价值评估等标准体系。

六、保障措施

加大统筹推进力度，强化任务落实，创新政策支持，鼓励有条件的地方和行业在制度建设、技术路径、发展模式等方面先行先试，鼓励企业创新内部数据合规管理体系，不断探索完善数据基础制度。

（十七）切实加强组织领导。加强党对构建数据基础制度工作的全面领导，在党中央集中统一领导下，充分发挥数字经济发展部际联席会议作用，加强整体工作统筹，促进跨地区跨部门跨层级协同联动，强化督促指导。各地区各部门要高度重视数据基础制度建设，统一思想认识，加大改革力度，结合各自实际，制定工作举措，细化任务分工，抓好推进落实。

（十八）加大政策支持力度。加快发展数据要素市场，做大做强数据要素型企业。提升金融服务水平，引导创业投资企业加大对数据要素型企业的投入力度，鼓励征信机构提供基于企业运营数据等多种数据要素的多样化征信服务，支持实体经济企业特别是中小微企业数字化转型赋能开展信用融资。探索数据资产入表新模式。

（十九）积极鼓励试验探索。坚持顶层设计与基层探索结合，支持浙江等地区和有条件的行业、企业先行先试，发挥好自由贸易港、自由贸易试验区等高水平开放平台作用，引导企业和科研机构推动数据要素相关技术和产业应用创新。采用“揭榜挂帅”方式，支持有条件的部门、行业加快突破数据可信流通、安全治理等关键技术，建立创新容错机制，探索完善数据要素产权、定价、流通、交易、使用、分配、治理、安全的政策标准和体制机制，更好发挥数据要素的积极作用。

（二十）稳步推进制度建设。围绕构建数据基础制度，逐步完善数据产权界定、数据流通和交易、数据要素收益分配、公共数据授权使用、数据交易场所建设、数据治理等主要领域关键环节的政策及标准。加强数据产权保护、数据要素市场制度建设、数据要素价格形成机制、数据要素收益分配、数据跨境传输、争议解决等理论研究和立法研究，推动完善相关法律制度。及时总结提炼可复制可推广的经验和做法，以点带面推动数据基础制度构建实现新突破。数字经济发展部际联席会议定期对数据基础制度建设情况进行评估，适时进行动态调整，推动数据基础制度不断丰富完善。

国务院关于同意在鄂尔多斯等 27 个城市和地区设立跨境电子商务综合试验区的批复

（国函〔2022〕8 号）

内蒙古自治区、江苏省、浙江省、安徽省、江西省、山东省、湖北省、广东省、四川省、云南省、陕西省、新疆维吾尔自治区人民政府，商务部：

你们关于设立跨境电子商务综合试验区的请示收悉。现批复如下：

一、同意在鄂尔多斯市、扬州市、镇江市、泰州市、金华市、舟山市、马鞍山市、宣城市、景德镇市、上饶市、淄博市、日照市、襄阳市、韶关市、汕尾市、河源市、阳江市、清远市、潮州市、揭阳市、云浮市、南充市、眉山市、红河哈尼族彝族自治州、宝鸡市、喀什地区、阿拉山口市等 27 个城市和地区设立跨境电子商务综合试验区，名称分别为中国（城市或地区名）跨境电子商务综合试验区，具体实施方案由所在地省级人民政府分别负责印发。

二、跨境电子商务综合试验区（以下简称综合试验区）建设要以习近平新时代中国特色社会主义思想为指导，全面贯彻党的十九大和十九届历次全会精神，按照党中央、国务院决策部署，坚持稳中求进工作总基调，完整、准确、全面贯彻新发展理念，加快构建新发展格局，全面深化改革开放，坚持创新驱动发展，复制推广前五批综合试验区成熟经验做法，发挥跨境电子商务助力传统产业转型升级、促进产业数字化发展的积极作用，引导跨境电子商务健康持续创新发展，全力以赴稳住外贸外资基本盘，推进贸易高质量发展。同时，要保障国家安全、网络安全、数据安全、交易安全、国门生物安全、进出口商品质量安全和有效防范交易风险，保护个人信息权益，坚持在发展中规范、在规范中发展，为各类市场主体公平参与市场竞争创造良好的营商环境。

三、有关省（自治区）人民政府要切实加强对综合试验区建设的组织领导，健全机制、明确分工、落实责任，有力有序有效推进综合试验区建设发展。要按照试点要求，尽快完善具体实施方案并抓好组织实施。要进一步细化先行先试任务，突出重点，创新驱动，充分发挥市场配置资源的决定性作用，更好发挥政府作用，有效引导社会资源，合理配置公共资源，扎实推进综合试验区建设。要建立健全跨境电子商务信息化管理机制，根据有关部门的管理需要，及时提供相关电子信息。要定期向商务部等部门报送工作计划、试点经验和成效，努力在健全促进跨境电子商务发展的体制机制、推动配套支撑体系建设等方面取得新进展、新突破。各综合试验区建设涉及的重要政策和重大建设项目要按规定程序报批。

四、国务院有关部门要按照职能分工，加强对综合试验区的协调指导和政策支持，切实发挥综合试验区示范引领作用。按照鼓励创新原则，坚持问题导向，加强协调配合，着力在跨境电子商务企业对企业（B2B）方式相关环节的技术标准、业务流程、监管模式和信息化建设等方面探索创新，研究出台更多支持举措，为综合试验区发展营造良好的环境，更好地促进和规范跨境电子商务产业发展壮大。要进一步完善跨境电子商务统计体系，实行对综合试验区内跨境电子商务零售出口货物按规定免征增值税和消费税等支持政策，企业可以选择企业所得税核定征收，对经所在地海关确认符合监管要求的综合试验区所在城市（地区）自动适用跨境电子商务零售进口试点政策，支持企业共建共享海外仓。商务部要牵头做好统筹协调、跟踪分析和指导服务，建立健全评估和退出机制，定期开展评估，促进优胜劣汰，会同有关部门及时总结推广试点经验，重大问题和情况及时报告国务院。

国务院

2022 年 1 月 22 日

国务院关于同意在廊坊等 33 个城市和地区设立跨境电子商务综合试验区的批复

（国函〔2022〕126 号）

河北省、山西省、内蒙古自治区、辽宁省、吉林省、黑龙江省、安徽省、福建省、江西省、山东省、河南省、湖南省、广西壮族自治区、四川省、贵州省、云南省、西藏自治区、新疆维吾尔自治区人民政府，商务部：

你们关于设立跨境电子商务综合试验区的请示收悉。现批复如下：

一、同意在廊坊市、沧州市、运城市、

包头市、鞍山市、延吉市、同江市、蚌埠市、南平市、宁德市、萍乡市、新余市、宜春市、吉安市、枣庄市、济宁市、泰安市、德州市、聊城市、滨州市、菏泽市、焦作市、许昌市、衡阳市、株洲市、柳州市、贺州市、宜宾市、达州市、铜仁市、大理白族自治州、拉萨市、伊犁哈萨克自治州等33个城市和地区设立跨境电子商务综合试验区，名称分别为中国（城市或地区名）跨境电子商务综合试验区，具体实施方案由所在地省级人民政府分别负责印发。

二、跨境电子商务综合试验区（以下简称综合试验区）建设要以习近平新时代中国特色社会主义思想为指导，全面贯彻党的二十大精神，按照党中央、国务院决策部署，坚持稳中求进工作总基调，完整、准确、全面贯彻新发展理念，加快构建新发展格局，全面深化改革开放，坚持创新驱动发展，复制推广前六批综合试验区成熟经验做法，发挥跨境电子商务助力传统产业转型升级、促进产业数字化发展的积极作用，推动外贸优化升级，加快建设贸易强国。要坚定不移贯彻总体国家安全观，抓好风险防范，坚持在发展中规范、在规范中发展。要保障好个人信息权益，为各类市场主体公平参与市场竞争创造良好营商环境。

三、有关省（自治区）人民政府要切实加强对综合试验区建设的组织领导，健全机制、明确分工、落实责任，有力有序有效推进综合试验区建设发展。要按照试点要求，尽快完善具体实施方案并抓好组织实施。要进一步细化先行先试任务，突出重点，创新驱动，充分发挥市场配置资源的决定性作用，更好发挥政府作用，有效引导社会资源，合理配置公共资源，扎实推进综合试验区建设。要建立健全跨境电子商务信息化管理机制，根据有关部门的管理需要，及时提供相关电子信息。要定期向商务部等部门报送工作计划、试点经验和成效，努力在健全促进跨境电子商务发展的体制机制、推动配套支撑体系建设等方面取得新进展、新突破。各综合试验区建设涉及的重要政策和重大建设项目要按规定程序报批。

四、国务院有关部门要按照职能分工，加强对综合试验区的协调指导和政策支持，切实发挥综合试验区示范引领作用。按照鼓励创新原则，坚持问题导向，加强协调配合，着力在跨境电子商务企业对企业（B2B）方式相关环节的技术标准、业务流程、监管模式和信息化建设等方面探索创新，研究出台更多支持举措，为综合试验区发展营造良好环境，更好促进和规范跨境电子商务产业发展壮大。要进一步完善跨境电子商务统计体系，实行对综合试验区内跨境电子商务零售出口货物按规定免征增值税和消费税等支持政策，企业可以选择企业所得税核定征收，对经所在地海关确认符合监管要求的综合试验区所在城市（地区）自动适用跨境电子商务零售进口试点政策，支持企业共建共享海外仓。商务部要牵头做好统筹协调、跟踪分析和督促指导，建立健全评估和退出机制，定期开展评估，促进优胜劣汰，会同有关部门及时总结推广试点经验，重大问题和情况及时报告国务院。

国务院

2022年11月14日

国务院办公厅关于印发“十四五” 现代物流发展规划的通知

（国办发〔2022〕17 号）

各省、自治区、直辖市人民政府，国务院各部委、各直属机构：

《“十四五”现代物流发展规划》已经国务院同意，现印发给你们，请认真贯彻执行。

国务院办公厅

2022 年 5 月 17 日

（本文有删减）

“十四五”现代物流发展规划

现代物流一头连着生产，一头连着消费，高度集成并融合运输、仓储、分拨、配送、信息等服务功能，是延伸产业链、提升价值链、打造供应链的重要支撑，在构建现代流通体系、促进形成强大国内市场、推动高质量发展、建设现代化经济体系中发挥着先导性、基础性、战略性作用。“十三五”以来，我国现代物流发展取得积极成效，服务质量效益明显提升，政策环境持续改善，对国民经济发展的支撑保障作用显著增强。为贯彻落实党中央、国务院关于构建现代物流体系的决策部署，根据《中华人民共和国国民经济和社会发展第十四个五年规划和 2035 年远景目标纲要》，经国务院同意，制定本规划。

一、现状形势

（一）发展基础

物流规模效益持续提高。“十三五”期间，社会物流总额保持稳定增长，2020 年超过 300 万亿元，年均增速达 5.6%。公路、铁路、内河、民航、管道运营里程以及货运量、货物周转量、快递业务量均居世界前列，规模以上物流园区达到 2000 个左右。社会物流成本水平稳步下降，2020 年社会物流总费用与国内生产总值的比率降至 14.7%，较 2015 年下降 1.3 个百分点。

物流资源整合提质增速。国家物流枢纽、国家骨干冷链物流基地、示范物流园区等重大物流基础设施建设稳步推进。物流要素与服务资源整合步伐加快，市场集中度提升，中国物流企业 50 强 2020 年业务收入较 2015 年增长超过 30%。航运企业加快重组，船队规模位居世界前列。民航货运领域混合所有制改革深入推进，资源配置进一步优化。

物流结构调整加快推进。物流区域发展不平衡状况有所改善，中西部地区物流规模增速超过全国平均水平。运输结构加快调整，铁路货运量占比稳步提升，多式联运货运量年均增速超过 20%。仓储结构逐步优化，高端标准仓库、智能立体仓库快速发展。快递物流、冷链物流、农村物流、即时配送等发展步伐加快，有力支撑和引领消费结构升级。

科技赋能促进创新发展。移动互联网、大数据、云计算、物联网等新技术在物流领域广泛应用，网络货运、数字仓库、无接触配送等“互联网+”高效物流新模式新业态不断涌现。自动分拣系统、无人仓、无人码头、无人配送车、物流机器人、智能快件箱等技术装备加快应用，高铁快运动车组、大型货运无人机、无人驾驶卡车等起步发展，快递电子运单、铁路货运票据电子化得到普及。

国际物流网络不断延展。我国国际航运、航空物流基本通达全球主要贸易合作伙伴。截至2020年底，中欧班列通达欧洲20多个国家的90多个城市，累计开行超过3万列，在深化我国与共建“一带一路”国家经贸合作、应对新冠肺炎疫情和推进复工复产中发挥了国际物流大动脉作用。企业海外仓、落地配加快布局，境外物流网络服务能力稳步提升。

营商环境持续改善。推动现代物流发展的一系列规划和政策措施出台实施，特别是物流降本增效政策持续发力，“放管服”改革与减税降费等取得实效。物流市场监测、监管水平明显提升，政务服务质量和效率大幅改善。物流标准、统计、教育、培训等支撑保障体系进一步完善，物流诚信体系建设加快推进，行业治理能力稳步提升。

（二）突出问题

物流降本增效仍需深化。全国统一大市场尚不健全，物流资源要素配置不合理、利用不充分。多式联运体系不完善，跨运输方式、跨作业环节衔接转换效率较低，载运单元标准化程度不高，全链条运行效率低、成本高。

结构性失衡问题亟待破局。存量物流基础设施网络“东强西弱”“城强乡弱”“内强外弱”，对新发展格局下产业布局、内需消费的支撑引领能力不够。物流服务供给对需求的适配性不强，低端服务供给过剩、中高端服务供给不足。货物运输结构还需优化，大宗货物公路中长距离运输比重仍然较高。

大而不强问题有待解决。物流产业规模大但规模经济效益释放不足，特别是公路货运市场同质化竞争、不正当竞争现象较为普遍，集约化程度有待提升。现代物流体系组织化、集约化、网络化、社会化程度不高，国家层面的骨干物流基础设施网络不健全，缺乏具有全球竞争力的现代物流企业，与世界物流强国相比仍存在差距。

部分领域短板较为突出。大宗商品储备设施以及农村物流、冷链物流、应急物流、航空物流等专业物流和民生保障领域物流存在短板。现代物流嵌入产业链深度广度不足，供应链服务保障能力不够，对畅通国民经济循环的支撑能力有待增强。行业协同治理水平仍需提升。

（三）面临形势

统筹国内国际两个大局要求强化现代物流战略支撑引领能力。中华民族伟大复兴战略全局与世界百年未有之大变局历史性交汇，新冠肺炎疫情、俄乌冲突影响广泛深远，全球产业链供应链加速重构，要求现代物流对内主动适应社会主要矛盾变化，更好发挥连接生产消费、畅通国内大循环的支撑作用；对外妥善应对错综复杂国际环境带来的新挑战，为推动国际经贸合作、培育国际竞争新优势提供有力保障。

建设现代产业体系要求提高现代物流价值创造能力。发展壮大战略性新兴产业，促进服务业繁荣发展，要求现代物流适应现代产业体系对多元化专业化服务的需求，深度嵌入产业链供应链，促进实体经济降本增效，提升价值创造能力，推进产业基础高级化、产业链现代化。

实施扩大内需战略要求发挥现代物流畅通经济循环作用。坚持扩大内需战略基点，加快培育完整内需体系，要求加快构建适应城乡居民消费升级需要的现代物流体系，提升供给体系对内需的适配性，以高质量供给引领、创造和扩大新需求。

新一轮科技革命要求加快现代物流技术创新与业态升级。现代信息技术、新型智慧装备广泛应用，现代产业体系质量、效率、动力变革深入推进，既为物流创新发展注入新活力，也要求加快现代物流数字化、网络化、智慧化赋能，打造科技含量高、创新能力强的智慧物流新模式。

二、总体要求

（一）指导思想

以习近平新时代中国特色社会主义思想为指导，坚持稳中求进工作总基调，完整、准确、全面贯彻新发展理念，加快构建新发展格局，全面深化改革开放，坚持创新驱动发展，推动高质量发展，坚持以供给侧结构性改革为主线，统筹疫情防控和经济社会发展，统筹发展和安全，提升产业链供应链韧性和安全水平，推动构建现代物流体系，推进现代物流提质、增效、降本，为建设现代产业体系、形成强大国内市场、推动高水平对外开放提供有力支撑。

（二）基本原则

——市场主导、政府引导。充分发挥市场在资源配置中的决定性作用，激发市场主体创新发展活力，提高物流要素配置效率和效益。更好发挥政府作用，加强战略规划和政策引导，推动形成规范高效、公平竞争、统一开放的物流市场，强化社会民生物流保障。

——系统观念、统筹推进。统筹谋划物流设施建设、服务体系构建、技术装备升级、业态模式创新，促进现代物流与区域、产业、消费、城乡协同布局，构建支撑国内国际双循环的物流服务体系，实现物流网络高效联通。

——创新驱动、联动融合。以数字化、网络化、智慧化为牵引，深化现代物流与制造、贸易、信息等融合创新发展，推动形成需求牵引供给、供给创造需求的良性互动和更高水平动态平衡。

——绿色低碳、安全韧性。将绿色环保理念贯穿现代物流发展全链条，提升物流可持续发展能力。坚持总体国家安全观，提高物流安全治理水平，完善应急物流体系，提高重大疫情等公共卫生事件、突发事件应对处置能力，促进产业链供应链稳定。

（三）主要目标

到2025年，基本建成供需适配、内外联通、安全高效、智慧绿色的现代物流体系。

——物流创新发展能力和企业竞争力显著增强。物流数字化转型取得显著成效，智慧物流应用场景更加丰富。物流科技创新能力不断增强，产学研结合机制进一步完善，建设一批现代物流科创中心和国家工程研究中心。铁路、民航等领域体制改革取得显著成效，市场活力明显增强，形成一批具有较强国际竞争力的骨干物流企业和知名服务品牌。

——物流服务质量效率明显提升。跨物流环节衔接转换、跨运输方式联运效率大幅提高，社会物流总费用与国内生产总值的比率较2020年下降2个百分点左右。多式联运、铁路（高铁）快运、内河水运、大宗商品储备设施、农村物流、冷链物流、应急物流、航空物流、国际寄递物流等重点领域补短板取得明显成效。通关便利化水平进一步提升，城乡物流服务均等化程度明显提高。

——“通道+枢纽+网络”运行体系基

本形成。衔接国家综合立体交通网主骨架，完成 120 个左右国家物流枢纽、100 个左右国家骨干冷链物流基地布局建设，基本形成以国家物流枢纽为核心的骨干物流基础设施网络。物流干支仓配一体化运行更加顺畅，串接不同运输方式的多元化国际物流通道逐步完善，畅联国内国际的物流服务网络更加健全。枢纽经济发展取得成效，建设 20 个左右国家物流枢纽经济示范区。

——安全绿色发展水平大幅提高。提高重大疫情、自然灾害等紧急情况下物流对经济社会运行的保障能力。冷链物流全流程监测能力大幅增强，生鲜产品冷链流通率显著提升。货物运输结构进一步优化，铁路货运量占比较 2020 年提高 0.5 个百分点，集装箱铁水联运量年均增长 15%以上，铁路、内河集装箱运输比重和集装箱铁水联运比重大幅上升。面向重点品类的逆向物流体系初步建立，资源集约利用水平明显提升。清洁货运车辆广泛应用，绿色包装应用取得明显成效，物流领域节能减排水平显著提高。

——现代物流发展制度环境更加完善。物流标准规范体系进一步健全，标准化、集装化、单元化物流装载器具和包装基础模数广泛应用。社会物流统计体系、信用体系更加健全，营商环境持续优化，行业协同治理体系不断完善、治理能力显著提升。

展望 2035 年，现代物流体系更加完善，具有国际竞争力的一流物流企业成长壮大，通达全球的物流服务网络更加健全，对区域协调发展和实体经济高质量发展的支撑引领更加有力，为基本实现社会主义现代化提供坚实保障。

三、精准聚焦现代物流发展重点方向

（一）加快物流枢纽资源整合建设

深入推进国家物流枢纽建设，补齐内陆地区枢纽设施结构和功能短板，加强业务协同、政策协调、运行协作，加快推动枢纽互联成网。加强国家物流枢纽铁路专用线、联运转运设施建设，有效衔接多种运输方式，强化多式联运组织能力，实现枢纽间干线运输密切对接。依托国家物流枢纽整合区域物流设施资源，引导应急储备、分拨配送等功能设施集中集约布局，支持各类物流中心、配送设施、专业市场等与国家物流枢纽功能对接、联动发展，促进物流要素规模集聚和集成运作。

专栏 1　国家物流枢纽建设工程
优化国家物流枢纽布局，实现东中西部物流枢纽基本均衡分布。发挥国家物流枢纽联盟组织协调作用，建立物流标准衔接、行业动态监测等机制，探索优势互补、资源共享、业务协同合作模式，形成稳定完善的国家物流枢纽合作机制。积极推进国家级示范物流园区数字化、智慧化、绿色化改造。

（二）构建国际国内物流大通道

依托国家综合立体交通网和主要城市群、沿海沿边口岸城市等，促进国家物流枢纽协同建设和高效联动，构建国内国际紧密衔接、物流要素高效集聚、运作服务规模化的“四横五纵、两沿十廊”物流大通道。“四横五纵”国内物流大通道建设，要畅通串接东中西部的沿黄、陆桥、长江、广昆等物流通道和连接南北方的京沪、京哈—京港澳（台）、二连浩特至北部湾、西部陆海新通道、进出藏等物流通道，提升相关城市群、陆上口岸城市物流综合服务能力和规模化运行效率。加快“两沿十廊”国际物流大通道建设，对接区域全面经济伙伴关系协定（RCEP）等，强化服务共建“一带一路”的多元化国际物流通道辐射能力。

（三）完善现代物流服务体系

围绕做优服务链条、做强服务功能、做好供应链协同，完善集约高效的现代物流服务体系，支撑现代产业体系升级，推动产业迈向全球价值链中高端。加快运输、仓储、配送、流通加工、包装、装卸等领域数字化改造、智慧化升级和服务创新，补齐农村物流、冷链物流、应急物流、航空物流等专业物流短板，增强专业物流服务能力，推动现代物流向供应链上下游延伸。

（四）延伸物流服务价值链条

把握物流需求多元化趋势，加强现代物流科技赋能和创新驱动，推进现代物流服务领域拓展和业态模式创新。发挥现代物流串接生产消费作用，与先进制造、现代商贸、现代农业融合共创产业链增值新空间。提高物流网络对经济要素高效流动的支持能力，引导产业集群发展和经济合理布局，推动跨区域资源整合、产业链联动和价值协同创造，发展枢纽经济、通道经济新形态，培育区域经济新增长点。

（五）强化现代物流对社会民生的服务保障

围绕更好满足城乡居民生活需要，适应扩大内需、消费升级趋势，优化完善商贸、快递物流网络。完善城市特别是超大特大城市物流设施网络，健全分级配送体系，实现干线、支线物流和末端配送有机衔接、一体化运作，加强重点生活物资保障能力。补齐农村物流设施和服务短板，推动快递服务基本实现直投到建制村，支撑扩大优质消费品供给。加快建立覆盖冷链物流全链条的动态监测和追溯体系，保障食品药品消费安全。鼓励发展物流新业态新模式，创造更多就业岗位，保障就业人员权益，促进灵活就业健康发展。

（六）提升现代物流安全应急能力

统筹发展和安全，强化重大物流基础设施安全和信息安全保护，提升战略物资、应急物流、国际供应链等保障水平，增强经济社会发展韧性。健全大宗商品物流体系。加快构建全球供应链物流服务网络，保持产业链供应链稳定。充分发挥社会物流作用，推动建立以企业为主体的应急物流队伍。

四、加快培育现代物流转型升级新动能

（一）推动物流提质增效降本

促进全链条降成本。推动解决跨运输方式、跨作业环节瓶颈问题，打破物流“中梗阻”。依托国家物流枢纽、国家骨干冷链物流基地等重大物流基础设施，提高干线运输规模化水平和支线运输网络化覆盖面，完善末端配送网点布局，扩大低成本、高效率干支仓配一体化物流服务供给。鼓励物流资源共享，整合分散的运输、仓储、配送能力，发展共建船队车队、共享仓储、共同配送、统仓统配等组织模式，提高资源利用效率。推动干支仓配一体化深度融入生产和流通，带动生产布局和流通体系调整优化，减少迂回、空驶等低效无效运输，加快库存周转，减少社会物流保管和管理费用。

推进结构性降成本。加快推进铁路专用线进港区、连园区、接厂区，合理有序推进大宗商品等中长距离运输“公转铁”、“公转水”。完善集装箱公铁联运衔接设施，鼓励发展集拼集运、模块化运输、“散改集”等组织模式，发挥铁路干线运输成本低和公路网络灵活优势，培育有竞争力的“门到门”

公铁联运服务模式，降低公铁联运全程物流成本。统筹沿海港口综合利用，提升大型港口基础设施服务能力，提高码头现代化专业化规模化水平，加快推进铁水联运衔接场站改造，提高港口铁路专用线集疏网络效能，优化作业流程。完善内河水运网络，统筹江海直达、江海联运发展，发挥近海航线、长江水道、珠江水道等水运效能，稳步推进货物运输“公转水”。推进铁水联运业务单证电子化，促进铁路、港口信息互联，实现铁路现车、装卸车、货物在途、到达预确报以及港口装卸、货物堆存、船舶进出港、船期舱位预定等铁水联运信息交换共享。支持港口、铁路场站加快完善集疏运油气管网，有效对接石化等产业布局，提高管道运输比例。

专栏 2　铁路物流升级改造工程

大力组织班列化货物列车开行，扩大铁路“点对点”直达货运服务规模，在运量较大的物流枢纽、口岸、港口间组织开行技术直达列车，形成“核心节点+通道+班列”的高效物流组织体系，增强铁路服务稳定性和时效性。有序推动城市中心城区既有铁路货场布局调整，或升级改造转型为物流配送中心。到2025年，沿海主要港口、大宗货物年运量150万吨以上的大型工矿企业、新建物流园区等的铁路专用线接入比例力争达到85%左右，长江干线主要港口全面实现铁路进港。

（二）促进物流业与制造业深度融合

促进企业协同发展。支持物流企业与制造企业创新供应链协同运营模式，将物流服务深度嵌入制造供应链体系，提供供应链一体化物流解决方案，增强制造企业柔性制造、敏捷制造能力。引导制造企业与物流企业建立互利共赢的长期战略合作关系，共同投资专用物流设施建设和物流器具研发，提高中长期物流合同比例，制定制造业物流服务标准，提升供应链协同效率。鼓励具备条件的制造企业整合对接分散的物流服务能力和资源，实现规模化组织、专业化服务、社会化协同。

推动设施联动发展。加强工业园区、产业集群与国家物流枢纽、物流园区、物流中心等设施布局衔接、联动发展。支持工业园区等新建或改造物流基础设施，吸引第三方物流企业进驻并提供专业化、社会化物流服务。发展生产服务型国家物流枢纽，完善第三方仓储、铁路专用线等物流设施，面向周边制造企业提供集成化供应链物流服务，促进物流供需规模化对接，减少物流设施重复建设和闲置。

支持生态融合发展。统筹推进工业互联网和智慧物流体系同步设计、一体建设、协同运作，加大智能技术装备在制造业物流领域应用，推进关键物流环节和流程智慧化升级。打造制造业物流服务平台，促进制造业供应链上下游企业加强采购、生产、流通等环节信息实时采集、互联共享，实现物流资源共享和过程协同，提高生产制造和物流服务一体化运行水平，形成技术驱动、平台赋能的物流业制造业融合发展新生态。

专栏3　物流业制造业融合创新工程

在重点领域梳理一批物流业制造业深度融合创新发展典型案例，培育一批物流业制造业融合创新模式、代表性企业和知名品牌。鼓励供应链核心企业发起成立物流业制造业深度融合创新发展联盟，开展流程优化、信息共享、技术共创和业务协同等创新。研究制定物流业制造业融合发展行业标准，开展制造企业物流成本核算对标。

（三）强化物流数字化科技赋能

加快物流数字化转型。利用现代信息技术推动物流要素在线化数据化，开发多样化应用场景，实现物流资源线上线下联动。结合实施"东数西算"工程，引导企业信息系统向云端跃迁，推动"一站式"物流数据中台应用，鼓励平台企业和数字化服务商开发面向中小微企业的云平台、云服务，加强物流大数据采集、分析和应用，提升物流数据价值。培育物流数据要素市场，统筹数据交互和安全需要，完善市场交易规则，促进物流数据安全高效流通。积极参与全球物流领域数字治理，支撑全球贸易和跨境电商发展。研究电子签名和电子合同应用，促进国际物流企业间互认互验，试点铁路国际联运无纸化。

推进物流智慧化改造。深度应用第五代移动通信（5G）、北斗、移动互联网、大数据、人工智能等技术，分类推动物流基础设施改造升级，加快物联网相关设施建设，发展智慧物流枢纽、智慧物流园区、智慧仓储物流基地、智慧港口、数字仓库等新型物流基础设施。鼓励智慧物流技术与模式创新，促进创新成果转化，拓展智慧物流商业化应用场景，促进自动化、无人化、智慧化物流技术装备以及自动感知、自动控制、智慧决策等智慧管理技术应用。加快高端标准仓库、智慧立体仓储设施建设，研发推广面向中小微企业的低成本、模块化、易使用、易维护智慧装备。

促进物流网络化升级。依托重大物流基础设施打造物流信息组织中枢，推动物流设施设备全面联网，实现作业流程透明化、智慧设备全连接，促进物流信息交互联通。推动大型物流企业面向中小微企业提供多样化、数字化服务，稳步发展网络货运、共享物流、无人配送、智慧航运等新业态。鼓励在有条件的城市搭建智慧物流"大脑"，全面链接并促进城市物流资源共享，优化城市物流运行，建设智慧物流网络。推动物流领域基础公共信息数据有序开放，加强物流公共信息服务平台建设，推动企业数据对接，面向物流企业特别是中小微物流企业提供普惠性服务。

专栏4　数字物流创新提质工程

加强物流公共信息服务平台建设，在确保信息安全的前提下，推动交通运输、公安交管、市场监管等政府部门和铁路、港口、航空等企事业单位向社会开放与物流相关的公共数据，推进公共数据共享。利用现代信息技术搭建数字化、网络化、协同化物流第三方服务平台，推出一批便捷高效、成本经济的云服务平台和数字化解决方案，推广一批先进数字技术装备。推动物流企业"上云用数赋智"，树立一批数字化转型标杆企业。

（四）推动绿色物流发展

深入推进物流领域节能减排。加强货运车辆适用的充电桩、加氢站及内河船舶适用的岸电设施、液化天然气（LNG）加注站等配套布局建设，加快新能源、符合国六排放标准等货运车辆在现代物流特别是城市配送领域应用，促进新能源叉车在仓储领域应用。继续加大柴油货车污染治理力度，持续推进运输结构调整，提高铁路、水路运输比重。推动物流企业强化绿色节能和低碳管理，推广合同能源管理模式，积极开展节能诊断。加强绿色物流新技术和设备研发应用，推广使用循环包装，减少过度包装和二次包装，促进包装减量化、再利用。加快标准化物流周转箱推广应用，推动托盘循环共用系统建设。

加快健全逆向物流服务体系。探索符合我国国情的逆向物流发展模式，鼓励相关装备设施建设和技术应用，推进标准制定、检测认证等基础工作，培育专业化逆向物流服务企业。支持国家物流枢纽率先开展逆向物流体系建设，针对产品包装、物流器具、汽车以及电商退换货等，建立线上线下融合的逆向物流服务平台和网络，创新服务模式和场景，促进产品回收和资源循环利用。

专栏 5　绿色低碳物流创新工程
依托行业协会等第三方机构，开展绿色物流企业对标贯标达标活动，推广一批节能低碳技术装备，创建一批绿色物流枢纽、绿色物流园区。在运输、仓储、配送等环节积极扩大电力、氢能、天然气、先进生物液体燃料等新能源、清洁能源应用。加快建立天然气、氢能等清洁能源供应和加注体系。

（五）做好供应链战略设计

提升现代供应链运行效率。推进重点产业供应链体系建设，发挥供应链核心企业组织协同管理优势，搭建供应链协同服务平台，提供集贸易、物流、信息等多样化服务于一体的供应链创新解决方案，打造上下游有效串接、分工协作的联动网络。加强数字化供应链前沿技术、基础软件、先进模式等研究与推广，探索扩大区块链技术应用，提高供应链数字化效率和安全可信水平。规范发展供应链金融，鼓励银行等金融机构在依法合规、风险可控的前提下，加强与供应链核心企业或平台企业合作，丰富创新供应链金融产品供给。

强化现代供应链安全韧性。坚持自主可控、安全高效，加强供应链安全风险监测、预警、防控、应对等能力建设。发挥供应链协同服务平台作用，引导行业、企业间加强供应链安全信息共享和资源协同联动，分散化解潜在风险，增强供应链弹性，确保产业链安全。积极参与供应链安全国际合作，共同防范应对供应链中断风险。

专栏6 现代供应链体系建设工程

现代供应链创新发展工程。总结供应链创新与应用试点工作经验，开展全国供应链创新与应用示范创建，培育一批示范城市和示范企业，梳理一批供应链创新发展典型案例，推动供应链技术、标准和服务模式创新。

制造业供应链提升工程。健全制造业供应链服务体系，促进生产制造、原材料供应、物流等企业在供应链层面强化战略合作。建立制造业供应链评价体系、重要资源和产品全球供应链风险预警系统。提升制造业供应链智慧化水平，建设以工业互联网为核心的数字化供应链服务体系，深化工业互联网标识解析体系应用。选择一批企业竞争力强、全球化程度高的行业，深入挖掘数字化应用场景，开展制造业供应链数字化创新应用示范工程。

（六）培育发展物流经济

壮大物流枢纽经济。发挥国家物流枢纽、国家骨干冷链物流基地辐射广、成本低、效率高等优势条件，推动现代物流和相关产业深度融合创新发展，促进区域产业空间布局优化，打造具有区域集聚辐射能力的产业集群，稳妥有序开展国家物流枢纽经济示范区建设。

发展物流通道经济。围绕共建“一带一路”、长江经济带发展等重大战略实施和西部陆海新通道建设，提升“四横五纵、两沿十廊”物流大通道沿线物流基础设施支撑和服务能力，密切通道经济联系，优化通道沿线产业布局与分工合作体系，提高产业组织和要素配置能力。

五、深度挖掘现代物流重点领域潜力

（一）加快国际物流网络化发展

推进国际通道网络建设。强化国家物流枢纽等的国际物流服务设施建设，完善通关等功能，加强国际、国内物流通道衔接，推动国际物流基础设施互联互通。推动商贸物流型境外经贸合作区建设，优化海外布局，扩大辐射范围。巩固提升中欧班列等国际铁路运输组织水平，推动跨境公路运输发展，加快构建高效畅通的多元化国际物流干线通道。积极推进海外仓建设，加快健全标准体系。鼓励大型物流企业开展境外港口、海外仓、分销网络建设合作和协同共享，完善全球物流服务网络。

补齐国际航空物流短板。依托空港型国家物流枢纽，集聚整合国际航空物流货源，完善配套服务体系，打造一体化运作的航空物流服务平台，提供高品质“一站式”国际航空物流服务。加快培育规模化、专业化、网络化的国际航空物流骨干企业，优化国际航空客运航线客机腹舱运力配置，增强全货机定班国际航线和包机组织能力，逐步形成优质高效的国际航空物流服务体系，扩大国际航空物流网络覆盖范围，建设覆盖重点产业布局的国际货运通道。

培育国际航运竞争优势。加密国际海运航线，打造国际航运枢纽港，提升国际航运服务能力，强化国际中转功能，拓展国际金融、国际贸易等综合服务。加快推进长三角世界级港口群一体化治理体系建设。加强港口与内陆物流枢纽等联动，发展海铁联运、江海联运，扩大港口腹地辐射范围。鼓励港航企业与货主企业、贸易企业加强战略合作，延伸境外末端服务网络。

提高国际物流综合服务能力。优化完善中欧班列开行方案统筹协调和动态调整机制，加快建设中欧班列集结中心，完善海外货物集散网络，推动中欧班列双向均衡运输，提高货源集结与班列运行效率。加快国际航运、航空与中欧班列、西部陆海新通道国际海铁联运班列等协同联动，提升国际旅客列车行包运输能力，开行客车化跨境班列，构建多样化国际物流服务体系。提高重点边境铁路口岸换装和通行能力，推动边境水运口岸综合开发和国际航道物流合作，提升边境公路口岸物流能力。推进跨境物流单证规则、检验检疫、认证认可、通关报关等标准衔接和国际互认合作。

专栏7　国际物流网络畅通工程

国际物流设施提升工程。培育一批具备区域和国际中转能力的海港、陆港、空港。发挥国家物流枢纽资源整合优势，加快中欧班列集结中心建设，完善物流中转配套能力，加快形成“干支结合、枢纽集散”的高效集疏运体系；开展航空货运枢纽规划布局研究，提升综合性机场货运设施服务能力和服务质量，稳妥有序推进专业性航空货运枢纽机场建设。

西部陆海新通道增量提质工程。发挥西部陆海新通道班列运输协调委员会作用，提升通道物流服务水平。加强通道物流组织模式创新，推动通道沿线物流枢纽与北部湾港口协同联动，促进海铁联运班列提质增效。推动通道海铁联运、国际铁路联运等运输组织方式与中欧班列高效衔接。

（二）补齐农村物流发展短板

完善农村物流节点网络。围绕巩固拓展脱贫攻坚成果与乡村振兴有效衔接，重点补齐中西部地区、经济欠发达地区和偏远山区等农村物流基础设施短板，切实改善农村流通基础条件。统筹城乡物流发展，推动完善以县级物流节点为核心、乡镇服务网点为骨架、村级末端站点为延伸的县乡村三级物流服务设施体系。推动交通运输与邮政快递融合发展，加快农村物流服务品牌宣传推广，促进交通、邮政、快递、商贸、供销、电商等农村物流资源融合和集约利用，打造一批公用型物流基础设施，建设村级寄递物流综合服务站，完善站点服务功能。推进公益性农产品市场和农产品流通骨干网络建设。

提升农村物流服务效能。围绕农村产业发展和居民消费升级，推进物流与农村一二三产业深度融合，深化电商、快递进村工作，发展共同配送，打造经营规范、集约高效的农村物流服务网络，加快工业品下乡、农产品出村双向物流服务通道升级扩容、提质增效。推动物流服务与规模化种养殖、商贸渠道拓展等互促提升，推动农产品品牌打造和标准化流通，创新物流支持农村特色产业品质化、品牌化发展模式，提升农业产业化水平。

（三）促进商贸物流提档升级

完善城乡商贸物流设施。优化以综合物流园区、专业配送中心、末端配送网点为支撑的商贸物流设施网络。完善综合物流园区干线接卸、前置仓储、流通加工等功能。结合老旧小区、老旧厂区、老旧街区和城中村改造以及新城新区建设，新建和改造升级一批集运输、仓储、加工、包装、分拨等功能于一体的公共配送中心，支持大型商超、批发市场、沿街商铺、社区商店等完善临时停靠装卸等配套物流设施，推进智能提货柜、智能快件箱、智能信包箱等设施建设。

提升商贸物流质量效率。鼓励物流企业与商贸企业深化合作，优化业务流程，发展共同配送、集中配送、分时配送、夜间配送等集约化配送模式，优化完善前置仓配送、即时配送、网订店取、自助提货等末端配送模式。深化电商与快递物流融合发展，提升线上线下一体服务能力。

（四）提升冷链物流服务水平

完善冷链物流设施网络。发挥国家物流枢纽、国家骨干冷链物流基地的资源集聚优势，引导商贸流通、农产品加工等企业向枢纽、基地集聚或强化协同衔接。加强产销冷链集配中心建设，提高产地农产品产后集散和商品化处理效率，完善销地城市冷链物流系统。改善机场、港口、铁路场站冷链物流配套条件，健全冷链集疏运网络。加快实施产地保鲜设施建设工程，推进田头小型冷藏保鲜设施等建设，加强产地预冷、仓储保鲜、移动冷库等产地冷链物流设施建设，引导商贸流通企业改善末端冷链设施装备条件，提高城乡冷链设施网络覆盖水平。

提高冷链物流质量效率。大力发展铁路冷链运输和集装箱公铁水联运，对接主要农产品产区和集散地，创新冷链物流干支衔接模式。发展“生鲜电商+产地直发”等冷链物流新业态新模式。推广蓄冷箱、保温箱等单元化冷链载器具和标准化冷藏车，促进冷链物流信息互联互通，提高冷链物流规模化、标准化水平。依托国家骨干冷链物流基地、产销冷链集配中心等大型冷链物流设施，加强生鲜农产品检验检疫、农兽药残留及防腐剂、保鲜剂、添加剂合规使用等质量监管。研究推广应用冷链道路运输电子运单，加强产品溯源和全程温湿度监控，将源头至终端的冷链物流全链条纳入监管范围，提升冷链物流质量保障水平。健全进口冷链食品检验检疫制度，筑牢疫情外防输入防线。

专栏 8　冷链物流基础设施网络提升工程

国家骨干冷链物流基地建设工程。到 2025 年，面向农产品优势产区、重要集散地和主销区，依托存量冷链物流基础设施群布局建设 100 个左右国家骨干冷链物流基地，整合集聚冷链物流市场供需、存量设施以及农产品流通、生产加工等上下游产业资源，提高冷链物流规模化、集约化、组织化、网络化水平。探索建立以国家骨干冷链物流基地为核心的安全检测、全程冷链追溯系统。

产地保鲜设施建设工程。到 2025 年，在农产品主产区和特色农产品优势产区支持建设一批田头小型冷藏保鲜设施，推动建设一批产地冷链集配中心，培育形成一批一体化运作、品牌化经营、专业化服务的农产品仓储保鲜冷链物流运营主体，初步形成符合我国国情的农产品仓储保鲜冷链物流运行模式，构建稳定、高效、低成本运行的农产品出村进城冷链物流网络。

（五）推进铁路（高铁）快运稳步发展

完善铁路（高铁）快运网络。结合电商、邮政快递等货物的主要流向、流量，完善铁路（高铁）快运线路和网络。加快推进铁路场站快运服务设施布局和改造升级，强化快速接卸货、集散、分拣、存储、包装、转运和配送等物流功能，建设专业化铁路（高铁）快运物流基地。鼓励电商、邮政快递等企业参与铁路（高铁）快运设施建设和改造，就近或一体布局建设电商快递分拨中心，完善与铁路（高铁）快运高效衔接的快递物流服务网络。

创新高铁快运服务。适应多样化物流需求，发展多种形式的高铁快运。在具备条件的高铁场站间发展“点对点”高铁快运班列服务。依托现有铁路物流平台，构建业务受理、跟踪查询、结算办理等“一站式”高铁快运服务平台，推动高铁快运与电商、快递物流企业信息对接。

（六）提高专业物流质量效率

完善大宗商品物流体系。优化粮食、能源、矿产等大宗商品物流服务，提升沿海、内河水运通道大宗商品物流能力，扩大铁路货运班列、“点对点”货运列车、大宗货物直达列车开行范围，发展铁路散粮运输、棉花集装箱运输、能源和矿产重载运输。有序推进油气干线管道建设，持续完善支线管道，打通管网瓶颈和堵点，提高干支管网互联互通水平。依托具备条件的国家物流枢纽发展现代化大宗商品物流中心，增强储备、中转、通关等功能，推进大宗商品物流数字化转型，探索发展电子仓单、提单，构建衔接生产流通、串联物流贸易的大宗商品供应链服务平台。

安全有序发展特种物流。提升现代物流对大型装备制造、大型工程项目建设的配套服务能力，加强大件物流跨区域通道线路设计，推动形成多种运输方式协调发展的大件物流综合网络。发展危化品罐箱多式联运，提高安全服务水平，推动危化品物流向专业化定制、高品质服务和全程供应链服务转型升级。推动危化品物流全程监测、线上监管、实时查询，提高异常预警和应急响应处置能力。完善医药物流社会化服务体系，培育壮大第三方医药物流企业。鼓励覆盖生产、流通、消费的医药供应链平台建设，健全全流程监测追溯体系，确保医药产品物流安全。

（七）提升应急物流发展水平

完善应急物流设施布局。整合优化存量应急物资储备、转运设施，推动既有物流设施嵌入应急功能，在重大物流基础设施规划布局、设计建造阶段充分考虑平急两用需要，完善应急物流设施网络。统筹加强抗震、森林草原防灭火、防汛抗旱救灾、医疗救治等各类应急物资储备设施和应急物流设施在布局、功能、运行等方面相互匹配、有机衔接，提高紧急调运能力。

提升应急物流组织水平。统筹应急物流力量建设与管理，建立专业化应急物流企业库和人员队伍，健全平急转换和经济补偿机制。充分利用市场资源，完善应急物流干线运输和区域配送体系，提升跨区域大规模物资调运组织水平，形成应对各类突发事件的应急物流保障能力。

健全物流保通保畅机制。充分发挥区域统筹协调机制作用，鼓励地方建立跨区域、跨部门的应对疫情物流保通保畅工作机制，完善决策报批流程和信息发布机制，不得擅自阻断或关闭高速公路、普通公路、航道船闸等通道，不得擅自关停高速公路服务区、港口码头、铁路车站和航空机场，严禁采取全城 24 小时禁止货车通行的限制措施，不得层层加码实施“一刀切”管控措施；加快完善物流通道和物流枢纽、冷链基地、物流园区、边境口岸等环节的检验检疫、疫情阻断管理机制和分类分级应对操作规范，在发生重大公共卫生事件时有效阻断疫情扩散、确保物流通道畅通，保障防疫物资、生活物资以及工业原材料、农业生产资料等供应，维护正常生产生活秩序和产业链供应链安全。

专栏9　应急物流保障工程
研究完善应急物流转运等设施和服务标准，对具备条件的铁路场站、公路港、机场和港口进行改造提升，建设平急两用的应急物资运输中转站。完善应急物流信息联通标准，强化各部门、各地区、各层级间信息共享，提高应对突发事件物流保障、组织指挥、辅助决策和社会动员能力。

六、强化现代物流发展支撑体系

（一）培育充满活力的物流市场主体

提升物流企业市场竞争力。鼓励物流企业通过兼并重组、联盟合作等方式进行资源优化整合，培育一批具有国际竞争力的现代物流企业，提升一体化供应链综合服务能力。引导中小微物流企业发掘细分市场需求，做精做专、创新服务，增强专业化市场竞争力，提高规范化运作水平。完善物流服务质量评价机制，支持企业塑造物流服务品牌。深化物流领域国有企业改革，盘活国有企业存量物流资产，支持国有资本参与物流大通道建设。鼓励民营物流企业做精做大做强，加快中小微企业资源整合，培育核心竞争力。

规范物流市场运行秩序。统筹推进物流领域市场监管、质量监管、安全监管和金融监管，实现事前事中事后全链条全领域监管，不断提高监管效能。加大物流领域反垄断和反不正当竞争执法力度，深入推进公平竞争政策实施。有序放宽市场准入，完善市场退出机制，有效引导过剩物流能力退出，扩大优质物流服务供给。引导公路运输企业集约化、规模化经营，提升公路货物运输组织效率。

专栏10　现代物流企业竞争力培育工程
支持具备条件的物流企业加强软硬件建设，壮大发展成为具有较强国际竞争力的现代物流领军企业，参与和主导全球物流体系建设和供应链布局。支持和鼓励中小微物流企业专业化、精益化、品质化发展，形成一批“专、精、特、新”现代物流企业。

（二）强化基础标准和制度支撑

健全物流统计监测体系。研究建立物流统计分类标准，加强社会物流统计和重点物流企业统计监测，开展企业物流成本统计调查试点。研究制定反映现代物流重点领域、关键环节高质量发展的监测指标体系，科学系统反映现代物流发展质量效率，为政府宏观调控和企业经营决策提供参考依据。

健全现代物流标准体系。强化物流领域国家标准和行业标准规范指导作用，鼓励高起点团体标准和企业标准，推动国际国内物流标准接轨，加大已发布物流标准宣传贯彻力度。推动基础通用和产业共性的物流技术标准优化升级，以标准提升促进物流科技成果转化。建立政府推动、行业协会和企业等共同参与的物流标准实施推广机制。建立物流标准实施评价体系，培育物流领域企业标准“领跑者”，发挥示范带动作用。

加强现代物流信用体系建设。加强物流企业信用信息归集共享，通过“信用中国”网站和国家企业信用信息公示系统依法向社会公开。建立健全跨部门、跨区域信用信息共享机制，建立以信用为基础的企业分类监管制度，完善物流行业经营主体和从业人员守信联合激励和失信联合惩戒机制。依法依规建立物流企业诚信记录和严重失信主体名单制度，提高违法失信成本。

加强物流安全体系建设。完善物流安全管理制度，加强对物流企业的监督管理和日常安全抽查，推动企业严格落实安全生产主体责任。提高物流企业承运物品、客户身份等信息登记规范化水平，加强运输物品信息共享和安全查验部门联动，实现物流活动全程跟踪，确保货物来源可追溯、责任能倒查。提高运输车辆安全性能和从业人员安全素质，规范车辆运输装载，提升运输安全水平。落实网络安全等级保护制度，提升物流相关信息系统的安全防护能力。

专栏 11　物流标准化推进工程

研究制定现代物流标准化发展规划，完善现代物流标准体系。加强多式联运、应急物流、逆向物流、绿色物流等短板领域标准研究与制订。制修订一批行业急需的物流信息资源分类与编码、物流单证、智慧物流标签标准，以及企业间物流信息采集、信息交互标准和物流公共信息服务平台应用开发、通用接口、数据传输等标准。完善包装、托盘、周转箱等标准，加强以标准托盘为基础的单元化物流系统系列标准制修订，加快运输工具、载运装备、设施体系等标准对接和系统运作，提高全社会物流运行效率。推动完善货物运输、物流园区与冷链、大件、药品和医疗器械、危化品等物流标准规范。推进危险货物在铁路、公路、水路等运输环节标准衔接。加快制定智慧物流、供应链服务、电商快递、即时配送、城乡物流配送等新兴领域标准。推进面向数字化与智慧化需求的物流装备设施标准制修订。积极参与国际物流标准制修订。

（三）打造创新实用的科技与人才体系

强化物流科技创新支撑。依托国家企业技术中心、高等院校、科研院所等开展物流重大基础研究和示范应用，推动设立一批物流技术创新平台。建立以企业为主体的协同创新机制，鼓励企业与高等院校、科研院所联合设立产学研结合的物流科创中心，开展创新技术集中攻关、先进模式示范推广，建立成果转化工作机制。鼓励物流领域研究开发、创业孵化、技术转移、检验检测认证、科技咨询等创新服务机构发展，提升专业化服务能力。

建设物流专业人才队伍。发挥物流企业用人主体作用，加强人才梯队建设，完善人才培养、使用、评价和激励机制。加强高等院校物流学科专业建设，提高专业设置的针对性，培育复合型高端物流人才。加快物流现代职业教育体系建设，支持职业院校（含技工院校）开设物流相关专业。加强校企合作，创新产教融合人才培养模式，培育一批有影响力的产教融合型企业，支持企业按规定提取和使用职工教育经费，开展大规模多层次职业技能培训，促进现代物流专业技术人员能力提升。指导推动物流领域用人单位和社会培训评价组织开展职业技能等级认定，积极开展物流领域相关职业技能竞赛。实现学历教育与培训并举衔接，进一步推动物流领域 1+X 证书制度和学分银行建设。对接国际专业认证体系，提高国际化物流人才培养水平，加大海外高端人才引进力度。实施新一轮专业技术人才知识更新工程和职业技能提升行动，推进物流领域工程技术人才职称评审，逐步壮大高水平工程师和高技能人才队伍。

七、实施保障

（一）优化营商环境

深化“放管服”改革，按规定放宽物流

领域相关市场准入，消除各类地方保护和隐性壁垒。依托全国一体化政务服务平台，推动物流领域资质证照电子化，支持地方开展“一照多址”改革，促进物流企业网络化布局，实现企业注册、审批、变更、注销等“一网通办”，允许物流领域（不含快递）企业分支机构证照异地备案和异地审验。推动物流领域（不含快递）资质许可向资质备案和告知承诺转变。完善物流发展相关立法，推动健全物流业法律法规体系和法治监督体系。开展现代物流促进法等综合性法律立法研究和准备工作。严格依法行政依法监管，统一物流监管执法标准和处罚清单。推动跨部门、跨区域、跨层级政务信息开放共享，避免多头管理和重复监管。大力推动货车非法改装治理，研究制定非标准货运车辆治理工作方案。依托国际贸易“单一窗口”创新“通关+物流”服务，提高口岸智慧管理和服务水平。推动部门间物流安检互认、数据互通共享，减少不必要的重复安检。支持航空公司壮大货运机队规模，进一步简化货机引进程序和管理办法，优化工作流程，鼓励航空物流企业“走出去”。

（二）创新体制机制

完善全国现代物流工作部际联席会议制度，强化跨部门、跨区域政策协同，着力推动降低物流成本等重点工作。深化铁路货运市场化改革，推进投融资、运输组织、科技创新等体制机制改革，吸引社会资本进入，推动铁路货运市场主体多元化和服务创新发展，促进运输市场公平有序竞争。鼓励铁路企业与港口、社会物流企业等交叉持股，拓展战略合作联盟。

（三）强化政策支持

保障重大项目用地用海。依据国土空间规划，落实《国土空间调查、规划、用途管制用地用海分类指南（试行）》要求，完善物流设施专项规划，重点保障国家物流枢纽等重大物流基础设施和港航设施等的合理用地用海需求，确保物流用地规模、土地性质和空间位置长期稳定。创新物流用地模式，推动物流枢纽用地统一规划和科学布局，提升土地空间集约节约利用水平，支持物流仓储用地以长期租赁或先租后让、租让结合的方式供应。鼓励地方政府盘活存量土地和闲置土地资源用于物流设施建设。支持物流企业利用自有土地进行物流基础设施升级改造。支持依法合规利用铁路划拨用地、集体建设用地建设物流基础设施。

巩固减税降费成果。落实深化税收征管制度改革有关部署，推进现代物流领域发票电子化。按规定落实物流企业大宗商品仓储设施用地城镇土地使用税减半征收、购置挂车车辆购置税减半征收等税收优惠政策。严格落实已出台的物流简政降费政策，严格执行收费目录清单和公示制度，严禁违规收费，坚决治理乱收费、乱罚款、乱摊派，依法治理“只收费、不服务”的行为。清理规范铁路、港口、机场等收费，对主要海运口岸、机场地面服务收费开展专项调查，增强铁路货运收费透明度。对货运车辆定位信息及相关服务商开展典型成本调查，及时调整过高收费标准。

加大金融支持力度。鼓励符合条件的社会资本按市场化方式发起成立物流产业相关投资基金。发挥各类金融机构作用，按照市场化、法治化原则，加大对骨干物流企业和中小物流企业的信贷支持力度，拓宽企业兼并重组融资渠道，引导资金流向创新型物流企业。在仓储物流行业稳妥推进基础设施领域不动产投资信托基金（REITs）试点。鼓励保险公司开发农产品仓储保鲜冷链物流保险，提升鲜活农产品经营和质量安全风险保障水平。

（四）深化国际合作

推动建立国际物流通道沿线国家协作机制，加强便利化运输、智慧海关、智能边境、智享联通等方面合作。持续推动中欧班列“关铁通”项目在有合作意愿国家落地实施。逐步建立适应国际铁路联运特点的陆路贸易规则体系，推动完善配套法律法规，加强与国内外银行、保险等金融机构合作，探索使用铁路运输单证开展贸易融资。

（五）加强组织实施

国家发展改革委要会同国务院有关部门加强行业综合协调和宏观调控，协调解决本规划实施中存在的问题，确保规划落地见效。建立现代物流发展专家咨询委员会，加强对重大问题的调查研究和政策咨询，指导规划任务科学推进。推动行业协会深度参与行业治理，发挥社会监督职能，加强行业自律和规范发展，助力规划落地实施。

关于调整跨境电子商务零售进口商品清单的公告

（2022 年第 7 号）

为促进跨境电子商务零售进口健康发展，满足人民美好生活需要，自 2022 年 3 月 1 日起，优化调整《跨境电子商务零售进口商品清单（2019 年版）》。调整事项见附件。

附件：跨境电子商务零售进口商品清单调整表

财政部　发展改革委　工业和信息化部
生态环境部　农业农村部　商务部　海关总署
中华人民共和国濒危物种进出口管理办公室
2022 年 1 月 28 日

附件

跨境电子商务零售进口商品清单调整表

一、增加 29 项商品

序号	税则号列	商品描述	备注
1	03072910	其他扇贝	仅限网购保税商品
2	09102000	番红花	仅限网购保税商品
3	20095000	番茄汁	
4	21033000	芥子粉及其调味品	
5	29252900	其他亚胺及其盐和衍生物	仅限一水肌酸

续表

序号	税则号列	商品描述	备注
6	63023191	棉制其他床单	
7	63023192	棉制其他毛巾被	
8	63053900	其他化纤制货物包装袋	
9	64069091	活动式鞋内底、跟垫及类似品	
10	67041100	合成纺织材料制整头假发	
11	67042000	人发制假发	
12	84221100	家用型洗碟机	
13	84433221	数字式喷墨印刷机	
14	85198910	不带录制装置的其他唱机（不论是否带有扬声器）	
15	85234990	已录制的其他光学媒体	
16	85279200	带时钟的收音机	
17	85366900	用于电压不超过 1000 伏线路的插头及插座	
18	91139000	非金属制的表带及其零件	
19	94016190	装软垫的木框架的其他坐具	列入《进出口野生动植物种商品目录》且不能提供《中华人民共和国濒危物种进出口管理办公室非〈进出口野生动植物种商品目录〉物种证明》的商品除外
20	95045020	自带视频显示装置的视频游戏控制器及设备	
21	95045030	其他视频游戏控制器及设备	
22	95045080	视频游戏控制器的零件及附件	
23	95061100	滑雪屐	
24	95061200	滑雪屐扣件	
25	95061900	其他滑雪用具	
26	95063100	完整的高尔夫球棍	
27	95063900	其他高尔夫球用具	
28	96200010	专用于摄影摄像设备（一次成像照相机除外）或声音、视频收录放设备的独脚架、双脚架、三脚架及类似品	
29	96200090	其他独脚架、双脚架、三脚架及类似品	

二、删除1项商品

序号	税则号列	商品描述	备注
1	93070090	其他剑、短弯刀、刺刀、长矛和类似的武器及其零件；其他刀鞘、剑鞘	

三、根据近年来税则转版和税目调整，调整清单中商品的税则号列

序号	税则号列	商品描述	备注
1. 新增的2022年税则号列			
1	03061630	冻冷水小虾及对虾（长额虾属、褐虾）虾仁	仅限网购保税商品
2	03061690	冻其他冷水小虾及对虾（长额虾属、褐虾）	仅限网购保税商品
3	03061730	冻其他小虾及对虾虾仁	仅限网购保税商品
4	03072199	活、鲜、冷其他扇贝科软体动物	仅限网购保税商品
5	03072210	冻扇贝	仅限网购保税商品
6	03072290	冻其他扇贝科软体动物	仅限网购保税商品
7	03072990	其他扇贝科软体动物	仅限网购保税商品
8	04032010	仅含糖、水果或坚果等的酸乳	仅限网购保税商品
9	04032090	其他酸乳	仅限网购保税商品
10	04101000	昆虫	列入《进出口野生动植物种商品目录》且不能提供《中华人民共和国濒危物种进出口管理办公室非〈进出口野生动植物种商品目录〉物种证明》的商品除外；仅限网购保税商品
11	04109010	燕窝	仅限网购保税商品
12	04109021	鲜蜂王浆	仅限网购保税商品
13	04109022	鲜蜂王浆粉	仅限网购保税商品
14	04109023	蜂花粉	仅限网购保税商品
15	04109029	其他蜂产品	仅限网购保税商品
16	04109090	其他食用动物产品	列入《进出口野生动植物种商品目录》且不能提供《中华人民共和国濒危物种进出口管理办公室非〈进出口野生动植物种商品目录〉物种证明》的商品除外；仅限网购保税商品

续表1

序号	税则号列	商品描述	备注
17	08029100	鲜或干的未去壳松子	列入《进出口野生动植物种商品目录》且不能提供《中华人民共和国濒危物种进出口管理办公室非〈进出口野生动植物种商品目录〉物种证明》的商品除外；仅限网购保税商品
18	08029200	鲜或干的去壳松子	列入《进出口野生动植物种商品目录》且不能提供《中华人民共和国濒危物种进出口管理办公室非〈进出口野生动植物种商品目录〉物种证明》的商品除外；仅限网购保税商品
19	08029990	其他鲜或干的坚果	列入《进出口野生动植物种商品目录》且不能提供《中华人民共和国濒危物种进出口管理办公室非〈进出口野生动植物种商品目录〉物种证明》的商品除外；仅限网购保税商品
20	09023031	每件净重≤3 千克的普洱茶（熟茶）	
21	09023039	每件净重≤3 千克的其他黑茶	
22	09024039	每件净重>3 千克的其他黑茶	
23	12112011	鲜或干西洋参	列入《进出口野生动植物种商品目录》且不能提供《中华人民共和国濒危物种进出口管理办公室非〈进出口野生动植物种商品目录〉物种证明》的商品除外；仅限网购保税商品
24	12112019	冷或冻西洋参	列入《进出口野生动植物种商品目录》且不能提供《中华人民共和国濒危物种进出口管理办公室非〈进出口野生动植物种商品目录〉物种证明》的商品除外；仅限网购保税商品
25	12112092	其他干人参	仅限网购保税商品
26	12116000	非洲李的树皮	列入《进出口野生动植物种商品目录》且不能提供《中华人民共和国濒危物种进出口管理办公室非〈进出口野生动植物种商品目录〉物种证明》的商品除外；仅限网购保税商品
27	15092000	特级初榨油橄榄油	
28	15093000	初榨油橄榄油	
29	15094000	其他初榨油橄榄油	
30	15101000	粗提油橄榄果渣油	
31	15109000	其他橄榄油	

续表2

序号	税则号列	商品描述	备注
32	15156000	微生物油、脂及其分离品	列入《进出口野生动植物种商品目录》且不能提供《中华人民共和国濒危物种进出口管理办公室非〈进出口野生动植物种商品目录〉物种证明》的商品除外
33	15159040	茶籽油及其分离品	列入《进出口野生动植物种商品目录》且不能提供《中华人民共和国濒危物种进出口管理办公室非〈进出口野生动植物种商品目录〉物种证明》的商品除外
34	15163000	微生物油、脂及其分离品	
35	17029011	不含香料或着色剂的甘蔗糖或甜菜糖水溶液	仅限网购保税商品；每人每年进口17011400、17019100、17019910、17019990、17029011、17029012、17029090、21069061、21069062的商品合计不超过2千克
36	17029012	不含香料或着色剂的蔗糖含量超过50%的甘蔗糖、甜菜糖与其他糖的简单固体混合物	仅限网购保税商品；每人每年进口17011400、17019100、17019910、17019990、17029011、17029012、17029090、21069061、21069062的商品合计不超过2千克
37	17029090	其他固体糖	仅限网购保税商品；每人每年进口17011400、17019100、17019910、17019990、17029011、17029012、17029090、21069061、21069062的商品合计不超过2千克
38	20059970	非用醋制作的未冷冻蒜制品	列入《进出口野生动植物种商品目录》且不能提供《中华人民共和国濒危物种进出口管理办公室非〈进出口野生动植物种商品目录〉物种证明》的商品除外
39	20098916	沙棘汁	
40	21069061	含香料或着色剂的甘蔗糖或甜菜糖水溶液	仅限网购保税商品；列入《进出口野生动植物种商品目录》且不能提供《中华人民共和国濒危物种进出口管理办公室非〈进出口野生动植物种商品目录〉物种证明》的商品除外；每人每年进口17011400、17019100、17019910、17019990、17029011、17029012、17029090、21069061、21069062的商品合计不超过2千克

续表3

序号	税则号列	商品描述	备注
41	21069062	含香料或着色剂的蔗糖含量超过50%的甘蔗糖、甜菜糖与其他食品原料的简单固体混合物	列入《进出口野生动植物种商品目录》且不能提供《中华人民共和国濒危物种进出口管理办公室非〈进出口野生动植物种商品目录〉物种证明》的商品除外；仅限网购保税商品；每人每年进口17011400、17019100、17019910、17019990、17029011、17029012、17029090、21069061、21069062的商品合计不超过2千克
42	34023100	直链烷基苯磺酸及其盐	
43	34023900	其他阴离子型有机表面活性剂	
44	34024100	阳离子型有机表面活性剂	
45	34024200	非离子型有机表面活性剂	列入《中国严格限制的有毒化学品名录》的商品除外
46	34024900	其他有机表面活性剂	
47	34025010	合成洗涤粉	
48	34025090	有机表面活性剂制品	
49	38221900	其他附于衬背上的诊断或实验用试剂	按照医疗器械管理的商品除外
50	44141000	热带木制的画框、相框、镜框及类似品	列入《进出口野生动植物种商品目录》且不能提供《中华人民共和国濒危物种进出口管理办公室非〈进出口野生动植物种商品目录〉物种证明》的商品除外
51	44149010	辐射松木制的画框、相框、镜框及类似品	仅限网购保税商品
52	44149090	其他木制的画框、相框、镜框及类似品	列入《进出口野生动植物种商品目录》且不能提供《中华人民共和国濒危物种进出口管理办公室非〈进出口野生动植物种商品目录〉物种证明》的商品除外
53	44192000	热带木制的餐具及厨房用具	列入《进出口野生动植物种商品目录》且不能提供《中华人民共和国濒危物种进出口管理办公室非〈进出口野生动植物种商品目录〉物种证明》的商品除外
54	44201190	其他热带木制小雕像及其他装饰品	列入《进出口野生动植物种商品目录》且不能提供《中华人民共和国濒危物种进出口管理办公室非〈进出口野生动植物种商品目录〉物种证明》的商品除外

续表4

序号	税则号列	商品描述	备注
55	44201990	其他木制及竹制小雕像及其他装饰品	列入《进出口野生动植物种商品目录》且不能提供《中华人民共和国濒危物种进出口管理办公室非〈进出口野生动植物种商品目录〉物种证明》的商品除外
56	57032100	尼龙或其他聚酰胺制人造草皮	
57	57032900	其他尼龙或其他聚酰胺制簇绒地毯及其他簇绒铺地制品	
58	58021090	其他棉毛巾织物及类似毛圈机织物	
59	62012000	毛制男式大衣、斗篷	
60	62013010	棉制男式羽绒服	
61	62013090	棉制其他男式大衣、斗篷	
62	62014010	化纤制男式羽绒服	
63	62014090	化纤制其他男式大衣、斗篷	
64	62019000	其他纺织材料制男式大衣、斗篷	
65	62022000	毛制女式大衣、斗篷	
66	62023090	棉制其他女式大衣、斗篷	
67	62024010	化纤制女式羽绒服	
68	62024090	化纤制其他女式大衣、斗篷	
69	62029000	其他纺织材料制女式大衣、斗篷	
70	63079010	口罩	
71	63079090	其他纺织材料制成品	
72	74192010	铸造、模压、冲压或锻造的铜制链条及其零件	
73	74198010	其他铜制链条及其零件	
74	74198099	非工业用其他铜制品	
75	84191200	太阳能热水器	
76	84717011	固态硬盘式驱动器	
77	84717019	除固态硬盘式之外其他硬盘驱动器	
78	84798390	其他冷等静压机	国家禁止、限制进口的旧机电产品除外
79	84858090	其他增材制造设备	国家禁止、限制进口的旧机电产品除外
80	85171300	智能手机	
81	85171410	手持（包括车载）式无线电话机	

续表5

序号	税则号列	商品描述	备注
82	85171420	对讲机	
83	85171490	用于蜂窝网络或无线网络的其他电话机	
84	85258922	非特种用途的单镜头反光型数字照相机	
85	85258929	非特种用途的其他数字照相机	
86	85258933	非特种用途的家用型视频摄录一体机	
87	85258939	非特种用途的其他视频摄录一体机	
88	85395100	发光二极管（LED）模块	
89	85395210	发光二极管（LED）灯泡	
90	85395220	发光二极管（LED）灯管	
91	85415111	检测湿度、气压的半导体传感器	列入《禁止进口货物目录（第七批）》的商品除外
92	85415129	其他半导体执行器	国家禁止、限制进口的旧机电产品除外
93	90192010	有创呼吸机	按照医疗器械管理的商品除外
94	90192020	无创呼吸机	按照医疗器械管理的商品除外
95	90192090	其他臭氧治疗器、氧气治疗器等治疗用呼吸器具	按照医疗器械管理的商品除外
96	90275090	使用光学射线的其他仪器及装置（基因测序仪除外）	仅限家用粉尘仪
97	94019990	其他用途非木质坐具的零件	
98	94039100	木制的家具零件	列入《进出口野生动植物种商品目录》且不能提供《中华人民共和国濒危物种进出口管理办公室非〈进出口野生动植物种商品目录〉物种证明》的商品除外
99	94039900	非木制的家具零件	列入《进出口野生动植物种商品目录》且不能提供《中华人民共和国濒危物种进出口管理办公室非〈进出口野生动植物种商品目录〉物种证明》的商品除外
100	94044010	羽毛或羽绒填充的被子、床罩	列入《进出口野生动植物种商品目录》且不能提供《中华人民共和国濒危物种进出口管理办公室非〈进出口野生动植物种商品目录〉物种证明》的商品除外

续表6

序号	税则号列	商品描述	备注
101	94044020	兽毛填充的被子、床罩	列入《进出口野生动植物种商品目录》且不能提供《中华人民共和国濒危物种进出口管理办公室非〈进出口野生动植物种商品目录〉物种证明》的商品除外
102	94044030	丝绵填充的被子、床罩	
103	94044040	化纤填充的被子、床罩	
104	94044090	其他材料填充的被子、床罩	
105	94051100	发光二极管（LED）枝形吊灯	
106	94051900	其他光源枝形吊灯	
107	94052100	发光二极管（LED）台灯、床头灯或落地灯	列入《进出口野生动植物种商品目录》且不能提供《中华人民共和国濒危物种进出口管理办公室非〈进出口野生动植物种商品目录〉物种证明》的商品除外
108	94052900	其他光源台灯、床头灯或落地灯	列入《进出口野生动植物种商品目录》且不能提供《中华人民共和国濒危物种进出口管理办公室非〈进出口野生动植物种商品目录〉物种证明》的商品除外
109	94054100	发光二极管（LED）光伏电灯	
110	94054210	发光二极管（LED）探照灯和聚光灯	
111	94054290	发光二极管（LED）其他点灯	
112	94054910	其他光源探照灯和聚光灯	
113	94054990	其他电气灯具及照明装置	
114	95069910	滑板	
115	95069990	其他未列名的玩具、运动用品	
2. 删除已作废的税则号列			
03061611、03061619、03061621、03061711、03061721、03072200、04031000、04100010、04100041、04100042、04100043、04100049、04100090、08029030、08029090、09023020、12112010、15091000、15100000、17029000、34021100、34021200、34021300、34021900、34022010、34022090、38220010、44140010、44140090、44201090、57032000、58021900、62011100、62011210、62011290、62011310、62011390、62011900、62019100、62019290、62019310、62019390、62019900、62021100、62021290、62021310、62021390、62021900、62029100、62029290、62029310、62029390、62029900、63079000、71131991、71131999、74191000、74199999、84191910、84717010、85171210、85171220、85171290、85258022、85258029、85258033、85258039、85395000、90192000、90275000、94019019、94039000、94051000、94052000、94054010、94054090、95045011、95045019、95069120、95069900			

四、调整 206 项商品的备注

序号	税则号列	商品描述	调整后的备注
1	04029100	浓缩但未加糖的非固状乳及稀奶油	仅限网购保税商品
2	04029900	浓缩并已加糖的非固状乳及稀奶油	仅限网购保税商品
3	04039000	酪乳	仅限网购保税商品
4	04041000	乳清及改性乳清	仅限网购保税商品
5	04049000	其他含天然乳的产品	仅限网购保税商品
6	04051000	黄油	仅限网购保税商品
7	04052000	乳酱	仅限网购保税商品
8	04061000	鲜乳酪，凝乳	仅限网购保税商品
9	04063000	其他经加工的乳酪	仅限网购保税商品
10	04069000	其他乳酪	仅限网购保税商品
11	04079090	其他蛋	列入《进出口野生动植物种商品目录》且不能提供《中华人民共和国濒危物种进出口管理办公室非〈进出口野生动植物种商品目录〉物种证明》的商品除外；仅限网购保税商品
12	04089900	其他去壳禽蛋	仅限网购保税商品
13	04090000	天然蜂蜜	仅限网购保税商品
14	05080010	珊瑚及水产品壳、骨的粉末及废料	列入《进出口野生动植物种商品目录》且不能提供《中华人民共和国濒危物种进出口管理办公室非〈进出口野生动植物种商品目录〉物种证明》的商品除外；仅限网购保税商品
15	07129050	干制的大蒜	仅限网购保税商品
16	07129099	干制的其他蔬菜及什锦蔬菜	列入《进出口野生动植物种商品目录》且不能提供《中华人民共和国濒危物种进出口管理办公室非〈进出口野生动植物种商品目录〉物种证明》的商品除外；仅限网购保税商品
17	07132090	干鹰嘴豆	仅限网购保税商品
18	08011100	干的椰子	仅限网购保税商品
19	08012200	鲜或干的去壳巴西果	仅限网购保税商品
20	08013200	鲜或干的去壳腰果	仅限网购保税商品
21	08021100	鲜或干的扁桃核	仅限网购保税商品

续表1

序号	税则号列	商品描述	调整后的备注
22	08021200	鲜或干的扁桃仁	仅限网购保税商品
23	08022200	鲜或干的去壳榛子	仅限网购保税商品
24	08023100	鲜或干的未去壳核桃	仅限网购保税商品
25	08023200	鲜或干的去壳核桃	仅限网购保税商品
26	08025100	鲜或干的未去壳阿月浑子果	仅限网购保税商品
27	08025200	鲜或干的去壳阿月浑子果	仅限网购保税商品
28	08026190	鲜或干的未去壳其他马卡达姆坚果	仅限网购保税商品
29	08026200	鲜或干的去壳马卡达姆坚果	仅限网购保税商品
30	08062000	葡萄干	仅限网购保税商品
31	08109090	其他鲜果	列入《进出口野生动植物种商品目录》且不能提供《中华人民共和国濒危物种进出口管理办公室非〈进出口野生动植物种商品目录〉物种证明》的商品除外；仅限网购保税商品
32	08131000	杏干	仅限网购保税商品
33	08132000	梅干及李干	仅限网购保税商品
34	08133000	苹果干	仅限网购保税商品
35	08134010	龙眼干、肉	仅限网购保税商品
36	08134030	干红枣	仅限网购保税商品
37	08134090	其他干果	列入《进出口野生动植物种商品目录》且不能提供《中华人民共和国濒危物种进出口管理办公室非〈进出口野生动植物种商品目录〉物种证明》的商品除外；仅限网购保税商品
38	08135000	什锦坚果或干果	仅限网购保税商品
39	08140000	柑橘属水果或甜瓜的果皮	仅限网购保税商品
40	09011100	未浸除咖啡碱的未焙炒咖啡	仅限网购保税商品
41	09041100	未磨胡椒	仅限网购保税商品
42	09041200	已磨胡椒	仅限网购保税商品
43	09042100	未磨干辣椒	仅限网购保税商品
44	09042200	已磨辣椒	仅限网购保税商品
45	09061900	其他未磨的肉桂及肉桂花	仅限网购保税商品
46	09062000	已磨肉桂及肉桂花	仅限网购保税商品

续表2

序号	税则号列	商品描述	调整后的备注
47	09083200	已磨豆蔻	列入《进出口野生动植物种商品目录》且不能提供《中华人民共和国濒危物种进出口管理办公室非〈进出口野生动植物种商品目录〉物种证明》的商品除外；仅限网购保税商品
48	09096210	已磨八角茴香	仅限网购保税商品
49	09103000	姜黄	仅限网购保税商品
50	09109100	混合调味香料	仅限网购保税商品
51	09109900	其他调味香料	仅限网购保税商品
52	10049000	其他燕麦	仅限网购保税商品
53	10062020	长粒米糙米	每人每年进口10061089、10062020、10063020、10063080的商品合计不超过20千克；仅限网购保税商品
54	10063020	长粒米精米，不论是否磨光或上光	每人每年进口10061089、10062020、10063020、10063080的商品合计不超过20千克；仅限网购保税商品
55	10063080	中短粒米精米，不论是否磨光或上光	每人每年进口10061089、10062020、10063020、10063080的商品合计不超过20千克；仅限网购保税商品
56	10089090	其他谷物	仅限网购保税商品
57	11029029	中短粒米大米细粉	每人每年进口合计不超过20千克；仅限网购保税商品
58	11029090	其他谷物细粉	仅限网购保税商品
59	11041200	滚压或制片的燕麦	仅限网购保税商品
60	11041990	滚压或制片的其他谷物	仅限网购保税商品
61	11042200	经其他加工的燕麦	仅限网购保税商品
62	11042990	经其他加工的其他谷物	仅限网购保税商品
63	12024200	去壳花生	仅限网购保税商品
64	12030000	干椰子肉	仅限网购保税商品
65	12040000	亚麻子	仅限网购保税商品
66	12079999	其他含油子仁及果实	仅限网购保税商品
67	12081000	大豆粉	仅限网购保税商品
68	12089000	其他含油子仁或果实的细粉及粗粉	仅限网购保税商品

续表3

序号	税则号列	商品描述	调整后的备注
69	12093000	草本花卉植物种子	列入《进出口野生动植物种商品目录》且不能提供《中华人民共和国濒危物种进出口管理办公室非〈进出口野生动植物种商品目录〉物种证明》的商品除外；仅限网购保税商品
70	12119039	其他主要用作药料的植物	列入《进出口野生动植物种商品目录》且不能提供《中华人民共和国濒危物种进出口管理办公室非〈进出口野生动植物种商品目录〉物种证明》的商品除外；仅限网购保税商品；罂粟、罂粟壳、大麻、古柯、恰特草除外
71	12119050	主要用作香料的植物	列入《进出口野生动植物种商品目录》且不能提供《中华人民共和国濒危物种进出口管理办公室非〈进出口野生动植物种商品目录〉物种证明》的商品除外；仅限网购保税商品
72	12119099	其他杀虫、杀菌用植物	列入《进出口野生动植物种商品目录》且不能提供《中华人民共和国濒危物种进出口管理办公室非〈进出口野生动植物种商品目录〉物种证明》的商品除外；仅限网购保税商品
73	12122110	海带	仅限网购保税商品
74	12122141	干紫菜	仅限网购保税商品
75	12122142	鲜紫菜	仅限网购保税商品
76	12122149	其他紫菜	仅限网购保税商品
77	12122190	其他海草及藻类	仅限网购保税商品
78	12129912	甜杏仁	仅限网购保税商品
79	12129919	桃、梅或李的核及核仁	仅限网购保税商品
80	12129999	其他主要供人食用的果核、果仁	列入《进出口野生动植物种商品目录》且不能提供《中华人民共和国濒危物种进出口管理办公室非〈进出口野生动植物种商品目录〉物种证明》的商品除外；仅限网购保税商品
81	13021940	银杏的液汁及浸膏	列入《进出口野生动植物种商品目录》且不能提供《中华人民共和国濒危物种进出口管理办公室非〈进出口野生动植物种商品目录〉物种证明》的商品除外
82	13021990	其他植物液汁及浸膏	列入《进出口野生动植物种商品目录》且不能提供《中华人民共和国濒危物种进出口管理办公室非〈进出口野生动植物种商品目录〉物种证明》的商品除外

续表4

序号	税则号列	商品描述	调整后的备注
83	15042000	其他鱼油、脂及其分离品	列入《进出口野生动植物种商品目录》且不能提供《中华人民共和国濒危物种进出口管理办公室非〈进出口野生动植物种商品目录〉物种证明》的商品除外；仅限网购保税商品
84	15043000	海生哺乳动物的油、脂及其分离品	列入《进出口野生动植物种商品目录》且不能提供《中华人民共和国濒危物种进出口管理办公室非〈进出口野生动植物种商品目录〉物种证明》的商品除外；仅限网购保税商品
85	15060000	其他动物油、脂及其分离品	列入《进出口野生动植物种商品目录》且不能提供《中华人民共和国濒危物种进出口管理办公室非〈进出口野生动植物种商品目录〉物种证明》的商品除外；仅限网购保税商品
86	15159090	其他固定植物油、脂及其分离品	列入《进出口野生动植物种商品目录》且不能提供《中华人民共和国濒危物种进出口管理办公室非〈进出口野生动植物种商品目录〉物种证明》的商品除外
87	16010030	用香肠制成的食品	列入《进出口野生动植物种商品目录》且不能提供《中华人民共和国濒危物种进出口管理办公室非〈进出口野生动植物种商品目录〉物种证明》的商品除外；仅限网购保税商品
88	16021000	肉或食用杂碎的均化食品	列入《进出口野生动植物种商品目录》且不能提供《中华人民共和国濒危物种进出口管理办公室非〈进出口野生动植物种商品目录〉物种证明》的商品除外；仅限网购保税商品
89	16022000	制作或保藏的动物肝	列入《进出口野生动植物种商品目录》且不能提供《中华人民共和国濒危物种进出口管理办公室非〈进出口野生动植物种商品目录〉物种证明》的商品除外；仅限网购保税商品
90	16023299	制作或保藏的其他鸡肉	列入《进出口野生动植物种商品目录》且不能提供《中华人民共和国濒危物种进出口管理办公室非〈进出口野生动植物种商品目录〉物种证明》的商品除外；仅限网购保税商品
91	16024910	其他猪肉及杂碎的罐头	列入《进出口野生动植物种商品目录》且不能提供《中华人民共和国濒危物种进出口管理办公室非〈进出口野生动植物种商品目录〉物种证明》的商品除外；仅限网购保税商品

续表5

序号	税则号列	商品描述	调整后的备注
92	16024990	制作或保藏的其他猪肉、杂碎及血	列入《进出口野生动植物种商品目录》且不能提供《中华人民共和国濒危物种进出口管理办公室非〈进出口野生动植物种商品目录〉物种证明》的商品除外；仅限网购保税商品
93	16025010	牛肉及牛杂碎罐头	列入《进出口野生动植物种商品目录》且不能提供《中华人民共和国濒危物种进出口管理办公室非〈进出口野生动植物种商品目录〉物种证明》的商品除外；仅限网购保税商品
94	16025090	其他制作或保藏的牛肉、杂碎及血	列入《进出口野生动植物种商品目录》且不能提供《中华人民共和国濒危物种进出口管理办公室非〈进出口野生动植物种商品目录〉物种证明》的商品除外；仅限网购保税商品
95	16030000	肉及水产品的精、汁	列入《进出口野生动植物种商品目录》且不能提供《中华人民共和国濒危物种进出口管理办公室非〈进出口野生动植物种商品目录〉物种证明》的商品除外；仅限网购保税商品
96	16041700	制作或保藏的鳗鱼（整条或切块）	列入《进出口野生动植物种商品目录》且不能提供《中华人民共和国濒危物种进出口管理办公室非〈进出口野生动植物种商品目录〉物种证明》的商品除外
97	16041800	制作或保藏的鲨鱼翅（整条或切块）	列入《进出口野生动植物种商品目录》且不能提供《中华人民共和国濒危物种进出口管理办公室非〈进出口野生动植物种商品目录〉物种证明》的商品除外
98	16041990	制作或保藏的其他鱼（整条或切块）	列入《进出口野生动植物种商品目录》且不能提供《中华人民共和国濒危物种进出口管理办公室非〈进出口野生动植物种商品目录〉物种证明》的商品除外
99	16042019	其他制作或保藏的鱼罐头	列入《进出口野生动植物种商品目录》且不能提供《中华人民共和国濒危物种进出口管理办公室非〈进出口野生动植物种商品目录〉物种证明》的商品除外
100	16042099	其他制作或保藏的鱼	列入《进出口野生动植物种商品目录》且不能提供《中华人民共和国濒危物种进出口管理办公室非〈进出口野生动植物种商品目录〉物种证明》的商品除外
101	17011400	其他甘蔗糖，未加香料或着色剂	仅限网购保税商品；每人每年进口17011400、17019100、17019910、17019990、17029011、17029012、17029090、21069061、21069062的商品合计不超过2千克

续表6

序号	税则号列	商品描述	调整后的备注
102	17019100	加有香料或着色剂的甘蔗糖、甜菜糖及化学纯蔗糖	仅限网购保税商品；每人每年进口17011400、17019100、17019910、17019990、17029011、17029012、17029090、21069061、21069062的商品合计不超过2千克
103	17019910	砂糖	仅限网购保税商品；每人每年进口17011400、17019100、17019910、17019990、17029011、17029012、17029090、21069061、21069062的商品合计不超过2千克
104	17019990	其他糖	仅限网购保税商品；每人每年进口17011400、17019100、17019910、17019990、17029011、17029012、17029090、21069061、21069062的商品合计不超过2千克
105	18010000	整颗或破碎的可可豆，生的或焙炒的	生可可豆仅限网购保税
106	20019090	用醋或醋酸制作或保藏的其他果、菜及食用植物	列入《进出口野生动植物种商品目录》且不能提供《中华人民共和国濒危物种进出口管理办公室非〈进出口野生动植物种商品目录〉物种证明》的商品除外
107	20059999	非用醋制作的其他未冷冻蔬菜及什锦蔬菜	列入《进出口野生动植物种商品目录》且不能提供《中华人民共和国濒危物种进出口管理办公室非〈进出口野生动植物种商品目录〉物种证明》的商品除外
108	20060090	其他糖渍蔬菜、水果、坚果、果皮等	列入《进出口野生动植物种商品目录》且不能提供《中华人民共和国濒危物种进出口管理办公室非〈进出口野生动植物种商品目录〉物种证明》的商品除外
109	20081999	非用醋制作的其他坚果及子仁	列入《进出口野生动植物种商品目录》且不能提供《中华人民共和国濒危物种进出口管理办公室非〈进出口野生动植物种商品目录〉物种证明》的商品除外
110	21069030	蜂王浆制剂	列入《进出口野生动植物种商品目录》且不能提供《中华人民共和国濒危物种进出口管理办公室非〈进出口野生动植物种商品目录〉物种证明》的商品除外
111	21069090	其他税号未列名的食品	列入《进出口野生动植物种商品目录》且不能提供《中华人民共和国濒危物种进出口管理办公室非〈进出口野生动植物种商品目录〉物种证明》的商品除外
112	22021000	加味、加糖或其他甜物质的水，包括矿泉水及汽水	列入《进出口野生动植物种商品目录》且不能提供《中华人民共和国濒危物种进出口管理办公室非〈进出口野生动植物种商品目录〉物种证明》的商品除外

续表7

序号	税则号列	商品描述	调整后的备注
113	22029100	无醇啤酒	列入《进出口野生动植物种商品目录》且不能提供《中华人民共和国濒危物种进出口管理办公室非〈进出口野生动植物种商品目录〉物种证明》的商品除外
114	22029900	其他无酒精饮料，但不包括水果汁蔬菜汁	列入《进出口野生动植物种商品目录》且不能提供《中华人民共和国濒危物种进出口管理办公室非〈进出口野生动植物种商品目录〉物种证明》的商品除外
115	22089010	龙舌兰酒	列入《进出口野生动植物种商品目录》且不能提供《中华人民共和国濒危物种进出口管理办公室非〈进出口野生动植物种商品目录〉物种证明》的商品除外
116	22089090	其他蒸馏酒及酒精饮料	列入《进出口野生动植物种商品目录》且不能提供《中华人民共和国濒危物种进出口管理办公室非〈进出口野生动植物种商品目录〉物种证明》的商品除外
117	23099010	制成的饲料添加剂	仅限网购保税商品
118	29329990	其他仅含氧杂原子的杂环化合物	列入《中华人民共和国进出口农药管理名录》《中国严格限制的有毒化学品名录》的商品除外；列入《进出口野生动植物种商品目录》且不能提供《中华人民共和国濒危物种进出口管理办公室非〈进出口野生动植物种商品目录〉物种证明》的商品除外；麻醉药品和精神药品除外
119	30049051	中药酒	列入《进出口野生动植物种商品目录》且不能提供《中华人民共和国濒危物种进出口管理办公室非〈进出口野生动植物种商品目录〉物种证明》的商品除外
120	32030019	其他植物质着色料及以其为基本成分的制品；32 章注释三所述的以植物质着色料为基本成分的制品	列入《进出口野生动植物种商品目录》且不能提供《中华人民共和国濒危物种进出口管理办公室非〈进出口野生动植物种商品目录〉物种证明》的商品除外
121	33012999	其他非柑橘属果实的精油	列入《两用物项和技术进出口许可证管理目录》的商品除外；列入《进出口野生动植物种商品目录》且不能提供《中华人民共和国濒危物种进出口管理办公室非〈进出口野生动植物种商品目录〉物种证明》的商品除外
122	33013090	其他香膏	列入《进出口野生动植物种商品目录》且不能提供《中华人民共和国濒危物种进出口管理办公室非〈进出口野生动植物种商品目录〉物种证明》的商品除外

续表8

序号	税则号列	商品描述	调整后的备注
123	33019010	提取的油树脂	列入《进出口野生动植物种商品目录》且不能提供《中华人民共和国濒危物种进出口管理办公室非〈进出口野生动植物种商品目录〉物种证明》的商品除外
124	33041000	唇用化妆品	列入《禁止进口货物目录（第七批）》的商品除外；列入《进出口野生动植物种商品目录》且不能提供《中华人民共和国濒危物种进出口管理办公室非〈进出口野生动植物种商品目录〉物种证明》的商品除外
125	33042000	眼用化妆品	列入《禁止进口货物目录（第七批）》的商品除外；列入《进出口野生动植物种商品目录》且不能提供《中华人民共和国濒危物种进出口管理办公室非〈进出口野生动植物种商品目录〉物种证明》的商品除外
126	33043000	指（趾）甲化妆品	列入《禁止进口货物目录（第七批）》的商品除外
127	33049100	粉，不论是否压紧	列入《禁止进口货物目录（第七批）》的商品除外
128	33049900	护肤品和其他美容品	列入《禁止进口货物目录（第七批）》的商品除外；列入《进出口野生动植物种商品目录》且不能提供《中华人民共和国濒危物种进出口管理办公室非〈进出口野生动植物种商品目录〉物种证明》的商品除外
129	33051000	洗发剂	列入《进出口野生动植物种商品目录》且不能提供《中华人民共和国濒危物种进出口管理办公室非〈进出口野生动植物种商品目录〉物种证明》的商品除外
130	33061010	牙膏	列入《进出口野生动植物种商品目录》且不能提供《中华人民共和国濒危物种进出口管理办公室非〈进出口野生动植物种商品目录〉物种证明》的商品除外
131	34011100	盥洗用肥皂	列入《禁止进口货物目录（第七批）》的商品除外
132	34011990	其他用肥皂	列入《禁止进口货物目录（第七批）》的商品除外
133	34012000	非条块状的肥皂	列入《禁止进口货物目录（第七批）》的商品除外
134	34013000	洁肤用的表面活性制品	列入《禁止进口货物目录（第七批）》的商品除外
135	34060000	各种蜡烛	列入《进出口野生动植物种商品目录》且不能提供《中华人民共和国濒危物种进出口管理办公室非〈进出口野生动植物种商品目录〉物种证明》的商品除外
136	38029000	活性天然矿产品；动物炭黑	列入《进出口野生动植物种商品目录》且不能提供《中华人民共和国濒危物种进出口管理办公室非〈进出口野生动植物种商品目录〉物种证明》的商品除外

续表9

序号	税则号列	商品描述	调整后的备注
137	38089119	其他零售包装杀虫剂	列入《中华人民共和国进出口农药管理名录》《禁止进口货物目录（第七批）》的商品除外
138	38089210	零售包装的杀菌剂	列入《中华人民共和国进出口农药管理名录》《禁止进口货物目录（第七批）》的商品除外
139	38089400	消毒剂	兽用消毒剂除外，列入《禁止进口货物目录（第七批）》的商品除外
140	38249999	其他税目未列名的化学工业及其相关工业的化学产品及配制品	仅限蒸汽眼罩、暖宝宝贴、暖宫贴、肩颈贴、猫砂、足贴、花洒沐浴球
141	39222000	塑料马桶坐圈及盖	列入《进出口野生动植物种商品目录》且不能提供《中华人民共和国濒危物种进出口管理办公室非〈进出口野生动植物种商品目录〉物种证明》的商品除外
142	42010000	适合各种动物用的鞍具及挽具	列入《进出口野生动植物种商品目录》且不能提供《中华人民共和国濒危物种进出口管理办公室非〈进出口野生动植物种商品目录〉物种证明》的商品除外
143	42021110	以皮革、再生皮革作面的衣箱	列入《进出口野生动植物种商品目录》且不能提供《中华人民共和国濒危物种进出口管理办公室非〈进出口野生动植物种商品目录〉物种证明》的商品除外
144	42021190	以皮革、再生皮革作面的其他箱包	列入《进出口野生动植物种商品目录》且不能提供《中华人民共和国濒危物种进出口管理办公室非〈进出口野生动植物种商品目录〉物种证明》的商品除外
145	42022100	以皮革或再生皮革作面的手提包	列入《进出口野生动植物种商品目录》且不能提供《中华人民共和国濒危物种进出口管理办公室非〈进出口野生动植物种商品目录〉物种证明》的商品除外
146	42023100	以皮革或再生皮革作面的钱包	列入《进出口野生动植物种商品目录》且不能提供《中华人民共和国濒危物种进出口管理办公室非〈进出口野生动植物种商品目录〉物种证明》的商品除外
147	42029100	以皮革或再生皮革作面的其他容器	列入《进出口野生动植物种商品目录》且不能提供《中华人民共和国濒危物种进出口管理办公室非〈进出口野生动植物种商品目录〉物种证明》的商品除外
148	42031000	皮革或再生皮革制的衣服	列入《进出口野生动植物种商品目录》且不能提供《中华人民共和国濒危物种进出口管理办公室非〈进出口野生动植物种商品目录〉物种证明》的商品除外
149	42032100	皮革或再生皮革制专供运动用手套	列入《进出口野生动植物种商品目录》且不能提供《中华人民共和国濒危物种进出口管理办公室非〈进出口野生动植物种商品目录〉物种证明》的商品除外

续表10

序号	税则号列	商品描述	调整后的备注
150	42032990	皮革或再生皮革制的其他手套	列入《进出口野生动植物种商品目录》且不能提供《中华人民共和国濒危物种进出口管理办公室非〈进出口野生动植物种商品目录〉物种证明》的商品除外
151	42033010	皮革或再生皮革制腰带	列入《进出口野生动植物种商品目录》且不能提供《中华人民共和国濒危物种进出口管理办公室非〈进出口野生动植物种商品目录〉物种证明》的商品除外
152	42034000	皮革或再生皮革制的其他衣着附件	列入《进出口野生动植物种商品目录》且不能提供《中华人民共和国濒危物种进出口管理办公室非〈进出口野生动植物种商品目录〉物种证明》的商品除外
153	42050090	皮革或再生皮革的其他制品	列入《进出口野生动植物种商品目录》且不能提供《中华人民共和国濒危物种进出口管理办公室非〈进出口野生动植物种商品目录〉物种证明》的商品除外
154	43031010	毛皮衣服	列入《进出口野生动植物种商品目录》且不能提供《中华人民共和国濒危物种进出口管理办公室非〈进出口野生动植物种商品目录〉物种证明》的商品除外
155	43039000	毛皮制其他物品	列入《进出口野生动植物种商品目录》且不能提供《中华人民共和国濒危物种进出口管理办公室非〈进出口野生动植物种商品目录〉物种证明》的商品除外
156	44191210	竹制一次性筷子	列入《进出口野生动植物种商品目录》且不能提供《中华人民共和国濒危物种进出口管理办公室非〈进出口野生动植物种商品目录〉物种证明》的商品除外
157	44199010	木制一次性筷子	列入《进出口野生动植物种商品目录》且不能提供《中华人民共和国濒危物种进出口管理办公室非〈进出口野生动植物种商品目录〉物种证明》的商品除外
158	44199090	其他木制餐具及厨房用具	列入《进出口野生动植物种商品目录》且不能提供《中华人民共和国濒危物种进出口管理办公室非〈进出口野生动植物种商品目录〉物种证明》的商品除外
159	44209090	珠宝或刀具木盒及类似品；非落地式木家具	列入《进出口野生动植物种商品目录》且不能提供《中华人民共和国濒危物种进出口管理办公室非〈进出口野生动植物种商品目录〉物种证明》的商品除外
160	44211000	木制衣架	列入《进出口野生动植物种商品目录》且不能提供《中华人民共和国濒危物种进出口管理办公室非〈进出口野生动植物种商品目录〉物种证明》的商品除外

续表11

序号	税则号列	商品描述	调整后的备注
161	44219190	其他未列名的竹制品	列入《进出口野生动植物种商品目录》且不能提供《中华人民共和国濒危物种进出口管理办公室非〈进出口野生动植物种商品目录〉物种证明》的商品除外
162	44219910	木制圆签、圆棒、冰果棒、压舌片及类似一次性制品	列入《进出口野生动植物种商品目录》且不能提供《中华人民共和国濒危物种进出口管理办公室非〈进出口野生动植物种商品目录〉物种证明》的商品除外
163	44219990	其他未列名的木制品	列入《进出口野生动植物种商品目录》且不能提供《中华人民共和国濒危物种进出口管理办公室非〈进出口野生动植物种商品目录〉物种证明》的商品除外；卷轴、纡子、筒管、缝纫用线轴及类似品除外
164	64021900	橡胶、塑料制底及面的其他运动靴	列入《进出口野生动植物种商品目录》且不能提供《中华人民共和国濒危物种进出口管理办公室非〈进出口野生动植物种商品目录〉物种证明》的商品除外
165	64031200	皮革制鞋面的滑雪靴	列入《进出口野生动植物种商品目录》且不能提供《中华人民共和国濒危物种进出口管理办公室非〈进出口野生动植物种商品目录〉物种证明》的商品除外
166	64031900	皮革制鞋面的其他运动鞋靴	列入《进出口野生动植物种商品目录》且不能提供《中华人民共和国濒危物种进出口管理办公室非〈进出口野生动植物种商品目录〉物种证明》的商品除外
167	64032000	皮革条带为鞋面的皮底鞋	列入《进出口野生动植物种商品目录》且不能提供《中华人民共和国濒危物种进出口管理办公室非〈进出口野生动植物种商品目录〉物种证明》的商品除外
168	64035111	过脚踝但低于小腿的小码皮革制外底皮革面的鞋靴	列入《进出口野生动植物种商品目录》且不能提供《中华人民共和国濒危物种进出口管理办公室非〈进出口野生动植物种商品目录〉物种证明》的商品除外
169	64035119	过脚踝但低于小腿的大码皮革制外底皮革面的鞋靴	列入《进出口野生动植物种商品目录》且不能提供《中华人民共和国濒危物种进出口管理办公室非〈进出口野生动植物种商品目录〉物种证明》的商品除外
170	64035191	其他小码皮革制外底的皮革面短统靴	列入《进出口野生动植物种商品目录》且不能提供《中华人民共和国濒危物种进出口管理办公室非〈进出口野生动植物种商品目录〉物种证明》的商品除外
171	64035900	皮革制外底皮革面的其他鞋靴（未过踝）	列入《进出口野生动植物种商品目录》且不能提供《中华人民共和国濒危物种进出口管理办公室非〈进出口野生动植物种商品目录〉物种证明》的商品除外

续表12

序号	税则号列	商品描述	调整后的备注
172	64039111	其他过脚踝但低于小腿的小码皮革面的鞋靴	列入《进出口野生动植物种商品目录》且不能提供《中华人民共和国濒危物种进出口管理办公室非〈进出口野生动植物种商品目录〉物种证明》的商品除外
173	64039119	其他过脚踝低于小腿的大码皮革面的鞋靴	列入《进出口野生动植物种商品目录》且不能提供《中华人民共和国濒危物种进出口管理办公室非〈进出口野生动植物种商品目录〉物种证明》的商品除外
174	64039191	其他小码皮革面短统靴	列入《进出口野生动植物种商品目录》且不能提供《中华人民共和国濒危物种进出口管理办公室非〈进出口野生动植物种商品目录〉物种证明》的商品除外
175	64039199	其他大码皮革面短统靴	列入《进出口野生动植物种商品目录》且不能提供《中华人民共和国濒危物种进出口管理办公室非〈进出口野生动植物种商品目录〉物种证明》的商品除外
176	64039900	皮革制面其他底的鞋靴（未过踝）	列入《进出口野生动植物种商品目录》且不能提供《中华人民共和国濒危物种进出口管理办公室非〈进出口野生动植物种商品目录〉物种证明》的商品除外
177	64051090	其他材料制外底的皮革或再生皮革制面的其他鞋靴	列入《进出口野生动植物种商品目录》且不能提供《中华人民共和国濒危物种进出口管理办公室非〈进出口野生动植物种商品目录〉物种证明》的商品除外
178	64061000	鞋面及其零件，硬衬除外	列入《进出口野生动植物种商品目录》且不能提供《中华人民共和国濒危物种进出口管理办公室非〈进出口野生动植物种商品目录〉物种证明》的商品除外
179	65069920	毛皮制帽类	列入《进出口野生动植物种商品目录》且不能提供《中华人民共和国濒危物种进出口管理办公室非〈进出口野生动植物种商品目录〉物种证明》的商品除外
180	71131190	其他银首饰及其零件	列入《进出口野生动植物种商品目录》且不能提供《中华人民共和国濒危物种进出口管理办公室非〈进出口野生动植物种商品目录〉物种证明》的商品除外
181	71131919	其他黄金制首饰及其零件	列入《进出口野生动植物种商品目录》且不能提供《中华人民共和国濒危物种进出口管理办公室非〈进出口野生动植物种商品目录〉物种证明》的商品除外
182	71131929	其他铂制首饰及其零件	列入《进出口野生动植物种商品目录》且不能提供《中华人民共和国濒危物种进出口管理办公室非〈进出口野生动植物种商品目录〉物种证明》的商品除外

续表13

序号	税则号列	商品描述	调整后的备注
183	71132090	其他以贱金属为底的包贵金属制首饰	列入《进出口野生动植物种商品目录》且不能提供《中华人民共和国濒危物种进出口管理办公室非〈进出口野生动植物种商品目录〉物种证明》的商品除外
184	84433110	静电感光式多功能机	列入《两用物项和技术进出口许可证管理目录》的产品除外
185	84433190	其他多功能机	列入《两用物项和技术进出口许可证管理目录》的产品除外
186	84433290	其他可与网络连接的传真机或打字机	列入《两用物项和技术进出口许可证管理目录》的产品除外
187	85437099	其他具有独立功能的设备及装置	列入《两用物项和技术进出口许可证管理目录》的产品除外
188	90031920	天然材料制眼镜架	列入《进出口野生动植物种商品目录》且不能提供《中华人民共和国濒危物种进出口管理办公室非〈进出口野生动植物种商品目录〉物种证明》的商品除外
189	90189020	血压测量仪器及器具	列入《禁止进口货物目录（第七批）》的商品除外
190	90251100	可直接读数的液体温度计	列入《禁止进口货物目录（第七批）》的商品除外
191	90251990	非液体的非工业用温度计、高温计	列入《禁止进口货物目录（第七批）》的商品除外
192	90258000	液体比重计、湿度计、气压计等仪器	列入《禁止进口货物目录（第七批）》的商品除外
193	91012100	自动上弦的贵金属机械手表	列入《进出口野生动植物种商品目录》且不能提供《中华人民共和国濒危物种进出口管理办公室非〈进出口野生动植物种商品目录〉物种证明》的商品除外
194	91022100	其他自动上弦的机械手表	列入《进出口野生动植物种商品目录》且不能提供《中华人民共和国濒危物种进出口管理办公室非〈进出口野生动植物种商品目录〉物种证明》的商品除外
195	91022900	其他非自动上弦的机械手表	列入《进出口野生动植物种商品目录》且不能提供《中华人民共和国濒危物种进出口管理办公室非〈进出口野生动植物种商品目录〉物种证明》的商品除外
196	94016900	其他木框架的坐具	列入《进出口野生动植物种商品目录》且不能提供《中华人民共和国濒危物种进出口管理办公室非〈进出口野生动植物种商品目录〉物种证明》的商品除外

续表14

序号	税则号列	商品描述	调整后的备注
197	94018090	其他坐具	列入《进出口野生动植物种商品目录》且不能提供《中华人民共和国濒危物种进出口管理办公室非〈进出口野生动植物种商品目录〉物种证明》的商品除外
198	94049010	羽绒或羽毛填充的寝具	列入《进出口野生动植物种商品目录》且不能提供《中华人民共和国濒危物种进出口管理办公室非〈进出口野生动植物种商品目录〉物种证明》的商品除外
199	94049020	兽毛填充的寝具	列入《进出口野生动植物种商品目录》且不能提供《中华人民共和国濒危物种进出口管理办公室非〈进出口野生动植物种商品目录〉物种证明》的商品除外
200	96011000	已加工的兽牙及其制品	列入《进出口野生动植物种商品目录》且不能提供《中华人民共和国濒危物种进出口管理办公室非〈进出口野生动植物种商品目录〉物种证明》的商品除外；仅限网购保税商品
201	96031000	用枝条或其他植物材料捆扎成的帚	列入《进出口野生动植物种商品目录》且不能提供《中华人民共和国濒危物种进出口管理办公室非〈进出口野生动植物种商品目录〉物种证明》的商品除外
202	96032900	剃须刷、发刷、睫毛刷等人体化妆用刷	列入《进出口野生动植物种商品目录》且不能提供《中华人民共和国濒危物种进出口管理办公室非〈进出口野生动植物种商品目录〉物种证明》的商品除外
203	96033090	化妆用的类似笔	列入《进出口野生动植物种商品目录》且不能提供《中华人民共和国濒危物种进出口管理办公室非〈进出口野生动植物种商品目录〉物种证明》的商品除外
204	96035091	其他作为机器、器具零件的非金属丝刷	列入《进出口野生动植物种商品目录》且不能提供《中华人民共和国濒危物种进出口管理办公室非〈进出口野生动植物种商品目录〉物种证明》的商品除外
205	96039090	其他帚、刷、拖把及其他毛掸	列入《进出口野生动植物种商品目录》且不能提供《中华人民共和国濒危物种进出口管理办公室非〈进出口野生动植物种商品目录〉物种证明》的商品除外
206	96151900	其他材料制梳子、发夹	列入《进出口野生动植物种商品目录》且不能提供《中华人民共和国濒危物种进出口管理办公室非〈进出口野生动植物种商品目录〉物种证明》的商品除外

中华人民共和国农业农村部　自然资源部
生态环境部　海关总署令 2022 年第 4 号

（农业农村部令〔2022〕第 4 号）

《外来入侵物种管理办法》已于 2022 年 4 月 22 日经农业农村部第 4 次常务会议审议通过，并经自然资源部、生态环境部、海关总署同意，现予公布，自 2022 年 8 月 1 日起施行。

农业农村部　部长　唐仁健
自然资源部　部长　陆　昊
生态环境部　部长　黄润秋
海关总署　署长　俞建华
2022 年 5 月 31 日

外来入侵物种管理办法

第一章　总　则

第一条　为了防范和应对外来入侵物种危害，保障农林牧渔业可持续发展，保护生物多样性，根据《中华人民共和国生物安全法》，制定本办法。

第二条　本办法所称外来物种，是指在中华人民共和国境内无天然分布，经自然或人为途径传入的物种，包括该物种所有可能存活和繁殖的部分。

本办法所称外来入侵物种，是指传入定殖并对生态系统、生境、物种带来威胁或者危害，影响我国生态环境，损害农林牧渔业可持续发展和生物多样性的外来物种。

第三条　外来入侵物种管理是维护国家生物安全的重要举措，应当坚持风险预防、源头管控、综合治理、协同配合、公众参与的原则。

第四条　农业农村部会同国务院有关部门建立外来入侵物种防控部际协调机制，研究部署全国外来入侵物种防控工作，统筹协调解决重大问题。

省级人民政府农业农村主管部门会同有关部门建立外来入侵物种防控协调机制，组织开展本行政区域外来入侵物种防控工作。

海关完善境外风险预警和应急处理机制，强化入境货物、运输工具、寄递物、旅客行李、跨境电商、边民互市等渠道外来入侵物种的口岸检疫监管。

第五条　县级以上地方人民政府依法对本行政区域外来入侵物种防控工作负责，组织、协调、督促有关部门依法履行外来入侵物种防控管理职责。

县级以上地方人民政府农业农村主管部门负责农田生态系统、渔业水域等区域外来入侵物种的监督管理。

县级以上地方人民政府林业草原主管部门负责森林、草原、湿地生态系统和自然保护地等区域外来入侵物种的监督管理。

沿海县级以上地方人民政府自然资源（海洋）主管部门负责近岸海域、海岛等区域外来入侵物种的监督管理。

县级以上地方人民政府生态环境主管部门负责外来入侵物种对生物多样性影响的监督管理。

高速公路沿线、城镇绿化带、花卉苗木

交易市场等区域的外来入侵物种监督管理，由县级以上地方人民政府其他相关主管部门负责。

第六条 农业农村部会同有关部门制定外来入侵物种名录，实行动态调整和分类管理，建立外来入侵物种数据库，制修订外来入侵物种风险评估、监测预警、防控治理等技术规范。

第七条 农业农村部会同有关部门成立外来入侵物种防控专家委员会，为外来入侵物种管理提供咨询、评估、论证等技术支撑。

第八条 农业农村部、自然资源部、生态环境部、海关总署、国家林业和草原局等主管部门建立健全应急处置机制，组织制订相关领域外来入侵物种突发事件应急预案。

县级以上地方人民政府有关部门应当组织制订本行政区域相关领域外来入侵物种突发事件应急预案。

第九条 县级以上人民政府农业农村、自然资源（海洋）、生态环境、林业草原等主管部门加强外来入侵物种防控宣传教育与科学普及，增强公众外来入侵物种防控意识，引导公众依法参与外来入侵物种防控工作。

任何单位和个人未经批准，不得擅自引进、释放或者丢弃外来物种。

第二章 源头预防

第十条 因品种培育等特殊需要从境外引进农作物和林草种子苗木、水产苗种等外来物种的，应当依据审批权限向省级以上人民政府农业农村、林业草原主管部门和海关办理进口审批与检疫审批。

属于首次引进的，引进单位应当就引进物种对生态环境的潜在影响进行风险分析，并向审批部门提交风险评估报告。审批部门应当及时组织开展审查评估。经评估有入侵风险的，不予许可入境。

第十一条 引进单位应当采取安全可靠的防范措施，加强引进物种研究、保存、种植、繁殖、运输、销毁等环节管理，防止其逃逸、扩散至野外环境。

对于发生逃逸、扩散的，引进单位应当及时采取清除、捕回或其他补救措施，并及时向审批部门及所在地县级人民政府农业农村或林业草原主管部门报告。

第十二条 海关应当加强外来入侵物种口岸防控，对非法引进、携带、寄递、走私外来物种等违法行为进行打击。对发现的外来入侵物种以及经评估具有入侵风险的外来物种，依法进行处置。

第十三条 县级以上地方人民政府农业农村、林业草原主管部门应当依法加强境内跨区域调运农作物和林草种子苗木、植物产品、水产苗种等检疫监管，防止外来入侵物种扩散传播。

第十四条 农业农村部、自然资源部、生态环境部、海关总署、国家林业和草原局等主管部门依据职责分工，对可能通过气流、水流等自然途径传入我国的外来物种加强动态跟踪和风险评估。

有关部门应当对经外来入侵物种防控专家委员会评估具有较高入侵风险的物种采取必要措施，加大防范力度。

第三章 监测与预警

第十五条 农业农村部会同有关部门建立外来入侵物种普查制度，每十年组织开展一次全国普查，掌握我国外来入侵物种的种类数量、分布范围、危害程度等情况，并将普查成果纳入国土空间基础信息平台和自然资源“一张图”。

第十六条 农业农村部会同有关部门建立外来入侵物种监测制度，构建全国外来入侵物种监测网络，按照职责分工布设监测站点，组织开展常态化监测。

县级以上地方人民政府农业农村主管部门会同有关部门按照职责分工开展本行政区域外来入侵物种监测工作。

第十七条 县级以上地方人民政府农业农村、自然资源（海洋）、生态环境、林业草原等主管部门和海关应当按照职责分工及时收集汇总外来入侵物种监测信息，并报告上级主管部门。

任何单位和个人不得瞒报、谎报监测信息，不得擅自发布监测信息。

第十八条 省级以上人民政府农业农村、自然资源（海洋）、生态环境、林业草原等主管部门和海关应当加强外来入侵物种监测信息共享，分析研判外来入侵物种发生、扩散趋势，评估危害风险，及时发布预警预报，提出应对措施，指导开展防控。

第十九条 农业农村部会同有关部门建立外来入侵物种信息发布制度。全国外来入侵物种总体情况由农业农村部商有关部门统一发布。自然资源部、生态环境部、海关总署、国家林业和草原局等主管部门依据职责权限发布本领域外来入侵物种发生情况。

省级人民政府农业农村主管部门商有关部门统一发布本行政区域外来入侵物种情况。

第四章 治理与修复

第二十条 农业农村部、自然资源部、生态环境部、国家林业和草原局按照职责分工，研究制订本领域外来入侵物种防控策略措施，指导地方开展防控。

县级以上地方人民政府农业农村、自然资源（海洋）、林业草原等主管部门应当按照职责分工，在综合考虑外来入侵物种种类、危害对象、危害程度、扩散趋势等因素的基础上，制订本行政区域外来入侵物种防控治理方案，并组织实施，及时控制或消除危害。

第二十一条 外来入侵植物的治理，可根据实际情况在其苗期、开花期或结实期等生长关键时期，采取人工拔除、机械铲除、喷施绿色药剂、释放生物天敌等措施。

第二十二条 外来入侵病虫害的治理，应当采取选用抗病虫品种、种苗预处理、物理清除、化学灭除、生物防治等措施，有效阻止病虫害扩散蔓延。

第二十三条 外来入侵水生动物的治理，应当采取针对性捕捞等措施，防止其进一步扩散危害。

第二十四条 外来入侵物种发生区域的生态系统恢复，应当因地制宜采取种植乡土植物、放流本地种等措施。

第五章 附 则

第二十五条 违反本办法规定，未经批准，擅自引进、释放或者丢弃外来物种的，依照《中华人民共和国生物安全法》第八十一条处罚。涉嫌犯罪的，依法移送司法机关追究刑事责任。

第二十六条 本办法自2022年8月1日起施行。

中华人民共和国海关综合保税区管理办法

（署令〔2022〕256号）

第一章　总　则

第一条　为了规范海关对综合保税区的管理，促进综合保税区高水平开放、高质量发展，根据《中华人民共和国海关法》《中华人民共和国进出口商品检验法》《中华人民共和国进出境动植物检疫法》《中华人民共和国国境卫生检疫法》《中华人民共和国食品安全法》及有关法律、行政法规和国家相关规定，制定本办法。

第二条　海关依照本办法对进出综合保税区的交通运输工具、货物及其外包装、集装箱、物品以及综合保税区内（以下简称区内）企业实施监督管理。

第三条　综合保税区实行封闭式管理。

除安全保卫人员外，区内不得居住人员。

第四条　综合保税区的基础和监管设施应当符合综合保税区基础和监管设施设置规范，并经海关会同有关部门验收合格。

第五条　区内企业可以依法开展以下业务：

（一）研发、加工、制造、再制造；

（二）检测、维修；

（三）货物存储；

（四）物流分拨；

（五）融资租赁；

（六）跨境电商；

（七）商品展示；

（八）国际转口贸易；

（九）国际中转；

（十）港口作业；

（十一）期货保税交割；

（十二）国家规定可以在区内开展的其他业务。

第六条　海关对区内企业实行计算机联网管理，提升综合保税区信息化、智能化管理水平。

第二章　综合保税区与境外之间进出货物的管理

第七条　除法律法规另有规定外，国家禁止进口、出口的货物、物品不得在综合保税区与境外之间进、出。

第八条　综合保税区与境外之间进出的货物不实行关税配额、许可证件管理，但法律法规、我国缔结或者参加的国际条约、协定另有规定的除外。

第九条　综合保税区与境外之间进出的货物，其收发货人或者代理人应当如实向海关申报，按照海关规定填写进出境货物备案清单并办理相关手续。

第十条　境外进入综合保税区的货物及其外包装、集装箱，应当由海关依法在进境口岸实施检疫。因口岸条件限制等原因，海关可以在区内符合条件的场所（场地）实施检疫。

综合保税区运往境外的货物及其外包装、集装箱，应当由海关依法实施检疫。

综合保税区与境外之间进出的交通运输工具，由海关按照进出境交通运输工具有关规定实施检疫。

第十一条 境外进入综合保税区的货物予以保税，但本办法第十二条、十四条规定的情形除外。

第十二条 除法律法规另有规定外，下列货物从境外进入综合保税区，海关免征进口关税和进口环节税：

（一）区内生产性的基础设施建设项目所需的机器、设备和建设生产厂房、仓储设施所需的基建物资；

（二）区内企业开展本办法第五条所列业务所需的机器、设备、模具及其维修用零配件；

（三）综合保税区行政管理机构和区内企业自用合理数量的办公用品。

自国务院批准设立综合保税区之日起，从境外进入综合保税区的区内企业自用机器、设备按照前款规定执行。

第十三条 本办法第十二条所列货物的监管年限，参照进口减免税货物的监管年限管理，监管年限届满的自动解除监管；监管年限未满企业申请提前解除监管的，参照进口减免税货物补缴税款的有关规定办理，属于许可证件管理的应当取得有关许可证件。

第十四条 境外进入综合保税区，供区内企业和行政管理机构自用的交通运输工具、生活消费用品，海关依法征收进口关税和进口环节税。

第十五条 除法律法规另有规定外，综合保税区运往境外的货物免征出口关税。

第三章 综合保税区与区外之间进出货物的管理

第十六条 综合保税区与中华人民共和国境内的其他地区（以下简称区外）之间进出的货物，区内企业或者区外收发货人应当按照规定向海关办理相关手续。

货物属于关税配额、许可证件管理的，区内企业或者区外收发货人应当取得关税配额、许可证件；海关应当对关税配额进行验核，对许可证件电子数据进行系统自动比对验核。

第十七条 除法律法规另有规定外，海关对综合保税区与区外之间进出的货物及其外包装、集装箱不实施检疫。

第十八条 综合保税区与区外之间进出的货物，区内企业或者区外收发货人应当按照货物进出区时的实际状态依法缴纳关税和进口环节税。

区内企业加工生产的货物出区内销时，区内企业或者区外收发货人可以选择按照其对应进口料件缴纳关税，并补缴关税税款缓税利息；进口环节税应当按照出区时货物实际状态照章缴纳。

第十九条 经综合保税区运往区外的优惠贸易协定项下的货物，符合相关原产地管理规定的，可以适用协定税率或者特惠税率。

第二十条 以出口报关方式进入综合保税区的货物予以保税；其中，区内企业从区外采购的机器、设备参照进口减免税货物的监管年限管理，监管年限届满的自动解除监管，免于提交许可证件；监管年限未满企业申请提前解除监管的，参照进口减免税货物补缴税款的有关规定办理相关手续，免于提交许可证件。

前款规定货物的出口退税按照国家有关规定办理。

第二十一条 区内企业在加工生产过程中使用保税料件产生的边角料、残次品、副产品以及加工生产、储存、运输等过程中产生的包装物料，运往区外销售时，区内企业应当按照货物出区时的实际状态缴纳税款；残次品、副产品属于关税配额、许可证件管理的，区内企业或者区外收发货人应当取得关税配额、许可证件；海关应当对关税配额进行验核、对许可证件电子数据进行系统自动比对验核。

第二十二条 区内企业产生的未复运出境的固体废物，按照国内固体废物相关规定进行管理。需运往区外进行贮存、利用或者处置的，应按规定向海关办理出区手续。

第二十三条 区内企业依法对区内货物采取销毁处置的，应当办理相关手续，销毁处置费用由区内企业承担。销毁产生的固体废物出区时按照本办法第二十二条办理。

第二十四条 区内企业可以按照海关规定办理集中申报手续。

除海关总署另有规定外，区内企业应当在每季度结束的次月 15 日前办理该季度货物集中申报手续，但不得晚于账册核销截止日期，且不得跨年度办理。

集中申报适用海关接受集中申报之日实施的税率、汇率。

第二十五条 综合保税区与其他综合保税区等海关特殊监管区域、保税监管场所之间往来的货物予以保税。

综合保税区与其他综合保税区等海关特殊监管区域或者保税监管场所之间流转的货物，不征收关税和进口环节税。

第四章 综合保税区内货物的管理

第二十六条 综合保税区内货物可以自由流转。区内企业转让、转移货物的，双方企业应当及时向海关报送转让、转移货物的品名、数量、金额等电子数据信息。

第二十七条 区内企业可以利用监管期限内的免税设备接受区外企业委托开展加工业务。

区内企业开展委托加工业务，应当设立专用的委托加工电子账册。委托加工用料件需使用保税料件的，区内企业应当向海关报备。

委托加工产生的固体废物，出区时按照本办法第二十二条办理。

第二十八条 区内企业按照海关规定将自用机器、设备及其零部件、模具或者办公用品运往区外进行检测、维修的，检测、维修期间不得在区外用于加工生产和使用，并且应当自运出之日起 60 日内运回综合保税区。因故不能如期运回的，区内企业应当在期限届满前 7 日内书面向海关申请延期，延长期限不得超过 30 日。

前款规定货物因特殊情况无法在上述规定时间内完成检测、维修并运回综合保税区的，经海关同意，可以在检测、维修合同期限内运回综合保税区。

更换零配件的，原零配件应当一并运回综合保税区；确需在区外处置的，海关应当按照原零配件的实际状态征税；在区外更换的国产零配件，需要退税的，企业应当按照有关规定办理手续。

第二十九条 区内企业按照海关规定将模具、原材料、半成品等运往区外进行外发加工的，外发加工期限不得超过合同有效期，加工完毕的货物应当按期运回综合保税区。

外发加工产生的边角料、残次品、副产品不运回综合保税区的，海关应当按照货物实际状态征税；残次品、副产品属于关税配额、许可证件管理的，区内企业或者区外收发货人应当取得关税配额、许可证件；海关应当对有关关税配额进行验核、对许可证件电子数据进行系统自动比对验核。

第三十条 因不可抗力造成综合保税区内货物损毁、灭失的，区内企业应当及时报告海关。经海关核实后，区内企业可以按照下列规定办理：

（一）货物灭失，或者虽未灭失但完全失去使用价值的，办理核销和免税手续；

（二）境外进入综合保税区或者区外进入综合保税区且已办理出口退税手续的货物损毁，失去部分使用价值的，办理出区内销或者退运手续；

（三）区外进入综合保税区且未办理出口退税手续的货物损毁，失去部分使用价值，需要向出口企业进行退换的，办理退运手续。

第三十一条 因保管不善等非不可抗力因素造成区内货物损毁、灭失的，区内企业应当及时报告海关并说明情况。经海关核实后，区内企业可以按照下列规定办理：

（一）境外进入综合保税区的货物，按照一般贸易进口货物的规定办理相关手续，并按照海关审定的货物损毁或灭失前的完税价格，以货物损毁或灭失之日适用的税率、汇率缴纳关税、进口环节税；

（二）区外进入综合保税区的货物，重新缴纳因出口而退还的国内环节有关税收，已缴纳出口关税的，不予退还。

第三十二条 区内企业申请放弃的货物，经海关及有关主管部门核准后，由海关依法提取变卖，变卖收入按照国家有关规定处理，但法律法规规定不得放弃的除外。

第三十三条 除法律法规另有规定外，区内货物不设存储期限。

第五章 区内企业的管理

第三十四条 区内企业及其分支机构应当取得市场主体资格，并依法向海关办理注册或者备案手续。

区内从事食品生产的企业应当依法取得国内生产许可。

第三十五条 区内企业应当依照法律法规的规定规范财务管理，并按照海关规定设立海关电子账册，电子账册的备案、变更、核销应当按照海关相关规定执行。

第三十六条 海关对区内企业实行稽查、核查制度。

区内企业应当配合海关的稽查、核查，如实提供相关账簿、单证等有关资料及电子数据。

第三十七条 区内企业开展涉及海关事务担保业务的，按照海关事务担保相关规定执行。

第六章 附 则

第三十八条 进出综合保税区货物的检验按照相关规定执行。

第三十九条 综合保税区与区外之间进出的交通运输工具、人员应当通过指定通道进出，海关根据需要实施检查。

综合保税区与境外之间进出的交通运输工具服务人员携带个人物品进出综合保税区的，海关按照进出境旅客行李物品的有关规定进行监管。

第四十条 海关在综合保税区依法实施监管不影响地方政府和其他部门依法履行其相应职责。

第四十一条 除法律法规另有规定外，海关对境外与综合保税区之间进出的货物实施进出口货物贸易统计；对区外与综合保税区之间进出的货物，根据管理需要实施海关单项统计和海关业务统计；对与综合保税区相关的海关监督管理活动和内部管理事务实施海关业务统计。

第四十二条 区内开展增值税一般纳税人资格试点的，按照增值税一般纳税人资格试点政策有关规定执行。

第四十三条 对境内入区的不涉及出口关税、不涉及许可证件、不要求退税且不纳入海关统计的货物，海关对其实施便捷进出区管理。

第四十四条 对违反本办法规定的行为，由海关依照相关法律法规规定予以处罚；构成犯罪的，依法追究刑事责任。

第四十五条 综合保税区设立审核、建设验收、监督管理等要求按照国家相关规定执行。

第四十六条 本办法由海关总署负责解释。

第四十七条 本办法自2022年4月1日起施行。2007年9月3日海关总署令第164号发布、根据2010年3月15日海关总署令第191号、2017年12月20日海关总署令第235号、2018年5月29日海关总署令第240号、2018年11月23日海关总署令第243号修改的《中华人民共和国海关保税港区管理暂行办法》，2005年11月28日海关总署令第134号发布、根据2010年3月15日海关总署令第190号、2017年12月20日海关总署令第235号、2018年5月29日海关总署令第240号、2018年11月23日海关总署令第243号修改的《中华人民共和国海关对保税物流园区的管理办法》同时废止。

商务部等14部门关于开展内外贸一体化试点的通知

（商建函〔2022〕114号）

各省、自治区、直辖市及计划单列市、新疆生产建设兵团有关部门、机构：

为贯彻落实《国务院办公厅关于促进内外贸一体化发展的意见》（国办发〔2021〕59号），商务部等部门决定在部分地区开展内外贸一体化试点。现将有关事项通知如下：

一、试点目标

力争用3年时间，在完善内外贸一体化调控体系，促进内外贸法律法规、监管体制、经营资质、质量标准、检验检疫、认证认可衔接等方面积极创新、先行先试，培育一批内外贸一体化经营企业，打造一批内外贸融合发展平台，形成一批具有国际竞争力、融合发展的产业集群，建立健全促进内外贸一体化发展的体制机制，形成可复制推广的经验和模式，为促进内外贸融合发展发挥示范带动作用。

二、试点任务

（一）完善法规制度。全面梳理市场主体开展内外贸经营时遇到的制度性障碍，提出完善内外贸一体化调控体系的问题清单和需求清单。推动修订妨碍内外贸一体化的地方性法规、规定，清理纠正地方保护、市场分割等不公平做法和隐性壁垒，做好公平竞争审查和贸易政策合规评估。探索建立内外贸一体化发展评价体系和制度体系。提出在国家层面促进内外贸法律法规制度衔接的建议。

（二）促进标准认证衔接。支持有条件的企业、行业组织、专业机构等开展国内国际标准比对，积极采用通过开放和透明程序制定的国际先进标准，参与国际标准制定，参与各类国际性专业标准组织。支持国际性专业标准组织来华落驻。推进中外标准互认。支持检验检测、认证认可等第三方合格评定服务机构为内外贸企业提供一站式服务，鼓励第三方合格评定服务机构国际化发展。

（三）培育一体化经营市场主体。引导支持企业提升研发设计、生产制造、品牌营销、渠道网络等能力，培育内外贸一体化经营企业。加快数字化发展，实现生产端到消费端全链路数字直连，提高企业柔性生产和智能制造能力，更好适配市场需求。推动商产融合，推进产业链、供应链数字化改造，促进内外贸产业链、供应链融合。推动商品交易市场与国内国际市场接轨，吸引更多内外贸市场主体洽谈交易，打造特色鲜明的内外贸一体化市场。支持商贸、物流企业“走出去”，整合市场资源，建立国际化营销、物流和售后服务网络。鼓励外贸企业培育自有品牌，加强与国内品牌商、商贸企业、制造企业、电商平台等合作，拓展内销渠道。鼓励内外贸企业与国际物流企业战略合作，提升产业链、供应链稳定性和竞争力。加强农产品区域公用品牌建设，培育一批种养加、产供销、内外贸一体化经营的现代农业企业和生产基地。塑强一批具有核心竞争力、带动能力强的农业企业品牌。建设一批农产品产地市场，着力打造优势特色农产品内外贸一体化流通枢纽。发挥电商平台和第三方服务机构在大数据、供应链、营销渠道等方面优势，进一步打通国内外市场和交易各环节，丰富应用场景，为市场主体拓展内外贸业务提供支撑。

（四）打造内外贸融合发展平台。培育汇聚优质内外贸商品服务的商圈、步行街，加快建设国际消费中心城市，满足消费者多层次、高品质消费需求。支持举办内外贸融合展会，促进内外贸企业、第三方服务机构对接合作。推动工业互联网平台发展，强化数据赋能和产业协同。推动境外经贸合作区提质升级，支持企业完善覆盖全球的海外仓网络，打造支撑内外贸一体化发展的海外平台。

（五）优化内外贸发展环境。发挥自由贸易试验区等高水平对外开放平台的示范引领作用，对标高标准国际经贸规则推进高水平制度型开放，促进内外贸融合发展。健全知识产权保护体系，建立健全新技术、新产品、新业态、新模式知识产权保护规则，探索完善互联网领域知识产权保护制度，强化知识产权海关保护和国际执法合作，持续健全海外知识产权纠纷应对指导工作机制，加强知识产权海外维权援助服务，提高企业创新和拓展国内国际市场积极性。提高数字政府建设水平，加强数据开放共享，推广应用电子证照，充分依托已有平台，提供内外贸政务服务统一化、标准化、便利化的公共服务。鼓励金融机构创新产品和服务，为企业开拓国内外市场提供金融支持。引导金融机构为各类企业提供更加丰富的汇率避险产品，推动企业更好管理汇率风险。进一步扩大出口信用保险和国内贸易信用保险覆盖面。进一步提高贸易便利化水平，支持企业利用跨境电商、市场采购贸易等新业态新模式开拓国际市场。推动中欧班列运贸一体化发展，促进与贸易新业态新模式相融合，增强中欧班列支撑内外贸发展动力。创新监管措施，推进内外贸同船运输、内外贸泊位共享，提升资源利用综合效能。深入推进内外贸监管部门信息互换、监管互认、执法互助。对内外贸一体化新业态新模式实施包容审慎监管，鼓励创新发展。

（六）创新推进同线同标同质。以市场需求为导向，分行业、分类别推进实施内外贸产品同线同标同质（以下称“三同”），丰富“三同”内涵，创新“三同”推广模式。鼓励企业结合品牌宣传做出产品符合“三同”自我声明，提升品牌和先进标准影响力。支持“三同”联盟等行业组织、第三方服务机构建设“三同”公共服务平台，为企业提供一站式综合服务。

（七）培养内外贸一体化专业人才。协调推动本地区内外贸一体化经营企业与有条件的院校对接，深化产教融合，健全校企协同育人机制，组建“校企混编”教师团队，共同开发教材和教学资源。借鉴国际先进标准，健全教学标准体系。优化内外贸相关专业布局，论证设置内外贸一体化类专业，加强专业建设，推进专业升级与数字化改造。探索中国特色学徒制，推动开展“订单班”“现代学徒制”“岗课赛证融通”“外语+内外贸业务”等培养模式改革，加快培养具有国际化视野和跨文化沟通能力、熟悉国内外法律、规则和市场环境的复合型专业人才和技术技能人才。

三、工作要求

（一）提高思想认识。各地区要深刻认识内外贸一体化总体要求和试点工作重要性，把内外贸一体化试点作为推进政府职能转变、优化营商环境、激发市场活力、促进本地区高质量发展的重要突破口，统筹疫情防控和经济社会发展，紧密结合本地区经济社会发展重点工作，积极参与试点。

（二）精心组织申报。有意愿参加试点的省级地区（省、自治区、直辖市及计划单列市、新疆生产建设兵团），由商务主管部门会同相关部门按照要求填写《内外贸一体化试点申报地区基本情况表》，编制本地区试点工作方案，加盖商务主管部门印章后，一式6份，于6月12日前报商务部。商务部将会同有关部门共同组织专家择优确定试点地区，并根据试点推进情况适时调整试点地区。

（三）加强组织实施。试点地区商务主管部门会同相关部门建立工作机制，按照试点方案组织推进试点工作，在符合多双边协定规则和公平竞争原则前提下，加强政策措施保障，加大对试点工作的支持力度。商务部会同有关部门发挥促进内外贸一体化发展部际工作机制作用，加强对试点工作的宏观指导、督促推动和跨部门协调，指导试点地区做好贸易政策合规和补贴通报工作，积极响应试点地区需要中央层面支持的事项。

（四）做好总结评估。试点地区及时总结、报送试点形成的先进经验、模式和典型案例。商务部会同有关部门适时对试点地区工作进行考核评估，组织在全国复制推广先进经验和典型做法，对可机制化的成果适时提升为制度、固化为机制。

电话：商务部市场建设司，外贸司

010-85093707，65197564

传真：010-85093686

邮箱：jstigaichu@mofcom.gov.cn

附件1：内外贸一体化试点申报地区基本情况表（略）
附件2：内外贸一体化试点工作方案基本要求（略）

商务部　发展改革委　教育部
工业和信息化部　财政部　交通运输部
农业农村部　人民银行　海关总署
税务总局　市场监管总局　银保监会
外汇局　知识产权局
2022年5月9日

关于印发促进工业经济平稳增长的若干政策的通知

（发改产业〔2022〕273号）

各省、自治区、直辖市人民政府，新疆生产建设兵团，国务院各部委、各直属机构：

当前我国经济发展面临需求收缩、供给冲击、预期转弱三重压力，工业经济稳定增长的困难和挑战明显增多。在各地方和有关部门共同努力下，2021年四季度以来工业经济主要指标逐步改善，振作工业经济取得了阶段性成效。为进一步巩固工业经济增长势头，抓紧做好预调微调和跨周期调节，确保全年工业经济运行在合理区间，经国务院同意，现提出以下政策措施。

一、关于财政税费政策

1. 加大中小微企业设备器具税前扣除力度，中小微企业2022年度内新购置的单位价值500万元以上的设备器具，折旧年限为3年的可选择一次性税前扣除，折旧年限为4年、5年、10年的可减半扣除；企业可按季度享受优惠，当年不足扣除形成的亏损，可按规定在以后5个纳税年度结转扣除。适用政策的中小微企业范围：一是信息传输业、建筑业、租赁和商务服务业，标准为从业人员2000人以下，或营业收入10亿元以下，或资产总额12亿元以下；二是房地产开发经营，标准为营业收入20亿元以下或资产总额1亿元以下；三是其他行业，标准为从业人员1000人以下或营业收入4亿元以下。

2. 延长阶段性税费缓缴政策，将2021年四季度实施的制造业中小微企业延缓缴纳部分税费政策，延续实施6个月；继续实施新能源汽车购置补贴、充电设施奖补、车船税减免优惠政策。

3. 扩大地方“六税两费”减免政策适用主体范围，加大小型微利企业所得税减免力度。

4. 降低企业社保负担，2022年延续实施阶段性降低失业保险、工伤保险费率政策。

二、关于金融信贷政策

5. 2022年继续引导金融系统向实体经济让利；加强对银行支持制造业发展的考核约束，2022年推动大型国有银行优化经济资本分配，向制造业企业倾斜，推动制造业中长期贷款继续保持较快增长。

6. 2022年人民银行对符合条件的地方法人银行，按普惠小微贷款余额增量的1%提供激励资金；符合条件的地方法人银行发放普惠小微信用贷款，可向人民银行申请再贷款优惠资金支持。

7. 落实煤电等行业绿色低碳转型金融政策，用好碳减排支持工具和2000亿元支持煤炭清洁高效利用专项再贷款，推动金融机构加快信贷投放进度，支持碳减排和煤炭清洁高效利用重大项目建设。

三、关于保供稳价政策

8. 坚持绿色发展，整合差别电价、阶梯电价、惩罚性电价等差别化电价政策，建立统一的高耗能行业阶梯电价制度，对能效达到基准水平的存量企业和能效达到标杆水平的在建、拟建企业用电不加价，未达到的根据能效水平差距实行阶梯电价，加价电费专项用于支持企业节能减污降碳技术改造。

9. 做好铁矿石、化肥等重要原材料和初级产品保供稳价，进一步强化大宗商品期现货市场监管，加强大宗商品价格监测预警；支持企业投资开发铁矿、铜矿等国内具备资源条件、符合生态环境保护要求的矿产开发项目；推动废钢、废有色金属、废纸等再生资源综合利用，提高“城市矿山”对资源的保障能力。

四、关于投资和外贸外资政策

10. 组织实施光伏产业创新发展专项行动，实施好沙漠戈壁荒漠地区大型风电光伏基地建设，鼓励中东部地区发展分布式光伏，推进广东、福建、浙江、江苏、山东等海上风电发展，带动太阳能电池、风电装备产业链投资。

11. 推进供电煤耗300克标准煤/千瓦时以上煤电机组改造升级，在西北、东北、华北等地实施煤电机组灵活性改造，加快完成供热机组改造；对纳入规划的跨省区输电线路和具备条件的支撑性保障电源，要加快核准开工、建设投产，带动装备制造业投资。

12. 启动实施钢铁、有色、建材、石化等重点领域企业节能降碳技术改造工程；加快实施制造业核心竞争力提升五年行动计划和制造业领域国家专项规划重大工程，启动一批产业基础再造工程项目，推进制造业强链补链，推动重点地区沿海、内河老旧船舶更新改造，加快培育一批先进制造业集群，加大“专精特新”中小企业培育力度。

13. 加快新型基础设施重大项目建设，引导电信运营商加快5G建设进度，支持工业企业加快数字化改造升级，推进制造业数字化转型；启动实施北斗产业化重大工程，推动重大战略区域北斗规模化应用；加快实施大数据中心建设专项行动，实施“东数西算”工程，加快长三角、京津冀、粤港澳大湾区等8个国家级数据中心枢纽节点建设。推动基础设施领域不动产投资信托基金（REITs）健康发展，有效盘活存量资产，形成存量资产和新增投资的良性循环。

14. 鼓励具备跨境金融服务能力的金融机构在依法合规、风险可控前提下，加大对传统外贸企业、跨境电商和物流企业等建设和使用海外仓的金融支持。进一步畅通国际运输，加强对海运市场相关主体收费行为的监管，依法查处违法违规收费行为；鼓励外贸企业与航运企业签订长期协议，引导各地方、进出口商协会组织中小微外贸企业与航运企业进行直客对接；增加中欧班列车次，引导企业通过中欧班列扩大向西出口。

15. 多措并举支持制造业引进外资，加大对制造业重大外资项目要素保障力度，便利外籍人员及其家属来华，推动早签约、早投产、早达产；加快修订《鼓励外商投资产业目录》，引导外资更多投向高端制造领域；出台支持外资研发中心创新发展政策举措，提升产业技术水平和创新效能。全面贯彻落实外商投资法，保障外资企业和内资企业同等适用各级政府出台的支持政策。

五、关于用地、用能和环境政策

16. 保障纳入规划的重大项目土地供应，支持产业用地实行“标准地”出让，提高配置效率；支持不同产业用地类型按程序合理转换，完善土地用途变更、整合、置换等政策；鼓励采用长期租赁、先租后让、弹性年期供应等方式供应产业用地。

17. 落实好新增可再生能源和原料用能消费不纳入能源消费总量控制政策；优化考核频次，能耗强度目标在“十四五”规划期内统筹考核，避免因能耗指标完成进度问题限制企业正常用能；落实好国家重大项目能耗单列政策，加快确定并组织实施“十四五”期间符合重大项目能耗单列要求的产业项目。

18. 完善重污染天气应对分级分区管理，坚持精准实施企业生产调控措施；对大型风光电基地建设、节能降碳改造等重大项目，加快规划环评和项目环评进度，保障尽快开工建设。

六、保障措施

国家发展改革委、工业和信息化部要加强统筹协调，做好重点工业大省以及重点行业、重点园区和重点企业运行情况调度监测；加大协调推动有关政策出台、执行落实工作力度，适时开展政策效果评估。国务院有关部门要各司其责，加强配合，积极推出有利于振作工业经济的举措，努力形成政策合力，尽早显现政策效果。

各省级地方政府要设立由省政府领导牵头的协调机制，制定实施本地区促进工业经济平稳增长的行动方案。各级地方政府要结合本地产业发展特点，在保护市场主体权益、优化营商环境等方面出台更为有力有效的改革举措；要总结推广新冠肺炎疫情防控中稳定工业运行的有效做法和经验，科学精准做好疫情防控工作，在突发疫情情况下保障重点产业园区、重点工业企业正常有序运行；针对国内疫情点状散发可能带来的人员返程受限、产业链供应链受阻等风险提前制定应对预案，尽最大努力保障企业稳定生产；加大对企业在重要节假日开复工情况的监测调度，及时协调解决困难问题。

国家发展改革委　工业和信息化部
财政部　人力资源社会保障部
自然资源部　生态环境部
交通运输部　商务部
人民银行　税务总局
银保监会　能源局
2022 年 2 月 18 日

商务部关于印发支持外贸稳定发展若干政策措施的通知

（商贸发〔2022〕152号）

各省、自治区、直辖市及计划单列市人民政府，新疆生产建设兵团，外交部、发展改革委、工业和信息化部、公安部、财政部、人力资源社会保障部、交通运输部、卫生健康委、国资委、海关总署、税务总局、市场监管总局、银保监会、移民局、铁路局、民航局，中国贸促会、中国国家铁路集团有限公司、中国出口信用保险公司：

开放是中国的基本国策，进出口有力支撑稳增长稳就业，要加力稳定外贸。经国务院同意，现将《支持外贸稳定发展若干政策措施》印发给你们，请认真组织实施。外贸大省要更好发挥挑大梁作用，拿出具体措施，有关部门要加强协调和服务。

商务部

2022年9月27日

支持外贸稳定发展若干政策措施

一、保生产保履约，支持优势产品开拓国际市场。各地方强化外贸企业防疫、用能、用工、物流等各方面保障，必要时全力予以支持，确保外贸订单及时履约交付。（各地方人民政府，商务部、发展改革委、工业和信息化部、交通运输部、人力资源社会保障部、卫生健康委、海关总署按职责分工负责）结合有关国家做法和我国实际市场需求，研究优化中长期险承保条件，加大出口信用保险支持力度。（商务部、财政部、银保监会、中国出口信用保险公司按职责分工负责）统筹利用外经贸发展专项资金等现有资金渠道，进一步支持中小微外贸企业开拓国际市场。把外经贸发展专项资金加快用到位。（各地方人民政府，财政部、商务部按职责分工负责）

二、积极支持企业参加各类展会抓订单。各地方积极利用外经贸发展专项资金等相关资金，支持企业参加本地区、其他地区或贸促机构、会展企业举办的各类境外自办展会，鼓励有条件的地方扩大境外自办展会规模。各地方加强指导，支持企业提升境外代参展人员服务水平和工作积极性，持续提升代参展成效。对外贸企业人员常态化疫情防控下出国出境进行参展、商洽等商务活动的，各地方外事、商务主管部门和移民管理机构要进一步加强服务保障。（各地方人民政府，商务部、外交部、财政部、移民局、中国贸促会按职责分工负责）

三、办好第132届中国进出口商品交易会（广交会）线上展。扩大参展企业范围，除实体展的2.5万家参展企业外，支持所有符合参展资格标准的企业自愿申请参展。延长线上展示时间，将展期由10天延至5个月。加强招商引流，综合运用多种渠道宣传推荐，进一步提高采购商注册观展数量。优化平台功能，便利供采对接，提高成交实效。（商务部负责）

四、发挥外贸创新平台作用。抓紧新设一批市场采购贸易方式试点、进口贸易促进创新示范区、跨境电子商务综合试验区。（商务部牵头，各相关部门按职责分工负责）

新增一批可开展二手车出口业务的地区。（商务部、公安部、海关总署按职责分工负责）对于2022年稳外贸工作表现突出、对全国外贸增长贡献较大的省（区、市），在后续增设外贸创新平台试点和中国进出口商品交易会（广交会）新增展位数量安排中予以适当倾斜。（商务部牵头）

五、进一步发挥跨境电商稳外贸的作用。出台进一步支持跨境电商海外仓发展的政策措施。研究年内启动服务贸易创新发展引导基金二期，进一步带动社会资本，并统筹利用外经贸发展专项资金等现有资金渠道，共同支持跨境电商、海外仓等外贸新业态发展。在依法合规、风险可控的前提下，进一步加强出口信用保险对海外仓建设和运营的支持力度。优化海关备案流程，加强中欧班列运输组织，支持海外仓出口货物运输。（商务部牵头，发展改革委、财政部、海关总署、银保监会、中国国家铁路集团有限公司、中国出口信用保险公司按职责分工负责）加快出台便利跨境电商出口退换货的税收政策。（财政部牵头，商务部、海关总署、税务总局按职责分工负责）

六、进一步促进贸易畅通。提升港口集疏运和境内运输效率，确保进出口货物快转快运。保障产业链供应链稳定。持续清理口岸不合理收费，加强对港内及港外堆场等海运口岸收费主体监管。（各地方人民政府，发展改革委、交通运输部、商务部、国资委、海关总署、市场监管总局、铁路局、民航局按职责分工负责）印发口岸外贸进口货物标准作业程序参考，推介口岸提质增效好经验好做法，促进各口岸和地方互学互鉴，督促货主企业及其代理尽快提离货物，降低货物通关成本。各口岸要保障出口方向畅通。（各地方人民政府，商务部、交通运输部、海关总署、铁路局、民航局、中国国家铁路集团有限公司按职责分工负责）加强对外贸企业的通关便利化服务保障，进一步提升货物通关效率，实现到港货物快进快出。（商务部、海关总署按职责分工负责）在确保防疫安全的前提下，全力提升深圳香港陆路运输通行能力和效率，最大程度满足企业陆路运输需求。（广东省人民政府、深圳市人民政府牵头，交通运输部、商务部、海关总署按职责分工负责）

国家发展改革委关于印发《“十四五”现代流通体系建设规划》的通知

（发改经贸〔2022〕78号）

各省、自治区、直辖市及计划单列市人民政府，新疆生产建设兵团，国务院各部委、各直属机构：

我委会同有关部门编制的《“十四五”现代流通体系建设规划》（以下简称《规划》）已经国务院批复同意（国函〔2021〕138号），现印发给你们，请认真贯彻实施。根据国务院批复精神，现就有关事项通知如下：

一、《规划》实施要以习近平新时代中

国特色社会主义思想为指导，统筹推进现代流通体系硬件和软件建设，培育壮大现代流通企业，提升现代流通治理水平，全面形成现代流通发展新优势，提高流通效率，降低流通成本，为构建以国内大循环为主体、国内国际双循环相互促进的新发展格局提供有力支撑。

二、各省、自治区、直辖市人民政府要把现代流通体系建设作为本地区“十四五”时期经济和社会发展的重要任务，加强组织领导，明确责任分工，完善工作机制，编制建设方案，细化落实措施，确保将《规划》明确的重要目标任务落实到位。

三、各有关部门要按照职责分工，依据《规划》细化提出支持现代流通体系建设的具体政策举措，加强沟通协调，强化舆论引导，为现代流通体系建设营造良好环境。《规划》实施涉及的重要政策、重大工程、重点项目按规定程序报批。

国家发展改革委

2022 年 1 月 13 日

附件：《“十四五”现代流通体系建设规划》（略）

跨境电商城市发展篇

北京地区

2022年，北京市围绕加大跨境电商政策牵引力度，完善跨境电商服务支撑体系，促进跨境电商技术、模式和业态创新等方面发力，推动跨境电商健康持续发展，带动贸易转型与消费升级。

发展现状

一、强化政策引导，促进跨境电商新模式新业态加快发展

出台《关于进一步推进跨境电子商务创新发展的若干措施》《北京市外经贸发展资金支持北京市跨境电子商务发展实施方案》《支持跨境电子商务发展项目申报指南》等政策文件，支持跨境电商平台、独立站、海外仓、体验店等新业态新模式加速发展，鼓励企业加快数字化转型，拓展跨境电商线上销售渠道，激发跨境电商创新发展活力。印发《关于加大出口信用保险支持进一步做好稳外贸稳经济大盘工作的若干措施》，加大对跨境电商、海外仓保险支持，综合运用短期出口信用保险、海外投资保险、中长期出口信用保险等产品支持新业态新模式发展。

二、完善跨境电商服务支撑体系，助力跨境电商业务拓展

建设完善中国（北京）跨境电子商务综合试验区（以下简称“北京综试区”）线上综合服务平台，为跨境电商各类市场主体提供政策宣传、业务办理、互动交流、数据查询等一站式综合服务。优化跨境电商出口海外仓的退税流程，实现“一张报表、一张凭证、一次申报、一次退税”。探索“区块链+企业服务”新模式，创新开展企业数据资产保管服务，通过区块链存证确权，智能归集外贸单证，提升企业业务数据统计、单证票据管理效率，帮助企业实时掌握业务动态。引导重点跨境电商企业在全球 30 余个国家和地区设立了百余个海外仓，形成覆盖亚洲、欧洲、美洲、非洲、大洋洲的全球化布局体系。

三、积极推进模式业态创新，提升跨境电商发展新动能

（一）稳步推进跨境电商销售医药产品试点。2022 年，持续扩大跨境电商销售医药产品试点企业范围，指导科园信海在天竺综合保税区建成约 4100 平方米的跨境电商药品专用库，为跨境医药电商企业提供仓储物流第三方服务。全年，北京市重点企业实现跨境电商进口医药产品货值同比增长超过 1.5 倍。

（二）探索推进跨境电商体验消费新模式。鼓励引导糖球购、超集好、王府井等企业在 798 艺术区、秀水街、赛特奥莱落地跨境电商体验店，打造“线下体验+线上下单+快递到家”相结合的跨境电商体验消费新场景，助力消费提质扩容。

（三）积极推进“免税、保税、跨境电商”政策相衔接试点工作，扩大高品质消费供给，更好满足高品质消费需求，回拉外流消费。自 2020 年试点走通以来，年均通过该试点模式实现跨境电商进口额超过 20 亿元。

（四）加快开展跨境电商 B2B 出口业务。制定出台了 B2B 出口支持政策，引导鼓励企业积极开展 B2B 出口业务，完善通关监

管模式，提高一体化通关效率，推动 B2B 出口业务实现快速增长。2022 年，全市跨境电商 B2B 出口额同比增长约 1.1 倍，近 150 家企业在京开展跨境电商 B2B 出口业务，同比增长超过 80%。

四、搭建合作交流平台，扩大北京综试区发展影响力

在 2022 中国电子商务大会上设置跨境电商专题论坛，邀请国内外政府机构、行业组织、知名企业代表，深入探讨交流促进跨境电商发展的新理念、新实践，提升北京跨境电商业务的国际影响力。加强政企交流、产学互动、业内沟通。2022 年，组织召开北京综试区政策解读会、政策研讨会及企业座谈会、资源对接会等 40 余场，提升跨境电商产业发展合力。积极组织跨境电商企业参与全国双品网购节、非洲好物网购节、网上年货节、北京消费季、北京网络直播促销月等专题促消费活动，联动线上线下消费场景，提升跨境消费体验。

配套文件

北京市商务局印发《关于进一步推进跨境电子商务创新发展的若干措施》的通知

（京商函字〔2022〕82 号）

各相关单位：

为积极推进本市跨境电子商务高质量发展，现将《关于进一步推进跨境电子商务创新发展的若干措施》印发给你们，请结合实际抓好贯彻落实。

关于进一步推进跨境电子商务创新发展的若干措施

为进一步推进北京跨境电子商务综合试验区高质量发展，紧抓跨境电子商务发展战略机遇期，加快构建国内国际双循环发展格局，促进本市外贸新业态新模式持续健康发展，制定如下措施。

一、支持跨境电子商务平台做大做强

1. 大力培育发展跨境电子商务平台企业。一是聚焦平台新增商户、业务规模、对本市经济贡献等指标，探索建立跨境电子商务平台企业综合评价体系，分级分类加强对平台企业的精准服务。二是采取“一企一策”的方式，积极引进跨境电子商务龙头平台企业，聚焦企业问题诉求，分类指导、精准施策，大力促进跨境电子商务业务发展；积极培育具有较大发展潜力、新业态新模式初创平台企业。三是支持本市有能力的跨境电子商务平台加速全球布局，为传统贸易企业扩大销售渠道，助力品牌出海。四是对符合总部企业认定标准、业绩贡献突出的跨境电子商务平台等相关企业，在人才落户、子女教育等方面给予支持。（责任单位：市商务局、市财政局、市人才局、市人力资源社会保障局、市教委、北京海关、北京市税务局、北京外汇管理部等相关单位）

2. 重点对独立站建设予以资金支持。鼓励具有一定规模、品牌影响力的企业自建独立站，引导企业深耕细分市场，积累私域流量，培育特定品类精品垂直电商平台，打造跨境电子商务自主品牌。（责任单位：市商务局、北京海关、北京市税务局、市财政局）

3. 进一步完善海外仓支持政策。完善海外仓投资主体认定标准，支持海外仓等跨境电子商务仓储物流服务设施及配套信息系统的建设，提升跨境电子商务仓储物流支撑能力。（责任单位：市商务局、市财政局、北京海关）

二、持续推动外贸新业态新模式创新发展

4. 加快推进本市跨境电子商务销售医药产品试点。进一步优化本市跨境电子商务销售医药产品试点清单，稳步开展北京跨境电子商务销售医药产品试点工作。（责任单位：市药监局、市财政局、市商务局、北京海关、北京天竺综合保税区管委会）

5. 进一步拓展跨境电子商务即买即提试点业务。积极组织相关试点企业在海关特殊监管区拓展“网购保税+线下自提”业务；积极争取采用“前置仓+区店调拨+店面直提”模式，在北京市内试点开展安全合规的跨境电子商务即买即提业务模式。［责任单位：市商务局、北京海关、市发展改革委、北京市税务局、市市场监管局、北京天竺综合保税区管委会、北京大兴国际机场临空经济区（大兴）管委会］

6. 深入挖掘本市“双枢纽”航空物流潜力。结合本市“高精尖”产业优势，聚焦高技术含量、高附加值产品跨境出口；扩大国外高端高值产品跨境进口，回拉外流消费，促进消费提质升级，持续推进“优进优出”。［责任单位：市商务局、市发展改革委、北京海关、市邮政管理局、北京天竺综合保税区管委会、北京大兴国际机场临空经济区（大兴）管委会］

三、构建跨境电子商务对接合作平台

7. 搭建供需对接平台。组织资源对接会、企业交流会，引导跨境电子商务平台与传统外贸企业开展供需对接，帮助外贸企业拓宽线上营销渠道，扩大海外客户群体。（责任单位：市商务局）

8. 用好服贸会等展会平台。组织各类跨境电子商务主体参与中国国际服务贸易交易会等国内外重要展会，办好中国电子商务大会，为企业提供品牌展示、合作洽谈、信息交流的平台。（责任单位：市商务局）

9. 建立合规培训平台。依托行业协会等社会组织力量开展合规培训，邀请行业专家、知名学者对主要境外市场的交易规则与标准进行解读，提升企业合规管理能力。（责任单位：市商务局）

四、建立完善跨境电子商务协调调度机制

10. 加强部门协同联动。充分发挥跨境电子商务综试区联席会议机制作用，加强统筹调度，密切部门协作，进一步完善北京综试区跨境电子商务支持政策，创新跨境电子商务新模式新业态监管方式，推动跨境电子商务特色化、高质量发展。（责任单位：市商务局、市发展改革委、北京海关、市财政局、北京市税务局、北京外汇管理部、北京

天竺综合保税区管委会等相关单位）

11. 建立完善企业对接服务机制。加强调研走访，摸清重点跨境电子商务企业情况，建立联系对接和跟踪服务机制，及时掌握企业发展诉求，帮助企业协调解决困难问题。（责任单位：市商务局等相关单位、相关区政府）

12. 着力推进跨境电子商务重大项目落地。加大政策支持引导力度，鼓励各区、跨境电子商务产业园扩大招商引资，积极引进具备良好发展潜力或示范带动作用的项目落地，加快培育各类跨境电子商务市场主体，引导促进跨境电子商务产业集聚化、规模化发展。（责任单位：市商务局等相关单位、相关区政府）

北京市商务局　北京市财政局关于印发《北京市外经贸发展资金支持北京市跨境电子商务发展实施方案》的通知

（京商财务字〔2022〕19号）

各有关单位：

根据《北京市商务局 北京市财政局关于印发〈北京市外经贸发展资金管理实施细则〉的通知》（京商财务字〔2022〕16号），为充分发挥财政资金支持引导作用，促进本市跨境电子商务发展，北京市商务局和北京市财政局结合北京市实际情况，联合修订了《北京市外经贸发展资金支持北京市跨境电子商务发展实施方案》，现将该方案印发给你们，请遵照执行。

特此通知。

北京市商务局
北京市财政局
2022年7月27日

北京市外经贸发展资金支持北京市跨境电子商务发展实施方案

为进一步促进北京市跨境电子商务创新发展，完善跨境电子商务服务支撑体系，全面协调推进中国（北京）跨境电子商务综合试验区建设，制定本方案。

一、支持对象

（一）跨境电子商务平台及平台内经营者。包括自建跨境电子商务销售平台的进出口企业、第三方跨境电子商务平台和对接应用第三方跨境电子商务平台开展进出口业务的企业。

（二）跨境电子商务服务企业。包括为跨境电子商务企业提供交易、金融、支付、通关、仓储、物流等相关服务的企业（含跨境电子商务产业园运营主体）。

（三）在市内开设跨境电子商务体验店（含线下自提店），采取线上下单、线下展示销售等方式，开展跨境电子商务销售的企业；积极引进培育跨境电子商务体验店的商业主体。

（四）具备一定实力，通过完善海外仓

和海外运营中心等服务设施，为企业开拓市场提供综合配套服务的跨境电子商务企业。优先支持在“一带一路”沿线国家、RCEP成员国建设海外仓。

（五）为中国（北京）跨境电子商务综合试验区服务支撑体系建设提供支持的其他企业或服务主体。

二、支持方向

（一）支持跨境电子商务平台及平台内经营者发展

支持企业通过自建跨境电子商务销售平台（含相关信息系统及移动应用程序、微信小程序等）、建设第三方跨境电子商务平台和对接应用第三方跨境电子商务平台开展跨境电子商务业务，提供跨境电子商务交易、支付、物流等各类服务。鼓励跨境电子商务平台扩大销售或服务规模。

（二）支持跨境电子商务产业园建设发展

支持本市跨境电子商务产业园建设发展，完善园区服务支撑体系。鼓励园区扩大招商引资，促进跨境电子商务产业集聚发展。

（三）支持企业开展跨境电子商务进出口业务

支持用于跨境电子商务通关服务的项目建设。鼓励企业开展跨境电子商务B2C、B2B进出口业务。

（四）支持跨境电子商务仓储物流建设

支持海外仓（或海外运营中心）、保税仓（含跨境电子商务医药产品专用仓）、智能口岸仓、出口集货仓等跨境电子商务仓储物流服务设施及配套信息系统的建设，扩大海外仓业务规模，提升跨境电子商务仓储物流支撑能力。

（五）支持发展线上线下相结合的跨境体验消费

支持新开设跨境电子商务体验店的建设和运营。鼓励跨境电子商务体验店扩大销售规模。支持引导商场、超市、产业园区等主体积极引进培育跨境电子商务体验店。

（六）支持北京跨境电商综试区服务支撑体系建设

支持建设完善综试区线上综合服务平台、统计监测、信息共享、智能物流、金融服务、电商诚信、风险防控、市场开拓、人才培育和营销等服务体系。

（七）对财政部、商务部等国家部委确定的其他相关项目给予支持

三、支持方式及标准

（一）贷款贴息。对企业开展跨境电子商务相关业务取得银行贷款给予贴息支持，其中：人民币贷款贴息率，按照不超过资金申报截止日前中国人民银行公布的最近一期人民币一年期贷款市场报价利率计算，外币贷款贴息率，按照不超过3%计算，上述贴息率均不超过项目实际贷款利率。

（二）资金补助。对于跨境电子商务平台、产业园、体验店以及仓储物流、通关服务设施建设等投资类项目，依据其信息系统研发、软硬件设施设备购置、项目运营等相关费用给予支持。申报项目已投资额不低于计划总投资额的70%，能够按申报计划组织实施。

1. 对新建跨境电子商务体验店的支持标准：

体验店租金支持标准：参照本市基本便民商业网点租金等相关支持标准，并结合跨境电商发展实际情况，在年度项目征集工作通知中明确细化。单店年度租金支持金额不

超过200万元。

对除租金外其他投资，按照不超过审定实际投资50%的标准给予资金支持。

2. 对其他项目支持标准：依据审定实际投资给予不超过50%的资金支持。

（三）以奖代补。鼓励跨境电子商务平台扩大销售或服务规模、产业园扩大招商引资、企业开展跨境电子商务进出口业务、扩大海外仓业务规模、通过引进培育及建设运营体验店促进线上线下融合消费等业务。

以上三种支持方式下，单个项目支持资金最高不超过500万元。

（四）对于北京跨境电商综试区线上综合服务平台相关项目，依据第三方评审、招投标等方式确定的成本费用给予支持。

本“实施方案”涉及的具体支持内容和要求，将结合每年的跨境电商发展实际情况，在年度项目征集工作通知中予以细化。

四、支持条件

（一）项目申报主体需在北京市注册，具有独立法人资格，工商营业执照等法律必备证照齐全有效。

（二）项目申报单位经营状况良好，财务管理制度健全。

（三）中央年度外经贸重点工作通知中已明确相关支持条件的，从其规定。

（四）其他按规定应满足的条件。

五、申报材料

（一）项目申报书（含项目可行性报告）；

（二）项目已发生费用明细表；

（三）项目申报情况表；

（四）项目申报单位承诺书；

（五）项目单位法人证明文件复印件（营业执照、法定代表人身份证明等）；

（六）项目单位近两年财务报表（资产负债表、损益表、现金流量表）；

（七）其他与项目相关的证明材料。

项目申报材料一式两份，按顺序装订成册，并加盖单位公章。项目申报材料不予退回。

六、申报流程

（一）企业申报的项目原则上按照属地管理，由区商务局、北京经济技术开发区商务主管部门初审后上报市商务局。北京跨境电商综试区线上综合服务平台相关项目由市商务局直接进行审核。

（二）市商务局按照项目资金管理相关办法，组织开展项目评审、资金拨付等工作。

本实施方案自发布之日起实施。《北京市商务局　北京市财政局关于印发〈北京市外经贸发展资金支持北京市跨境电子商务发展实施方案〉的通知》（京商财务字〔2021〕34号）同时废止。

2022 年支持跨境电子商务发展项目申报指南[①]

一、支持对象

（一）跨境电子商务平台及平台内经营者。包括自建跨境电子商务销售平台的进出口企业、第三方跨境电子商务平台和对接应用第三方跨境电子商务平台开展进出口业务的企业。

（二）跨境电子商务服务企业。包括为跨境电子商务企业提供交易、金融、支付、通关、仓储、物流等相关服务的企业（含跨境电子商务产业园运营主体）。

（三）在市内开设跨境电子商务体验店（含线下自提店），采取线上下单、线下展示销售等方式，开展跨境电子商务销售的企业；积极引进培育跨境电子商务体验店的商业主体。

（四）具备一定实力，通过完善海外仓和海外运营中心等服务设施，为跨境电商企业开拓市场提供综合配套服务的企业。

二、支持方向及标准

（一）支持跨境电商平台发展

1. 支持企业通过自建跨境电子商务销售平台（含相关信息系统及移动应用程序、微信小程序等）、建设第三方跨境电子商务平台和对接应用第三方跨境电子商务平台开展跨境电子商务业务，拓宽线上业务渠道。支持内容：软件开发及配套硬件设施建设等。支持标准：依据审定实际投资给予不超过 50%的资金支持，单个项目支持资金不超过 300 万元。

2. 支持企业建设运营独立站，拓宽线上销售渠道。支持标准：对于 2021 年以来上线独立站开展跨境电商业务且独立站自有品牌销售额占比不低于总销售额 50%的企业，独立站月均销售额达到 50 万元、100 万元、200 万元、300 万元人民币（含）以上的，分别给予最高 30 万元、60 万元、120 万元、200 万元的资金支持。

3. 支持跨境电子商务平台扩大服务规模。支持标准：对于为跨境电子商务企业提供交易、支付、物流或综合服务的跨境电子商务平台企业，与北京跨境电商综试区线上综合服务平台完成对接，且自 2021 年以来新增服务 30 家（含）以上有经营实绩的北京跨境电商企业的，给予其 2021 年度服务收入 3%的资金支持。每家企业支持资金不超过 300 万元。

（二）支持企业拓展跨境电商进出口业务

4. 支持企业开展跨境电商 B2C 业务。对于 2021 年 7 月 1 日—2022 年 9 月 30 日，在京纳统跨境电商 B2C 进出口清单 10 万单以上的企业（电商企业境内代理人），给予每单 0.35 元的支持；对于企业通过跨境电

① 《2022 年度支持跨境电子商务发展项目申报指南》为《关于申报 2022 年外经贸发展资金项目的通知》（京商财务字〔2022〕26 号）附件 1 文件。

商进口的医药产品，给予每单 0.4 元的支持。单个项目支持资金不超过 300 万元。

5. 支持企业开展跨境电商 B2B 业务（海关监管代码 9710、9810）。对于 2021 年 10 月 1 日—2022 年 9 月 30 日，在京纳统出口货品重量 1000 千克以上的跨境电商 B2B 企业（报关单经营单位），对其仓储物流、报关查验等综合成本给予支持，支持标准：B2B 出口货物每千克申报价格 50 元（含）以上的，给予每千克货物 1 元的支持；每千克申报价格 30 元（含）~ 50 元的，给予每千克货物 0.8 元的支持；每千克申报价格 30 元以下的，给予每千克货物 0.5 元的支持。单个项目支持资金不超过 300 万元。

6. 支持跨境电子商务通关辅助设施项目建设。支持内容：安检设备、查验设备、机检线、监控系统等设施设备购置和管理信息系统开发等。支持标准：依据审定实际投资给予不超过 50%的资金支持，单个项目支持资金不超过 300 万元。

（三）支持跨境电商产业园建设发展

7. 支持跨境电商产业园配套服务设施建设。支持内容：监管通关、仓储物流、培训孵化、检验检测设备购置及配套软件开发等。支持标准：依据审定实际投资给予不超过 50%的资金支持，单个项目支持资金不超过 300 万元。

8. 支持跨境电商产业园扩大服务规模。对于经北京市推进跨境电子商务发展工作小组认定的跨境电子商务产业园，2021 年以来，每新增服务 1 家有经营实绩的跨境电子商务企业，给予园区运营主体 5 万元的资金支持；每新增入驻 1 家有经营实绩的跨境电子商务企业，给予园区运营主体 10 万元的资金支持。单个项目支持资金不超过 300 万元。（已申报过本支持方向并获得支持的入驻或服务企业，不再重复计算和支持）

（四）支持发展线上线下相结合的跨境体验消费

9. 支持企业建设运营跨境电商体验店。鼓励企业在本市建设运营跨境电商体验店。支持内容：2021 年 1 月 1 日以来投资新建的跨境电商体验店连续 12 个月房租、店面装修、货架、收银设备、监控系统、体验等候区配套服务设施、线下自提业务清关状态显示屏等设施设备购置，线上销售平台建设等。支持标准：对体验店租金按照实际租赁面积进行补助，补助标准 3 元/㎡/日，补助金额不超过体验店实际年租金的 30%，单店年度租金支持金额不超过 200 万元；对除租金外其他投资，按照不超过审定实际投资 50%的标准给予资金支持。单个项目支持资金不超过 300 万元。

10. 鼓励商场、超市、产业园引进跨境电商体验店，发展线上线下融合的跨境体验消费。支持标准：自 2021 年 1 月 1 日以来，每引进一家跨境电商体验店，给予引进主体 10 万元的资金支持。同一引进主体支持资金累计不超过 200 万元。

（五）支持跨境电子商务仓储物流建设发展

11. 支持企业建设海外仓（含海外运营中心）、保税仓（含跨境电子商务医药产品专用仓）、智能口岸仓、出口集货仓等跨境电商仓储物流设施。支持内容：货架（货柜）、仓储搬运设备、分拣机、查验设备、监控系统、温湿度检测及调节系统等设施设备购置，仓储管理信息系统开发等。支持标准：依据审定实际投资给予不超过 50%的资金支持，单个项目支持资金不超过 300 万元。

12. 支持企业扩大海外仓服务规模。对建设运营海外仓，带动跨境电商进出口业务发展的企业予以支持，其中2021年以来，海外仓面积达1000平方米以上，年均服务本市有经营实绩的跨境电商企业10家以上的，予以30万元奖励；海外仓面积达3000平方米以上，年均服务本市有经营实绩的跨境电商企业30家以上的，予以60万元奖励；面积达5000平方米以上，年均服务本市有经营实绩的跨境电商企业50家以上的，予以100万元奖励；面积达10000平方米以上，年均服务本市有经营实绩的跨境电商企业100家以上的，予以200万元奖励。

（六）支持企业拓宽融资渠道

13. 对企业2021年开展跨境电子商务相关业务取得银行贷款给予贴息支持，其中：人民币贷款贴息率按照不超过资金申报截止日期前中国人民银行公布的最近一期人民币1年期贷款市场报价利率计算，外币贷款贴息率按照不超过3%计算，上述贴息率均不超过项目实际贷款利率。单个项目支持资金不超过300万元。

同一申报主体同时申报多个支持方向的，合计最高支持资金不超过500万元。

三、申报条件

（一）在本市依法注册登记，具有独立法人资格；

（二）按照有关规定已取得开展相关业务资格或已进行核准或备案；

（三）经营状况良好，财务管理制度健全；

（四）三年内无严重违法违规行为，未拖欠应缴还的财政性资金；

（五）申报支持方向9、10的，跨境电子商务体验店面积不少于50平方米，店内现场展示商品的SKU数量不少于100种，通过线上售卖的商品SKU数量不少于300种，单店月均销售额（含线上线下）不少于20万元；

（六）申报支持方向11、12的，海外仓面积不少于1000平方米，配套完善的仓储管理信息化系统和线上信息平台（如ERP、WMS系统等），提供国际仓储和物流配送服务的同时，还能提供国际货运代理、通关服务、营销推广、金融保险服务对接、售后维修服务、退换货服务中2项以上（含）服务，具有跨境电子商务经营实绩；对于在“一带一路”沿线国家、RCEP成员国建设海外仓的，同等条件下给予优先支持；

（七）申报支持方向1、6、7、9、11的，申报项目已投资额不低于计划总投资额的70%，能够按申报计划组织实施，申报投资发生在2021年1月1日后；

（八）在对已在北京跨境电商综试区线上综合服务平台（https：//www.bjkjb2c.com）注册备案的，同等条件下给予优先支持；

（九）其他按规定应满足的条件。

四、申报材料要求

（一）资金申请表

（二）项目情况介绍（包含企业基本情况、主营业务、申请支持条款及资金金额、项目基本情况、运营情况、发展规划等内容）

（三）项目申报书（含项目可行性报告）；

（四）项目已发生费用明细表；

（五）项目申报情况表；

（六）项目申报单位承诺书；

（七）项目单位法人证明文件复印件（营业执照、法定代表人身份证明、对外贸易经营者备案登记表、行业资质等相关证明材料复印件）；

（八）项目单位近两年财务报表（资产负债表、损益表、现金流量表）、纳税申报表及完税证明；

（九）其他与项目相关的证明材料。

项目申报材料统一使用 A4 纸，一式两份，按顺序装订成册，在首页、末页加盖公章及骑缝章。

五、项目资金申请、审批及拨付程序

1. 本次跨境电子商务发展项目资金申请采取分批次形式开展。

第一批项目（包括支持方向 1、2、3、6、7、8、9、10、11、12、13）：2022 年 9 月 13 日前，项目申报主体将申报材料上报各区（北京经济技术开发区）商务主管部门。各区（北京经济技术开发区）商务主管部门初审合格后，于 9 月 23 日前上报市商务局。

第二批项目（包括支持方向 4、5）：2022 年 10 月 11 日前，项目申报主体将申报材料上报各区（北京经济技术开发区）商务主管部门。各区（北京经济技术开发区）商务主管部门初审合格后，于 10 月 20 日前上报市商务局。

2. 市商务局按照项目资金管理相关办法，组织开展项目申报、审核、公示及资金拨付等工作。

3. 同一项目已享受国家和市级其他财政资金支持的，不再重复享受本支持政策。

附件：1. 资金申请表（略）
2. 项目申报书（略）
3. 项目已发生费用明细表（略）
4. 项目申报单位承诺书（略）
5. 项目申报情况表（略）

企业名录

截至 2022 年 12 月 31 日，在北京市跨境电商公共服务平台上注册的企业名录见表 2–1。

表 2–1 北京市跨境电商企业名录

序号	企业名称	序号	企业名称
1	中金支付有限公司	10	北京星耀晨光科技有限公司
2	正源泰和（北京）科技有限责任公司	11	北京源氨生物技术有限公司
3	当哒（北京）互联网科技有限公司	12	中建材国际贸易有限公司
4	北京中海友成科技发展有限责任公司	13	北京良市无际科技有限公司
5	北京小狗吸尘器集团股份有限公司	14	北京小笨鸟信息技术有限公司
6	北京优俏货网络科技有限公司	15	北京踏浪者科技有限公司
7	北京昊运联合国际货运代理有限公司	16	北京易安鑫科贸有限公司
8	北京东方凯美国际葡萄酒文化发展有限公司	17	北京雄鹰阳光科技有限公司
9	广德盛源（北京）信息技术有限公司	18	北京格林美尔科技有限公司

续表1

序号	企业名称	序号	企业名称
19	北京钣喷狮汽车科技有限公司	54	世纪富轩科技发展（北京）有限公司
20	北京康兰尚德数据科技有限公司	55	北京中外运华力物流有限公司
21	北京中乌华信国际科贸有限公司	56	伊兰戴利国际电动技术（北京）有限公司
22	北京美世美华服饰有限公司	57	北京德联宜惠自动化技术有限公司
23	北京市德光电子公司	58	北京运通安达报关有限公司
24	北京攀宝生物科技有限公司	59	北京吉康堂生物科技有限公司
25	联博瑞翔（北京）国际物流股份有限公司	60	北京尚易通企业管理服务有限公司
26	联博瑞翔（北京）供应链管理有限公司	61	北京鼎润达信息技术有限公司
27	北京中达信泰科技有限公司	62	北京慧贸供应链管理有限公司
28	北京尚华志技术发展有限公司	63	北京一凌宸飞科技有限公司
29	北京永正天元地毯有限公司	64	北京三五二环保科技有限公司
30	北京莱茵新辉科技发展有限公司	65	北京顺丰速运有限公司
31	北京英泰弘业家居用品有限公司	66	北京中运链商务有限公司
32	联邦快递（中国）有限公司	67	领途智造科技（北京）有限公司
33	北京燕文物流股份有限公司	68	北京申泰克机电有限公司
34	东方天旭（北京）国际供应链管理有限公司	69	亚欧非新通商贸（北京）有限公司
35	中国邮政速递物流股份有限公司北京市分公司	70	北京品正世纪科贸有限公司
36	红酒先生（北京）电子商务有限公司	71	北京中恒瑞沣国际贸易有限公司
37	北京隆盛泰健康科技股份有限公司	72	北京科林环球国际货运代理有限公司
38	北京林德电子商务有限公司	73	嘉信康和（北京）科技有限公司
39	北京数码港电子商务有限公司	74	北京英泰诺医疗科技有限公司
40	货代宝（北京）科技有限公司	75	如森电子商务（北京）有限公司
41	京际通（北京）电子商务有限公司	76	方州汇国际电子商务（北京）有限公司
42	北京花旺在线商贸有限公司	77	北京成楷恒业科技有限公司
43	中外运跨境电商物流有限公司	78	北京星汉博纳医药科技有限公司
44	中国国际图书贸易集团有限公司	79	北京利来盛经贸有限公司
45	北京时代航通国际物流服务有限公司	80	北京鸿运景升科技有限公司
46	北京跨港通世贸国际贸易有限公司	81	北京嘉信盛和科技有限公司
47	北京卡尤迪生物科技股份有限公司	82	北京益锦纺织有限公司
48	北京中海天成信息技术有限责任公司	83	北京纺达科技有限责任公司
49	北京空港宏远物流有限公司	84	中免集团海南大兴国际货运代理有限公司北京分公司
50	联动优势电子商务有限公司	85	太若科技（北京）有限公司
51	上药健康科学有限公司	86	药兜（北京）国际医药有限公司
52	科园信海（北京）国际供应链管理有限公司	87	北京泰德动力科技有限公司
53	北京快达国际物流服务有限公司	88	北京越海易通供应链管理服务有限公司

续表2

序号	企业名称
89	北京市纺织品进出口有限公司
90	北京颐和万象贸易有限公司
91	中天朗洁（北京）环保科技有限公司
92	雅娜购（北京）电子商务有限公司
93	慧贸天下（北京）科技有限公司
94	北京华夏永乐胶粘制品有限公司
95	科园信海（北京）医疗用品贸易有限公司
96	北京神钢联光机电设备有限公司
97	北京纵坐标国际物流有限公司
98	北京聚物商贸有限公司
99	北京华汇恒通国际贸易服务有限公司
100	大龙兴创实验仪器（北京）股份公司
101	北京晟毅芝科贸有限公司
102	北京爱农驿站科技服务有限公司
103	柒贰零（北京）健康科技有限公司
104	北京寺库商贸有限公司
105	北京昊运联合科贸有限公司
106	金诺国际货运代理（北京）有限公司
107	北京云图金控科技有限公司
108	北京立炎科技有限公司
109	力昂健康科技（北京）有限公司
110	北京凯普锐网络科技有限公司
111	北京霏卡珠宝有限公司
112	北方中星（北京）机械钻具有限公司
113	北京鸿业利达五金制品有限公司
114	北京爱可多健康科技有限公司
115	北京荣宝森瑞塑业有限公司
116	北京中远盛宣进出口有限公司
117	北京秀唐科技有限公司
118	北京通蓝海科技股份有限公司
119	北京格瑞泰科贸有限公司
120	北京达凯乐进出口贸易有限公司
121	北京一点恒通科技有限公司
122	北京博欧泰克科技发展有限公司
123	楚维迪科技（北京）有限公司
124	北京香哈网络股份有限公司
125	北京澳纽之窗商贸有限公司
126	北京连接时代科技有限公司
127	北京数字汇聚信息技术有限公司
128	欧西爱司物流（上海）有限公司北京分公司
129	北京蜜蜂堂生物医药股份有限公司
130	北京百汇友邦科贸有限公司
131	北京信通互联科技发展有限公司
132	北京智汇库云国际贸易有限公司
133	北京广茂兴电商科技有限公司
134	北京扬子江科贸有限公司
135	北京华联致诚商业贸易有限公司
136	霍夫曼（北京）工程技术有限公司
137	网银在线（北京）科技有限公司
138	北京宇尚商贸有限公司
139	深圳市腾付通电子支付科技有限公司
140	甘肃港鑫信息咨询服务有限公司
141	上海京东才奥电子商务有限公司
142	青岛贝克贝斯国际贸易有限公司
143	上海医林信息技术有限公司
144	上海走走信息科技有限公司
145	国储天贵通（重庆）电子商务有限公司
146	北京瑞安翔和国际贸易有限公司
147	万嘉集运物流（天津）有限公司
148	北京花旺在线商贸有限公司
149	联动优势电子商务有限公司
150	河北加尚保税科技有限公司
151	济南特利欧信息科技有限公司
152	深圳科捷电商供应链有限公司
153	北京英德迪科技有限责任公司
154	吉林省美润进出口贸易有限公司
155	领途智造科技（北京）有限公司
156	深圳市前海九米信息技术有限公司
157	北京纺达科技有限责任公司
158	喵捕网络科技（上海）有限公司

续表3

序号	企业名称	序号	企业名称
159	武汉合众易宝科技有限公司	195	北京睿云时尚科技发展有限公司
160	敏付科技有限公司	196	北京名扬中星科技有限公司
161	广州海象电子商务有限公司	197	北京鑫宜瑞泰国际贸易有限公司
162	亚堂科技（上海）有限公司	198	北京菱跑国际贸易有限公司
163	捷磐尼斯电子商务（上海）有限公司	199	北京中成航宇科技股份有限公司
164	上海华苑投资咨询有限公司	200	北京百汇怡翔科贸有限公司
165	益德云网络科技（大连）有限公司	201	北京东康金轮国际贸易有限公司
166	成都言味信息技术有限公司	202	拉卡拉支付股份有限公司
167	美波朗（烟台）化妆品有限公司	203	拉卡拉支付股份有限公司甘肃分公司
168	深圳市恒泰通国际货运代理有限公司	204	北京水木金科技有限公司
169	北京达尔斯特机械设备有限公司	205	北京宇轩韵诚科技有限公司
170	深圳市富华报关有限公司	206	北京德恒普瑞科技有限公司
171	银联商务股份有限公司	207	中经猎豹（北京）数据科技有限公司
172	广州韵通外贸综合服务有限公司	208	北京旭日微熹商贸有限公司
173	深圳市兴茂报关有限公司	209	北京飞泽科技有限公司
174	天津一达通企业服务有限公司	210	深圳市德海报关有限公司
175	四川欧芬极地健康管理有限公司	211	北京中恒五隆国际贸易有限公司
176	元音创新（深圳）有限公司	212	中免日上互联科技有限公司
177	上海虎帆贸易有限公司	213	北京优贝百祺科技股份有限公司
178	沈阳市优乐生物科技有限责任公司	214	河南云速通报关有限公司
179	上海迪行信息科技有限公司	215	河南云速通外贸综合服务有限公司
180	宁波锐骐商贸有限公司	216	天津高辅进电子商务有限公司
181	北京忱阳国际贸易有限公司	217	海南数字贸易科技服务有限公司
182	北京唯买网络科技有限公司	218	深圳市宇鑫通国际货运代理有限公司
183	北京正力润成环保设备有限公司	219	北京辰瑞斯国际商贸有限公司
184	河北省电子口岸发展股份有限公司	220	艾芮然（北京）信息技术有限公司
185	中外运华杰国际物流（北京）有限公司武汉分公司	221	深圳市凯朗报关有限公司
186	北京嘉续电子商务有限公司	222	北京超集好数字科技产业有限公司
187	北京科伟健业钢铁有限公司	223	北京美登拓普文化用品有限公司
188	北京中联泰禾贸易有限公司	224	北京锦泽祥贸易有限公司
189	北京王府井免税品数字零售有限责任公司	225	盛免（辽宁）跨境电子商务有限公司
190	北京道芮新材料有限公司	226	东瑞欣（北京）国际贸易有限公司
191	易宝支付有限公司	227	北京金竹园供应链管理有限公司
192	弥陀商贸（上海）有限公司	228	北京骏业尚国际贸易有限公司
193	中外运华杰国际物流（北京）有限公司	229	江阴市启宇合名贸易有限公司
194	北京银信融达国际贸易有限公司	230	大连云动力科技有限公司

典型案例

案例一：京东国际多元化业务蓬勃发展，成为海外品牌入华打造“好物好价　全球直达”品质消费良好体验

随着经济全球化的推进，我国跨境电商市场规模逐年扩大。作为京东旗下进出口商品一站式消费平台，京东国际在跨境市场中表现突出。

京东国际“全球购“板块，依托于京东数智化供应链能力，以跨境电商和免税零售两大业务为基础，通过全面升级消费场景、营销生态、品质和服务、招商等环节，帮助海外品牌商家在中国市场实现高效“着陆”。

京东国际始终践行寻遍全球，给消费者多一种可信赖选择的使命与责任，以具有丰富度、品质力、价格力的全球商品供给和一站式服务，为消费者打造“好物好价　全球直达”的良好体验，成为消费者信赖的跨境购物重要平台。

如今，京东国际已成为海外品牌商家入华市场的“重要一站”，也是消费者信赖的跨境购物平台。数据显示，京东国际业务已覆盖超过100个国家和地区，汇集全球2万余个品牌。

一、多元化业务蓬勃发展，为消费者同步世界好物

随着社会经济的快速发展，以及消费者对品质生活的不断追求，跨境进口商品的消费需求持续增长。近年来，京东国际立足于跨境进口消费市场，不断拓展业务新边界，开辟业务新格局，推出了线上下免税店、官网同购、国家馆等多元化创新业务，为中国消费者搜罗更丰富、优质的全球好物。

依托京东一体化跨境供应链能力，京东国际推出官网同购业务，无缝对接欧美跨境直邮电商别样、德国奢侈品电商平台 Mytheresa、韩国现代百货等海内外知名卖场、集合店等零售业态，采用官方直采直邮模式，将海外的潮流新品、时尚轻奢、限量版尖货等好物，直接面向中国消费者销售。

二、打造正品保障服务生态闭环，“京质检”护航正品消费体验

截至2022年年底，京东国际进口品牌商品三年间累计采购总额达5000亿元。亮眼成绩单的背后，是中国消费者持续走高的进口消费需求，也表明京东国际已成功打造正品IP心智，深受用户信赖。2021年，为让消费者拥有更放心的正品消费体验，京东国际联合中国检验认证集团等权威检定机构推出“京智检”项目，并成立了“品质服务联盟”。

“京智检”项目利用多渠道商品入仓优势，充分撬动品牌方、第三方鉴别机构资源，沉淀鉴别能力并建立多品类鉴别能力体系，通过鉴别前置等手段，实现了先鉴别后发货，有效保障了商品的品质，构建起跨境进口正品保障服务的闭环生态链。

同时，针对鉴别效率等痛点，“京智检”进行相关版本库移动端产品的研发。首创商品版本库鉴别模型，将正品鉴别线上化，实

现了大体量的全仓覆盖鉴别。

除此之外，“京智检”还利用品牌方及行业鉴别通用标准，对入仓进口商品的外观、材质和商品内部等工艺、编码、五金、内标印刷方式等细节进行多重对比、鉴别查验，并通过“一物一码一视频”的方式，减少消费者下单后商品在运输途中被调包的风险。

“一物一码一视频”是京东国际针对鉴别查验通过的商品建立的一整套正品商品身份识别体系。通过鉴别查验后的商品外包装上将悬挂或粘贴京东国际出具的专属防伪标签，标签上印有专属数字 ID。每一个防伪标识，均是由特殊材质及防伪工艺制成，极大保证了防伪标识的唯一性。消费者通过手机客户端扫描防伪标识上的二维码，就能获得该商品的鉴定评估报告和鉴别查验视频。

此外，京东自建的正品版本库，覆盖全球不同地区、不同版本的正品商品，涉及礼品、珠宝首饰、鞋靴、钟表眼镜、服饰内衣、运动户外和美妆护肤等多个品类，为鉴定环节提供了强大样本支撑。

更值得一提的是，在售后环节，“京智检”还推出了正品保险服务，凡是享有“正品鉴别”服务的商品，消费者在确认收货后 30 天内证明商品确实与正品不符，保险公司将负责为符合条件的消费者理赔，全面提升了用户售后体验。

据悉，未来京东国际将持续升级与维护正品版本库，并以此为基础建设移动端数字化鉴别能力，推动 AI 智能鉴别。针对奢侈品、潮鞋等品类的鉴别需求，京东国际还将通过自研高准确度神经网络，进行鉴别点识别与鉴别。

三、全面深化国际供应链能力建设，持续赋能品牌商、消费者

通过多元化创新业务及正品保障服务生态闭环惠及消费者的同时，京东国际也正为更多海外品牌商家提供增长新路径，带来增长新动能。

依托京东物流多年的全球物流基础设施布局，京东国际为品牌商家提供全链路闭环服务，有效解决了海外品牌商家可能遇到的库存积压、物流延误、丢件等问题，优化品牌商家在发货时效、成本控制、用户服务等方面的体验。

除了提升仓储能力和物流水平打造强大的跨境供应链，京东国际还不断升级开店经营、全渠道建设等方面，通过“0 元试运营”政策、取消平台使用费、降低保证金等举措，为合作伙伴节约开店成本，同时拓展线上、线下销售渠道，帮助品牌商家快速打开中国市场并提升销量。

京东国际的一系列举措将吸引更多的海外品牌入驻，为消费者带来更丰富的进口商品选择，持续优化升级了跨境消费体验。

在高水平对外开放持续深化的大背景下，跨境消费的潜力有望进一步释放。聚焦未来，京东国际将充分发挥好数智化供应链的能力和优势，连接国际品牌与中国消费者，为中国消费者带来更新潮、更值得信赖的海外好物，为更多海外品牌商开拓中国市场提供强有力的支撑。

案例二：跨境电商全生态链整合服务商

——江苏佳利达国际物流股份有限公司

一、发展概述

江苏佳利达国际物流股份有限公司（以下简称“佳利达集团”）成立于 2005 年，是一家为政府、企业提供定制化、差异化解决方案的跨境电商全生态链整合服务商。佳利达集团业务范围涵盖国际货运代理、国内物流、供应链管理、保税业务、贸易、金融、食品进口供应链等一体化物流服务，服务的行业范围涵盖跨境电商、消费电子、通信科技、汽车零配件、医疗、机械、能源、快速消费品等。

佳利达集团具有行业相关资质，包括道路运输许可证、无船承运人、报关资质、海关 AEO 资质、TAPA-A 资质、ISO 9000 等资质，保证服务体系完备，曾获中国货代物流综合百强、民联营五十强、空运五十强及仓储二十强企业等荣誉称号，也是国际航空运输协会（IATA）会员、中国航空运输协会（CATA）批准的航空一级货运代理企业、世界货物运输联盟（WCA）会员企业、中国国际货运代理协会（CIFA）常务理事单位、中国报关协会（CCBA）理事单位。

二、跨境电商服务“全生态链”

（一）深耕跨境电商赛道

佳利达集团在跨境电商领域有着丰富的经验，深耕跨境电商赛道十多年。早在 2013 年，佳利达集团全资子公司佳利达贸易开始尝试做跨境电商食品进口，并在网上开店，触及商超和终端消费者，品类包括法国红酒、泰国椰子水、越南咖啡、澳大利亚巴氏鲜奶等，积累了丰富的食品进口和线上线下分销经验。2016 年，佳利达集团全资子公司张家港易贸通成立专项小组，为某个著名跨境平台提供拍档服务，为张家港 2000 多家中小电商提供一站式贸易、财税、物流服务，专注中小企业难点、堵点，提供全面系统化、数字化综合服务。2020 年，在无锡市商务局领导下，佳利达集团在无锡和江阴成立综合服务中心，为无锡区域企业解读政策，提供合规供应链规划和操作。综合服务中心不但服务于企业，更服务于政府，为政府进一步了解本地企业需求提供数据库，帮助政府孵化本地制造行业，为政府出台政策提供依据。2022 年，佳利达集团自建长三角云展平台，在新冠疫情期间在无锡成功开展两次线上中国跨境电商交易会，实现线下线上 24 小时展示不停播。

（二）跨境服务“双中心一协会”运营

佳利达集团同时管理运营无锡跨境电商综合服务中心（以下简称“无锡跨电综服中心”）和中国（雄安新区）跨境电子商务综合服务中心（以下简称“雄安跨电综服中心”），为无锡、雄安两地政府、企业提供跨境电商全生态的一站式整合生态服务和解决方案。

2021 年 2 月 4 日，中国（无锡）跨境电子商务综合试验区领导小组和电商处正式组织成立无锡跨电综服中心，佳利达集团单独成立团队运营。无锡跨电综服中心是一家提供专业而高效的一站式综合服务的平台公司，主要服务于无锡本地电商企业和希望转型的制造、外贸企业，致力于为无锡本土产业提供包括电商物流、代运营、财税、金融、数字营销、商标注册等供应链一体化的整合解决方案。无锡跨电综服中心在无锡市新吴区和江阴综合保税区设立两个线下服务点，为当地企业提供咨询服务并进行实施。截至 2023 年 8 月，无锡跨电综服中心共计走访无锡地区电商企业 1000 余家，提供“一对一”跨境电商供应链方案 300 多份，组织和参与跨境电商专业培训 100 多场，发布跨境案例和政策解读 1000 多篇。近三年，共计申报跨境电商出口合计 3.63 亿美元，利用无锡综合保税区集货模式的 1210 海外仓模式在全国名列前茅。此外，专业团队为无锡企业提供全方位的关务和税务筹划，提供合规化的关务路径和跨境申报培训，手把手进行退税辅导业务，为多个企业挽回了巨额退税损失。

2023 年 4 月 23 日，在雄安自贸试验区管委会领导下，雄安跨电综服中心正式成立，由佳利达集团投资运营，致力于雄安新区传统外贸企业提升跨境电商业务能力，提供三年跨境电商行动计划，孵化雄安当地特色产业，推动雄安新区跨境电商产业链、生态圈的构建完善。雄安跨电综服中心招引优质跨境电商生态链企业，为跨境电商企业或转型跨境电商传统企业提供一站式综合服务，例如，提供人才培训、店铺开通及运营、品牌建设、海外推广、贸易合规、金融、财税、通关、物流、仓储、商务及活动策划等服务，让企业跨境电商运营更加方便、快捷和高效。截至 2023 年 8 月，雄安跨电综服中心服务跨境电商中小微企业 100 余家，开展跨境电商培训 10 余场，实现跨境电商进出额 400 余万美元。

2023 年，在无锡市商务局指导下，无锡市电子商务协会扩大规模重新开展运营，佳利达集团出任会长单位。无锡市电子商务协会成立于 2012 年，在 2022 年 12 月 26 日完成换届。无锡市电子商务协会的服务定位是做好政府帮手，汇聚政、行、校、企资源，促进无锡跨境电商和电商企业的发展；服务理念是共建生态、共谋发展；服务宗旨是统筹、协调、共享、发展。无锡市电子商务协会通过链接政府资源、高校资源、其他商协会资源，以及和电商生态相关的第三方服务平台、海外资源等在五大方面服务跨境电商、国内电商和传统外贸企业，为会员单位的企业发展提供全方位、全链条的服务保障。

（三）江苏跨境通关退税“多项首创”

无锡跨电综服中心创造了多个江苏省首创业务，例如，第一单家电 1210 海外仓出海模式、第一单大宗货物 9710 申报和第一单综合保税区集货模式，并率先在江阴地区走通 9810 从申报到退税的全流程服务。

2021 年，无锡跨电综服中心辅导无锡美的小天鹅成功建立无锡综合保税区内电商企业，设计“加工厂—区内小天鹅—境外海外仓”流程的“1210 海外仓”供应链通道。2022 年，无锡跨电综服中心积极配合无锡红豆集团（纺织龙头企业）走通 9810 的申报通道。2023 年 7 月，佳利达集团指导无锡尚佰（亚马逊品类第一）经 9710 跨境电商出口报关，单月跨境出口 700 万美元，现共计申报超 2000 万美元。

佳利达集团利用自己强大的国际物流服务网络、国内外政策专业能力、跨境电商数字化能力、无锡市电子商务协会的国内外专业资源，提供了全方位一站式的跨境电商生态链服务，为企业提供合规的整体供应链规划，协助政府孵化传统行业跨境电商转型和品牌出海。

案例三：全球流通枢纽
——韩国艾多美株式会社

韩国艾多美株式会社（以下简称“艾多美”）是一家创立于 2009 年的全球化产品流通企业，目前已在包括韩国在内的全球 27 个国家和地区开展业务，主要经营范围包括化妆品、健康食品、生活用品等。自创业之初开始，艾多美一直秉承创始人朴韩吉董事长“以消费者为中心”的理念，始终以“超越顾客感动，实现顾客成功”为经营目标，致力于开发大众精品，坚持优良品质、超值价格的原则开展经营，并实现了飞跃性成长。

艾多美（中国）有限公司（以下简称“艾多美中国”）成立于2017年2月，是艾多美在烟台投资成立的全资子公司，是烟台市高新区中韩产业园东区首家入驻企业。目前，艾多美中国已发展成为山东省内单体最大的跨境电商平台企业、烟台市首家也是唯一一家通过山东省商务厅评定的山东省跨国公司地区总部企业和首批山东省重点培育的跨境电商平台企业，先后被评为烟台市经济社会发展贡献百强企业、经济发展功勋企业等。

一、跨境电商企业

中国（烟台）跨境电子商务综合试验区政策落地后，艾多美跨境电商项目作为烟台首批跨境电商企业入驻烟台综合保税区并建成了艾多美专用跨境电商保税仓。2020年5月，艾多美中国与烟台综合保税区管委会及第三方电子商务有限公司达成三方战略合作。同年7月，艾多美中国电商平台——艾购商城正式上线开展跨境电商业务，涵盖食品、美容护肤品、个人护理用品、生活家居等艾多美自有的几大类别的商品。自电商平台上线后，同年完成1210保税备货，出库63万单，成为山东省内单体最大的跨境电商企业。截至2022年年底，已发货329万单，日产能可达6000单，实现零差错率。

艾多美通过API接口联动与海关系统实现数据互通，实时传输订单、支付、物流等电子信息。清关完成后，海关系统下发回执，通过信息交互，由保税仓库操作人员进行分拣、打包、发货，并交付快递公司，同时将物流信息推送至跨境电商平台，完成出库。实现了信息技术与跨境电商领域深度融合、标准衔接，进一步提升了跨境电商全流程合规化、智能化、便利化。

二、GSGS全球流通枢纽

作为一家产品流通企业，艾多美以流通枢纽的职能服务全球产地，以消费者为中心，凭借雄厚的供应链实力严格甄选消费者喜爱的产品进行销售，致力于打造与传统产品流通渠道不同的新型流通渠道。秉承GSGS（Global Sourcing Global Sales）战略，全球采购，全球销售，臻选全世界的优质货源，搭建双向贸易流通渠道，致力于让世界客户享受到优品良价的大众精品，使多样化商品及服务通过艾多美平台流通。

近年来，艾多美通过跨境贸易和一般贸易，将海外优质产品进口到中国，以更有竞争力的价格，让中国消费者受益。例如，从澳大利亚进口的麦卢卡蜂蜜，以优质的品质、更高的标准，通过艾多美平台流通，减少中间环节，让利于消费者，中国会员以绝对优势的价格体验到高品质的产品。

三、艾多美健康产业园

为了在中国市场扎根，艾多美中国从公司成立开始，就致力于打造艾多美健康产业园。整个园区坐落于烟台市高新区，建立在国务院批复的中韩（烟台）产业园内，自2020年7月正式运营起，艾多美中国健康产业园不断扩大，吸引了许多优质公司的入驻，艾多美中国产业集群已渐形成。

其中艾多美中国健康产业园第一期项目的建设已完成，它包括三个生产基地和总部大楼；第二期艾多美中国健康食品产业园项目正在进行。

四、企业荣誉

艾多美参与产品的研发过程，严格把关

产品品质。相关产品摘得多项荣誉，如艾多美艾诗洛特臻颜系列先后获得了第 92 届 IR52 蒋英实奖、NEP 创新技术认证，是韩国化妆品业界首次获得大韩民国专利厅世宗大王的产品，2022 年入选韩国产业通商资源部“新一代世界一流产品”名录。此外，还有艾多美的明星产品焕力饮获得新消费杰出产品奖、艾多美牙刷获山东优质品牌称号、艾多美石榴汁果冻获新营养·营养盒子“明日之星”奖、艾诗洛特修颜棒获 CBE 美伊大赏风尚奖等。

凭借着“正善上略”的经营理念，以及在人才发展、创新文化、员工福祉等方面的卓越成就，艾多美自 2021 年起连续三年荣获 GPTW 主办的“最佳职场”奖项，艾多美中国获得 2023 年亚洲最佳职场，此外，艾多美中国还相继获得年度质量典范企业、高质量发展·优品良价典范企业等荣誉称号。艾多美的总部大楼获得中国建筑装饰设计奖金奖。

在信息化领域方面，艾多美与阿里云达成合作，为中国会员量身打造了艾多美艾购商城 2.0 系统，包含在线商城、移动端及微信小程序等，并相继荣获跨境电商最佳信息化创新奖、跨境数据安全示范企业荣誉称号。

五、分享文化

艾多美认为分享爱、向弱势群体伸出援手、通过个人的奉献创造更美好的世界，是每个人都应该奉行的基本真理，也是普通人根本的价值体现。艾多美从初创期就开始实践分享。

与此同时，艾多美中国在教育、儿童、青少年、环保、残疾人、艾心援助等领域也积极贡献回馈社会，持续开展了“卫艾守护”“微笑行动”“沙棘公益林种植”等多个爱心项目，为更多人带去温暖与幸福。目前，艾多美中国的爱心足迹已涉及 24 个省（自治区、直辖市），累计资助金额达 3981 万元、帮扶人数超过 15 万人。

六、优品良价的大众精品

大众精品是“大众”与“精品”的合成词，是指以大众的价格，销售精品的产品。即同等价位下提供更好的品质，或在同等品质下价格更超值，这就是艾多美的产品哲学，也是艾多美成功的秘诀。

一方面，艾多美以流通的原理和原则为基础，参与研发所有品类产品，严格把控产品品质，由此诞生了由韩国原子力研究院历时八年研发的艾多美焕力饮；采用全新的细胞活化技术，为肌肤提供有效护理方案的艾诗洛特臻颜系列等的高品质明星产品，在全球多个国家及地区销售，深受世界消费者喜爱。

另一方面，艾多美中国也在积极开发本土资源，让中国本地生产的产品成为优势。个护产品和生活用品等，通过本地化的开发，降低了产品的运输成本，在坚守优品良价的原则下，价格比进口产品更有优势，在保证优品的同时实现了良价的目的，真正让利于消费者。

2023 年是艾多美中国的电器元年，作为一家面向全球市场的企业，依托中国小家电的产业链优势，艾多美不仅致力于将中国市场发展成为艾多美全球小家电产品最大以及最为重要的市场之一，同时也致力于为全球市场提供符合大众精品定位的小家电产品，服务全球的消费者。家电开发结合中国技术不断更新，通过进一步优化和迭代升级，更加本土化，让产品真正意义上做到中国制造值得信赖。不断推出的空气净化器、高速吹风机、声波电动牙刷等小家电，深受消费者喜爱，未来也将搭载艾多全球流通枢纽平台销往其他国家和地区。

未来已来，艾多美将继续坚持“正善上略”的经营理念和“大众精品”的产品原则，本着“为消费者利益着想”的初心，为广大消费者提供优品良价的产品，提供体贴、专业周到的服务，让更多中国的消费者爱上艾多美的“大众精品”，也让中国的“大众精品”通过流通枢纽分享给全球的消费者。

案例四：北京打通政企数据链路便利跨境电商企业出口海外仓退税

为落实《国务院办公厅关于推动外贸保稳提质的意见》（国办发〔2022〕18 号）“针对跨境电商出口海外仓监管模式，加大政策宣传力度，对实现销售的货物，指导企业用足用好现行出口退税政策，及时申报办理退税”等相关要求，北京综试区主动靠前服务，调研了解 9810 出口退税问题难点，北京市税务、商务、海关等部门协同配合，支持跨境电商探索安全合规、方便快捷的 9810 出口退税新模式。北京一凌宸飞科技有限公司（以下简称“一凌宸飞”）作为本市“海外仓批量备货、亚马逊（独立站）零售”代表性跨境电商企业，在北京市税务局等部门的悉心指导帮助下，实现了“一张报表、一张凭证、一次申报、一次退税”的 9810 出口退税新模式，成为北京市第一家 9810 出口 B2B2C 退税成功企业。

一、主要做法

（一）打通数据链路，实现电子化管理

根据相关政策要求出口退税需要确认销售，企业提供确认收入的记账凭证和对应的销售合同或订单，证明销售的真实性。不同于传统贸易线下订立销售合同的模式，一凌宸飞等跨境电商企业主要借助国外电商平台或企业独立站进行网络销售，买家可直接线上付款下单。跨境电商企业无买卖合同，只提供确认收入的记账凭证和线上交易数据。北京市税务部门结合跨境电商业务实际，探索创新业务模式，开发数据对接接口，打通退税数据链路，根据企业线上店铺和网站后台销售数据，通过 ERP 系统匹配相应的销售收入、成本及费用，进而认定是否为真实有效的实际销售，提高数据审核的便利性、准确性、可靠性。

（二）定期汇总申报，分批次操作退税

跨境电商海外仓出口业务，一笔订单可能对应多件货品。按照出口退税有关规定要求，申请出口退税要将退税产品与订单匹配，提供退税批次涉及的每一个产品的每笔订单。一凌宸飞 2021 年订单超 500 万单，如每件退税产品逐一对应相关凭证，单纯上报退税材料纸张就要超过千万张，现实可操作性较小。经与税务部门多次沟通，利用数据对接方式对传统退税操作进行了改进，实现利用企业 ERP 定期抓取跨境电商平台店铺后台订单数据，再将同一产品的订单销售量汇总，得到一定时期内产品名称及对应销量的数据报表，分批次进行申报，经审核后，及时予以退税。

二、实践效果

（一）便利出口退税流程

针对 9810 出口业务退税工作的痛点难点，北京市税务、商务、海关等部门共同指导企业，应用数字化手段进行数据对接、线上核查、批量办理等工作，实现了“一张报表、一张凭证、一次申报、一次退税”，并

获得国家税务总局、商务部认可。

（二）缩短出口退税时效

9810出口退税模式的打通，将退税到账时间缩短到3个工作日，为企业节省了时间成本，加快了资金回流，提升了运营效率。

（三）助力企业降本增效

截至2022年年底，一凌宸飞退税约700万元，有效缓解企业垫资压力，降低运营成本，助力企业更好发展。

案例五：可信贸易协作网络助力外贸新业态高质量发展

《“十四五”对外贸易高质量发展规划》提出，“加快在贸易领域运用区块链技术，提升服务和监管效能”。慧贸天下（北京）技术有限公司对标新加坡等电子技术先进国家贸易科技发展新趋势，推出了可信贸易协作网络（以下简称“协作网络”），利用国产自主可控的区块链技术推进数据共享，消除贸易环节数字鸿沟，促进供应链可信协作和价值创造，营造贸易便利化新生态，助力电子商务企业高质量发展。

一、主要做法

（一）完善数据标准和共享规范，夯实底层基础设施

数据标准化是提升国际贸易参与者数字化互操作性的基础。协作网络在电子数据交换（UN/FACT）、世界海关组织（WCO）和“单一窗口”等国际通用标准的基础上，制定了分布式协作模式下的贸易数据标准体系，包括贸易文件分类标准、报文标准和电子版式标准。协作网络创造性地形成了融合可视化贸易流程编排技术的智能合约体系，从而为贸易自动化提供了标准规范。目前，协作网络已形成跨境订单、跨境清单、报关单等30多套单证的数据共享标准，日均上链存证数据万份以上。

（二）基于协作网络打造企业数字名片，构建商业信任关系

长期以来，跨境电商交易众多参与者找服务、找客户、找商机主要依赖网络广告、展会宣传等传统营销手段，高效、快速构建国内外供需双方等供应链协作方之间的信任关系至关重要。协作网络为每个机构都分配了基于数字证书的唯一数字身份，并通过自动化的认证服务，保证该数字身份在现实世界的真实性。同时，协作网络通过企业的链上数据，生成企业的动态信用画像，形成企业的可视化“区块链数字名片”，再通过链上“名片”分享，供应链协作单位（如客户、服务商、供应商、政府机构等）对企业的经营实力、诚信信息等一目了然，快速建立互信，助力更好、更快达成合作。

（三）提供丰富的SaaS应用与服务

搭建跨境电商应用集市，通过提供由协作网络和第三方开发的与协作网络无缝连接的SaaS应用和服务，为各类贸易场景提供解决方案，加速贸易业态创新，助力贸易数字化深入发展。

二、实践效果

（一）促进跨境贸易数据的标准化

协作网络在结合国际通用标准的基础上，致力于推动跨境贸易数据的简化和标准化，实现整个生态系统的互通，让丰富的数据能够在各机构间自由安全流动。同时推动数据上链确权，帮助各机构形成贸易数据资产，通过建立数据共享智能合约，为数据资产的有效利用创造氛围。

（二）企业数字化管理水平进一步提升

利用数字化手段帮助企业实现全量贸易

数据自动接收、批量下载、系统归档、可信共享。截至 2022 年年底，北京市 200 余家跨境电商企业归档近 200 万份电子票据，平均提升企业档案管理效率 90%以上，降低人工成本近 50%，为跨境电商企业申请金融贷款、资质认证、资金政策提供了可信数据支持。

大事记

2022 年 1 月 26 日，北京市商务局印发《关于进一步推进跨境电子商务创新发展的若干措施》，从支持跨境电商平台做大做强、推动外贸新业态新模式创新发展、构建跨境电商对接合作平台、建立完善跨境电商协调调度机制四个方面提出加快推进跨境电商发展 12 项具体工作措施，支持跨境电商平台、独立站、海外仓等重点项目建设，加快推进跨境电商销售医药产品、跨境电商体验消费等新模式试点发展，加大跨境电商供需对接力度，提升企业国际化经营能力，促进跨境电商规范健康持续发展。

2022 年 6 月 8 日，北京市商务局联合市经济和信息化局制订出台《北京市数字消费能级提升工作方案》，围绕“直播电商产业聚集升级”“推进跨境直播电商创新发展”“建设直播电商专业人才体系”等方面综合发力，优化直播行业发展环境，积极推进跨境直播电商创新发展，鼓励直播电商带动国潮国货出海，助力中国制造和中国品牌有效触达海外消费者，提升本土品牌国际影响力。

2022 年 9 月 2 日，“2022 中国电子商务大会”跨境电商专题论坛在国家会议中心成功举办。论坛邀请了商务部及各级商务主管部门代表、国内外知名跨境电商企业、专家学者、媒体代表等，共同探讨 RCEP 新机遇、平台科技赋能、独立站建站运营、DTC 品牌出海、海外仓全球化布局、跨境直播新业态等热点话题，携手促进外贸新业态新模式创新发展。

天津地区

2022年，天津市深入推进中国（天津）跨境电子商务综合试验区（以下简称“天津综试区”）建设，充分发挥跨境电商在数字化转型、开拓新市场等方面的优势，进一步创新监管服务方式，加快培育跨境电商市场主体，打造跨境电商产业集群，不断完善跨境电商产业链和生态圈，带动全市跨境电商健康快速发展。2022年全年，天津市通过跨境电商综合服务平台实现跨境电商进出口150亿元，同比增长5%，其中出口110亿元，同比增长超过15%。

发展现状

一、加强天津综试区工作统筹推动

加强与商务部的联系沟通，按时报送各类信息、统计报表，及时沟通工作中遇到的问题。由分管副市长主持召开跨境电商专题座谈会，围绕加快外贸新业态新模式发展研究天津市下一步工作举措和重点，针对跨境电商企业发展中的需求及问题建议，列出问题清单逐一推动研究解决。与海关、税务、外管等部门多次召开专题会，针对企业关心的9810出口退税、出口退换货、出口结汇等政策开展研究。加强对全市各区跨境电商工作的指导，利用外贸月调度机制，通报讲评各区跨境电商发展情况，充分调动各区工作积极性，推动天津综试区建设。

二、积极探索业态模式创新

建成首个跨境电商进口退货中心仓，将原本单独设立于区域外的退货仓转移至区内，降低了企业仓储管理费用，提高仓储利用效率和退货办理实效。菜鸟东疆综合保税区物流中心打造跨境电商全球中心仓，引进Wayfair出口平台开展家具、地毯等商品跨境电商保税出口业务，实现跨境电商保税进出口货物同仓存储、同仓分拨。

三、加强线下创新试验园区布局

以高新区、红桥区、经开区三家跨境电商示范园区为载体，发挥园区产业集聚优势，加强公共服务平台建设，建立众创中心、本地化服务中心等跨境电商孵化平台，创新园区服务模式，增强配套服务能力，推动各园区开展跨境电商企业招商及主体培育工作。推动中国远洋海运与园区开展合作，共同推进跨境物流、运输等方面的资源整合优化，开展集货拼箱业务，解决园区内跨境电商企业订舱难题。围绕亚马逊、eBay、新蛋、TikTok、Lazada等平台入驻、运营、品牌营销、引流等内容，组织30余场线上线下交流活动，对跨境电商个人卖家及企业进行培训。截至2022年，园区已注册落地企业180余家，新增就业超过1600人，总体实现贸易额超过20亿元。培育了东疆电商主题园区、中新生态城电商直播基地、东丽津品跨境数字贸易产业园等一批新园区载体。

四、推动各类市场主体全面触网上线

制定2022年跨境电商支持政策，鼓励企业通过跨境电商拓市场、降成本、创品牌。开展“产业带扶持计划”，加强与阿里巴巴、eBay、亚马逊等知名跨境电商平台合作，整合自行车、地毯、乐器、绢花等优质企业和产品资源，开展跨境电商专业培训及产品对接。指导大桥焊材、金轮自行车、普光医疗等传统外贸企业成功转型开展跨境电商出口业务。支持易跨竞、津贸通、利兴国际贸易等本土跨境电商企业做大做强，积极培育自主渠道和自主品牌，鼓励企业面向主要海外市场建设自主平台和独立站。开发上线内外贸一体化服务平台，发布跨境出海扶持计划，为中小企业转型提供完整的一站式跨境电商供应链+在线分销整体解决方案。

五、推动海外仓发展实现新突破

进一步便利9810海外仓出口退税，将企业退税时间由6个月缩短到1个月内，极大地缓解了跨境电商企业的资金占用成本。首次运用中长期出口信用保险推动星商波兰海外仓项目建设。支持天狮、海外仓集团等企业在欧美、亚洲、澳大利亚、新西兰等国家和地区布局服务中小企业发展的公共海外仓，新增海外仓布点10余个。推进海外仓企业与外贸出口企业对接交流，支持迪迈国际贸易、宁扬制刷、泰和诺等外贸企业利用天津市公共海外仓资源实现品牌出海。

六、探索金融服务创新

率先创新落地亚马逊出口电商FT收汇创新，解决跨境电商出口行业结汇收汇痛点，通过“ODI+FT+电商平台”模式，实现利润结算主体真正回归国内，满足境内上市合规性，实现利润、收入、通关一体化。国内首创“跨境电商+离岸贸易”一站式外汇结算创新，将原来以海外消费国为中心的电商业态转变为以中国为中心的结算总部，解决企业在跨境电商中的供应链支持及合规结算问题，已迅速形成多家商贸、分销企业集聚，业务超百笔、注册卖家超过50家。支持交通银行与易生支付有限公司合作，创新打造天津市首个跨境电商综合金融服务平台，为跨境电商市场交易主体提供安全、高效、便捷的跨境人民币结算服务。积极发挥信保作用，通过天津外贸综合服务企业为跨境电商平台卖家提供授信支持，帮助海外仓卖家扩大业务规模，创新搭建中长期出口买方信贷保险融资结构，为企业海外建仓提供买方信贷的低成本融资支持。

七、加强人才培育

以天津开放大学跨境电商学院为支撑，加强在创新人才培养、专业建设、校企合作、课程开发、实习实训基地打造、教师队伍建设、产学研服务平台等方面的建设。研发基于多平台的跨境电商专业仿真教学平台，真实再现跨境电商交易全流程，为院校跨境电商人才培养提供全方位专业支撑。通过订单班、项目班、学科共建等多种形式，与20余所合作高校广泛开展各类人才培养项目，累计培训企业从业人员500余人次，在校学生3000余人次。

八、加强宣传推广

分别以《制造企业“出海”闯新路——天津跨境电商产业发展调查》《“津门造”借跨境电商出海》为题，在《经济日报》两次整版刊发天津推动跨境电商发展成效。中央电视台《经济半小时》栏目以《制造业“出海”闯新路》专题报道，从产业发展、生态建设、制度创新等不同角度全面详细地报道了天津促进跨境电商等外贸新业态发展方面所取得的成效，以及天津制造企业不断探索“出海”新路径的实践经验。充分发挥舆论作用，及时总结宣传天津市综试区先进典型及取得的成效，创造良好的舆论氛围。

配套文件

市商务局　市财政局关于印发2022年中国（天津）跨境电子商务综合试验区服务体系建设项目申报指南的通知

（津商电商〔2022〕1号）

各区商务主管部门、财政局，各有关单位：

根据《财政部商务部关于2021年度外经贸发展专项资金重点工作的通知》（财建〔2021〕183号），为加快培育外贸新业态新模式，进一步支持中国（天津）跨境电子商务综合试验区建设，特制定《2022年中国（天津）跨境电子商务综合试验区服务体系建设项目申报指南》，现予印发。请结合工作实际，认真贯彻执行。

市商务局　市财政局

2022年7月8日

2022年中国（天津）跨境电子商务综合试验区服务体系建设项目申报指南

为支持中国（天津）跨境电子商务综合试验区建设，加快培育外贸新业态，打造外贸发展新动能，鼓励企业通过跨境电子商务拓市场、降成本、创品牌，提高财政资金使用效益，制定本申报指南。

一、支持企业应用跨境电子商务转型

（一）支持内容及标准

对我市企业通过我市跨境电子商务综合服务平台开展跨境电子商务进出口申报业务，按照企业实际发生的平台入网费、独立站建设费以及网络营销推广（包括网站竞价排名、搜索引擎优化、新媒体营销）费用给予最高不超过30%的支持，对于被认定为高新技术企业或具有海外注册商标的企业，最高支持比例可提高到50%。申报期内首次实现各种跨境电子商务业务模式交易总额300万元（不含）以下的企业最高支持金额不超过2000元。申报期内实现各种跨境电子商务业务模式交易总额300万元（含）~2000万元（不含）的企业最高支持金额不超过3万元。申报期内实现各种跨境电子商务业务模式交易总额2000万元（含）以上的企业最高支持金额不超过7万元。对下个申报期内跨境电子商务交易总额同比增长超过100万元且同比增速超过30%的企业可连续支持，最多连续支持三年。

（二）项目申报条件

1. 在天津市依法注册登记，具有独立法人资格的企业。

2. 按照有关规定已取得开展相关业务备案。

3. 近五年来无严重违法违规行为［核查途径为：国家企业信用信息公示系统（天津）、全国信用信息共享平台（天津）、天津市市场主体联合监管系统］，未发现拖欠应缴还的财政性资金。

4. 按照本办法的支持方向，项目申报单

位已经实现与天津市跨境电子商务综合服务平台对接并开展相关业务，实现经营业绩。跨境电子商务业务是指以海关明确的“1210、9610、9710、9810”四种跨境电子商务监管方式代码实现的进出口业务。

5. 积极协助配合商务主管部门开展工作，能够按照有关要求及时报送跨境电子商务有关情况。

6. 项目单位数据产生及实际支出费用的合法凭证开据时间为 2020 年 1 月 1 日至 2021 年 6 月 30 日。项目发生费用以实际支出为准，费用发生单位与项目申报单位须一致。

（三）项目申报材料

1. 企业应用跨境电子商务转型项目资金申报表（附件 1）。

2. 项目单位营业执照、银行开户许可证复印件。

3. 经办人授权书以及带本人签名的企业法人、经办人身份证正反面复印件（附件 2）。

4. 网站或平台店铺截图。

5. 申报企业须提供申报期内支出费用相对应的合同、银行支付凭证、发票等复印件。

6. 申报期内企业开展跨境电商进出口业务的天津市跨境电子商务综合服务平台申报数据以及相对应的海关报关单复印件。对申报企业以我市外贸综合服务企业为抬头代理报关的，可以以海关报关单上的生产销售单位为主体进行申请。

7. 高新技术企业还需提供由科技部门颁发的在有效期内的《高新技术企业证书》复印件；海外注册商标企业还需提供境外注册商标证明文件。

8. 其他单位账户存根（附件 5）。

以上各项证明材料须真实有效，所有申报材料按标号顺序用 A4 纸张规格进行装订，一式两份，加封皮，加盖申报单位骑缝公章，“其他单位账户存根”在装订的两册之外另提交一份，并加盖申报单位公章。上述所涉及的合同发票在递交申报材料时还需出示原件，验后退回。

（四）项目申报程序

1. 项目申请。申报企业于 2022 年 7 月 15 日—8 月 15 日期间，根据本指南规定，将申报材料递交市商务局委托的商务促进资金项目受理单位进行申报办理。地址：天津市和平区大沽北路 158 号天津市商务局一楼接件窗口大厅（工作日 9：00—17：00）。

2. 项目初审。项目受理单位按要求对项目申报材料进行形式要件审核。

3. 项目受理公示。市商务局对申报项目受理情况在天津市商务局网站上进行公示。

4. 专项审核。市商务局委托第三方会计事务所对项目资料进行专项审核，出具专项审核结果。

5. 项目公示。依据资金预算安排和专项审核结果，市商务局制定资金分配方案，并在天津市商务局网站进行公示。

6. 资金拨付。公示无异议后，市商务局会同市财政局按相关管理规定办理资金拨付。

二、支持跨境电子商务公共海外仓建设

（一）支持内容及标准

对我市企业投资自建或租用的公共海外仓，单个海外仓仓储面积达到 2000 平方米以上，且服务我市有实绩的跨境电商企业 10 家以上，对其货架（货柜）、仓储搬运设备、分拣机等设备以及 ERP、WMS 等仓储管理信息系统购置费用给予一次性支持。申报期

内所服务企业通过单个公共海外仓实现各种跨境电子商务业务模式交易总额 3000 万元（不含）以下的，按照最高不超过 20%的比例予以支持，单个海外仓最高支持金额不超过 5 万元。申报期内所服务企业通过单个公共海外仓实现各种跨境电子商务业务模式交易总额 3000 万元（含）以上的，按照最高不超过 50%的比例予以支持，其中，所服务企业中我市制造业企业所实现的交易总额占比超过 50% 的，最高支持比例可提高到 70%，单个海外仓最高支持金额不超过 30 万元。同一企业有多个符合条件海外仓的，最高累计支持金额不超过 100 万元。

（二）申报条件

1. 在天津市依法注册登记，具有独立法人资格的企业。

2. 按照境外投资有关规定已取得开展相关业务备案。

3. 近五年来无严重违法违规行为［核查途径为：国家企业信用信息公示系统（天津）、全国信用信息共享平台（天津）、天津市市场主体联合监管系统］，未发现拖欠应缴还的财政性资金。

4. 公共海外仓运营企业能够提供国际仓储和物流配送服务的同时，还能提供如下所列明 2 项以上内容的服务，包括：国际货运代理、通关服务、营销推广、金融保险服务对接、售后维修服务、退换货服务。

5. 公共海外仓所服务的企业需经过我市口岸申报实现跨境电商进出口业务（跨境电子商务业务是指以海关明确的“1210、9610、9710、9810”四种跨境电子商务监管方式代码实现的进出口业务）。

6. 积极协助配合商务主管部门开展工作，能够按照有关要求及时报送跨境电子商务有关情况。

7. 项目单位实际支出费用的合法凭证开据时间为 2020 年 1 月 1 日至 2021 年 6 月 30 日。项目发生费用以实际支出为准，费用发生单位与项目申报单位须一致。

（三）申报材料

1. 建设资助类项目资金申报书（附件 3）。

2. 项目单位营业执照以及相关资质证书复印件。

3. 经注册会计师审计的符合政策文件要求的项目专项审计报告。

4. 经注册会计师审计的上一年度审计报告及申报截止日当期的财务报表（新成立企业只提供财务报表）。

5. 海外仓基本情况材料，包括但不限于：所在国家、城市、面积、建立时间、投资规模、发展历程、目前的业务开展情况等。

6. 海外仓产权投资关系证明（企业境外投资证书、入股或合作协议、投资证明、租赁合同、仓储面积、实地场景图片等）。

7. 相关投资设备实施照片，ERP、WMS 等信息化系统截图。

8. 服务企业的清单、服务内容、联系人和电话，服务合同或协议，且服务合同中要体现申报条件中明确的至少四项服务功能。

9. 申报期内所服务企业开展跨境电商进出口业务的天津市跨境电子商务综合服务平台申报数据以及相对应的海关报关单复印件。

10. 项目评审费用明细表（附件 4），以及各项支出明细表所对应的项目合同、银行支付凭证、发票等复印件。

11. 其他单位账户存根（附件 5）。

所有申报材料须按照顺序编号用 A4 纸

张规格装订成册（序号页需用标签纸进行分隔、标记），一式5份，并加盖骑缝章。同时准备PPT电子报告（10分钟左右）。

（四）申报时间及流程

1. 项目申报。项目单位填写项目资金申报书，提供有关申报材料，报注册地所在区商务主管部门。

2. 项目初审。各区商务主管部门对企业项目单位申报材料进行初审，保留审核过程全部工作记录，并在项目资金申报书上填写初审意见并加盖公章，连同通过初审的项目单位申报材料报送市商务局。对通过初审的项目，区商务主管部门负责在商务部外贸发展专项资金平台上录入项目。初审项目材料应于2022年8月15日前报送至市商务局，逾期不再受理。市商务局对项目受理情况进行公示。

3. 项目复核。市商务局在收到区初审意见和申报材料后20个工作日内完成项目复核。

4. 项目评审及验收。市商务局按照《天津市商务局商务促进资金项目评审及验收管理办法》履行相关程序。

5. 资金分配。市商务局根据资金预算和项目评审及验收结果，制定项目资金分配方案并进行公示。

6. 资金拨付。市商务局会同市财政局按相关管理规定办理资金拨付。

三、支持跨境电商业态创新发展

（一）支持内容及标准

我市企业在本市开展跨境电商O2O线下体验店（展示中心）建设、跨境电商中心仓建设、跨境电商+保税简单加工、跨境电商保税仓直播等业务模式创新，对其业务创新所需相关信息系统提升改造的软硬件购置费用给予一次性支持。申报期内实现跨境电子商务零售进出口交易额100万元（不含）以下的企业，按照最高不超过20%的比例予以支持，单个创新项目最高支持金额不超过5万元。申报期内实现跨境电子商务零售进出口交易额100万元（含）以上的企业，按照最高不超过50%的比例予以支持，单个创新项目最高支持金额不超过30万元。同一企业同时开展多项业态创新的，最高累计支持金额不超过50万元。

（二）项目申报条件

1. 在天津市依法注册登记，具有独立法人资格的企业。

2. 按照有关规定已取得开展相关业务备案。

3. 近五年来无严重违法违规行为（核查途径为：国家企业信用信息公示系统（天津）、全国信用信息共享平台（天津）、天津市市场主体联合监管系统），未发现拖欠应缴还的财政性资金。

4. 按照本办法的支持方向，项目申报单位已经开展与跨境电子商务直接相关的业务创新模式，且已经实现与天津市跨境电子商务综合服务平台对接并开展相关业务，实现跨境电子商务经营业绩。跨境电子商务零售进出口业务是指以海关明确的“1210、9610”跨境电子商务监管方式代码实现的进出口业务。

5. 积极协助配合商务主管部门开展工作，能够按照有关要求及时报送跨境电子商务有关情况。

6. 项目单位数据产生及实际支出费用的合法凭证开据时间为2020年1月1日至2021年6月30日。项目发生费用以实际支出为准，费用发生单位与项目申报单位须一致。

（三）项目申报材料

1. 建设资助类项目资金申报书（附件3）。

2. 项目单位营业执照以及相关资质证书复印件。

3. 经注册会计师审计的符合政策文件要求的项目专项审计报告。

4. 经注册会计师审计的上一年度审计报告及申报截止日当期的财务报表（新成立企业只提供财务报表）。

5. 项目基本情况材料，包括但不限于：项目单位基本情况、项目背景、项目内容、目前的业务开展情况等。

6. 申报期内企业开展跨境电商进出口业务的天津市跨境电子商务综合服务平台申报数据。

7. 项目评审费用明细表（附件4），以及各项支出明细表所对应的项目合同、银行支付凭证、发票等复印件。

8. 其他单位账户存根（附件5）。

所有申报材料须按照顺序编号用A4纸张规格装订成册（序号页需用标签纸进行分隔、标记），一式5份，并加盖骑缝章。同时准备PPT电子报告（10分钟左右）。

（四）项目申报程序

1. 项目申报。项目单位填写项目资金申报书，提供有关申报材料，报注册地所在区商务主管部门。

2. 项目初审。各区商务主管部门对项目单位申报材料进行初审，保留审核过程全部工作记录，并在建设资助类项目资金申报书上填写初审意见并加盖公章，连同通过初审的项目单位申报材料报送市商务局。对通过初审的项目，区商务主管部门负责在商务部外贸发展专项资金平台上录入项目。初审项目材料应于2022年8月15日前报送至市商务局，逾期不再受理。市商务局对项目受理情况进行公示。

3. 项目复核。市商务局在收到区初审意见和申报材料后20个工作日内完成项目复核。

4. 项目评审及验收。市商务局按照《天津市商务局商务促进资金项目评审及验收管理办法》履行相关程序。

5. 资金分配。市商务局根据资金预算和项目评审及验收结果，制定项目资金分配方案并进行公示。

6. 资金拨付。市商务局会同市财政局按相关管理规定办理资金拨付。

四、监督检查

1. 项目资金不得用于以下方面：

（1）禁止性补贴，补贴条件包括出口实绩或进口替代等。

（2）人员经费，包括发放公务人员工资、奖金、劳务费、津补贴等。

（3）提取工作经费，包括项目评审费用、审计费用、绩效评价费用、公务人员差旅费等。

（4）其他违反规定的支出。

2. 项目承担单位收到资金后，按照国家有关规定进行财务处理，保证专款专用，严禁以任何方式骗取、挤占和挪用。

3. 市商务局会同市财政局负责对项目实施和资金使用情况进行监督检查和绩效评价。

4. 对违反规定使用、骗取专项资金的行为，依照《财政违法行为处罚处分条例》等国家有关规定进行处理。

附件：1. 企业应用跨境电子商务转型项目资金申报表（略）

2. 企业法人及经办人身份证明材料（略）
3. 建设资助类项目资金申报书（略）
4. 项目评审费用明细表（略）
5. 其他单位账户存根（略）

企业名录

截至2022年12月31日，在天津市跨境电商公共服务平台上注册并实际开展业务的企业名录见表2-2。

表2-2 天津市跨境电商企业名录

序号	企业名称	跨境电商业务类型
1	天津富士达自行车工业有限公司	9710
2	天津忠旺铝业有限公司	9710
3	天津新华昌运输设备有限公司	9710
4	天津利安隆新材料股份有限公司	9710
5	天津达祥精密工业有限公司	9710
6	艾尔姆（中国）投资有限公司	9710
7	天津海志国际贸易有限公司	9710
8	天津威盛食品有限公司	9710
9	天津盛瑞农业科技有限公司	9710
10	天津顺泰包装材料有限公司	9710
11	天津新伟祥工业有限公司	9710
12	天津市昊宇世纪进出口有限公司	9710
13	天津华来科技股份有限公司	9710
14	天津大桥国际贸易有限责任公司	9710
15	天津自贸通外贸服务股份有限公司	9710、9810
16	天津市依依卫生用品股份有限公司	9710
17	天津一达通企业服务有限公司	9710
18	天津银龙集团科贸有限公司	9710
19	天津杰麦多乐器有限公司	9710
20	天津展志钢铁有限公司	9710
21	美克国际家私（天津）制造有限公司	9710
22	天津丝绸进出口股份有限公司	9710
23	天津天狮生物发展有限公司	9710、9810
24	天津晟美天源国际贸易有限公司	9710

续表1

序号	企业名称	跨境电商业务类型
25	丹佛斯（天津）有限公司	9710
26	天津三商食品有限公司	9710
27	匹克国际贸易（天津）有限公司	9710
28	天津硕联康国际贸易有限公司	9710
29	上工富怡智能制造（天津）有限公司	9710
30	天津天伟食品有限公司	9710
31	天津朝泽维美进出口贸易有限公司	9710
32	天津市克兰佰瑞国际贸易有限公司	9710
33	天津中物网络科技股份公司	9710
34	天津富士达体育用品有限公司	9710
35	天津天狮环球国际贸易有限公司	9710、9810
36	麦格纳技术与模具系统（天津）有限公司	9710
37	天津谦德食品股份有限公司	9710
38	天津中宜电动车有限公司	9710
39	天津大桥焊材集团有限公司	9710
40	天津鹏程慧通商贸有限公司	9710
41	天津市富怡时代贸易有限公司	9710
42	九町（天津）科技有限责任公司	9710
43	天津汇来国际贸易有限公司	9710
44	天津友圣发国际贸易有限公司	9710
45	天津汽车模具股份有限公司	9710
46	天津绿野新材料科技有限公司	9710
47	德天（天津）国际贸易发展有限公司	9710
48	天津市普光医用材料制造有限公司	9710、9810
49	天津开发区金鹏塑料异型材制造有限公司	9710
50	天津天泰服装进出口股份有限公司	9710
51	易跨竞（天津）科技发展有限公司	9710、9810
52	建支国际贸易（天津）有限公司	9710
53	进业（天津）轻工制品有限公司	9710
54	天津凯杰国际贸易有限公司	9710
55	天津庆泉宠物用品股份有限公司	9710
56	天津市润飞贸易有限公司	9710
57	天津市金锚进出口有限公司	9710
58	诺德技术（天津）有限公司	9710
59	易路达车业（天津）股份有限公司	9710

续表2

序号	企业名称	跨境电商业务类型
60	天津盛泰国际贸易有限公司	9710
61	天津市力拓进出口有限公司	9710
62	天津海沣国际贸易有限责任公司	9710
63	易路达车业（天津）股份有限公司	9710
64	天津天诚泰和进出口有限公司	9710
65	天津盛荣纺织品有限公司	9710
66	天津瑞琦化工有限责任公司	9710
67	美克国际家私加工（天津）有限公司	9710、9810
68	天津九安医疗电子股份有限公司	9710
69	云建（天津）国际贸易有限公司	9710
70	深之蓝（天津）水下智能科技有限公司	9710
71	天津奥林股份有限公司	9710
72	天津市金帆模具有限公司	9710
73	天津岱安金属材料有限公司	9710
74	天津远洋旅游用品有限公司	9710
75	天津市南翔板带有限公司	9710
76	天津晨星地毯有限公司	9710
77	天津欧戈国际贸易有限公司	9710
78	天津市天元韦宏进出口有限公司	9710
79	五洲宾朋（天津）科技有限公司	9710
80	天津绿野新材料科技有限公司	9710
81	天津跃海通自行车有限公司	9710
82	天津惠好国际贸易有限公司	9710
83	天津丽泰鞋业科技股份有限公司	9710
84	满洲里市合作区霸特进出口有限公司	9710
85	天津国际联合轮胎橡胶股份有限公司	9710
86	天津凯雅织造科技有限公司	9710
87	六合圆融（天津）科技有限公司	9710、9810
88	天津艾科格瑞商贸有限公司	9710
89	小呵电动科技（天津）有限公司	9710、9810
90	飞马（天津）缝纫机有限公司	9710
91	天津恒利天达实业有限公司	9710
92	天津金土地食品股份有限公司	9710
93	天津金诺得家具有限公司	9710
94	百客屋（天津）科技有限公司	9710、9810

续表3

序号	企业名称	跨境电商业务类型
95	佰信达（天津）进出口有限公司	9710
96	天津治亿金属制品有限公司	9710
97	天津金斯顿贸易有限公司	9710
98	天津广大纸业股份有限公司	9710
99	天津市万蕾钢管有限公司	9710
100	天津市瑞源电工器材有限公司	9710
101	天津市诺熠烜进出口贸易有限公司	9710
102	天津朝泽维美进出口贸易有限公司	9710
103	霍尔果斯易增数字贸易有限公司	9710
104	天津沃德浩泰商贸有限公司	9710
105	建支国际贸易（天津）有限公司	9710
106	天津博联跨境电子商务有限公司	9710
107	马士通安全设备（天津）有限公司	9710
108	天津望光电科技有限公司	9710
109	天津市金轮图腾进出口有限公司	9710、9810
110	天津市永信国际贸易有限公司	9710
111	天津市震翔宇德国际贸易有限公司	9710
112	天津华派集装箱制造有限公司	9710
113	西门子歌美飒可再生能源科技（中国）有限公司	9710
114	天津驿路盛德国际贸易有限公司	9710
115	天津正奇新材料科技有限公司	9710
116	天津市凯瑞进出口有限公司	9710
117	天津津贸通供应链管理服务有限公司	9710、9810
118	伟丰（天津）国际贸易有限公司	9710
119	天津市天创百纯环保科技有限公司	9710、9810
120	中策橡胶（天津）有限公司	9710
121	天津福格斯进出口贸易有限公司	9710
122	诺德技术（天津）有限公司	9710
123	天津易宏国际贸易有限公司	9710
124	天津铸金科技开发股份有限公司	9710
125	艾索兰德（天津）国际贸易有限公司	9710
126	天津辰远进出口有限公司	9710、9810
127	天津爱普生有限公司	9710
128	建支国际贸易（天津）有限公司	9710
129	天津嘉创禾叶科技有限公司	9710

续表4

序号	企业名称	跨境电商业务类型
130	天津堡德钢铁有限公司	9710
131	天津市天轮橡胶有限公司	9710
132	银川芯空间国际贸易有限公司	9710
133	天津澳纽之窗科技发展有限公司	9710
134	天津宜庭熙进出口贸易有限公司	9710
135	深圳市一达通企业服务有限公司	9710
136	天津金乐驰进出口有限公司	9710、9810
137	天津渤海化工集团供销有限公司	9710
138	天津利兴国际贸易有限公司	9710、9810
139	天津安芝金林地毯有限公司	9710
140	天津恒澳家具有限公司	9710
141	天津破晓科技有限公司	9710
142	天津鸿烁科技有限公司	9710
143	满洲里欧陆数字贸易有限公司	9710
144	满洲里欧陆数字物流有限公司	9710
145	厚华（天津）动力科技有限公司	9710
146	马士通安全设备（天津）有限公司	9710
147	天津市新明昊睿科技有限公司	9710
148	天津金帆模具有限公司	9710
149	天津商泽外贸综合服务有限公司	9710
150	小呵电动科技（天津）有限公司	9710、9810
151	天津京路发科技发展有限公司	9710
152	天津天钢伟业钢管销售有限公司	9710
153	天津蓝海电子信息科技有限公司	9610
154	九町（天津）科技有限责任公司	9610
155	绫致时装销售（天津）有限公司	9610
156	天津中邮物流有限责任公司	9610
157	杭州福蝶电子商务有限公司	1210
158	北京京东世纪信息技术有限公司	1210
159	广州广臻贸易有限公司	1210
160	唯品会（中国）有限公司	1210
161	天津考拉海购电子商务有限公司	1210
162	广州鼎新电子商务有限公司	1210
163	天津鑫晟供应链管理有限公司	1210
164	天津瑞翔供应链管理有限公司	1210

续表5

序号	企业名称	跨境电商业务类型
165	九町（天津）科技有限责任公司	1210
166	深圳市辰兴源贸易有限公司	1210
167	北京亦贝安生物医药科技有限公司	1210
168	天津酷吧母婴用品销售有限公司	1210
169	天津跨贸通供应链管理有限公司	1210
170	北京攀宝生物科技有限公司	1210
171	义乌市北领供应链管理有限公司	1210
172	天津沃德国际贸易有限公司	1210
173	爱有机（天津）生物科技有限公司	1210
174	广州广臻贸易有限公司	1210
175	天津蓟保国际贸易有限公司	1210

统计数据

2022 年，天津市跨境电商进出口业务情况见表 2-3。

表 2-3 天津市跨境电商进出口业务明细表

验放清单（万票）	货值（万元）	增长率（%）	上线商品种类（个）	商品种类（进口量前五）	备案电商企业（个）
2343.99	409500	-16	173490	化妆品、其他加工食品、配方奶粉及辅食、沐浴及洗涤用品类、酒类	707

大事记

2022 年 1 月，天津经济技术开发区抖音直播生态园聚焦跨境电商美妆类产品，与头部直播间展开广泛直播带货合作，成功入选 2021 年抖音跨境电商头部企业榜单。

2022 年 4 月 2 日，天津市首个跨境电商进口退货中心仓正式启用。

2022 年 5 月 24 日，中央电视台《经济半小时栏目》以《制造业“出海”闯新路》为题，从产业发展、生态建设、制度创新等不同角度全面详细地报道了天津综试区设立以来在应对新冠疫情挑战、促进跨境电商等外贸新业态发展方面所取得的成绩，以及天津制造企业不断探索“出海”新路径的实践经验。

2022 年 6 月 30 日，中国信保天津分公司在全国首创并承保首单中长期出口信用保险支持的海外仓业务。

2022 年 7 月 8 日，天津市商务局、天津市财政局联合印发《2022 年中国（天津）跨境电子商务综合试验区服务体系建设项目申报指南》，支持企业应用跨境电商转型升级。

2022 年 8 月，天津市商务局、天津市税务局、天津海关联合推动创新跨境电商海外仓（9810）便利退税新模式。

2022 年 10 月，交通银行与易生支付有限公司合作，创新性地打造天津市首个跨境电商综合金融服务平台。

2022 年 11 月 10 日，天津跨境电商产教融合发展论坛暨“聚力同行·领航全球”2023 亚马逊全球开店启动大会—天津站成功举办。

2022 年 11 月，“‘E 聚优品　燃耀津城’——2022 eBay 天津产业带出海启动会”成功举办。

大同地区

2022 年，中国（大同）跨境电子商务综合试验区（以下简称“大同综试区”）领导小组按照党中央、国务院、省委、省政府和市委、市政府决策部署和工作要求，秉承“对标一流、高标准建设”的指导思想，积极采取措施，持续推进跨境电商综合试验区建设工作，工作取得了明显成效，在全国跨境电商综合试验区 2022 年度综合考评工作中被评定为第三档。

发展现状

一、加强领导，构建服务保障体系

大同市成立了以市长为组长、分管副市长为副组长的领导机构，统筹全市 17 个相关部门和各县区政府为成员单位，加强对大同综试区建设工作的领导，同时批复大同市商务局增设了跨境电商科内设科室，增编两人，专门负责大同综试区建设工作。大同市商务局牵头建立了联席工作机制，先后 15 次组织大同海关、外汇管理局、税务局、金融办、企业等单位召开会议，协调解决在跨境电商综综合试验区建设中遇到的问题，特别是得到了大同海关的支持，及时解决了跨境电商公共服务平台系统链接和数据交换问题，保证了跨境电商公共服务平台的正常运转。大同海关、大同市税务局等多部门主动作为，出台相应的政策措施，积极支持跨境电商发展。

二、对标一流，完善服务平台建设

（一）完善了跨境电商基础设施

建设了跨境电商海关监管区 1210 进出口分拣线，并于 2022 年 5 月 13 日在华远大同国际陆港保税物流中心运营，正式开展了 1210 网购保税进口业务。

（二）建成了跨境电商公共服务平台

申请注册大同综试区公众网站，实现与海关部门系统的互联互通，并复制了前四批跨境电商综合试验区“六体系”模式，完成了信息、物流、信用、统计、金融和风险防控六个体系方面的建设，具备了公共服务平台企业注册、政策服务、企业宣传，以及跨境电商企业 1210、9610、9710 和 9810 进出口业务报关功能。

（三）加强了园区平台建设

坚持典型引路，开展了第二批市级跨境电商示范园区、示范企业评选工作，增评了一家市级跨境电商示范园区，使全市跨境电商示范园区数量达到了三家，同时以跨境电商园区平台为载体，共吸引 112 家各类跨境电商企业入驻，不断壮大跨境电商主体企业队伍。

三、培育主体，拓展跨境电商业务

截至 2022 年 12 月底，已在大同市跨境电商公共服务平台备案和系统对接的跨境电商各类企业共有 42 家，其中物流企业 2 家，监管场所企业 1 家，报关企业 1 家，跨境电商交易平台企业 2 家，跨境电商企业 36 家。已有 22 家跨境电商企业分别采取异地报关、本地报关模式，开展了 1210、9610、9710、9810 跨境电商出口业务，全年全市完成跨境电商进出口业务 2.13 亿元（不含入驻亚马逊等第三方平台非纳统数据），主要出口产品有农副产品（主要是小米、绿豆、黄豆、红芸豆等）、玻璃器皿、家厨用品、服装、汽车配件及孵化培训软件等，1210 主要进口产品有保健品、化妆品和宠物饲料。

开展了招商引资活动，组织企业赴山东参加“2022 年黄河流域跨境电商博览会”，并在湖南跨境电商综合试验区进行调研，与湖南长沙天泽信息头部跨境电商企业签订了战略合作协议。随同山西省商务厅赴北京参加抖音、美团、酒仙网、新东方和快手总部调研活动，学习电商新业态经营模式，商洽跨境电商合作方向，大同国际陆港跨境电商园区与拼多多达成了合作协议。

四、立足长远，持续加强生态建设

（一）加强跨境电商海外仓建设布局

截至2022年12月底，共有7家跨境电商企业在日本、法国、马来西亚、印度尼西亚等国家租赁了海外仓。大同沃创跨境电商产业园还创新性地在东莞建立了跨境电商云仓。

（二）加强跨境电商出口产品品牌培育

大同市沃飞科技有限责任公司采取委托加工、贴牌的方式，在亚马逊平台创建企业自己出口品牌。浑源亚联万家电子商务有限责任公司采取收购亚马逊美国站和日本站各一个品牌商标的方式，创建了企业自己的品牌，依靠品牌效应拓展业务。

（三）加强跨境电商人才培育

山西大同大学外国语学院开设了跨境电商专业课程，与大同市沃飞科技有限公司签订了合作就业协议，当年培养跨境电商本科专业人才300名。支持市级跨境电商产业园和各跨境电商企业举办跨境电商人才培训班，当年累计培训1000多人次。牵头举办了一场线上外贸高质量发展峰会和跨境电商政策知识培训会，组织当地外贸企业线上参训。组织企业参加了商务部举办的外贸政策和实务操作说明会。

五、政策驱动，优化营商发展环境

大同综试区建设得到了山西省商务厅的鼎力支持，大同市充分利用山西省商务厅拨付的跨境电商综试区建设资金，完成了大同综试区多个基础项目建设，为顺利开展跨境电商业务创造了条件。同时，支持大同国际陆港跨境电商园区建设跨境电商直播基地、跨境电商交易平台和跨境电商交易平台辅助系统三个项目。

企业名录

截至2022年12月31日，在大同市跨境电商公共服务平台上注册并实际开展业务的企业名录见表2-4。

表2-4　大同市跨境电商企业名录

序号	企业名称	序号	企业名称
1	大同沃飞科技有限公司	8	山西同拓瑞进出口有限公司
2	国药威奇达集团有限公司	9	山西八爪鱼进出口贸易有限公司
3	山西同畅力德贸易有限公司	10	大同企亮电子商务有限公司
4	山西盛捷科技电子商务有限公司	11	大同恒贵电子商务有限公司
5	山西柏德贸易有限公司	12	大同市绿圆电子商务有限公司
6	浑源亚联万家电子商务有限责任公司	13	大同市硕和商贸有限公司
7	山西鼎诚科悦进出口有限公司	14	大同福伟商贸有限公司

续表

序号	企业名称	序号	企业名称
15	大同谦煜商贸有限公司	19	大同恒勇电子商务有限公司
16	大同天睿网络科技有限公司	20	大同市涵音商贸有限公司
17	大同笙新电子商务有限公司	21	大同市睿敏电子商务有限公司
18	大同市豪轩信息技术有限公司	22	大同市冬昇商贸有限责任公司

统计数据

2022 年，大同市跨境电商进出口业务情况见表 2-5。

表 2-5 大同市跨境电商进出口业务明细表

序号	企业名称	验放清单（万票）	货值（万元）	增长率（%）	上线商品种类（个）	备案电商企业（个）	上线企业（个）
1	大同沃飞科技有限公司	5.55	11184	2.61	20	1	1
2	国药威奇达集团有限公司	0.0003	313	100	2	1	
3	山西同畅力德贸易有限公司	16	15308046.393	30	20	1	1
4	山西盛捷科技电子商务有限公司	0.002	763	33	24	1	0
5	山西柏德贸易有限公司	0.0016	605	63	8	1	0
6	浑源亚联万家电子商务有限责任公司	0.6224	383	83	8	1	0
7	山西鼎诚科悦进出口有限公司	15	1200	—	30sku	1	0
8	山西同拓瑞进出口有限公司	1	128	—	—		0
9	山西八爪鱼进出口贸易有限公司	0.0011	100.31	-97.58	504	1	1
10	大同企亮电子商务有限公司	0.0001	19.99	100	1	1	1
11	大同恒贵电子商务有限公司	0.0002	39.9	100	3	1	1
12	大同市绿圆电子商务有限公司	0.0002	39.98	100	2	1	1
13	大同市硕和商贸有限公司	0.0002	20.56	100	4	1	1
14	大同福伟商贸有限公司	0.0002	31.21	100	5	1	1
15	大同谦煜商贸有限公司	0.0001	18.84	100	5	1	1
16	大同天睿网络科技有限公司	0.0001	19.81	100	11	1	1
17	大同笙新电子商务有限公司	0.0001	19.99	100	1	1	1

续表

序号	企业名称	验放清单（万票）	货值（万元）	增长率（%）	上线商品种类（个）	备案电商企业（个）	上线企业（个）
18	大同市豪轩信息技术有限公司	0.0001	19.98	100	2	1	1
19	大同恒勇电子商务有限公司	0.0001	19.97	100	1	1	1
20	大同市涵音商贸有限公司	0.0001	19.95	100	3	1	1
21	大同市睿敏电子商务有限公司	0.0002	39.92	100	6	1	1
22	大同市冬昇商贸有限责任公司	0.0001	19.98	100	1	1	1

典型案例

大同市跨境电商公共服务云仓

大同市是国家第五批跨境电商综合试验区城市，这一政策的实施，为当地外贸转型和高质量发展注入了催化剂。但是，通过两年来的运行发现，大同市作为跨境电商综合试验区内陆城市，在供应链、物流、交通、产品制造等领域凸显出诸多制约因素。为了让当地产品快速融入跨境贸易渠道，大同市沃飞科技有限公司（以下简称“沃飞公司”）在东莞投资300万元建设了跨境电商服务云仓，不仅解决了企业在经营中遇到的中转物流、仓储售后、申报统计等重要堵点问题，而且发展成为当地仓储物流型公共服务平台。

一、主要做法

（一）先进经验

沃飞公司通过前期周密的调研和市场考察，选址广东省东莞市作为先期试点，一期投资额300万元，占地面积约1000平方米，日均处理600~1000件国际货物。云仓下设三个部门：物流部、质检部、申报中心。物流部负责处理大同市跨境电商企业国内各上游企业发来的中转货物的收发分拣及打包处理工作；质检部负责对货物进行出口前分装及质量检查、国外退件货物的售后处理等工作；申报中心负责协调处理大同市跨境电商企业与大同及深圳海关、国际货运公司、报关机构的申报协调，以及数据收发统计工作。

（二）具体做法

通过发挥沿海城市独特的国内和国际运输优势，以及在跨境电商商务领域积累的其他基础条件（如临近众多跨境电商上游供应链企业、货物申报等便捷高效的响应能力），有效提高了大同市跨境电商企业，特别是广大中小微跨境电商企业，其平台产生的订单货物的国内中转和预处理效率，打通了内陆地区在跨境物流方面的先天屏障，更加方便本地产品、特别是委托沿海城市代生产加工的产品直接出海，极大地降低了内陆地区跨境电商中小微企业的运营成本，提升了服务能力和行业竞争力，为进一步发展内陆地区综合试验区城市转型新型外贸领域创造了有利条件。

二、实践效果

（一）经济效益

大同市跨境电商公共服务云仓投入运营以来，通过仓储物流等集约化、多环节的配套经营服务，为大同市数十家跨境电商企业同比降低了仓储物流、转运申报等中间费用约30%，逐步实现了云仓前期日常运营费用的自给自足，并通过扩大经营实现前期投资成本回收。

（二）社会效益

大同市跨境电商公共服务云仓的投入使用有效提升了大同市跨境电商中小微企业的末端物流服务能力，降低了各项服务费用；有效带动了大同市跨境电商企业集约化运营，在市场竞争中形成合力，带动并衍生相关联的服务机构，促进就业和末端服务能力。实现了既解决客户问题，又发挥内陆地区中小微跨商企业的市场竞争能力；有效缩短了内陆地区与沿海城市在软硬件基础上的“先天不对等”和“后天不足”的问题，将企业因地域因素产生的“不平等”问题逐步化解；有效促进了传统贸易企业借助云仓平台，实现出口贸易多样化，提升传统型出口企业的抗风险能力。

（三）对其他地区、单位的借鉴意义和应用价值

内陆地区不靠海不靠岸，国际货运运输渠道很少，跨境电商企业在平台产生的订单产品，特别是委托沿海城市上游企业制造的产品，如何进行出口前的合规包装、头程物流的便捷交付、降低国内中转成本、合规申报等问题，成为内陆地区综合试验区城市急需解决的难题。而云仓模式的出现可以有效地解决此类问题。

货物申报和出口合规性等常见仓储物流问题，前期需要地方政府和有实力的企业搭建公共服务平台，通过小试点可实现大产出和大效益，并为跨境电商中小微企业的前期孵化和培育真正保驾护航，起到投入少、作用大的效果。

三、展望未来

在总结前期成功经验的基础上，沃飞公司将在除东莞以外的其他城市进行积极拓展和延伸，如在深圳、上海、宁波等城市建立分仓，进一步提升云仓的服务能力和辐射区域，提高非沿海非港口型综合试验区城市的跨境电商中小微企业的市场竞争力，让更多的中小微企业取得更大的发展。

大事记

2022年1月14日，中国大同跨境电商综试区公共服务平台公众网正式上线。

2022年4月28日，大同市商务局联合宁波全球贸易通和中贸国展公司，举办了山西（大同）外贸高质量发展线上峰会暨大同企业与驻华使馆高级别商务论坛，会上摩尔多瓦驻华大使和参赞做了交流发言，宁波全球贸易通做了外贸企业建跨境电商独立站的政策辅导，全市有80家外贸企业参加了这次线上峰会。

2022年5月13日，大同综试区公共服务平台项目，经项目监理公司组织评审，通

过验收。

2022年6月6日，大同市公安局送达商务局大同跨境电商线上综合服务平台“信息系统安全等级保护备案证明”，给予等保三级认定。

2022年6月22日，大同市首单跨境电商网购保税进口（1210）业务在大同国际陆港保税物流中心顺利通关放行，标志着大同综试区又一进口零售新业态正式启动。

2022年7月6日，大同跨境电商产业园开园投产仪式在东信红星大厦举行，产业园获评市级跨境电商产业园。

2022年8月26—28日，根据山西省商务厅通知要求，大同市组织沃飞公司、通畅力德有限公司和浑源亚联万家电子商务公司，赴青岛参加“2022年黄河流域跨境电商博览会”。

2022年9月3—5日，大同市商务局协同山西省商务厅领导，赴北京调研抖音、美团、酒仙网、新东方和快手总部，学习电商新业态，商洽合作事宜。

2022年10月，大同市跨境电商公共服务云仓运行，选址广东省东莞市作为先期试点。

2022年12月19日，国药威奇达药业有限公司完成首单9710跨境电商出口业务，出口额170万美元，这标志着传统外贸企业线下向线上的成功转型，为全市外贸企业树立了典范。

哈尔滨地区

中国（哈尔滨）跨境电子商务综合试验区（以下简称“哈尔滨综试区”）于2018年7月获得国务院批准成为国家第三批跨境电商综合试验区，哈尔滨市委、市政府高度重视此项工作，加强组织领导，统筹推进各项工作落实。2022年，哈尔滨市跨境电商进出口实现29.4亿元，同比增长11%，占全市外贸进出口总额的7.6%，完成2022年度商务部对哈尔滨综试区考核评估工作。

发展现状

一、统筹推进，大力加强组织领导

（一）充分发挥工作联席会议制度作用

2021 年，哈尔滨综试区在商务部首次考核评估中被评为第二档次“成效较好”，这一殊荣是对哈尔滨市巨大的鞭策和鼓舞。2022 年，哈尔滨市委、市政府以 2021 年考评结果为动力，在商务部和黑龙江省商务厅的大力指导下，紧紧围绕年度工作任务目标，以复制和推广先进跨境电商综合试验区建设 12 方面 36 项成熟经验做法和海外仓建设 12 方面 32 项好经验、好做法为工作目标，进一步巩固成果，创新突破，共召开跨境电商综合试验区联席会议 5 次，研究全市跨境电商产业整体规划与发展、及时协调和解决制约哈尔滨综试区建设的体制机制问题、破解重大项目推进中的瓶颈和难题；不断强化工作联系制度、信息直报、工作周报和统计月报等四大工作机制，定期向商务部和省级商务主管部门报送工作动态等信息。通过健全机制和工作制度，理顺工作关系，确保各项工作顺利开展。

（二）科学制订推进工作实施方案

为加快推进哈尔滨综试区实现高质量发展，哈尔滨市先后制订 2022 年加快跨境电商综试区建设工作年度方案和推进哈尔滨市跨境电商产业高质量发展实施方案（2022—2026）。两个方案紧密结合哈尔滨市实际，有较强的操作性和指导性。其中 2022 年度方案是按照相关要求，结合哈尔滨市党代会、人大会会议精神，明确工作目标、工作任务、完成路径、完成时限和保障措施。该方案已被哈尔滨市委、市政府列入重点督办事项，在具体工作推进中，严格按照已制订的工作方案要求，采取挂图作战方式，倒排时间表和路线图，确保本年度各项重点工作扎实推进和圆满完成。推进哈尔滨市跨境电商产业高质量发展实施方案（2022—2026）是一个五年的发展规划，也是今后一段时间内指导哈尔滨市跨境电商产业高质量发展的长远规划，对推动哈尔滨综试区快速发展将起到积极促进作用。

（三）不断深化国内国际交流与合作

为学习借鉴和复制发达地区跨境电商综合试验区先进经验和成功做法，哈尔滨市克服新冠疫情困难和影响，积极采取“走出去”和“请进来”等模式，加强与国外友城、国内经济发达地区等综合试验区开展业务交流和合作。

1. 为加快构建以对俄合作为重点的全方位对外开放新格局，2022 年 4 月，哈尔滨综试区重点园区——中国（黑龙江）自由贸易试验区哈尔滨片区成立了对俄企业联盟，并举办了对俄国际招商大会和对俄经贸活动周（线上）。俄罗斯滨海边疆区、阿穆尔州等相关政府领导和企业家出席了活动，并就推动中俄双方深度合作展开交流与探讨。

2. 2022 年 11 月，哈尔滨市联合深圳市，与俄罗斯莫斯科市、圣彼得堡市和叶卡捷琳堡市举办中俄两国五城市长视频会晤合作文件签署仪式，旨在携手推动向北开放，深化与俄欧洲腹地城市经贸交往。

3. 开展哈长（哈尔滨和长春）城市群务实合作，充分发挥哈尔滨市平台和物流通道优势，为两市跨境电商企业搭建合作平台，寻找合作商机。

4. 2022 年 7 月，哈尔滨市政府组成以副市长为团长的市政府经贸代表团赴海南考察跨境电商项目。同月，哈尔滨市商务局与哈尔滨综合保税区负责人赴深圳、东莞等地学习考察跨境电商工作。2022 年 8 月，哈尔滨市政府派出哈尔滨市商务局和中国（黑龙江）自由贸易试验区哈尔滨片区负责人赴郑州就引进“中大门”跨境电商项目进行考察、学习和交流。2022 年 11 月，哈尔滨市政府派出代表团赴厦门考察跨境电商项目。

5. 2022 年 12 月，哈尔滨市邀请俄罗斯最大的跨境电商平台 OZON 代表来哈，就在哈尔滨建立边境仓事宜进行深入对接和洽谈，初步达成了共识，为下一步引进该项目落地创造了积极的条件。

（四）组建跨境贸易专班提升贸易便利化水平

2022 年 4 月，为持续优化跨境贸易营商环境，提升跨境贸易便利化水平，哈尔滨综试区组建以商务、海关、税务、机场等部门为成员的跨境贸易工作专班。立足哈尔滨实际，持续落实“加快企业出口退税、规范口岸收费、压缩通关时间、推进跨境电商 B2B 海关监管新模式落地”等跨境贸易各项任务指标，确保了哈尔滨市重点项目按时间节点顺利推进和完成。

（五）出台市级层面支持跨境电商发展的政策

2022 年，为推动哈尔滨跨境电商产业高质量发展，减轻企业经营成本，持续激发市场主体活力，哈尔滨市政府先后出台了《哈尔滨国际航空货运枢纽建设奖励暂行办法》《哈尔滨市支持对外贸易发展的若干政策（2022—2026 年）》。哈尔滨市现有政策涵盖了物流、跨境电商平台、体验店、进出口仓储分拨中心、海外仓及跨境贸易增量补贴等领域，已经成为哈尔滨市跨境电商产业实现快速发展的重要政策保障。

二、创新突破，扎实推进各项重点工作

（一）“一区六园”发展布局初步形成

2022 年，将国家级开发区宾西经济技术开发区纳入整体规划布局，其成为哈尔滨综试区的第 6 园。目前，哈尔滨综试区共有 6 个跨境电商园区，分别为哈尔滨综合保税区、中国北方跨境电商物流中心、哈尔滨新经济产业园、哈尔滨空港跨境电商物流产业园、中国（黑龙江）自由贸易试验区哈尔滨片区和宾西经济技术开发区，园区示范引领作用显著增强，有近 130 家跨境电商企业入驻，初步形成“一区多园”“多区联动”的整体产业发展布局。

（二）跨境电商 B2B 出口监管新模式落地

跨境电商 B2B 项目是 2022 年黑龙江省、哈尔滨市重点督办事项，为推进该项目早日运营，自 2021 年起，哈尔滨冰城海关出台了《冰城海关复制推广跨境电子商务企业对企业出口监管试点工作实施方案》。该方案明确成立工作专班、积极推进跨境电商 B2B（9710）海关监管新模式落地运营。2022 年 9 月 16 日，哈尔滨市采取跨境电商 9710 通关模式，将哈尔滨—莫斯科货运航线贸易额纳入哈尔滨海关统计，标志着跨境电商 9710 海关监管新模式正式在哈尔滨落地运营。

（三）跨境物流体系建设取得新进展和新突破

充分利用哈尔滨对俄区位优势和综合交通优势，努力打造“航空、铁路和公路”三位一体的跨境物流体系。

1. 已开通四条哈尔滨直达莫斯科货运包

机航线。2022 年全年实现飞行 217 班次，货运量 6462 吨，入统贸易额近 20 亿元，占全市外贸进出口总额的 7%。

2. 开通哈尔滨—绥芬河—叶卡捷琳堡和哈尔滨—黑河—叶卡捷琳堡跨境电商陆运通道。2022 年 1—12 月，两条跨境电商陆运通道发运邮件 627.83 万件，同比增长 117%；货运量 2488.86 吨，同比增长 225%，实现跨境电商 9610 纳统贸易额 3 亿元。

3. 加快推进哈俄班列和哈俄公路通道建设。哈俄班列发运量持续增长，2022 年共发运集装箱班列 470 列、38698 标箱，货值 4.12 亿美元，发运量同比增长 274%。

（四）努力扩展海外仓规模和优化国际布局

在积极推动现有海外仓持续稳定发展的基础上，鼓励企业在中东欧国家和 RCEP 成员国设立海外仓，不断扩展海外仓国际布局。共有跨境电商海外仓 13 个，总面积超过 9 万平方米，分别位于俄罗斯、美国、巴西和墨西哥 4 个国家。海外仓国际布局进一步扩大，已分布至亚洲、欧洲和南北美洲。其中，俄速通莫斯科海外仓被商务部评为全国首批 7 个优秀海外仓之一，是东北地区唯一获评企业。2022 年，哈尔滨市积极向黑龙江省商务厅申报省级海外仓评选工作，黑龙江俄速通供应链管理有限公司在俄罗斯和美国两个海外仓被评为省级优秀海外仓。截至 2022 年 12 月 31 日，哈尔滨市海外仓累计带动出口贸易额超过 15 亿元，有力地促进了哈尔滨市跨境电商出口业务的快速发展。

（五）跨境电商平台建设取得快速发展

1. 努力提升传统外贸数字化水平。积极贯彻落实《黑龙江省“十四五”数字经济发展规划》，支持引导哈尔滨市传统外贸企业自建跨境电商平台和利用阿里巴巴国际站、速卖通和亚马逊等第三方跨境电商平台开展线上贸易，不断提升企业数字化应用能力。

2. 积极为企业搭建各类跨境服务平台，汇聚跨境电商交易平台、综合服务平台、物流平台、跨境电商体验店、进出口商品仓储分拨中心和跨境电商海关监管场所等。已有自建平台 15 个、第三方平台 78 个、体验店 5 个。其中，黑龙江速龙国际货运代理有限公司自建的跨境电商 9710 综合服务平台已成功运营；黑龙江俄速通供应链管理有限公司共建有海外线上中国品牌集成店铺 28 个，主要分布在俄罗斯和墨西哥。跨境电商服务能力全面提升，已成为哈尔滨综试区建设的有力支撑。

（六）加快推进口岸功能建设

为进一步拓展和完善哈尔滨市口岸功能，更好地为跨境电商综合试验区建设提供优质高效和便利的口岸通关服务，针对哈尔滨市口岸功能建设实际，积极推进哈尔滨综合保税区进境肉类指定监管场地建设、推进临空经济区海关检验检疫处理中心建设和启动机场进境水果指定监管场地验收、机场进境食用水生动物指定监管场地申建工作。哈尔滨综合保税区进境肉类指定监管场地建设，由哈尔滨综合保税区作为建设主体，于 2022 年 5 月完成建设并通过海关总署验收。在推进口岸建设项目上，哈尔滨市成立工作专班，加强与海关等相关部门的密切联系和沟通，及时协调解决工作中发现的问题，并取得积极进展。上述口岸功能的不断完善，将为下一步哈尔滨市跨境电商产业创新发展提供重要支撑。

（七）全面落实各项扶持政策

积极落实 2022 年中央外经贸发展专项资金和市本级财政资金扶持政策，引导企业创新发展和转型升级，降低企业运营成本，提高企业盈利能力。在资金使用上重点向跨境电商项目倾斜，重点支持国际物流通道、跨境平台、海外仓、体验店和进出口仓储分拨中心和扩大进出口规模等项目。

三、积极招商，扩大综合试验区宣传和影响力

2022 年，借助哈尔滨综试区在商务部首次考核评估中取得的良好成绩，不断加大工作宣传力度，凸显哈尔滨跨境电商综试区区位优势和影响力，让国内外客商与市民知晓哈尔滨跨境电商政策红利。年内采取集中宣传、日常宣传、线上线下、电商节、专题推介、媒体宣传等多种形式相结合方式，加大宣传综合试验区建设考核评估成果、最新工作进展、省市出台的优惠政策和重大项目引进落地情况。

（一）充分利用国家和省市级媒体加大宣传，人民网、新华网、黑龙江省报、《哈尔滨日报》、《新晚报》、今日头条、抖音、快手、蓝网等传统媒体和新媒体通过多种方式，介绍和宣传跨境电商最新政策、跨境电商平台和跨境电商体验店、跨境电商物流通道建设等。

（二）赴上海、郑州、海口、厦门、深圳、东莞、青田等地举行招商活动，带领重点园区哈尔滨综合保税区、中国（黑龙江）自由贸易试验区哈尔滨片区、跨境电商物流园、中国北方跨境电商物流中心等参与推介。

（三）2022 年 6 月 18 日，举办以“数字消费　创享生活”为主题的第四届哈尔滨电商直播节活动，综合利用知名平台流量优势，联动区县、直播电商基地、优质商家开展“直播带货”“潮趣哈尔滨”“冰城好物直播互动体验”“本地生活助商惠民”等多板块电商活动，实现销售额 1.3 亿元。

（四）利用中国跨境电商交易大会、中国进出口商品交易会、中国国际进口博览会、中国国际消费品博览会、中国国际高新技术成果交易会、中国国际服务贸易交易会等重要会议平台，加大哈尔滨综试区宣传。

（五）通过线上推介会等形式，与俄罗斯等的国际友城举办专题推介会，扩大哈尔滨综试区影响力和知名度。

配套文件

黑龙江省人民政府办公厅关于印发黑龙江省支持对外贸易发展若干措施的通知

（黑政办规〔2022〕6 号）

各市（地）人民政府（行署），省政府各直属单位：

《黑龙江省支持对外贸易发展的若干措施》已经省政府同意，现印发给你们，请认真贯彻执行。

黑龙江省人民政府办公厅

2022 年 3 月 2 日

黑龙江省支持对外贸易发展的若干措施

为深入贯彻习近平总书记关于保持经济运行在合理区间的重要指示精神，落实《国务院办公厅关于做好跨周期调节进一步稳外贸的意见》（国办发〔2021〕57号）精神，激发外贸主体发展活力，扶持中小微外贸企业，努力保订单、稳预期，做好跨周期调节，推进我省外贸高质量发展，特制定如下措施。

一、积极培育引入大型外贸主体。进一步在通关、税收、金融保险等方面提升服务质量，鼓励现有外贸企业加大产业投入，扩大本地海关纳统比例。积极引入大型外贸企业，对年度新增进出口额1亿元（含）以上的，增量部分每1000万元给予3万元奖励，现有企业最高奖励300万元，当年新引入企业最高奖励500万元。［省商务厅、省财政厅，各市（地）政府（行署）按职责分工负责］

二、加强外贸促进平台建设。发挥各类国家级外贸促进平台示范引领和辐射带动作用，培育认定一批省级外贸转型升级基地、进口贸易创新示范区、高水平出口消费品加工区等外贸促进平台。鼓励做大做强主导产业链，完善配套支撑产业链，切实保障外贸产业链供应链稳定畅通。给予国家级贸易促进平台一次性200万元奖励，给予省级贸易促进平台一次性100万元奖励。［省商务厅、省财政厅，各市（地）政府（行署）按职责分工负责］

三、培育外贸新业态新模式发展。鼓励企业运用跨境电商方式扩大外贸规模。对企业以跨境电商模式从事进出口业务，年进出口额达到1000万元（含）以上的，每100万元奖励1万元，单个企业最高奖励100万元。对年进出口额1000万元（含）以上的跨境电商独立站，给予当年建设投入费用30%补贴，最高补贴50万元。对在第三方跨境电商平台开设店铺的企业，所属市（地）政府（行署）可给予入驻平台费和宣传推广费不超过50%补贴。培育认定一批省级海外仓，给予省级海外仓一次性100万元奖励。鼓励外贸综合服务企业为中小微企业提供一站式服务，给予服务企业15家（含）以上且进出口额3亿元（含）以上的外贸综合服务企业年度50万元奖励。［省商务厅、省财政厅，各市（地）政府（行署）按职责分工负责］

四、支持资源类产品进口和地产品出口。鼓励煤炭、铁矿砂、铜矿砂、木材、化肥等资源类产品进口落地使用加工，对年进口额1亿元（含）以上且商品落地率超50%的企业，给予企业用于开展进口业务所发生的银行手续费和融资贷款利息不超过50%的补贴，最高补贴200万元。鼓励我省地产品出口，对年地产品出口额5000万元（含）以上的企业，给予企业用于开展出口业务所发生的银行手续费和融资贷款利息不超过50%的补贴，最高补贴200万元。（补贴利率以贷款发放日最后一次公布的1年期LPR为准）［省商务厅、省财政厅，各市（地）政府（行署）按职责分工负责］

五、支持多渠道拓展国际市场。支持外贸企业参加线下境外展会和线上涉外展会。给予企业参加线下境外展会所产生的展位费、展品运输费、国际间交通费、住宿费70%补贴；给予企业委托第三方参加境外展会所产生的展位费、展品运输费70%补贴；给予企业参加线上涉外展会参展费50%补贴。企业年度最高补贴30万元。企业用于海外资信调查和线上展会宣传所产生费用，所属市（地）政府（行署）可给予不超过50%的补贴。企业用于境外品牌创建、境外商标注册和产品认证等方面费用，所属市（地）政府（行署）可给予不超过70%的补贴。[省商务厅、省财政厅，各市（地）政府（行署）按职责分工负责]

六、培育贸易双循环企业。支持贸易双循环企业加强关键技术和商业模式创新。推动解决企业在发展内外贸同线同标同质产品、拓展贸易渠道、完善供应链网络等方面遇到的问题。对入选国家级双循环名单的企业给予一次性20万元奖励。[省商务厅、省财政厅、省市场监管局，各市（地）政府（行署）按职责分工负责]

七、增强出口信用保险作用。在依法合规、风险可控前提下，进一步优化出口信保承保和理赔条件，继续扩大对中小微外贸企业承保覆盖面和规模。对年度出口额1000万美元以下的企业投保平台类短期出口信用保险给予全额保费补贴。对企业自主缴费投保非平台类短期出口信用保险给予50%保费补贴，其中，涉及RCEP成员国等重点市场、跨境电商等新模式、省级以上贸易促进平台内企业补贴比例分别上调10%并可叠加计算，对农产品出口企业继续保持90%的定额保费补贴，单个企业年度最高补贴150万元。对上年度出口额50万美元（含）以上的企业，投保国内贸易信用保险的保费给予50%补贴，单个企业年度最高补贴50万元。[省商务厅、省财政厅、中国出口信用保险公司黑龙江分公司，各市（地）政府（行署）按职责分工负责]

八、支持开展外贸集疏运服务体系建设。鼓励企业到“一带一路”沿线国家和地区设立境外物流网点。鼓励物流企业到省外设立分支机构或经营网点，加强跨区域物流网建设。支持哈欧、哈俄、哈绥俄亚等国际班列（车）优化集疏运服务体系，积极组织货源，有效扩大运量，推动班列的健康发展。[省发改委、省交通运输厅、省商务厅、中国铁路哈尔滨局集团有限公司，各市（地）政府（行署）按职责分工负责]

九、加强外贸金融服务。在依法合规、风险可控前提下，鼓励金融机构按照市场化原则进一步加大对外贸企业特别是中小微外贸企业的信贷支持力度。充分发挥政策性出口信用保险和政府性融资担保机构作用，在“银行+信保+担保”融资模式下，加大对中小微外贸企业的信贷投放，提供多品类外贸金融产品服务，缓解融资难、融资贵问题。[省地方金融监管局、人民银行哈尔滨中心支行、黑龙江银保监局、省商务厅、中国出口信用保险公司黑龙江分公司，各市（地）政府（行署）按职责分工负责]

十、提升外贸企业汇率避险能力。加大宣传培训力度，引导外经贸企业树立汇率风险中性理念。积极探索有效途径降低外贸企业套保成本，提升外贸企业汇率风险管理能力。支持中小微企业开展远期结售汇业务。支持外贸企业开展人民币跨境结算，进一步简化跨境人民币结算流程，优化跨境人民币业务办理。（省外汇管理局、省商务厅按职责分工负责）

十一、不断提升贸易便利化水平。进一步简化通关作业流程，精简单证及证明材料。进一步完善国际贸易“单一窗口”功能，推进全流程作业无纸化。将办理正常出口退税的平均时间压缩至6个工作日以内，将自贸区内办理正常出口退税平均时间压缩至5个工作日内。（哈尔滨海关、省商务厅、省税务局按职责分工负责）

十二、加强工作协同。建立由商务、海关、税务、外汇、财政、金融等部门组成的黑龙江省贸易高质量发展联席会议机制，加大政策研究、信息共享水平，协调解决政策落实过程中的堵点、难点问题。进一步加大招商引资、平台经济等现有专项资金的统筹力度，优化支出结构，统筹推动各项措施有效实施，支持企业纾困发展。［省商务厅、省发改委、省财政厅、省交通运输厅、省市场监管局、省税务局、省地方金融监督管理局、人民银行哈尔滨中心支行、黑龙江银保监局、省外汇管理局、中国铁路哈尔滨局集团有限公司、哈尔滨海关、中国出口信用保险公司黑龙江分公司、各市（地）政府（行署）按职责分工负责］

本《措施》自发布之日起施行。

（本措施所涉及进出口额为海关纳统数据，金额“元”为人民币。企业可同时享受本措施多项补贴奖励，总额度不超过最高单项补贴上限。本措施与本省其他政策有重复的，按照“从优、就高、不重复”的原则予以支持。）

企业名录

截至2022年12月31日，在哈尔滨市跨境电商公共服务平台上注册并实际开展业务的企业名录见表2-6。

表2-6　哈尔滨市跨境电商企业名录

序号	企业名称	序号	企业名称
1	哈尔滨百正家居有限公司	7	哈尔滨俄运通科贸股份有限公司
2	哈尔滨迈远电子商务有限公司	8	黑龙江德沃科技开发有限公司
3	哈尔滨亿斯达电子商务有限公司	9	黑龙江省广元草柳工艺品有限公司
4	哈尔滨龙烨商贸有限公司	10	哈尔滨市全科医疗技术发展有限责任公司
5	黑龙江赛福尔经贸有限公司	11	黑龙江莱科达进出口有限公司
6	哈尔滨哈玻拓普复合材料有限公司		

统计数据

2022年，哈尔滨市跨境电商进出口业务情况见表2-7。

表 2-7 哈尔滨市跨境电商进出口业务明细表

序号	企业名称	是否为年度新开展跨境电商业务企业	年度开展跨境电商进出口业务规模	主营商品	运营方式	开展跨境电商业务类型	是否在境内（外）上市	是否被认定为高新技术企业	海外注册商标数量（个）	商标注册国家（地区）	使用注册商标商品年度进出口额（万元）
1	哈尔滨百正家居有限公司	否	2000 万~1 亿元	家居	自建独立站	9710	否	否	5	俄罗斯、美国、欧盟	5000
2	黑龙江省广元草柳工艺品有限公司	否	2000 万~1 亿元	工艺品	第三方平台	9710	否	是	1	德国	2300
3	哈尔滨迈远电子商务有限公司	否	2000 万~1 亿元	饰品	自建独立站	9610	否	否	10	新加坡、中国香港、中国台湾、日本、美国、马来西亚、加拿大、越南、韩国、欧盟	3200
4	哈尔滨亿斯达电子商务有限公司	否	2000 万元以下	玩具、电子产品等	自建独立站	9610	否	否	22	美国、加拿大、英国、墨西哥	700
5	黑龙江赛福尔经贸有限公司	否	2000 万~1 亿元	劳保用品	第三方平台	9710	否	否	2	美国	2200
6	黑龙江莱科达进出口有限公司	否	2000 万元以下	日化品、日用品、电子产品等	第三方平台	9710	否	否	4	美国、日本、欧盟	1000

典型案例

哈尔滨亿斯达电子商务有限责任公司

一、基本情况

哈尔滨亿斯达电子商务有限责任公司（以下简称“亿斯达”）成立于2015年，主要从事亚马逊、速卖通三方平台和阿里巴巴国际站运营。亿斯达主营户外用品、LED电子灯，蓝牙音箱、3C产品、玩具、小家电等多种品类。2021年开始独立站自建站平台销售业务，专注自有品牌网站建设，不断完善公司现有类目产品研发与销售一体化，扩充公司运营团队，打造产供销一体化跨境电商运营公司。

二、业务特点

2021年3月，亿斯达建立跨境电商独立站。该站主营儿童艺术启蒙玩具，针对0~8岁的儿童，在视觉、听觉、逻辑思维、手眼协同能力等方面提供多种多样的玩具。亿斯达严格把关玩具质量，仅和拥有国际玩具生产资质的工厂合作，从采样到进货到质检，每一环节严格把关。依托于中国强大的玩具制造能力和对美国儿童启蒙教育的深入研究，亿斯达将适合各年龄孩子的多种玩具类目整合在一起，从人文关怀角度，加入隔代间玩具的概念，倡导玩具的意义不是替代而是陪伴，使跨境电商独立站迅速获得家长们的喜爱，拥有了许多对跨境电商独立站品质和售后服务认可的忠实客户。为缩短跨境电商独立站发货时间，亿斯达提前将产品集中备货在第三方海外仓，将物流时间缩短至3~5天,在短时间内扩大销售额，获得了大量客户的好评。

三、取得成效

亿斯达从开始涉入跨境电商行业，已拥有专利品牌数十项，并先后在欧盟、美国、加拿大和墨西哥等国家（地区）注册22个海外商标。亿斯达现已建立成熟的运营模式，积累了丰富的市场资源，并不断完善产、运、储、销全业务链体系。基于现有运营经验和成熟运营团队，亿斯达在进一步扩大北美、欧洲和亚太等地区市场占有率基础上，将逐步提高品牌影响度，增加品牌受众。未来亿斯达将致力于打造出海知名品牌，创立世界电商名牌，真正实现品牌的全球化，货通全球。

衢州地区

自2020年4月衢州市获批设立国家级跨境电商综合试验区以来，按照实施方案与建设方案的任务要求，通过建立健全“3+6+9”工作体系，持续推进工作机制建设、应用主体培育、品牌渠道建设、人才队伍打造、行业交流合作、公共服务配套，不断探索创新有利于推动综合试验区建设的做法。

发展现状

一、工作机制不断优化

（一）加强工作推进力度

制定印发中国（衢州）跨境电子商务综合试验区（以下简称“衢州综试区”）相关重点工作清单及工作指标任务分解文件，明确年度工作目标，压实工作任务；印发衢州综合试区相关考核评价办法，发挥考核指挥棒作用，首次将跨境电商工作纳入市对县（市、区）的考核中，推动各区块争先进位、全市域高质量发展。丰富跨境电商专家智库，引入浙江省商务发展研究会，为衢州综试区建设提供咨询、论证等智力支持。

（二）跨境电商政策迭代升级

衢州市本级大商贸跨境电商相关政策增加到 8 条，新增海外仓、独立站等支持条款，各县（市、区）已全部配套出台跨境电商相应政策。

（三）开展全媒体宣传

挖掘跨境电商典型案例，积极上报商务部近 200 条动态信息，其中衢州综试区举办“乘风破浪　跨境腾飞”跨境电商人才双选会、衢州综试区跨境电商公共服务中心助企实现品牌出海等 8 条工作动态被商务部录用；上报浙江省商务厅专报信息 11 期，在浙江商务厅印发的工作经验与典型案例专报中，被录用 7 次。在国家级主流媒体宣传 75 次，在衢州发布、衢州市商务局、各区块和衢州市跨境电商公共服务中心微信公众号宣传近 300 次。

二、市场主体不断壮大

（一）培育本地产业集群

在柯城休闲用品、衢江特种纸、龙游五金机械跨境电商产业集群的基础上，推动江山木门产业集群列入省级试点。其中，衢州市跨境电商人才培养基地、龙游跨境电商公共服务中心项目分别获得 2022 年度省级专项激励。2021 年度省级产业集群跨境电商发展试点绩效评价中，龙游县获 A 级、衢江区获 B 级。集中力量培育提升户外用品跨境电商产业集群新品牌，现集群内企业约 70 家，含鞋、包等六大类 200 种产品，拥有牧高笛、华润旅游、远山行、噜克噜克等 100 个自主品牌，交易额约 40 亿元，打造“一中心两平台”（选品中心，营销平台、实训平台）的运营模式，组团赴厦门参加中国国际广告节等展会，推介户外用品产业集群优质产品。

（二）加强优质主体招引

与宁波、广州跨境电商协会保持常态化对接联系，借助驻外招商机构、驻外地商（协）会等平台，将跨境电商招引纳入“双百”招商干部考核，并组团赴宁波、深圳等发达地区举行招商活动，开展集中招商和有针对性地点对点招商，参加杭州全球跨境电商峰会、深圳国际跨境电商贸易博览会等。引入衢州可幸贸易有限公司等跨境电商企业 17 家、跨境电商服务机构 2 家，例如，知名独立站服务商“FunPinPin”为本地企业浙江康乐游科技有限公司开展独立站建设营销全套服务，实现精准对接。

（三）推动本地企业转型

推动本地企业“上线触网”，通过政策引导、宣传发动、示范引领等方式深化跨境电商生态服务，与 wish、eBay、速卖通、

Shopee 等知名营销平台建立合作，举办“wish 助力衢州外贸转型资源对接会”“eBay 领军计划衢州专场”“阿里巴巴速卖通 AE Mall 品牌峰会——衢州之星启动会”等活动，举办线上线下活动超 220 场，其中，线下培训超 5000 人次，线上培训近 5 万人次。全市跨境电商企业超 1000 家，新增 400 余家跨境电商企业。

三、品牌培育不断升级

（一）培育跨境电商新品牌

举办海外品牌营销等活动，开展引流、推广、运营等培训，积极开展企业跨境电商产品知识产权及出口资质认证服务，累计建立独立站 83 个，累计帮助企业获得海外商标知识产权 221 个。

（二）扩大跨境电商自主品牌影响力

引入谷歌等服务商，帮助瀚运五金等优势品牌，开展独立站推广引流，培育达人主播，拓展 TikTok 等海外直播销售市场。获批浙江省 2022 年省级跨境电商出口知名品牌 4 个。

四、人才培养不断创新

（一）多维度开展“政校企协”合作

组织跨境电商企业参加跨境电商人才双选会，提供 100 多个跨境电商相关见习岗位。组织 16 家跨境电商企业参加 7 次线上产业园招聘会。推动衢州学院、衢州职业技术学院、浙江省衢州工商学校等六所院校开设跨境电商专业或课程，当前在读人数超 1300 名，比 2021 年新增 800 余人。完善人才培养联动机制，与本地院校深化“2+1”学制、“企业培养班”等合作模式。

（二）探索海外人才队伍建设新路径

校企联手推进境外合作办学，在柬埔寨建立通天星·衢职院“丝路学院”，为境外工业园的建设和发展提供技术和语言人才支持，依托“一带一路”建设，扩大跨境电商海外品牌影响力。

五、发展项目不断推进

（一）持续构建跨境电商生态服务体系

由浙江国贸数字科技有限公司运营的衢州市跨境电商公共服务体系项目运行以来，开设跨境电商店铺 163 个，孵化期间帮助 45 家企业破零。开设跨境电商企业孵化班、进阶班 8 期，新培训企业 176 家。

（二）开展衢州综试区研究合作

与浙江省商务发展研究会合作签署衢州综试区研究项目，赴上饶、黄山等四省边际地区开展调研，围绕跨境电商赋能四省边际共同富裕示范区建设、数字化改革引领衢州跨境电商产业发展等形成课题研究报告。

（三）推进人才培养基地项目建设

联合衢州职业技术学院建立衢州市跨境电商人才培养基地，集跨境人才培训、青年大学生创业孵化等功能为一体，建筑面积达 1200 平方米。已经培育中长期学员 212 名，孵化 5 家跨境电商企业，学员参训期间产生 400 余万元营业额。

（四）推进跨境电商实训基地建设

评选认定 5 家跨境电商优质企业建立跨境电商实训基地，对接校企人才需求，以人才就业为导向，建成“企业提需求—基地做实训—人才选岗位”育才就业闭环，预计年度培训专业人才约 100 人。

（五）完善跨境电商统计体系

与城云科技（中国）有限公司开展 2022 年数据统计合作，加快完善跨境电商数据库，丰富跨境电商统计维度，为下一步开展政策研究和决策提供数据支撑。

（六）推动服务综合体项目建设

衢州市招引的顺丰丰泰产业服务综合体项目，为跨境电商提供国际物流等功能，2022 年已开工建设，建成后将进一步完善衢州市跨境物流体系。

六、公共服务不断提质

（一）持续推进平台应用升级推广

构建统计监测体系，加强与电子口岸数据的互联互通，优化线上平台数据驾驶舱中的海外市场、物流分布等数据分析功能；完善质量监管体系，联合印发关于进一步做好 B2B 跨境电商出口监管（9710、9810）试点的相关通知，制订跨境电商质量监管相关体系方案，已完成年度 60 批次跨境电商产品监测工作，形成 2022 年衢州市跨境电商质量监管报告。依托公共服务中心和服务站点、跨境电商服务小分队，在全市范围内开展平台应用推广培训。利用新媒体资源广泛宣传线上综合服务平台。2022 年以来，累计帮助 416 家企业完成线上平台注册备案，通过平台实现 9610、9710、9810 出口业务超 18 亿元。

（二）推进便利化措施迭代升级

争取衢州海关、税务部门创新政策，建立跨境电商企业白名单，在通关、退税环节实现便利化；联合衢州市中国人民银行印发关于做好疫情防控和经济社会发展金融服务的相关通知，优化跨境电商结算服务，推动金融机构凭电子单证即可为跨境电商办理收付汇业务；印发 2022 年衢州市外汇便民惠企服务深化年相关方案，持续加强跨境电商资金结算服务。“衢贸贷”采取“政+银+保+保”四方合作模式，累计为 26 家跨境电商企业提供融资金额 16195 万元，其中，2022 年为 16 家跨境电商企业提供融资金额 9315 万元。

（三）丰富公共服务资源

引进外贸综合服务企业融易通公司，为跨境电商企业提供全流程服务，为 180 余家企业开展跨境电商服务。扩大区域性跨境电商行业组织职能，衢州市网商协会、衢州市电子商务协会、衢州市大学生就业创业促进会新增跨境电商服务项目。

（四）建设新型基础设施

华东（衢州）数字经济示范区一期已竣工招商，衢江港区大路章作业区二期工程正施工建设，衢江四省边际多式联运枢纽港实施方案已上报国家发展改革委和国家交通运输部，规划建设产业园、保税仓、物流枢纽等设施，为跨境电商发展提供硬件支撑；依托中老铁路打通衢州与东盟的国际贸易物流新通道，引入易豹网络科技有限公司开展区域性国际铁路冷链业务运营，投资完成铁路货场一期项目改造，衢州市泛亚铁路冷链运营平台于首届全球数字贸易博览会上正式启动；积极申建衢州综合保税区，综合保税区落地后可探索建设跨境电商全模式海关监管。谋划支持海外仓发展的政策措施，建有（含自建、租赁）跨境电商海外仓 39 个，总面积约 19 万平方米，服务客户 400 余个。完善 24 个跨境电商实践基地和跨境电商产业园区配套服务，可为 3000 余家跨境电商企业提供人力资源、人才培训、财务规划、税务咨询、数字营销等综合服务，已入驻 400 余家跨境电商企业。

配套文件

衢州市市场监督管理局等7部门关于印发《2022年衢州市大商贸政策实施细则》的通知

（衢市监规〔2022〕2号）

各县（市、区）市场监管局、商务主管部门、发改局、贸促会、供销社、经信局、财政局，市智造新城管委会、市智慧新城管委会：

为保障政策的可操作性和可兑现性，根据《衢州市人民政府办公室印发关于推进创新驱动加快经济高质量发展若干政策意见和关于促进大商贸高质量发展若干意见的通知》（衢政办发〔2019〕35号），经市政府同意，制定了《2022年衢州市大商贸政策实施细则》，现予以印发，请认真贯彻并参照执行。

衢州市市场监督管理局　衢州市商务局
衢州市发展和改革委员会
中国国际贸易促进委员会
衢州市委员会　衢州市供销合作社联合社
衢州市经济和信息化局　衢州市财政局
2022年4月28日

2022年衢州市大商贸政策实施细则

为贯彻落实市委、市政府有关决策部署，推动我市大商贸高质量发展，对《关于印发〈2021年衢州市大商贸政策实施细则〉的通知》（衢市监规〔2021〕5号）进行修订，制定本实施细则。

一、促进消费升级

（一）促消费活动

发挥消费促增长作用。进一步加大促消费活动力度，谋划汽车促消费、三衢味农产品促消费、装饰建材促消费、家政服务促消费及“好吃衢州”特色餐饮发展等一批活动项目，推动社会零售额稳步增长，促进消费升级。

（二）鼓励支持发展夜间经济

对打造夜间餐饮、文娱、旅游、购物等多业态，经营总面积达到5000平方米以上、夜间经营商户50户以上的夜间消费商圈运营商或营销活动专业机构，年内举办经商务部门认定的以夜间（18：00~24：00）为主要消费时段的集中宣传推广活动10场以上，活动覆盖天数在30天以上的，对上述举办主体给予30万元的一次性奖励。

二、商贸业转型升级

（三）鼓励商贸企业提质增效

对统计在库企业年度主营业务收入（以报税务部门年报数据为准）比上年（需经营满12个月）增长8%以上的超额部分，批发业每超额5000万元、零售业每超额500万元、住宿餐饮业每超额200万元，给予3万元奖励，单家企业奖励30万元封顶。

（四）鼓励服务业企业提质增效

1. 对规模以上统计在库服务业企业（不含房地产、物流企业），年度主营业务收入（以报税务部门年报数据为准）首次达到10亿元、5亿元、3亿元、2亿元、1亿元、5000万元的企业，分别给予一次性奖励70万、60万元、50万元、40万元、30万元、20万元，进档的给予级差奖励。

2. 对年度主营业务收入增长20%以上且增长额排名前5位的信息传输、软件和信息技术服务业，租赁和商务服务业等2个行业企业，分别以第1名奖励50万元，其后每个名次奖励以10万元的幅度依次递减。

3. 对年度主营业务收入增长20%以上且增长额排名前10位的规上服务业企业（不含房地产、物流业，信息传输、软件和信息技术服务业，租赁和商务服务业），每家各奖励10万元。（以上3款，同一企业就高享受奖励）

4. 对列入省级以上服务业领域试点示范、服务业重点行业规上企业“亩产效益”领跑者名单等（以省发改委认定文件为准），每家企业各奖励10万元。

（五）推动服务业主体升规纳统

对年度营业收入首次达到规模以上的并被纳入统计局统计库的服务业主体（含大个体，不含房地产企业），月度新增给予16万元的奖励；年度新增给予12万元的奖励，分两次兑现：被纳入统计局统计库后，奖励50%；正常运行1年且营业收入保持平稳增长的，再奖励50%。

（六）扶持商贸综合服务主体做大做强

商业综合体（经营面积6000平方米以上）、专业市场、园区等运营管理主体，积极协助推动所服务管理的商贸企业统计入库的，每实现统计入库一家，给予该运营管理主体奖励3万元。

（七）支持县域商业体系建设

对首次被认定为国家、省级现代商贸特色镇（街道）和智慧商圈的，给予管理主体50万元、30万元的一次性奖励。被新认定为国家、省级公益性农产品市场（批发、零售）和商贸发展示范村的，给予管理主体或投资主体30万元、15万元的一次性奖励。进档的给予级差奖励。

（八）推动市场数字化转型

被省级部门新认定为五星级、四星级、三星级文明规范市场的，分别奖励100万元、50万元、30万元；新认定为省放心农贸市场的奖励30万元；对通过省“五化”市场验收的，给予市场“五化”提升投资额30%的财政奖补；验收得分超过95分的，额外给予15%的补助，总补助金额最高不超过100万元。对首次被认定为国家、省级食品安全规范化农产品批发市场的，分别给予管理主体或投资主体30万元、10万元的一次性奖励，进档的给予级差奖励。大型农批市场完成数字化改革，实现线上交易和移动支付等新零售模式提升改造任务的，给予实际投入30%补助，总补助金额最高不超过300万元。

（九）数字化平台建设

1. 支持食品生产企业集成“浙食链”赋码上链、ccp智控应用，建设“阳光工厂2.0”。已建成“阳光工厂”经集成改造升级成“阳光工厂2.0”并通过验收合格，每家奖励3万元；新建成“阳光工厂2.0”并通过验收合格的，每家奖励4万元。

2. 推进物联智控保安全：支持商贸流通企业、住宅小区电梯和纳入目录管理的叉车等在用特种设备加装物联感知设备，接入物联智控系统。

三、物流产业提升发展

（十）鼓励物流企业提质增效

1. 首次被评定为国家5A、4A、3A级物流企业，分别给予一次性奖励50万元、30万元、15万元。进档的给予级差奖励。

2. 对年度主营业务收入（以报税务部门年报数据为准）首次达到5亿元、3亿元、2亿元、1亿元、5000万元的物流企业，分别给予一次性奖励60万元、50万元、40万元、30万元、20万元。进档的给予级差奖励。

3. 对年度主营业务收入增长20%以上且增长额排名前5位的物流企业，第1名奖励50万元，其后每个名次奖励以10万元的幅度依次递减。（以上2款，同一企业就高享受奖励）

（十一）集装箱多式联运业务

对实际组织货物并开展铁路集装箱海铁水铁联运业务或水运集装箱海河联运业务的物流企业，按照实际发送重箱数量，在上年度重箱数量基数内给予每标箱200元补助，超过基数部分给予每标箱400元补助；对实际组织货物并开展公铁联运集装箱业务的物流企业，按照实际发送重箱数量，在上年度重箱数量基数内部分给予每标箱100元补助，超过基数部分给予每标箱200元补助。该政策条款年度补助资金不超过500万元，若超过则同比例降低补助标准，单个企业年度累计补助最高不超过400万元。

（十二）健全快递业末端网络建设和智能化改造

对政策施行后开始新建并投入运营具有收寄业务的快递末端网点，经邮政管理局备案且供5个以上快递品牌企业使用的快递末端网点，每个一次性给予建设主体4000元的补贴。对推广应用自动分拣、智能搬运和装卸、智能投递等智能自动化机器装备的快递企业，按照兑现年度内实际完成设备投资额的20%，给予一次性补助，单个建设主体最高不超过200万。

（十三）支持仓储配送和冷链服务体系建设

鼓励企业整合资源共建公共仓储配送体系，对建成启用具备冷库的并为商贸企业提供仓储配送公共服务的，经市商务部门认定、项目实际投资额达到200万元（不含土地款）以上的，给予投资建设主体投资额20%的一次性奖励，每个项目最高不超过200万元。

四、推动高质量发展

（十四）争创省政府质量奖补助

建立争创省政府质量奖种子企业、潜力企业、优势企业的梯度培育库，鼓励企业提升质量管理水平，培养设立“首席质量官”，“首席质量官”通过省级部门培训认定合格的，给予个人1万元一次性奖励。对提出申报并通过省政府质量奖资料评审的，给予10万元一次性补助；通过省政府质量奖现场评审进入候选授奖名单的，给予20万元一次性补助；对最终获得省政府质量管理创新奖的在省奖补的基础上另行给予80万元的一次性补助；对最终获得省政府质量奖的在省奖补的基础上另行给予100万元一次性补助。以上所有奖励在该届省政府质量奖评审结束后按就高原则一次性兑现。

（十五）企业创牌奖励

首次获得国家、省级重点商贸流通企业、老字号、绿色商场等称号的，分别给予国家50万元、省级30万元的一次性奖励，进档的给予级差奖励。

（十六）打造“三衢味”品牌

1. 支持开展“三衢味”品牌宣传（广告）推广、展示展销、标准制定、产品开发、质量品控、知识产权保护、审计与绩效评价等工作。

2. 支持开展“三衢味”展示展销活动。“三衢味”授权企业（衢州市范围内）参加主管部门组织或举办的线上线下展示展销活动，其展位费给予全额补助；对参展人员的交通费、生活费等，免费提供住宿的，按省内市外展会每个参展主体300元/天，最高不超过1500元，省外展会每个参展主体700元/天，最高不超过3500元的标准予以补助；住宿费自理的，按省内市外展会每个参展主体600元/天，最高不超过3000元，省外展会每个参展主体1000元/天，最高不超过5000元的标准予以补助。

3. 支持在省及省以上政府部门主办、承办的活动中以“三衢味”名义参加评比，对获得国家级最高奖项的，给予获奖主体（衢州市范围内）10万元一次性奖励，获得省级最高奖项的，给予5万元一次性奖励。

4. 支持“三衢味”授权企业（衢州市范围内）开设“三衢味”营销网点，市内网点每个给予2万元、市外网点每个给予5万元一次性奖励。年度累计奖励最高不超过50万元。对在衢州城区设立“三衢味”农产品生鲜柜或配送点的，给予每个2万元一次性奖励。全年不超过50万元。

5. 支持“三衢味”品牌实体化运营，对经主管部门认定的“三衢味”品牌经营主体予以专项支持。

年度新增“三衢味”授权产品达到70个的，给予20万元奖励，每增加40个授权产品，再增加20万元奖励，年度奖励最高不超过60万元。授权产品未实现100%可追溯的，不予奖励。

公司成立当年年度自营销售“三衢味”品牌农产品（产品覆盖30家及以上授权企业）达到400万元的，给予10万元一次性奖励。

年度自营销售“三衢味”品牌农产品（产品覆盖30家及以上授权企业）达到3000万元的（今后每年递增1000万元），给予30万元奖励，年度销售额每增加500万元，再增加25万元奖励，年度奖励最高不超过300万元。

对事前报经主管部门认可开展的“三衢味”品牌培训活动，经核实的相关费用给予全额补助，年度累计补助最高不超过10万元。

对事前报经主管部门认可开展的“三衢味”品牌线上线下促销、展示展销、网店开设、产品开发（伴手礼等）、宣传推广（含直播、广告、包装、评比等）及“三衢味”相关项目建设等活动，经核实的相关费用给予全额补助。开设“三衢味”品牌形象宣传展示中心（展厅），经核实的相关费用给予不超过50万元的补助。

在衢州市区和长三角、珠三角、京津冀等主要城市群开设经营面积100平方米（衢州市区200平方米）以上，且产品覆盖“三衢味”主要类别的“三衢味”产品体验中心（旗舰店），经核实的，开业装修费用给予80%补助，开设之日起3年内，年场租费的60%给予补助。年度累计补助最高不超过250万元。

（十七）促进企业规范化提升

对首次获得浙江省信用管理示范企业的给予10万元一次性奖励。对首次公示为浙江省AAA级守合同重信用企业的单位，给予10万元一次性奖励。对首次获得浙江省商业秘密保护基地（示范点、示范指导站）的单位，给予10万元一次性奖励。对首次通过中国绿色产品认证的企业，给予10万元一次性奖励。

（十八）打造“联盟好品”品牌

支持开展“联盟好品”品牌商标注册、账号矩阵建设，召开互联网新业态新发展暨四省边际城市“联盟好品”成立大会。

（十九）检测费用减免

为全市空压机及钻凿机械生产企业的产品提供免费检测服务；餐饮住宿业检验检测经营服务项目实行减半收费。以非营利方式向企业开放实验室。

五、鼓励外贸提档升级

（二十）培育市场主体

1. 培育引进外资项目。外商设立（含增资、并购）符合我市产业导向的项目，自领取营业执照之日起，第一年实到外资500万~1000万（不含）美元、1000万美元以上的，分别按人民币50万元、实到外资额的8‰折合人民币给予奖励；第二年实到外资达到上述标准的，分别按人民币25万元、实到外资额的6‰折合人民币给予奖励；第三年实到外资达到上述标准的，分别按人民币15万元、实到外资额的4‰折合人民币给予奖励，每个项目三年奖励累计不超过300万元。

2. 新引进世界500强企业外商投资项目或总投资超过1亿美元的外商投资大项目，当年实到外资达到1000万美元的，在享受第一条基础上，再给予一次性奖励100万元人民币（房地产项目除外）。

（二十一）开拓国际市场

1. 支持企业拓展国际市场。支持组织、参加境内外经贸合作活动，支持国际联络机构、线上贸易综合展示服务平台、对外开放平台建设。支持开展线上、线下产业对接、招商推介、贸易投资洽谈、高端论坛、展博览会等“一带一路”重大国际经贸合作活动。聚焦RCEP落地生效，组织推动面向RCEP各成员国的经贸对接活动，深入开展外资引进工作。企业或商协会参加商务、贸促主管部门组织或推荐的线上、线下产业对接、招商推介、贸易投资洽谈、高端论坛等境内外国际经贸合作活动的，按照组织方或主办方统一核定的收费标准，给予80%的经费补助；每家企业每次不超过2人，每家企业每年最多不超过10万元。

2. 公共布展和企业参展奖补。公共布展按照相关合同或协议执行。企业参展奖补采用“见票即兑”方式，对参加工信部及经信系统举办的各类境内（外）展会的企业（主要包括上海宝马展、上海工博会、义乌装博会等展会）予以支持。标准展位，按5000元/标摊的标准给予补助（未到5000元/标摊按实际费用补），单个企业每次展会最高补助5万元；特装展位，除给予标准展位费补助外，按300元/平方米的标准另给予特装费补助（未到300元/平方米按实际费用补），单个企业每次展会特装费最高补助5万元。单个企业一年境内展补贴不超过30万元，其中，对企业参加境内展会的补助金额，上年度销售额在1000万元以下的企业，每年补助金额不超过5万元；上年度销售额在1000万元至2000万元的，每年补助金额不超过10万元；上年度销售额在2000万元以上的，每年补助金额不超过30万元。

3. 支持人才体系建设。对经主管部门批准新设置跨境电子商务专业且每年招生人数不低于30人的在衢中职院校，给予50万元的一次性资金扶持。在衢高校、中职学校招收不同专业的学生组成跨境电商微专业进行一学期以上（含一学期）的培养且招生人数不低于30人，给予20万元的一次性资金扶持。经相关部门认定，对在衢高校、中职学校在相关专业基础上设置跨境电子商务方向招生人数不低于30人，给予学校30万元的一次性资金扶持；对在衢高校、中职学校新开设跨境电子商务（方向）企业定制班招生人数不低于10人，给予学校10万元的一次性资金扶持。经商务主管部门认定的市级外贸（跨境电商）实训基地，且当年度有实训业务的，给予基地运营单位30万元资金扶持。

（二十二）支持跨境电商发展

1. 首次通过阿里巴巴国际站、亚马逊、wish、Shopee、ebay、lazada、中国制造网等第三方跨境电商平台开展出口贸易业务的企业，按当年实际支付项目服务费50%给予补助；非首次的，年度海关监管方式跨境电商出口达50万美元以上且同比正增长的，给予当年实际支付项目服务费50%的补助，单个企业年度补助最高不超过10万元。

2. 支持园区发展。对使用面积达5000平方米以上、园区年跨境电商交易总额达到2亿元且同比增长不低于全市跨境电商当年平均增速的电商园区，给予园区运营主体每年30万元资金奖励。

3. 支持跨境电商生态服务体系建设

4. 支持跨境电商飞地建设

5. 支持发展跨境电商海外仓业务。企业利用海外仓开展跨境电商9810出口业务达10万美元以上的，按产生的海外仓服务费用（仓储费、物流费、订单处理费等）30%予以补助，单家企业不超过20万元。

6. 鼓励企业自建平台。通过自建独立站实现年度海关监管方式跨境电商出口首次达30万美元的企业，给予10万元一次性奖励。

六、扶优扶强“小微企业”

（二十三）鼓励小微企业做大做强

首次被认定省级小微企业成长之星的，给予10万元的一次性奖励。对首次被认定为全省服务小微企业优秀机构、小微企业集聚发展优秀平台的，给予20万元的一次性奖励。对正常经营满1年以上的个体工商户通过“个转企”升级为小微企业，免费提供1年财务基本维护服务，当年年度营业收入在200万以上的，每家给予1万元一次性奖励；当年年度营业收入在300万元以上的，每家给予2万元一次性奖励。

（二十四）小微食品生产经营主体提档升级

1. 通过省级验收的农村家宴放心厨房每家奖励5万元，通过省级验收的农村家宴阳光厨房每家奖励7万元，进档的给予级差奖励。被认定为食品安全监督量化等级为A级的单位，每家奖励3万元。

2. 被认定为省“5S”管理达标的食品小作坊和小微食品生产企业，分别给予3万元、5万元奖励。对通过省级具有区域特色、文化底蕴、工艺传承和独特魅力的精品小作坊验收的，给予3万元奖励。

七、数字贸易推动“双循环”

（二十五）鼓励数字生活新服务特色镇、电商专业村镇建设

对首次获评数字生活新服务特色镇、省级电商镇的，给予20万元的一次性奖励；对首次获评省级电商专业村的，给予10万元的一次性奖励，同时获评上述称号的不重复奖励。

（二十六）鼓励电商企业提质增效

1. 对当年度网络零售额达1亿元、2亿元、5亿元以上的电子商务园区，且保持正增长的，分别给予园区运营主体20万元、30万元、50万元奖励。

2. 对纳入统计、当年度网络零售额达5000万元、1亿元、2亿元以上的电子商务企业，且保持正增长的，分别给予10万元、20万元、30万元奖励。

（二十七）支持商务领域数字化改革

推动国内国际双循环，迭代升级“享家政”平台，谋划建设一批新应用场景。

（二十八）推进新零售业态发展

1. 支持开展“数字生活新服务”“首届全球数字贸易博览会”宣传、推介等主题活动，大力发展直播电商、新零售等新兴业态。

2. 经市级商务主管部门认定的数字贸易商业街、区，给予投资主体实际投资额（基建和土地款除外）30%、不超过100万元的一次性补助。

3. 对首次列入省级新零售示范企业名单、省级重点培育电商平台的，分别给予20万元的一次性奖励。鼓励发展直播电商。获评国家级、省级电商直播基地的，分别给予运营主体20万元、10万元奖励；获评国家级、省级公共直播间的，分别给予运营主体10万元、5万元奖励。

4. 大中型超市、农产品市场设立农产品销售专柜、专区，列入市“十城百店”名单的门店，销售对口地区农产品年批发额达到100万元或零售额达到40万元以上的，分别按批发额1%和零售额3%给予补助，最高不超过20万元。

八、附则

本细则中除另有规定外，均作如下统一：

（一）本细则受理范围内的项目奖补资金，均在市大商贸专项中列支；支出承担按市与两区、两城财政体制办理。被列入严重失信名单的企业（组织、个人），不得作为政策兑现类项目资金支持对象；亩均效益综合评价D类企业原则上不予奖补（指市级专项资金。上级专项资金按上级规定执行），亩均效益综合评价以上年度发布结果为准。

（二）大商贸奖补资金兑现按《关于推进加快惠企政策兑现工作的通知》（衢营商发〔2022〕14号）执行。

（三）需进行审计（评审/估）的项目，由业务主管部门委托第三方的，发生费用在市大商贸专项资金中列支。发生费用仅限于因兑现大商贸专项政策而产生。

（四）同一项目奖补。上级有资金下达并有相关要求的，从其规定；评定类项目享受本细则不同层次奖补的按进档补差原则执行；同一项目符合本细则多项条款的，按就高、不重复原则享受。

（五）本细则涉及的首次是指企业等主体成立以来或项目建设实施以来的首次，进档是指企业等主体在享受本细则奖补后发生的进档。

（六）本细则自公布之日起实施，2022年度的奖补项目按本细则执行，现行其他相关政策与本细则不一致的，按本细则执行。

（七）2021年度的奖补项目按《关于印发〈2021年衢州市大商贸政策实施细则〉的通知》（衢市监规〔2021〕5号）执行，执行完毕后该文件自行废止。

衢州市人民政府关于印发衢州市贯彻落实国务院、浙江省扎实稳住经济一揽子政策措施实施方案的通知

（衢政发〔2022〕12号）

各县（市、区）人民政府，市政府各部门、直属各单位：

现将《衢州市贯彻落实国务院、浙江省扎实稳住经济一揽子政策措施实施方案》印发给你们，请结合实际认真组织实施。

衢州市人民政府

2022年6月6日

（本文有删减）

衢州市贯彻落实国务院、浙江省扎实稳住经济一揽子政策措施实施方案

（共八个方面40项政策举措）

为认真贯彻党中央“疫情要防住、经济要稳住、发展要安全”的要求和国务院、浙江省扎实稳住经济一揽子政策措施，在落实好我省“5+4”稳进提质政策体系和我市助力复工复产复市政策的基础上，按照全面顶格、能出尽出、精准高效的原则，结合我市实际，制定本实施方案。

一、财政支持措施（8项）

1. 进一步加大增值税留抵退税政策力度。坚决贯彻落实国务院和省政府部署，按照现有可退增量及存量留抵税额退税2022年6月底前基本完成的要求，落实新扩围的批发和零售业，农林牧渔业，住宿和餐饮业，居民服务、修理和其他服务业，教育，卫生和社会工作，文化、体育和娱乐业等7个行业企业留抵退税政策，加大退税资金调度力度，实现应退尽退。

2. 加快财政支出进度。加大党政机关过“紧日子”力度，严把财政管理关口，提高财政资金统筹盘活水平，集中财力支持“三保”等重点领域。加快资金下达拨付，确保涉企资金应兑尽兑，充分减轻市场主体资金压力。

3. 加快地方政府专项债券发行使用并扩大支持范围。优化专项债券投向领域，特别是对符合条件的新型基础设施和新能源项目予以优先申报。加快专项债券资金使用进度，尽快形成实物工作量，切实发挥专项债券对拉动有效投资的重要作用。

4. 进一步扩大政府性融资担保增信。升级“保就业保市场主体”助力融资支持机制，聚焦受疫情影响重点行业，对小微企业给予担保额度、期限、费率等政策倾斜，力争全年新增“保就业保市场主体”助力贷6亿元，余额突破23亿元。完善市级政府性融资担保机构资本金补充、保费补贴、风险补偿等机制。政府性融资担保机构按照“能保则保、能延则延”的原则开展企业续保业务，做到不压降额度、不提高反担保要求，力争2022年担保贷款余额达到60亿元，新增担保户数2000家。企业贷款担保费率在现行基础上再下调不低于15%，对汇率避险产品免收担保费。简化新增担保业务流程，实行线上限时审批。深化银担“总对总”批量担保合作模式，进一步简化业务办理手

续，优化审批流程。对无力还款的小微市场主体，及时代偿并适当延长追偿期。

5. 进一步扩大外贸出口担保业务规模和覆盖面。强化出口信用保险支持作用，完成短期险专项任务。确保2022年全市短期险承保规模不低于10亿美元、费用进一步降低，力争保险费率、标准资信报告平均费用、小微企业政府统保平台费率“三下降”，短期出口信用险保费扶持比例达到70%。

6. 进一步加大政府采购支持中小企业力度。提高政府采购价格扣除评审优惠幅度，对符合规定的小微企业报价按最高优惠幅度给予扣除。鼓励采购单位根据项目特点、供应商诚信等因素免收履约保证金或降低缴纳比例。政府采购货物和服务项目收取履约保证金的，最高缴纳比例下调为不超过合同金额的1%。政府采购工程以及与工程建设有关的货物、服务，执行预留份额、价格评审优惠、优先采购等政策，根据项目特点和专业领域合理划分采购包，鼓励积极扩大联合体投标、大企业分包，降低中小企业参与政府采购门槛。进一步优化完善衢州地区政府采购融资服务平台。

7. 进一步扩大社保缴费政策支持力度。延续实施阶段性降低失业保险费率1年。扩大社保费缓缴政策范围，对受疫情影响生产经营出现暂时困难的所有中小微企业、以单位方式参保的个体工商户和餐饮、零售、旅游、民航、公路水路铁路运输等5个特困行业以及国家规定的其他特困行业，实施阶段性缓缴三项社保费，缓缴政策期限延长至2022年底，其中5个特困行业工伤、失业保险费缓缴期限不超过1年。以个人身份参加企业职工基本养老保险的个体工商户和各类灵活就业人员，2022年缴纳养老保险有困难的，可自愿暂缓缴费至2023年底。

8. 进一步加大稳岗支持力度。优化失业保险稳岗返还政策，将大型企业返还比例提高至50%，中小微企业按90%进行返还。支持以工代训，对受疫情影响、暂时无法正常生产经营的所有参保企业，按每名参保职工500元的标准发放一次性留工培训补助。

二、金融支持措施（6项）

9. 实施还本付息政策应延尽延。商业银行等金融机构要按市场化原则与中小微企业（含中小微企业主）和个体工商户、货车司机、受疫情影响困难人群等主动协商，对其贷款实施延期还本付息，做到应延尽延，本轮延期还本付息日期原则上不超过2022年底。对延期贷款坚持实质性风险判断，不单独因疫情因素下调贷款风险分类，不影响征信记录，并免收罚息。用好无还本续贷、中期流动资金贷款、随借随还等“连续贷+灵活贷”贷款模式，对符合续贷条件的企业，做到应续尽续。用好联合会商帮扶机制。

10. 加大对普惠小微贷款支持力度。落实普惠小微贷款支持工具的资金支持比例由1%提高至2%的措施，指导金融机构加大普惠小微信贷支持力度。指导金融机构、大型企业和产业链供应链核心企业支持小微企业应收账款质押等融资，按照规定推进商业汇票承兑期限由1年缩短至6个月，以供应链融资和政银企合作支持大中小微企业融通发展。

11. 继续推进降低融资成本。进一步加大金融机构让利力度，做到各类手续费应免尽免、应减尽减。对企业复工复产新发放贷款，积极争取在原定价基础上给予不少于50BP的优惠。除贷款利息外，不得违规收取与贷款相关的其他费用。支持区域性股权市场对小微可转债等产品免收备案费、托管费。积极争取科技创新再贷款，加快科技型企业奖补政策兑现进度。推动有条件的地方对支小支农担保业务保费给予阶段性补贴。

12. 加大重大项目建设金融支持。针对水利、水运、交通等基础设施项目、重大产业项目、重点民生项目建设需求，指导金融机构投放更多更长期限贷款，引导商业银行机构加大信贷投放力度、适当延长贷款期限，积极吸引保险公司更大力度投资。

13. 深化金融支持稳外贸稳外资。做实外贸企业汇率避险服务，适时将政策适用对象拓展至个体工商户和外贸综合服务企业。推进贸易外汇收支便利化试点提质增效，让更多优质中小企业享受贸易结算便利，力争试点业务较快增长。加大对外贸产业支持力度，完成外贸产业贷款额新增计划。加强对重点外资企业金融支持。

14. 完善住房领域金融服务。坚持“因城施策”原则，实施差别化住房信贷政策，指导金融机构落实市场利率定价自律机制决议，在首付比例、利率定价等方面体现对首套刚需住房消费者的支持，支持改善型住房需求和衢州新市民居住需求。加强房地产项目融资服务，保持房地产信贷平稳增长，促进房地产业良性循环和健康发展。积极对接有并购需求的房地产企业，主动提供并购金融服务，支持房地产企业兼并收购优质项目。防范化解房地产风险，不盲目抽贷、断贷、压贷。

三、扩大有效投资措施（4 项）

15. 加快推进一批水利重大项目。加快开化水库、寺桥水库等一批在建重大项目实施进度。加快“一县一库”、水库扩容提升等项目前期工作，全面启动衢州市乌溪江西干渠灌区引调水工程、西片区水系综合整治工程，全面完成市本级衢江治理二期工程百家塘南村段、压潮堤工程，开工建设百家塘堤皂角段，力争全年完成水利投资 45 亿元以上。

16. 加快推动交通基础设施投资。加强综合交通项目前期工作，推动奉化至江山公路江山上余至大桥段公路工程、320 国道龙游平山桥至衢江平塘段改建工程、205 国道开化齐溪大坝至石川段（开化水库淹没段）复建工程等项目年内开工建设，加快衢丽铁路衢州至松阳段、甬金衢上高速、杭淳开高速等重大项目前期取得实质性进展。优化完善全市交通快速畅达方案，用好山区 26 县“一县一道”政策，深化浙西大道改造建设。用足专项债券可用于铁路和城市（市域）铁路项目资本金的政策；积极推进“交通项目+资源”投融资改革。推进实施高质量建设“四好农村路”2.0 版，实施新改建农村公路 99.6 千米，养护工程 420 千米。

17. 加快推进城市公共服务基础设施投资。聚焦城市发展“十大专项”行动，以全域推进未来社区建设为牵引，统筹推进城乡风貌整治提升、城市公共服务完善、城市有机更新，高标准实施南孔古城、双西港、衢化三大片区有机更新，高质量推进老旧小区改造、城中村整治、危旧房治理、低效空间改造，配套完善公共服务设施，2022 年完成老旧小区改造不少于 30 个。加快推进供排水等管网建设改造和城镇生活垃圾治理，2022 年新建、改建城镇燃气管网 100 千米，统筹推进直饮水建设工作，全年完成建设约 75 个直饮水点位。结合城市体检工作，深入推进无障碍环境、园林绿化提升，加快推进信安湖核心圈城市道路、绿道全线贯通。加快我市与浙江中医药大学合作的市中医院

“四院一体”项目前期工作。加快推进公共卫生服务中心及防疫体系等项目建设。加大义务教育、学前教育学校项目谋划建设力度。加快推进县（市、区）“一场两馆”建设。

18. 稳定和扩大民间投资。加强全方位服务协同，加快推进一批民间投资的重大产业项目，加大力度推进在谈项目落地，促进民间投资稳定增长。有序推进“十四五”规划102项重大工程实施，充分发挥政府资金“四两拨千斤”作用，吸引和撬动更多社会资本参与重大项目建设，推广政府和社会资本合作（PPP）投资建设铁路模式，探索轨道交通项目、保障性租赁住房、新型基础设施等基础设施领域不动产投资信托基金（REITs）试点。

四、促消费措施（5项）

19. 发挥消费券杠杆撬动作用。鼓励各县（市、区）结合本地区消费特点，统筹有序发放汽车、家电、3C电子产品、“三衢味”农产品、家具家装、餐饮住宿、文旅体育等各类消费券。

20. 促进房地产业良性循环和健康发展。因城施策完善房地产市场调控政策，加快出台促进住房消费政策，加大商品房市场政策支持力度，更好满足刚性和改善型住房需求。

21. 稳定增加大宗消费政策支持。加快推动特殊车牌号段释放，落实好对一定排量以下乘用车减征车辆购置税的支持政策。完善废旧家电回收处理体系。

22. 强化新型消费政策支持。及时完成省级新能源汽车推广应用财政奖补资金的兑现拨付，持续研究优化新能源汽车奖补政策。在机动车交强险受理环节，对节能新能源车辆第一时间给予车船税减免优惠。

23. 促进平台经济规范健康发展。充分发挥平台经济的稳就业作用，稳定平台企业及其共生中小微企业的发展预期，以平台企业发展带动中小微企业纾困。引导平台企业在疫情防控中做好防疫物资和重要民生商品保供“最后一公里”的线上线下联动。支持平台企业参与数字化改革应用场景开发建设。

五、稳外贸稳外资措施（5项）

24. 多渠道支持外贸企业开拓国际市场。大力支持企业参加境外国际性展会，创新展会服务模式，鼓励企业以“代参展”模式参展，提高参展补助比例，并根据市场需要追加新一批境外重点展会项目和支持资金。鼓励企业组织境外推销小组赴境外开展经贸促进活动、建设海外营销网络。

25. 做好外贸新增长点培育。优化和完善跨境电商出口退税服务和管理举措，支持符合条件的跨境电商企业申报高新技术企业。推动海外仓等新业态规范发展。鼓励企业开展和扩大进出口业务。

26. 促进进口贸易创新发展。统筹铁矿石、纸浆、煤炭、有色金属矿等大宗商品市场需求和充实储备需要。培育新一批进口贸易促进创新示范区和重点进口平台。

27. 更好承接RCEP等自贸协定政策红利。大力推广原产地证书线上申请、智能审核、自助打印等政策，帮助企业做好最优税收筹划。

28. 加快推进重大外资项目积极吸引外商投资。新组建重大外资专班，推动重大外资项目建设，力争全年实际利用外资达到1亿美元。建立完善与在华外国商（协）会、外资企业常态化交流机制，聚焦重点产业领域，推介投资环境，拓展招引项目渠道。在严防境外疫情输入前提下，提升外资企业人员往来和营商活动便利度。

六、保粮食能源安全措施（2项）

29. 加大粮食生产政策扶持力度。全面推进耕地地力保护补贴、粮油规模种植补贴、订单粮食收购奖励、政策性保险等政策落实落地见效。提高规模种粮补贴，在落实省财政50亩以上的规模化主体每亩120元的直接补贴政策基础上，地方再配套补贴80元/亩（其中早稻规模种植配套补贴提高到150元/亩）。及时发放中央下达的种粮农民一次性补贴资金，提高稻谷最低收购价，在国家最低收购价基础上每斤提高0.04元。全面实施政策性水稻种植完全成本保险并提高保险额度，每亩最高保额从1000元提高到1400元。

30. 推动实施一批重大能源项目。抢抓国家加快能源项目审批的重要“窗口期”，围绕光伏、储能等领域，加快实施一批重大能源项目。加大整县屋顶分布式光伏开发试点工作力度，加快推进已开工地面电站，力争全年新增光伏装机400兆瓦以上。加快推进衢江抽水蓄能电站建设，推动乌溪江混合式抽水蓄能等电站项目前期工作。加快推进九华220千伏输变电及其配套送出工程、巨化和浙江时代锂电接入工程等项目建设，积极开展九华—崇文220千伏线路工程、衢州中部220千伏强电网补强工程、衢州西部220千伏强电网优化工程等电网项目前期工作，确保能完成能源投资25亿元，力争30亿元。

七、保产业链供应链稳定措施（6项）

31. 降低市场主体用水用电用网等成本。鼓励各县（市、区）对小微企业和个体工商户电价、气价、水价实行补贴政策。对受疫情影响暂时出现生产经营困难的小微企业和个体工商户，实行用电、用气、用水“欠费不停供”政策，设立6个月费用缓缴期，缓缴期间免收欠费滞纳金。积极争取减免因受疫情影响导致的企业用电偏差考核费用，助力企业纾困减负。加强用电保障，做到电力供需总体平衡、电网运行安全稳定、居民企业生产生活可靠供电，决不出现拉闸限电情况。2022年中小微企业宽带和专线平均资费再降10%。

32. 推动阶段性减免市场主体房屋租金。服务业小微企业和个体工商户承租国有房屋，减免6个月租金；疫情期间对大型商贸综合体、非国有商品交易市场、小微园减免经营户租金的，给予租金补助，每家最高不超过20万元。对入驻非国有的三级货运场站内的物流企业，给予2个月租金补助。

33. 优化企业复工达产政策。建立完善产业链供应链重点企业、重点外贸外资企业、防疫物资生产企业等重点企业白名单动态管理机制，在发生疫情时鼓励具备条件的企业进行闭环生产，力保企业正常运转和产业链供应链稳定。

34. 提高惠企政策兑现效率。按照“能快尽快、能早尽早”原则，全面推进惠企政策直达快享、应兑尽兑。申报时间上，投资等申报类项目由一年一度、次年申报兑付调整为即时申报，达到补助条件随时可以线上申报。兑现方式上，评定类100%实行免申即享或即申即享；一般申报类政策实行即申即审即享，对投资补助类政策实施预拨付机制。

35. 完善交通物流保通保畅政策。全面取消对来自低风险地区货运车辆的防疫通行限制。对来自或进出中高风险地区所在地市的货运车辆，落实“即采即走即追”制度。用好重点物资运输车辆通行证制度，省内非涉疫地区之间通行的，无须办理通行证。确保公路、航道和港口畅通，确保服务区、收费站、船闸等设施应开尽开，不得擅自阻断或关闭。不断迭代完善货车司机防疫服务站服务功能，优化服务流程。对未被列入进口国际邮件快件处理全国首站的，取消投递前静置期规定。研究出台支持末端寄递服务保障政策措施，落实“三区”范围邮政快递服务保障。客货运司机、快递员、船员到异地免费检测点进行核酸检测和抗原检测的，当地政府视同当地居民纳入检测范围，享受同等政策，所需费用由地方财政予以保障。

36. 统筹加大对物流枢纽和物流企业的支持力度。高效推进“四港”联动，加快四省边际多式联运枢纽港建设，降低社会物流成本。用足用好物流助企纾困政策，积极争取央行再贷款，支持金融机构向交通物流领域提供优惠贷款。支持家庭农场、农民专业合作社和村级集体经济组织，建设一批农产品产地冷藏保鲜设施，扩大农产品收购冷藏库容，增强生鲜农产品收储能力。积极组织我市冷链物流设施项目申报 2022 年城乡冷链中央预算内资金，推进天子股份鲜活农产品全程冷链、衢州农商城冷链物流园、常山果蔬冷链物流园等首批省级冷链骨干基地、冷链物流园区建设，组织衢州新农都冷链物流园区申报第二批省级冷链物流园区，积极推进衢州智慧冷链物流产业园等冷链物流项目前期工作，进一步补齐我市冷链物流短板。

八、保基本民生措施（4 项）

37. 实施住房公积金阶段性支持政策。受疫情影响的企业，可在 2022 年 12 月 31 日前经职工代表大会或工会讨论决定申请缓缴住房公积金，到期后办理补缴的视同连续正常缴存。在此期间，缴存职工正常提取和申请住房公积金贷款，不受缓缴影响。受疫情影响的缴存人，在 2022 年 12 月 31 日前不能正常偿还住房公积金贷款的，经申请不作逾期处理，到期后还清逾期贷款本息的不纳入征信记录。降低公积金贷款首付款比例（首套 20%，二套 30%），缴存满 6 个月即可申请公积金贷款，公积金贷款结清后次月起可再次申请公积金贷款，适当提高首套首贷自住住房的公积金贷款额度，2022 年 8 月份启动商转公业务受理。为全省开发建设阶段性支持政策的“网上办”模块，提升服务质量。

38. 完善农业转移人口市民化和农村劳动力就业创业支持政策。根据省实施方案，不断健全完善我市常住地提供基本公共服务制度，逐步完善就业、教育等方面的公共服务体系，有序推进农业转移人口市民化工作，将符合条件的新市民纳入创业担保贷款扶持范围。

39. 进一步加大应届毕业生招引力度。对企业招用毕业年度高校毕业生按每人不超过 1500 元的标准，发放一次性扩岗补助，与一次性吸纳就业补贴不重复享受，政策执行期限至 2022 年底。

40. 完善社会民生兜底保障措施。认真执行社会救助和保障标准与物价上涨挂钩的联动机制，及时足额将价格临时补贴发放到困难群众手中，确保低收入群体基本生活水平不因价格上涨而降低。进一步完善重要民生商品价格调控机制，做好米面油、蔬菜、肉蛋奶等重要民生商品的保供稳价工作。

企业名录

截至2022年12月31日，在衢州市跨境电商公共服务平台上注册并实际开展业务的企业名录见表2-8。

表2-8 衢州市跨境电商企业名录

序号	企业名称	主营业务
1	江山欧派进出口有限责任公司	建筑建材
2	浙江猎雪户外用品有限公司	户外用品
3	衢州中度机械科技有限公司	工业机械
4	衢州市东晟日用品有限公司	百货
5	浙江经纬药业有限公司	医药
6	浙江世方管业有限公司	建筑建材
7	浙江江山多娇实业有限公司	日用百货
8	贝德科技集团有限公司	工业器械
9	常山信尚服饰有限公司	服饰
10	江山市美丽家园进出口贸易有限公司	外贸
11	衢州久维贸易有限公司	外贸
12	江山市兴盛工艺品有限公司	工艺品
13	江山市三远帐篷有限公司	户外用品
14	浙江康乐游休闲用品有限公司	户外用品
15	浙江欧朋机电科技有限公司	机电
16	浙江家丽屋美门业有限公司	木门
17	浙江民盛供应链管理有限公司	机械
18	开化御华电子有限公司	电子产品
19	龙游星文电子商务有限公司	外贸
20	浙江瀚运五金有限公司	五金机械
21	浙江开化鸿宇文教用品有限公司	教育器材
22	衢州市平海供应链有限公司	机械器材
23	衢州市品鑫供应链有限公司	五金机械
24	浙江华康药业股份有限公司	医药
25	浙江众晶电子有限公司	电子器材
26	浙江开化元通硅业有限公司	化工
27	开化非上电子商务有限公司	外贸
28	浙江卓亿工贸有限公司	外贸

续表1

序号	企业名称	主营业务
29	开化春阳工艺品有限公司	工艺品
30	衢州领科电子科技有限公司	电子器械
31	浙江省衢州华安文教用品有限公司	文教用品
32	浙江岑潇进出口有限公司	外贸
33	浙江开联机械设备有限公司	机械设备
34	衢州巨工机械设备有限公司	机械设备
35	浙江迈尔工具有限公司	机械设备
36	开化海峰电子科技有限公司	机械设备
37	衢州格劳威服装有限公司	服饰
38	衢州海必森贸易有限公司	汽车配件
39	浙江新鑫户外用品有限公司	户外用品
40	开化菲力特照明有限公司	照明
41	衢州兴华活性炭有限公司	活性炭
42	衢州三成照明电器有限公司	照明电器
43	浙江凯盛压缩机有限公司	机械设备
44	浙江省开化七一电力器材有限责任公司	机械设备
45	衢州高盛医疗用品有限公司	医疗器械
46	衢州弘耀贸易有限公司	外贸
47	衢州谦聚兴供应链管理有限公司	机械设备
48	衢州高吉亚供应链管理有限公司	机械设备
49	开化海之阁贸易有限公司	外贸
50	浙江泰强建材有限公司	建筑建材
51	常山优泰机电有限公司	机电
52	仓谷医疗科技（浙江）有限公司	医疗器械
53	衢州朗姆特进出口贸易有限公司	外贸
54	浙江开拓休闲家具用品有限公司	休闲家具
55	衢州普菲克特商业设备有限公司	商业设备
56	衢州善美塑胶制品有限公司	塑胶制品
57	常山星阳进出口有限公司	外贸
58	常山星琪商贸有限公司	外贸
59	浙江傲克密管件有限公司	建筑建材
60	常山富竹商贸有限公司	外贸
61	衢州常山梦辰进出口有限公司	外贸
62	昊润医疗用品（常山）有限公司	医疗用品
63	衢州锶睿贸易有限公司	外贸

续表2

序号	企业名称	主营业务
64	浙江南洋精工酒店用品制造有限公司	酒店用品
65	浙江旗隆新材料科技有限公司	新材料
66	浙江百晔新材料科技有限公司	新材料
67	浙江玛莉莎工贸有限公司	外贸
68	衢州市申可进出口贸易有限公司	外贸
69	衢州盛凰新能源科技有限公司	新能源
70	衢州奥尼捷户外运动用品有限公司	户外用品
71	衢州富凯亚贸易有限公司	机械设备
72	浙江环宇轴承有限公司	机械设备
73	浙江正旗贸易有限责任公司	机械设备
74	浙江梦晨家纺有限公司	家居用品
75	浙江合欢鞋业有限公司	家居用品
76	衢州特美舒鞋业有限公司	家居用品
77	浙江灵腾铸造科技有限公司	机械设备
78	浙江创建厨具有限公司	家居用品
79	衢州龙鼎汽车零部件制造有限公司	汽配
80	浙江申瑞流体控制有限责任公司	机械设备
81	浙江安安照明有限公司	家居用品
82	江山宸星家居用品有限公司	家居用品
83	衢州满谦户外用品有限公司	户外
84	衢州市摩可贸易有限公司	户外
85	浙江龙游公任电子有限公司	机械设备
86	衢州市文达进出口有限公司	外贸
87	衢州市吾悦进出口有限公司	外贸
88	衢州市发现户外用品有限公司	户外
89	浙江米悦家纺有限公司	家居用品
90	浙江尤尼威机械有限公司	机械设备
91	一道新能源科技（衢州）有限公司	新能源
92	衢州市华傲户外用品有限公司	户外
93	衢州红磡科技有限责任公司	机械设备
94	衢州盛云杰贸易有限公司	外贸
95	衢州市天能贸易有限公司	外贸
96	衢州天能工具有限公司	机械设备
97	衢州实得家居用品有限公司	家居用品
98	浙江俊峰健身器材有限公司	运动器材

续表3

序号	企业名称	主营业务
99	衢州佳泉健身器材有限公司	运动器材
100	衢州三石重工机械有限公司	机械设备
101	衢州杰赫新材料有限公司	新材料
102	桃酱跨境电子商务（浙江）有限公司	外贸
103	江山枭雄工艺品有限公司	工艺品
104	浙江灵腾流体科技有限公司	工艺品
105	衢州冰瑞制冷科技有限公司	机械设备
106	浙江格冷制冷科技有限公司	机械设备
107	衢州市摩可贸易有限公司	外贸
108	浙江拓乐科技有限公司	外贸
109	浙江达一信化工有限公司	化工用品
110	浙江舒然纺织有限公司	家用百货
111	浙江开洋木业有限公司	木制品
112	浙江开洋门业有限公司	木制品
113	衢州娜特佩罗家纺有限公司	家用百货
114	江山百美德木业有限公司	木制品
115	江山怡天进出口有限公司	外贸
116	浙江天林实业有限公司	木制品
117	江山科兴消防装备有限公司	机械设备
118	衢州森凯科技有限公司	电子产品
119	衢州欧曼科技有限公司	电子产品
120	常山晶瑞金属制品有限公司	五金机械
121	江山市文景进出口有限公司	外贸
122	衢州守约贸易有限公司	外贸
123	常山县海诚化工有限责任公司	化工用品
124	浙江鑫丰特种纸业股份有限公司	造纸印刷
125	衢州希马化工科技有限公司	化工用品
126	江山市亚通塑胶有限公司	化工用品
127	江山市一杭进出口有限公司	外贸
128	衢州铭胜五金有限公司	机械设备
129	浙江美阳照明科技有限公司	照明材料
130	衢州海青互联网科技有限公司	电子产品
131	浙江牛立车业有限公司	机械设备
132	衢州朵颐进出口有限公司	外贸
133	浙江江山朗众新材料科技有限公司	五金机械

续表4

序号	企业名称	主营业务
134	江山锦熠门业有限公司	木制品
135	衢州金格贸易有限公司	外贸
136	江山市绿意竹炭有限公司	工艺品
137	浙江旺林生物科技有限公司	五金机械
138	浙江弘昌消防设备有限责任公司	机械设备
139	江山市宇昌压力容器科技有限公司	机械设备
140	浙江尤玺广告传媒有限责任公司	电子产品
141	浙江江山旭派门业有限公司	木制品
142	浙江实打实节能科技有限公司	五金机械
143	衢州凯德竹业科技有限公司	工艺品
144	浙江硕果供应链管理有限公司	外贸
145	浙江标隆新材料有限公司	五金机械
146	江山市景远母婴用品有限公司	外贸
147	浙江联和消防科技有限公司	机械设备
148	江山市旺达工贸有限公司	五金机械
149	浙江松兴食品有限公司	食品饮料
150	浙江新丰印纸业有限公司	造纸印刷
151	江山圣伟工贸有限公司	五金机械
152	江山市汇森电子商务有限公司	外贸
153	衢州正迈文体用品有限公司	户外用品
154	衢州百事通工艺品有限公司	工艺品
155	浙江越朗户外用品有限公司	户外用品
156	浙江天祥印刷科技有限公司	造纸印刷
157	浙江锦泽制冷有限公司	机械设备
158	浙江星鑫家居有限公司	家用百货
159	衢州佳品贸进出口有限公司	外贸
160	衢州深鹏贸易有限公司	外贸
161	衢州恩满供应链管理有限公司	外贸
162	浙江恩得瑞工贸有限公司	五金机械
163	江山市四季体育用品有限公司	户外用品
164	衢州市跃增电子商务有限公司	外贸
165	衢州市裕恩贸易有限公司	外贸
166	江山市格天电子有限公司	外贸
167	衢州博莱斯液压元件有限公司	机械设备
168	衢州市智达诚贸易有限公司	外贸

续表5

序号	企业名称	主营业务
169	浙江合瑞化工有限公司	化工用品
170	浙江泰诺化工有限公司	化工用品
171	衢州市协成化工有限公司	化工用品
172	衢州瑞易进出口有限公司	外贸
173	衢州迷客户外用品有限公司	户外用品
174	浙江焕发户外用品有限公司	户外用品
175	浙江援邦消防科技有限公司	机械设备
176	浙江胜盈信息科技有限公司	电子产品
177	浙江臻味食品有限公司	食品饮料
178	衢州益家竹炭制品有限公司	家用百货
179	浙江扬民家居有限公司	家用百货
180	江山市三鑫体育用品有限公司	户外用品
181	浙江星菜农业科技有限公司	食品饮料
182	浙江西臣医疗科技有限公司	机械设备
183	浙江伽奕科技有限责任公司	电子产品
184	浙江福锐特电力科技有限公司	机械设备
185	龙游世远贸易有限公司	外贸
186	龙游世远新材料有限公司	机械设备
187	申达电气集团国际工程有限公司	机械设备
188	衢州市灿力阳贸易有限公司	外贸
189	浙江江山五福门业有限公司	木制品
190	江山畅享户外用品有限公司	户外用品
191	江山市绿环木业有限公司	木制品
192	浙江巨蓉实业有限公司	木制品
193	衢州金刚机械有限公司	机械设备
194	浙江华照橡塑科技有限公司	化工用品
195	浙江龙游东方阿纳萨克作物科技有限公司	新材料
196	浙江恒川新材料有限公司	新材料
197	衢州帕特进出口有限公司	外贸
198	江山市雷润光电科技有限公司	机械设备
199	浙江超亿消防装备有限公司	机械设备
200	江山亚东进出口有限公司	外贸
201	浙江冠诚科技有限公司	五金机械
202	龙游县旭康纸业有限公司	造纸印刷
203	浙江五一机械有限公司	机械设备

续表6

序号	企业名称	主营业务
204	华邦古楼新材料有限公司	新材料
205	江山国鼎贸易有限公司	外贸
206	龙游不亦乐乎电子商务有限公司	外贸
207	江山市华彩塑胶有限公司	化工用品
208	衢州市子美贸易有限公司	外贸
209	衢州宏力电子有限公司	外贸
210	衢州立客电子商务有限公司	外贸
211	浙江科力汽车配件有限公司	机械设备
212	浙江昊阳弘光环保科技有限公司	新材料
213	江山市新丝路贸易有限公司	外贸
214	浙江竹州新材料有限公司	新材料
215	衢州益高户外用品有限公司	户外用品
216	衢州紫牧电子商务有限公司	外贸
217	浙江加君家庭用品有限公司	家用百货
218	衢州腾海日用品有限公司	家用百货
219	浙江永春科技股份有限公司	新材料
220	龙游来游去贸易有限公司	外贸
221	衢州红五环进出口有限公司	外贸
222	浙江天瑞化学有限公司	化工用品
223	浙江龙游仁华农产品开发有限公司	食品饮料
224	江山凯越家居有限公司	家用百货
225	江山拓进进出口有限公司	外贸
226	浙江新迪在龙涂料科技有限公司	化工用品
227	浙江柯玛客户外用品有限公司	户外用品
228	龙游东太家居饰品有限公司	家用百货
229	浙江菁棠门业有限公司	木制品
230	浙江广兴包装新材料有限公司	造纸印刷
231	浙江华塑亚克力科技有限公司	化工用品
232	浙江方大纺织有限公司	家用百货
233	衢州叮咚电子商务有限公司	外贸
234	浙江汉桑工贸有限公司	机械设备
235	衢州优合睿贸易有限公司	外贸
236	衢州欣茂机械设备有限公司	机械设备
237	浙江象睿机电设备有限公司	机械设备
238	浙江江山龙腾笔业有限公司	家用百货

续表7

序号	企业名称	主营业务
239	江山市亿森木材制品有限公司	木制品
240	浙江奥冠电子科技有限公司	电子产品
241	浙江逸马信息科技有限公司	电子产品
242	浙江顺帆工贸有限公司	机械设备
243	江山市双丰木业有限公司	木制品
244	衢州市澳思液压机械有限公司	机械设备
245	浙江澳宇新材料科技有限公司	新材料
246	浙江元美铝业科技有限公司	机械设备
247	龙游天时旅游用品有限公司	户外用品
248	浙江强春乳胶制造有限公司	化工用品
249	浙江中天东方氟硅材料股份有限公司	化工用品
250	浙江洁美日用品有限公司	家用百货
251	浙江博旭电子科技有限公司	电子产品
252	衢州市益峰进出口有限责任公司	外贸
253	浙江欧屹进出口有限公司	外贸
254	浙江瑞埃特环境设备科技有限公司	机械设备
255	浙江百依家纺有限公司	家用百货
256	浙江罗贝壁纸有限公司	家用百货
257	浙江海景新材料有限公司	新材料
258	江山市信达体育用品有限公司	户外用品
259	浙江科力印业新技术发展有限公司	造纸印刷
260	威仕喜（浙江）流体技术有限公司	机械设备
261	龙游县旭军电子有限公司	外贸
262	衢州鑫越机械设备有限公司	机械设备
263	龙游亿洋进出口贸易有限公司	外贸
264	浙江博特生物科技有限公司	新材料
265	浙江长隆户外用品有限公司	户外用品
266	衢州新保力工业技术有限公司	机械设备
267	浙江易盛工艺品有限公司	工艺品
268	浙江金诺工具有限公司	机械设备
269	江山申科装饰材料科技有限公司	家用百货
270	衢州市卫丰泵业有限公司	机械设备
271	浙江诺通机车部件有限公司	机械设备
272	浙江德泉五金有限公司	机械设备
273	龙游龙辉电镀有限公司	机械设备

续表8

序号	企业名称	主营业务
274	龙游外贸笋厂有限公司	食品饮料
275	江山市明燕工艺品有限公司	工艺品
276	浙江开石机械有限公司	机械设备
277	浙江友丰新材料科技有限公司	新材料
278	龙游倪拓通信科技有限公司	电子产品
279	衢州衢晟粘扣带有限公司	化工用品
280	浙江瑞涵工贸有限公司	五金机械
281	浙江省龙游汇洋对外贸易有限公司	外贸
282	浙江 001 集团有限公司	电子产品
283	浙江三童食品有限公司	食品饮料
284	衢州台威精工机械有限公司	机械设备
285	浙江东氩化工进出口有限公司	外贸
286	衢州市越洋进出口有限公司	外贸
287	衢州乡创电子商务有限公司	外贸
288	衢州明顺电子商务有限公司	外贸
289	浙江法来福无纺布有限公司	家用百货
290	衢州三源汇能远方电气有限公司	机械设备
291	浙江睿淘进出口有限公司	外贸
292	浙江弘伦纸业有限公司	造纸印刷
293	衢州针承工艺品有限公司	家用百货
294	浙江肯特汽车零部件有限公司	机械设备
295	衢州万博龙机动车配件有限公司	机械设备
296	龙游原色新材料科技有限公司	新材料
297	江山市思科特电气有限公司	机械设备
298	浙江睿泰汽车零部件有限公司	机械设备
299	浙江正润窗饰有限公司	家用百货
300	制吉（衢州）户外用品有限公司	户外用品
301	浙江启客进出口有限公司	外贸
302	浙江一与一面卫浴科技有限公司	家用百货
303	浙江驰怀烫印科技股份有限公司	造纸印刷
304	衢州安本消防设备有限公司	机械设备
305	浙江亿沨照明有限公司	照明材料
306	衢州市德锋体育用品有限公司	户外用品
307	衢州米莱狄进出口有限公司	外贸
308	衢州市芝康家居用品有限公司	家用百货

续表9

序号	企业名称	主营业务
309	衢州鑫宏工艺品有限公司	工艺品
310	衢州市卓诚电子有限公司	电子产品
311	浙江一树纸业集团有限公司	造纸印刷
312	衢州盈佳工艺品有限公司	造纸印刷
313	浙江旭日纤维有限公司	造纸印刷
314	衢州得通贸易有限公司	外贸
315	浙江道合科技有限公司	五金机械
316	浙江托泰电器有限公司	电子产品
317	浙江钧晟新材料科技有限公司	新材料
318	浙江新屹服装有限公司	家用百货
319	衢州三禾户外装备科技有限公司	户外用品
320	浙江菲尔马滤清器有限公司	机械设备
321	浙江卡恩电子有限公司	电子产品
322	浙江汇金机械制造有限公司	机械设备
323	龙游星丰贸易有限公司	外贸
324	浙江亿凡新材料科技有限公司	新材料
325	浙江凯美特电器科技有限公司	电子产品
326	衢州北丰旅游用品有限公司	户外用品
327	浙江人行道化工有限公司	化工用品
328	龙游璟色贸易有限公司	外贸
329	浙江千彩新材料科技有限公司	新材料
330	衢州科耐施进出口有限公司	外贸
331	江山市和天安防科技有限公司	机械设备
332	浙江九隆科技有限公司	机械设备
333	衢州市妙铅文具有限公司	家用百货
334	衢州迅洁环保科技有限公司	新材料
335	衢州智宇贸易有限公司	外贸
336	衢州科罗斯科技有限公司	机械设备
337	浙江可好卫生用品有限公司	家用百货
338	衢州鹿动贸易有限公司	外贸
339	衢州市东欣休闲用品有限公司	户外用品
340	衢州囡囡进出口有限公司	外贸
341	衢州殊格电子有限公司	电子产品
342	浙江安晟科技有限公司	五金机械
343	衢州友合车业有限公司	机械设备

续表10

序号	企业名称	主营业务
344	浙江紫蓝墙纸有限公司	造纸印刷
345	衢州静易贸易有限公司	外贸
346	浙江奥隆新材料有限公司	新材料
347	龙游新丝带商贸有限公司	外贸
348	浙江能河电子科技有限公司	电子产品
349	衢州市恒星照明有限公司	照明材料
350	浙江竹逸科技有限公司	工艺品
351	衢州景星文具用品有限公司	家用百货
352	浙江柯泰新材料有限公司	新材料
353	江山市赐福门业有限公司	木制品
354	衢州奔能车业有限公司	机械设备
355	浙江玮一工艺品有限公司	家用百货
356	江山市晟帆家居有限公司	家用百货
357	衢州源畅化工贸易有限公司	外贸
358	浙江红瑞建材有限公司	建材
359	衢州港盛贸易有限公司	外贸
360	浙江金吉儿帽业有限公司	家用百货
361	开化华胜制鞋有限公司	家用百货
362	衢州杭氧特种气体有限公司	化工用品
363	浙江展宇新材料有限公司	新材料
364	龙游星优贸易有限公司	外贸
365	浙江旭荣新材料股份有限公司	新材料
366	开化瑞达塑胶科技有限公司	化工用品
367	衢州巨翔化工有限公司	化工用品
368	洛科特化学（浙江）有限公司	化工用品
369	浙江柏秀化妆品有限公司	化工用品
370	浙江天象照明有限公司	照明材料
371	浙江易乐包装有限公司	造纸印刷
372	衢州诚和贸易有限公司	外贸
373	衢州市优屹电子有限公司	外贸
374	江山瑞德善消防器材有限公司	机械设备
375	浙江格林豪斯户外用品有限公司	户外用品
376	浙江衢州格林特电线电缆有限公司	机械设备
377	衢州奥银金属材料有限公司	五金机械
378	浙江裕丰木业有限公司	木制品

续表11

序号	企业名称	主营业务
379	衢州市衢江区伟良进出口有限公司	外贸
380	衢州达圣进出口有限公司	外贸
381	浙江爱吉仁科技股份有限公司	外贸
382	衢州祺诺贸易有限公司	外贸
383	浙江中驱电气有限公司	机械设备
384	浙江诺倍丽新材料科技有限公司	新材料
385	浙江王牌家居有限公司	家用百货
386	江山尚佰诺家居有限公司	家用百货
387	江山市靖岚进出口有限公司	外贸
388	衢州本尚工艺品有限公司	家用百货
389	衢州奥维进出口有限公司	外贸
390	衢州三源汇能国际贸易有限公司	外贸
391	衢州优特电子科技有限公司	电子产品
392	衢州麦杨电子科技有限公司	电子产品
393	浙江朗腾机械有限公司	机械设备
394	衢州赛恩电子有限公司	电子产品
395	浙江法标洁具有限公司	家用百货
396	衢州优赛电子有限公司	电子产品
397	衢州星居户外用品有限公司	户外用品
398	衢州市金捷力进出口有限公司	外贸
399	开化欧力特进出口有限公司	外贸
400	浙江冠安智能消防科技有限公司	机械设备
401	衢州开普机械设备有限公司	机械设备
402	浙江江山嘉洋进出口有限公司	外贸
403	浙江三虎机电科技有限公司	机械设备
404	江山茂翔物资有限公司	五金机械
405	浙江一定网络科技有限公司	外贸
406	浙江东安消防装备技术有限公司	机械设备
407	浙江森拉特暖通设备有限公司	机械设备
408	衢州市科罗斯户外用品有限公司	户外用品
409	江山市王牌链业有限公司	五金机械
410	浙江米尔智能科技有限公司	家用百货
411	江山市消防设备有限公司	机械设备
412	衢州市融易通外贸服务有限公司	外贸
413	衢州市捷好贸易有限公司	外贸

续表12

序号	企业名称	主营业务
414	浙江法曼工业皮带有限公司	化工用品
415	衢州市晨龙五金有限责任公司	五金机械
416	衢州市捷好贸易有限公司	外贸
417	浙江欧诺斯工贸有限公司	五金机械
418	衢州市冷锋矿山机械有限公司	机械设备

统计数据

2022年，衢州市通过跨境电商管理平台实现出口额18.1亿元，同比增长220.2%。

典型案例

案例一：从“产品出海”到“品牌出海”
——华润旅游的品牌化转型之路

龙游华润旅游用品有限公司（以下简称“华润旅游”）坐落于龙游城南工业园区，占地面积10000多平方米，是一家专注于吊床、吊椅等户外用品研发、生产及销售的企业。华润旅游创办初期以传统外贸为主，利润非常微薄。随着国内传统外贸的发展，华润旅游开始把目光聚焦到跨境电商这条新赛道上。通过外引内培，华润旅游迅速组建起一支电商运营团队，先后开通阿里巴巴国际站、独立站等跨境电商B2B渠道，同步进军亚马逊等B2C跨境电商平台。经过多年深耕，华润旅游员工队伍不断壮大，现有员工200余人，其中跨境电商运营团队达到16人。

随着华润旅游产品在海外市场的畅销，模仿者也越来越多，对存量市场冲击很大。华润旅游负责人意识到创建自有海外品牌的重要性，“ELC”品牌于2018年诞生。对于这支年轻的海外品牌，华润旅游有着很高的期望和憧憬。打造“休闲类目第一品牌”成为企业未来奋斗目标。坚守“休闲健康，华润相伴”成为企业众志成城的使命。为加快树立品牌海外影响力，华润旅游申请了16项海外专利，例如，BSCI证书、FCS证书、FCCA证书等。

品牌出海不但提升了产品竞争力，也树立了华润旅游良好的企业形象，通过品牌附加值为企业获得更高的利润，让整个产业业态环境得到更加健康良性的发展。海外品牌立竿见影的给企业带来有效利润空间，华润旅游在销售额上有了质的飞跃，2019年华润旅游跨境电商出口额达到3800万元，2020年达到5000万元，2022年突破1亿元，销售额逐年稳步递增。2021年，华润旅游“ELC”品牌荣获浙江跨境电商出口知名品牌。

案例二：传统外贸摆上“跨境橱窗”品牌化运营助力瀚运五金“出海扬帆”

坐落于衢州龙游的浙江瀚运五金有限公司（以下简称“瀚运五金”），是国内主要的家居五金生产商和出口商之一，专注家居五金行业近20年，旗下工厂数量众多。

在生产与制造上，瀚运五金一站式生产全品类的家居五金产品，种类齐全，生产环节高度自动化，产品优势显著。同时，工厂通过了ITS、BV、BSCI、SGS、UL、ISO 9001、AMAZON、IWAY等国际机构和客户的认证与验厂，拥有ERP及精益生产管理系统等完善的质量和管理体系。

在设计与研发上，瀚运五金不仅拥有自己的精英设计团队，还与欧洲顶尖的设计团队合作，坚持每年研究开发推出600~800款新产品，包括200余款自有新设计，建立了完善的研发体系。

在市场与销售上，瀚运五金深耕外贸行业多年，在美国、俄罗斯、巴西等多个国家设有办事处，以及时、精准了解行业生态、捕捉行业动向，掌握最新行业信息。

集生产与制造，设计与研发，市场与销售三大核心优势为一体的瀚运五金，牢牢抓住时代的风口，主动出击，布局跨境电商。同时，以企业创富路上不变的初心为导向，瀚运五金打造了“Voraus”品牌，积极塑造品牌影响力。

作为龙游县连续多年外贸出口的龙头企业，瀚运五金利用阿里巴巴国际站、独立站等B2B渠道，以及亚马逊等跨境电商B2C平台布局跨境电商这一新赛道，“Voraus”也在“品牌出海”的道路上踏出坚实步伐。2021年，瀚运五金通过9710海关监管模式出口额达5000万元；2022年，瀚运五金通过9710海关监管模式出口额达2.4亿元。同时，在2022年，“Voraus”品牌荣获浙江跨境电商出口知名品牌。

案例三：依托绿色能源，坚持走数字化转型道路

——浙江福锐特电力科技有限公司

浙江福锐特电力科技有限公司（以下简称“福锐特”）成立于2010年，主营太阳能拖车、太阳能灯塔、太阳能监控拖车，以及柴油机灯塔等光伏设备。工厂占地面积达16000平方米，核心区域分为办公区、研发中心、组装区、成品区等功能区。福锐特的产品95%用于出口外销，累计与全球105个国家和地区的1200多位客户达成合作。主要市场在北美、欧洲及澳大利亚和南非，产品广泛应用于矿山、建筑工地及其他公共场所，与著名矿业公司BHP和Saudi Aramco建立了长期的合作关系。福锐特拥有实用新型专利16个，外观设计专利1个，2021年被评为国家高新技术企业。2022年福锐特跨境电商销售额达1.3亿元，报关出口额达9400万元，出口额的增长率达38%，并荣获了2022年省级跨境电商知名品牌。

本着诚信务实的经营理念，福锐特倾听客户的细微要求，勇于挑战技术难题，不断创新技术，以出色的产品、切实的解决方案和优质的服务，确保客户业务稳定运营。在绿色节能方面，福锐特帮助客户每年减少碳排放量280万千克，为企业提高生产力、降低成本及降低二氧化碳排放提供技术支持。

作为一家工贸一体企业，如何通过数字化转型一直是企业思考的问题。在经历了新冠疫情和外贸的严冬后，福锐特毅然走上了数字化转型道路。福锐特依托阿里巴巴国际站、独立站等平台，组建运营团队实时跟踪监测平台数据流量及询盘转化率。同时大力开展领英、Facebook 以及 Tik Tok 等海外社媒平台运营，将站外流量引入独立站从而转化为私域流量，帮助企业抓住精准客户。福锐特通过注册自主海外商标，积极打造自主品牌建设，将企业及产品品牌化，大幅提升了海外客户对企业的忠诚度。

数字转型道阻且长，但行则将至。在未来的发展道路上，福锐特总结过往，分析问题，做好产品定位、市场定位和品牌定位；着眼现在，学习市场上同类化产品，了解优质企业营销模式；放眼将来，以“线上+线下”的发展模式，积极走出去，深耕海外市场，加大自有品牌推广。

案例四：凭“创新” 打开格局，用“数字” 驱动向前

——浙江尤尼威机械有限公司

智能装备作为最具衢州特色的产业之一，近年来借助良好的产业配套条件和产业链生态体系，产生了一批发展潜力大、科技含量高的大项目和好项目，为工业经济步疾蹄轻、行稳致远提供了澎湃动力，注入了源源不竭的活水。浙江尤尼威机械有限公司（以下简称“尤尼威”）就是其中的一员。

尤尼威成立于 2007 年，工厂面积达 4.6 万平方米，作为一家专业生产柴油发电机组、超静音发电机组、移动照明设备、太阳能灯塔等产品的高新企业，在迪拜设有子公司，在美国、加拿大、澳大利亚、法国等国家设有代理商，向近 100 个国家和地区的客户提供电力系统的优质产品及服务。

勇于创新是尤尼威的经营方针之一。高校是创新的引擎，2018 年，尤尼威与衢州学院开展校企合作，建立博士工作站，借智借力不断完善生产过程，在产品设计、制造、调试等方面进行改进不间断创新改造，进一步保证了企业产品性能的稳定性和质量的可靠性。“UHT600L 柴蓄混合供电移动式太阳能灯塔”是双方合作成果之一，产品具有广泛的适应性和灵活性，采用柴油发电和光伏发电双系统，既满足供电可靠性的充裕度和安全性，同时构建清洁智能的储能式移动灯塔，深受客户喜爱。

自开展校企合作以来，尤尼威已完成国家专利申报 9 项，其中发明专利 5 项；获得衢州市市级工业设计中心平台 1 个；已完成浙江省新产品（新技术）1 项，新增获批 3 项；完成企业标准制定 1 项，申报浙江制造标准 1 项。2020 年，尤尼威被评为高新技术企业；2022 年，尤尼威被评为省级跨境电商知名品牌。

同时作为一家外贸型企业，尤尼威坚持“线上平台+展会销售”的模式，入驻阿里巴巴国际站、中国智造网等跨境第三方平台和自主建设独立站，积极参加国内外展会，大力发展海外客户。2021 年，尤尼威外贸出口额约 1.6 亿元，2022 年，外贸出口额近 2 亿元，出口年增长率为 25%。

案例五：数字推动产品升级

——浙江康乐游休闲用品有限公司

“近几年，国际市场也发生一些新变化，其中一个就是全球越来越多的消费者习惯在线购物。可以说，我们正是顺应了这个变

化，积极拓展了跨境电商业务，才帮助传统外贸企业渡过难关。”浙江康乐游休闲用品有限公司（以下简称“康乐游”）总经理傅志平说道。

康乐游创立于2003年，是老牌传统工贸一体企业，厂房面积达2万多平方米，目前在职员工人数160余人。康乐游以生产销售车载帐篷、烤炉罩、充气游泳池罩等家用型户外防尘保护罩为主，拥有6款专利产品和多个海外商标，产品远销海外。

2020年，衢州综试区挂牌成立。衢州综试区线上综合服务平台正式上线帮助企业打通跨境业务各链路环节。以此为契机，康乐游在与阿里巴巴及各个跨境电商平台深入对接后，开通了跨境销售店铺。2020年12月7日，康乐游完成衢州市首个以报关单申请的“浙江康乐游休闲用品有限公司跨境电商B2B（企业对企业）直接出口”（9710）货物海关通关。此次共出口8843件家用型户外防雨防尘保护罩，货值约10.82万美元，在阿里巴巴国际站平台成交，并于宁波港离岸出口。这标志着跨境电商9710出口业务在衢州正式开通运行。

“涉足跨境电商不仅让企业找到了更高端的客户和市场，也直接推动了产品的转型升级”，傅志平介绍道。在转型进入跨境市场后，康乐游直接面对客户，获得了产品与市场反馈的第一手信息，并以此作为下次产品升级改进的依据从而反哺市场。在这样的良性循环下，康乐游逐渐清晰了产品、市场和品牌定位。在之前的产品线上，企业着重研发儿童安全座椅、房车罩、车边帐篷等市场偏特产品，让企业品牌化、独特化。

康乐游的成功转型，是衢州综试区推进传统企业转型线上发展的一个缩影。2022年，康乐游被评为浙江省跨境电商知名品牌。

大事记

2022年3月，浙江瀚运五金有限公司的Voraus、浙江康乐游休闲有限公司的KLY、浙江尤尼威机械有限公司的UNIV和浙江福锐特电力科技有限公司的valiant power四个品牌入选2022年度浙江跨境电商出口知名品牌名单。

2022年4月7日，商务部对前五批105个中国跨境电商综合试验区开展了首次建设进展评估，衢州综试区获评第二档“成效较好”（共分四档）。

2022年6月，衢州综试区指导举办“聚力共进 质享未来”阿里巴巴速卖通AE Mall品牌峰会——衢州站暨衢州之星启动会，引入知名第三方跨境电商平台速卖通来衢合作，助力本地企业持续扩量提质、转型增收。

2022年9月，衢州市电子商务产业园、龙游电商城、江山市数字经济产业园三家跨境电商产业园入选2022年浙江省省级跨境电商产业园名单。

2022年9月，引入杭州知名跨境电商服务商资源达成3年合作约定，为龙游县建设跨境电商生态服务体系，实地调研制订发展计划，孵化培育跨境电商主体，开展跨境电商培训和资源对接活动。

2022 年 10 月，结合开化县域特色产业，整合国内、国外绿色产业资源，充分发挥跨境电商在开化县对外贸易中的特殊地位和作用，以“小而美、专而精”原则推进开化绿色产品跨境电商产业发展，推动绿色产业出口快速增长，率先在全国打造第一个“绿色产品跨境电商示范基地”。该基地以“政府主导、企业运营”为方针，为本地及周边企业跨境出海孵化、政策普及、人力资源培训等提供便利；建立园区协作合作，将基地打造成全国顶尖绿色产品跨境电商示范基地。

2022 年 12 月，面向衢州院校、跨境电商企业认定首批 5 家跨境电商实训基地，为跨境电商从业者提供岗前实训、上岗实习的实操训练。

漳州地区

2020年4月，漳州市获批国家第五批跨境电商综合试验区，这对漳州市补齐开放短板、培育外贸持续发展新动能具有十分重要的意义。中国（漳州）跨境电子商务综合试验区（以下简称“漳州综试区”）在省商务厅和市委、市政府的坚强领导下，主动学习、先行先试、大胆实践，试点试验工作进展顺利，并取得初步成效。2021年，漳州跨境电商公共服务平台通关总货值达7.5亿元；2022年，跨境电商通关总货值达17.38亿元（漳州市跨境电商公共服务平台通关货值全年超50亿元），同比增长131.3%。

发展现状

一、主要措施及成效

（一）强化组织保障，工作推进力度大

漳州市委、市政府高度重视漳州综试区建设工作，成立了由市政府主要领导任组长、分管领导任副组长、各相关单位主要领导为成员的工作领导小组；市领导多次带队赴深圳、郑州、厦门等地学习考察跨境电商综试区工作，指导制订相关方案和政策；多次带队赴商务部、省商务厅汇报沟通，加快推进漳州综试区相关业务。2020 年 7 月，《中国（漳州）跨境电子商务综合试验区实施方案》（以下简称《漳州综试区实施方案》）报请省政府办公厅正式印发；2020 年 10 月，市政府正式印发《推进中国（漳州）跨境电子商务综合试验区建设六条措施》，从培育跨境电商主体、加大快递物流扶持力度、培育自主跨境电商品牌、推进电商示范体系建设、推进人才体系建设、搭建公共服务体系六个方面促进跨境电商产业的发展。

（二）强化推进落实，平台建设推进快

围绕线上线下“两平台”，扎实推动漳州综试区平台载体建设。

1. 线上公共服务平台持续完善

漳州跨境电商公共服务平台于 2021 年 3 月正式投入运营，已开展了跨境电商“9710”“9810”“1210”等业务模式。漳州跨境电商公共服务平台开通以来至 2022 年 12 月 31 日，在该平台备案的企业达 112 家，基本实现全市各县（区）、开发区跨境电商备案企业全覆盖。

2. 线下产业园区建设稳步推进

重点推进漳州跨境电商孵化园、漳州跨境电商大数据中心、台商投资区跨境电商监管中心等项目建设，加快形成良好的跨境电商集聚区辐射带动效应。截至 2022 年 12 月 31 日，漳州跨境电商孵化园已吸引近百家企业入驻（含虚拟注册），漳州跨境电商大数据中心已投入使用。

（三）强化人才培训，企业参与热情高

强化“政、校、企、协”合作，推进“产、学、研、用”融合，近两年漳州市组织了 12 期的跨境电商培训，参与企业超 100 家，培训人员超 400 人次，为漳州跨境电商产业发展提供了创新动力、人才资源和项目支撑。2022 年 4 月，漳州市信息产业集团与漳州城市职业学院联合成立漳州跨境电商产业学院。从源头上打造本土人才队伍。截至 2022 年年底，全市引进跨境电商龙头企业大龙网等；青蛙王子、东方智能仪表、中港（福建）水产食品等多家企业已通过新通关模式开展出口业务，实现线上线下融合发展。

二、下一步工作措施

认真贯彻落实全省跨境电商综试区座谈会精神，对标对表《漳州综试区实施方案》的有关要求，推动漳州市跨境电商健康持续发展，为推进更高水平开放提供新动能。

（一）进一步健全服务体系

1. 强化产业配套

推进漳州跨境电商监管中心早日投入运营，聚焦区域传统外贸企业吸引更多平台入

驻跨境电商孵化园开展跨境业务，做大跨境电商总量。

2. 强化技术支撑

加快线上跨境电商公共服务平台和线下监管场所建设，推动实现四种模式全流程通关，为跨境电商企业与政府监管部门提供信息化支撑。

3. 强化政策宣讲

通过政策培训、会议宣讲、平台公众号、入企宣传等多种方式，及时将各级出台支持跨境电商发展的政策宣传到企业，鼓励企业做大做强。

（二）进一步完善产业链条

1. 持续招大引强

认真梳理漳州市跨境电商产业短板及瓶颈，通过展会平台、小分队招商等方式，着力引进平台型龙头企业和跨境电商服务企业，为漳州市跨境电商企业提供通关、物流、仓储、融资、检验检测认证等全方位服务，提升跨境电商产业综合服务水平。

2. 推动产业融合

围绕跨境电商园区建设，辐射拓展生活服务、文化旅游等相关行业融合发展，推动线上线下同频共振、境内境外联动发展。重点推动龙文区依托跨境电商孵化园，建设集跨境电商政务、商务办公、企业孵化、电商物流、培训教育等功能为一体的跨境电商综合体。充分发挥漳州开发区、漳州台商投资区保税物流中心（B 型）的政策优势，推进跨境电商监管场所建设，进一步提升通关、结汇、物流等服务水平。

（三）进一步补齐人才短板

围绕“产业链”打造“人才链”，提升人才招引、培育工作。强化校企合作，推进产教融合，依托闽南师范大学、漳州职业技术学院、漳州城市职业技术学院等在漳院校，培育一批理论知识扎实、实操能力过硬的电商实用型人才，从源头上打造本土人才队伍；引进市场化的跨境电商业务培训机构，灵活开设跨境电商相关课程，帮助企业提供创新转型的人才支持。

（四）进一步强化品牌建设

充分挖掘漳州特色、优势产品品类，特别是针对在婴童、钟表、家居等适合跨境电商发展的外向型企业，要进一步做好市场数据分析，采取有针对性的宣传办法，助推企业品牌进一步打开海外市场。持续推动“产业基础+品牌化提升”，着力提升“漳州制造”在国际市场的知名度和美誉度，带动漳州市跨境电商行业整体发展。

企业名录

截至 2022 年 12 月 31 日，在漳州市跨境电商公共服务平台上注册并实际开展业务的企业名录见表 2-9。

表 2-9　漳州市跨境电商企业名录

序号	企业名称	企业类型
1	漳州市绿榕园艺有限公司	电商企业
2	漳州市东青贸易有限公司	电商企业
3	漳州泰之顺跨境电子商务有限公司	电商企业
4	福建省平和县中永农业发展有限公司	电商平台、电商企业
5	福建省时时电子商务有限公司	电商企业
6	漳州古雷经济开发区双泉农产品贸易有限责任公司	电商企业
7	漳州市芗城兴越工艺品有限公司	电商企业
8	漳州融海医疗用品有限公司	电商企业
9	漳州临霄贸易有限公司	电商企业
10	漳州天沃贸易有限公司	电商企业
11	漳州索洛贸易有限公司	电商企业
12	漳州合廊进出口贸易有限公司	电商企业
13	漳州晶祥贝壳钮扣有限公司	电商企业
14	福建信昌卫浴有限公司	电商企业
15	漳州无界电子商务有限公司	电商企业
16	漳州市索菲跨境贸易有限公司	电商企业
17	福建奥斯福电力系统有限公司	电商企业
18	漳州巧绘贸易有限公司	电商企业
19	福建大威科技有限公司	电商企业
20	福建福贞金属包装有限公司	电商企业
21	漳州市田中贸易有限公司	电商企业
22	福建金竹竹业有限公司	电商企业
23	漳州威尔伯恩电子商务有限公司	电商企业
24	漳州市叁带贰网络科技有限公司	电商企业
25	福建欣宇卫浴科技股份有限公司	电商企业
26	漳州市富环商贸有限公司	电商企业
27	漳州优莱客网络技术有限公司	电商企业
28	漳州建晟家具有限公司	电商企业
29	漳州市新嘉华家具有限公司	电商企业
30	漳州市聚梦网络科技有限公司	电商企业
31	福建祥达进出口有限公司	电商企业
32	漳州市中南护理用品有限公司	电商企业
33	漳州沃代尔供应链有限公司	电商企业
34	福建龙溪轴承（集团）股份有限公司	电商企业

续表1

序号	企业名称	企业类型
35	漳州海达钟表有限公司	电商企业
36	漳州市芗城海辉日用品有限公司	电商企业
37	漳州汉正进出口贸易有限公司	电商企业
38	漳州景森商贸有限公司	电商企业
39	漳州市庆丰电子有限公司	电商企业
40	漳州新华南国际贸易有限公司	电商企业
41	漳州市正能机电有限公司	电商企业
42	福建安麟智能科技股份有限公司	电商企业
43	信华食品（漳州）有限公司	电商企业
44	福建漳州欧仕达国际贸易有限公司	电商企业
45	漳州鑫海工艺家具有限公司	电商企业
46	福建闽购贸易有限公司	电商企业
47	漳州市甘奎进出口贸易有限公司	电商企业
48	漳州鸾翔网络科技有限公司	电商企业
49	漳州市康潘进出口有限公司	电商企业
50	漳州台商投资区娇奇进出口贸易有限公司	电商企业
51	漳州台商投资区致远进出口贸易有限公司	电商企业
52	东方醒狮储能电池有限公司	电商企业
53	漳州优简家具有限公司	电商企业
54	漳州立兴进出口贸易有限公司	电商企业
55	漳州市沣睿商贸有限公司	电商平台、电商企业
56	漳州海阳家具有限公司	电商企业
57	漳州市超赶骄电子商务有限公司	电商企业
58	漳州市可莱电子商务有限公司	电商企业
59	漳州台商投资区迪菲进出口贸易有限公司	电商企业
60	漳州市东荣进出口有限公司	电商企业
61	漳州日盛家具有限公司	电商企业
62	漳州市钧帼进出口贸易有限公司	电商企业
63	漳州市致富电子商务有限公司	电商企业
64	漳州市乐巧电子商务有限公司	电商企业
65	漳州路腾户外用品有限公司	电商企业
66	福建东美进出口有限公司	电商企业
67	漳州市饶沣进出口贸易有限公司	电商企业
68	福建省梦娇兰日用化学品有限公司	电商企业
69	漳州市懿泷川进出口贸易有限公司	电商企业

续表2

序号	企业名称	企业类型
70	康多乐有限公司	电商企业
71	漳州宏懿电子商务有限公司	电商企业
72	长泰金诺农业科技有限公司	电商企业
73	漳州联晟进出口贸易有限公司	电商企业
74	漳州中芮贸易有限公司	电商企业
75	漳州万耀贸易有限公司	电商企业
76	漳州多乐士进出口有限责任公司	电商平台、电商企业
77	漳州万晖洁具有限公司	电商企业
78	漳州福隆凯家具有限公司	电商平台、电商企业
79	福建恒隆塑胶工业有限公司	电商企业
80	漳州市龙文区昀玖盛益进出口贸易有限公司	电商企业
81	漳州市卓越进出口贸易有限公司	电商企业
82	龙海富宏电子商务有限公司	电商企业
83	漳州海集跨境供应链管理有限公司	电商平台、电商企业
84	福建富迪塑胶有限公司	电商企业
85	漳州祥龙跨境客商贸服务有限公司	电商企业
86	福建省德元工贸有限公司	电商企业
87	福建省世同供应链管理有限公司	电商企业
88	漳州墨鸟电子商务有限公司	电商企业
89	漳州市扬晨贸易有限公司	电商企业
90	漳州佳润网络科技有限公司	电商平台
91	漳州小霞商贸有限公司	电商企业
92	漳州宇武腾电子商务有限公司	电商企业
93	漳州允实商贸有限公司	电商企业
94	漳州市冠之泽电子商务有限公司	电商企业
95	漳州荣丰悦电子商务有限公司	电商企业
96	漳州市维百佳电子商务有限公司	电商企业
97	漳州永诺胜电子商务有限公司	电商企业
98	青蛙王子（福建）婴童护理用品有限公司	电商企业
99	奥特路（漳州）光学科技有限公司	电商企业
100	漳州阿佐夫电子商务有限公司	电商平台、电商企业
101	漳州普盛嘉供应链管理有限公司	电商平台、电商企业
102	漳州千度电子商务有限公司	电商平台、电商企业
103	漳州八方电子商务有限公司	电商平台、电商企业
104	漳州橙虹网络科技有限公司	电商平台、电商企业

续表3

序号	企业名称	企业类型
105	福建东山海顺供应链有限公司	电商平台、电商企业
106	漳州视瑞特光电科技股份有限公司	电商平台、电商企业
107	漳州汇立通国际贸易有限公司	电商企业
108	漳州市超耿进出口有限公司	电商企业
109	漳州市温纶进出口有限公司	电商企业
110	中港（福建）水产食品有限公司	电商企业
111	福建跨境网电子商务有限公司	电商企业
112	漳州市东方智能仪表有限公司	电商平台、电商企业

统计数据

2022年，漳州市跨境电商进出口情况分别见表2-10、表2-11。

表2-10　漳州市跨境电商出口明细表

出口方式	金额（元）	票数（票）
9710 B2B直接出口	1727753127	3176
9810 出口海外仓	11232693	151
9610 一般出口	0	0

表2-11　漳州市跨境电商进口明细表

进口方式	金额（元）	票数（票）
B类快件个人物品	0	0
1210 保税备货进口	2491580	4345
9610 直购进口	0	0

截至2022年12月31日，漳州市跨境电商生态圈数量见表2-12。

表2-12　漳州市跨境电商生态圈数量表

跨境电商生态圈	数量（个）
电商企业	106
监管场所	1
国际快件企业	1

续表

跨境电商生态圈	数量（个）
国内物流企业	1
配套企业（电商平台、支付企业、代理报关企业）	3
合计	112

2022 年，漳州市跨境电商 B2B 出口主要国别（地区）情况见表 2-13。

表 2-13　跨境电商 B2B 出口主要国别（地区）明细表

国别（地区）	金额（元）	国别（地区）	金额（元）
美国	227296978	印度尼西亚	47874812
日本	224867184	菲律宾	45367005
荷兰	95902077	加拿大	6403437
马来西亚	193518269	法国	32162425
西班牙	61151445	越南	84048947
德国	38461545	埃及	9073015
英国	22991852	印度	16750243
俄罗斯	28012658		

2022 年，漳州市跨境电商 B2B 出口主要品类情况见表 2-14。此外，跨境 B2B2C 出口主要品类是仪器及设备，出口额共 19576182.77 元。

表 2-14　跨境电商 B2B 出口主要品类明细表

主要品类	金额（元）	主要品类	金额（元）
食品	682677682	鞋服箱包	70198733
家居	154225625	工艺品	13315777
洗护用品	129457579	仪器及设备	40522552
节日用品	179723927	灯具	13353977
塑料制品	98609287	陶瓷制品	18722742
金属制品	219332250	石制品	25020937
家具	55840535	纸制品	13623965

典型案例

融入综合试验区　打造桥头堡
——信产跨境公司助力漳州跨境电商高质量发展

一、勇担使命开新局——从 0 到 30 亿元的突破

2020 年 8 月，漳州市委、市政府下发《中国（漳州）跨境电子商务综合试验区两平台八体系建设工作方案》（以下简称《漳州综试区建设工作方案》），该方案明确指出，漳州信息产业集团承接的漳州跨境电商公服平台、跨境电商孵化园是漳州综试区两平台建设的重点项目、重要载体。同年 10 月，漳州信息产业集团与龙文区属国企合资成立漳州信产跨境电商公共服务有限公司（以下简称“信产跨境公司”），打造漳州跨境电商公共服务平台，建立漳州跨境电商大数据中心。

“平台筹建之初，整个公司只有 3 个人，对这块业务的认知几乎为零。”信产跨境公司负责人杨滨平回忆道。半年多的时间里，在相关部门的带领下，公司有关负责人先后赴深圳、上海、杭州、重庆、宁波、海口、厦门、平潭等地考察调研，学习先进经验，不断摸索破局之法，落实平台建设方案。

2021 年 4 月，漳州跨境电商公共服务平台正式上线，为跨境电商企业提供便利化一站式通关服务，为跨境电商企业与政府监管部门提供信息化支撑。截至 2023 年 4 月，该平台累计备案企业 114 家，出口总票数 6305 票，通关总货值约 30 亿元。

2021 年 6 月，信产跨境公司于漳州台商投资区的保税物流中心（B 型）建设运营“1210”跨境电商海关监管场所，进一步完善漳州市跨境电商基础建设。

从“摸着石头过河”开始，信产跨境公司始终站稳数字经济综合服务商的定位，以“打造数字经济新平台、服务企业 · 买卖全球”为使命，立足跨境电商生存之本，摸索出一条集平台运营、人才培训、电商贸易为一体的发展新路子。

二、“妈妈式”服务引“风”来——旧厂房变成“网红打卡地”

除了线上的公共服务平台，《漳州综试区建设工作方案》还明确，要围绕“漳州产 · 全球销”，建设中心城区产业集聚园区，打造线下跨境电商综合园区平台。

2021 年 9 月，在龙文区政府、市商务局的大力支持下，信产跨境公司启动漳州跨境电商孵化园的建设工作，在龙文蓝田开发区一处 8000 平方米的旧厂房，孵化园的改造与招商工作同步进行。杨滨平介绍说：“为了吸引更多跨境电商企业入驻，我们积极响应漳州市跨境电商政策，为企业提供‘妈妈式’‘一站式’服务，涵盖免费的政策咨询与兑现、通关申报、物流支持、财税合规等，降低企业成本，提高企业竞争力。”

好服务赢得好口碑。“孵化园不只是房东，更像我们的服务员，这是个‘温暖’的园区。”福建省胜宏电子商务有限公司总经

理庄志宏说道。

2022 年 1 月 11 日，漳州跨境电商孵化园火爆开园，开园当日有近 40 家跨境电商企业入驻，同日还举办了第一届漳州数字经济峰会。“经过一年多的运营，园区人气十足，除了雨果跨境、厦门汉连等跨境电商企业入驻外，还有不少直播电商企业进场，目前注册企业达 126 家，年产值超 10 亿元。”漳州信息产业集团主要负责人介绍。跨境电商孵化园俨然成为全市直播“达人”的集聚区，高峰期每天有超 40 位主播在园区内直播带货，商品交易总额超 1000 万元。从旧厂房到超高人气的“网红打卡地”，漳州信息产业集团将孵化园打造成漳州市首个要素集聚、主体多元、服务专业的高品质电商园区的目标初步实现。

三、数字技术为产业赋能——销售额有望破亿元大关

“在招商的过程中，我们发现电商人才稀缺是企业的痛点。”杨滨平说。消痛点，通堵点，信产跨境公司群策群力逐一破解。

数字经济人才培训学院、漳州跨境电商研究中心和漳州跨境电商产业学院先后落地孵化园，重点培养跨境电商和直播电商人才，为漳州市电商产业输送人才作出贡献。2022 年度，共计培训人才 6250 人次、培训企业 438 家，其中相当一部分学员学成入驻园区就业创业。

同时，为优化电商供应链条，信产跨境公司打造了漳州直播选品中台，通过大数据算法与测评，一端对接供应商，将优质商品上架到选品中台；一端对接主播、分销商，推动选品直播；中台则把握供应链中端，进行产品详情页制作、定价和营销策略制定、上下架及售后等服务。“有了中台，供应商只负责产品品质把控及‘一件代发’，主播只负责直播卖货并赚取佣金，这极大优化了直播带货的效率，缩减了各环节成本，不仅带动了传统供应商数字化转型，更推动了数字经济产业的发展。”杨滨平解释说。2022 年 7 月上线，选品中台已实现销售额超 4300 万元，销量达 118 万笔。直播选品中台的运作模式得到省里认可并获补助 100 万元，同时作为重点项目亮相第六届数字中国建设峰会漳州展区。

此外，信产跨境公司还多次承接政府的直播带货活动。2022 年 2 月，漳州市商务局与漳州信息产业集团联合举办“全民乐购·嗨翻新年”——“暖冬惠民·乐购漳州”直播促消费活动，通过“抖趣漳州味”和“漳州电商杨会长”两个抖音官方账号向消费者发放 200 万元消费券，共带动商品销售额 638.12 万元，有效助力漳州市消费市场“开门红”。

四、培育直播经济“生态圈”——“人—货—场”闭环渐成

在做好跨境电商公共服务的基础上，信产跨境公司依托丰富的客户资源和平台运营经验，躬身入局打造“人—货—场”电商生态闭环，构建了全渠道供应链服务平台，进一步提升自身的核心竞争力。

首先，依托数字经济人才培训学院品牌，从“人”入手，开展全市电商培训，以互联网营销师职业技能等级认证（一试双证）考点为突破口，培训孵化形成自有主播矩阵，深挖直播电商业务。其次，通过漳州直播选品中台，以“货”发声，建设自有供应链选品团队，做大公司营收规模。最后，打造更多直播间，借“场”聚力。其中，

“抖趣漳州味”直播间以推介本地吃喝玩乐为主，商品交易总额超600万元，吸粉超6万人；“漳州名优特产”果苗直播间带货商品交易总额超100万元。同时，为进一步推介漳州市优质农特产品、地标产品，“漳州电商杨会长”“助农领头杨”账号发布视频近300期，播放量超2000万。

改革之路道阻且长，但这是企业发展、提高市场竞争力的必由之路。经过不懈的努力与探索，信产跨境公司迈出了大步伐，业务板块更加清晰，业务能力进一步增强，业务范围不断扩大，业绩大幅度增长。下一步，信产跨境公司将继续依托数字经济人才培训学院和直播选品中台，把成熟的电商生态模式复制输出到各县（区），通过与当地国企、龙头企业、传媒公司合作，打造专业化的直播孵化基地，对当地农产品进行开发选品，打造农特产品品牌，带动农村电商发展，积极探索农村直播电商发展新路子，助力乡村振兴。

博观而约取，厚积而薄发。当前，跨境电商产业已成为全球经济的重要组成部分，直播电商产业方兴未艾，信产跨境公司将持续以稳健的运营和优质的服务为企业提供支持，为推动漳州数字经济产业发展迈上新台阶贡献自己的力量。

大事记

2022年1月11日，漳州跨境电商（数字贸易）孵化园正式开园，是漳州市首个跨境电商产业园区，占地面积约16000平方米，主体楼建筑面积8000多平方米，总投资5000万元。

2022年4月，漳州市信息产业集团与漳州城市职业学院联合成立漳州跨境电商产业学院。该学院设有电商实训中心、跨境电商实训室、电商直播中心、视频制作中心等功能区。

2022年6月，漳州市组团参加2022中国跨境电商交易会，共组织38家外贸电商企业参展，展位数量74个，涉及家具家居、3C数码电子、钟表等行业。漳州市商务局拜访了纵腾集团、京东国际物流、亚马逊全球开店、新蛋跨国开店等一批重点平台企业。

2022年12月22日至23日，漳州市跨境电商培训班（亚马逊专题）在漳州大酒店举办，邀请了8位跨境电商业内专家，近80名来自全市各县区的跨境电商从业者报名参训。

赣州地区

赣州市位于江西省南部，俗称“赣南”。辖3区2市13县及蓉江新区、3个国家级经济技术开发区、1个综合保税区、1个国家级高新技术产业开发区。面积3.94万平方千米，人口984万，国土面积、人口分别占全省的1/4和1/5，是江西区域面积最大、人口最多的设区市。赣州市不仅是省域副中心城市、“一带一路”节点城市、粤港澳大湾区联动内陆发展的直接腹地，更是国家电子商务示范城市、全国首个电子商务进农村综合示范县试点全覆盖的设区市、全国物流创新试点城市、全国供应链试点城市。

发展现状

一、发展概述

为了推动革命老区外贸优进优出，促进消费升级，赣州市一直致力于跨境电商的发展，于2015年开始申报跨境电商综合试验区，经过4年的努力，2019年12月成功获批成为中国（赣州）跨境电子商务综合试验区（以下简称“赣州综试区”）。2020年5月16日，赣州成功实现首单跨境电商业务并开通首趟跨境电商班列。

（一）体制机制不断健全

赣州市成立了跨境电商综合试验区建设工作领导小组，推动以省政府名义印发了《中国（赣州）跨境电子商务综合试验区实施方案》，建立了联席会机制，协调重大项目建设，成立了正科级的赣州综试区管理中心，成立了市跨境电商协会，出台了《中国（赣州）跨境电子商务综合试验区发展专项资金使用管理办法（试行）》，支持跨境电商产业发展。

（二）生态加快完善

推动5家跨境电商产业园的建设，3家市级跨境电商示范园区的认定，2家跨境电商产业园获评省级跨境电商示范园区；推动中国银行股份有限公司赣州市分行与中国进出口银行江西分行组成银团贷款，为赣州跨境电商产业园建设提供项目贷款。赣州五所高等职业院校设立了跨境电商相关专业；设立了全省首个RCEP创新服务中心。建成跨境电商出口商品选品中心、进口商品线下展示中心，建成江西省首个跨境电商退货中心仓、赣州第五大道跨境电商保税展示+新零售店铺。

（三）通道更加畅通

赣州已在综合保税区、龙南综合保税区（B型）开通1210进口业务，在龙南综合保税区（B型）、赣州港开通9610出口业务，在赣州港开通全省首单9710和9810出口业务，赣州成为全省首个实现1210、9610、9710、9810跨境电商全业态开通的综合保税区。综合保税区建成RCEP东盟产业园，在全省率先开通“赣州—东盟”跨境直通车。龙南综合保税区（B型）打通全省首个跨境电商9610陆路出口转关业务。赣州综试区与匈牙利中欧商贸物流合作园区“双区联动”项目开辟了“中欧班列+跨境电商”新通道，推动了跨境电商班列实现常态化开行，释放了赣州市跨境电商发展潜力。

二、创新举措

（一）打造跨境电商通关新模式

赣州市政府与深圳市政府签署《共建深赣港产城一体化合作区协议》，在全国首创“跨省、跨关区、跨陆海港”通关新模式，进一步提升进出口货物通关时效，优化港口集疏运体系，通过打通“湾区+老区”双区联动快速通道，加快融入粤港澳大湾区，推动同港、同价、同效率的陆海港一体化融合发展，提升赣州国际陆港的货物积聚功能，打造国际物流枢纽。

1. 创新陆海联运新模式

“深赣组合港”通过陆海联运的运作模式，以深圳盐田港作为主体，珠三角码头及内陆无水港作为深圳组合港的组成部分，通过信息互通推动两地码头与无水港之间的无缝衔接，实现进出口货物“一次申报、一次查验、一次放行”，进出口集装箱在珠三角码头或内陆无水港交收等同于深圳港交收，将深圳港的服务延伸至珠三角及内陆地区，从而实现赣州内陆港口的海港功能。

2. 关口前移推进“同港、同价、同效率”

“深赣组合港”出口货物运抵赣州国际陆港等同运抵盐田港，经赣州海关放行后可直接在盐田港装船出口；进口货物运抵盐田港等同运抵赣州国际陆港，经深圳海关所属大鹏海关放行后可直接在赣州国际陆港提离，真正让赣州港与沿海港口实现“同港、同价、同效率”。

3. 实行货物运输一票到底

组合港的开通可吸引航运体系各大船公司把提还箱点设在赣州国际陆港，把赣州国际陆港作为始发港和目的港。同时，国际港口代码的成功获批，让赣州国际陆港纳入了国际物流与贸易体系。赣深“组合港”自2021年4月正式启动以来，截至2022年年底，已累计出口集装箱约2万标箱。相比传统模式，组合港模式在时间上可缩短40%，运输成本减少30%。2022年6月20日，赣（州）深（圳）城际高速货运班列“融湾号”在赣州国际陆港首发，标志着“赣深组合港”在运营模式上取得了新突破，深圳盐田港的海港信息系统与赣州港的场站系统实现了互通，并将在赣州港建立组合港集装箱专用堆场。

（二）打造跨境电商物流新通道

2021年1月，赣州综试区与匈牙利中欧商贸物流合作园区成功签署“双区联动”合作协议，并作为共建“一带一路”国际合作项目，列入“中国—中东欧国家领导人峰会”成果清单。该项目是破解“同港、同价、同效率”瓶颈、加快打造“虚拟海港”和推动“跨境电商+中欧班列”融合发展的重要抓手，也是加快对接融入粤港澳大湾区，建设国际货物集散地，打造国际物流枢纽的重要创新举措。

1. 开辟了“中欧班列+跨境电商”新通道

“双区联动”班列避开了传统拥堵线路，具有拥堵缓解、时效快捷的特点，适合跨境电商专列发运。

2. 探索出了跨境电商发展新路径

依托该项目，“中欧班列+跨境电商+海外仓”加速融合发展，作为“双区联动”的重要枢纽通道，为本土跨境电商企业提供了更加全面的物流支撑，加速跨境电商发展。

3. 为中欧班列市场化运行创造了条件

借助“双区联动”，跨境电商货物在赣州国际陆港集聚，相对于其他地方需要三年以上才能实现市场化不同，以赣州—布达佩斯出口班列为代表的中欧班列出口已经初步实现市场化，为中欧班列的可持续发展作出了突破性的尝试。

（三）打造跨境电商平台新高地

2019年，赣州获批成为跨境电商综试区；2022年，赣州国际陆港获批国家进口贸易促进创新示范区，赣州综合保税区置换至赣州国际陆港，进一步推动了全类型开放平台“四区”融合发展，有利于打造拥有覆盖进出口贸易全链条、江西全省最具集成优势、全国范围内具有开放领先水平的大平台。

1. 保供应链物流链，通道建设运营取得新质效

积极应对全球疫情，开行了江西省首趟中老班列，拓展至罗马尼亚中欧班列，开通至欧洲的冷链班列、新能源汽车专列，实现央企“中机号”首发，在长距离、多品类、专业化铁路运输上实现新的突破。常态化运行“融湾号”和组合港，企业出海时效由原来的12小时压缩至6小时。2022年，开行中欧亚班列240列，开行内贸班列1810列，开行铁海联运班列1640列，集装箱吞吐量23万标箱，增长率超11%。优化省、市物流资源配置，牵手抚州等地，整合瑞金、龙南铁路货运资源，全市铁海联运一体化发展有了实体业务支撑，陆港的腹地进一步扩大。

2. 全力推进综合保税区建设，再现项目建设新速度

用不到4个月的时间完成综合保税区基建和监管设施建设工作。2022年11月25日，成功通过了市级预验收，并提报南昌海关开展验收工作，争取早日封关运行。同步招商筹备运营，举办了招商推介会，成功签约制造、汽车贸易、保税仓储等20余个项目。

3. 瞄准跨境电商发力，“四区”融合取得新支撑

推动“中欧班列+跨境电商+海外仓”加速升级，全年开行中欧班列240余列，德国威廉港、匈牙利布达佩斯、俄罗斯莫斯科等城市成为赣州至欧洲的枢纽。

三、展望未来

（一）加大跨境电商龙头企业引进力度，培育跨境电商自主品牌企业

重点围绕跨境电商进口供应链业务、跨境电商B2B出口业务、外贸综合服务、跨境电商专业服务、国际支付、国际物流服务等领域，引进一批国内外知名企业、行业龙头企业、细分领域标杆企业。

（二）加大跨境电商人才培训力度，培育一批市级跨境电商产业集聚区

引导跨境电商企业与高校对接，开展校企合作，打造人才孵化器。邀请国内跨境电商和国际贸易专家、知名跨境电商企业高管，就当前国际贸易新形势、跨境电商相关知识、跨境电商综合试验区建设、相关政策解读、跨境电商数据统计等方面进行专业培训，提升相关责任领导和业务人员的专业化水平和能力素质。

（三）不断完善跨境电商生态，培育跨境电商集聚区

大力扶持公共海外仓发展，鼓励企业建设、使用公共海外仓储设施。发挥好南康区、瑞金市、龙南市等2家省级、3家市级跨境电商产业园集聚作用，优化产业布局，打造跨境电商产业链和生态圈，促进产业集聚化、规模化、规范化发展。

配套文件

中共赣州市南康区委全面深化改革委员会关于印发《赣州国际陆港“中欧班列+跨境电商+海外仓运营”融合发展实施方案》的通知

（康改字〔2022〕6号）

区直、驻区有关单位：

经区委深改委研究同意，现将《赣州国际陆港“中欧班列+跨境电商+海外仓运营”融合发展实施方案》印发给你们，请认真抓好贯彻落实。

中共赣州市南康区委全面深化改革委员会
2022年6月5日

赣州国际陆港“中欧班列+跨境电商+海外仓运营”融合发展实施方案

根据国务院出台《关于加快发展外贸新业态新模式的意见》（国办发〔2021〕24号）和《中共赣州市委全面深化改革委员会关于印发〈市委全面深化改革委员会2022年工作要点〉的通知》（赣市改字〔2022〕1号）文件精神，为加快推动赣州跨境电商综试区建设，推动赣州国际陆港中欧班列高质量发展，结合赣州跨境电商新业态发展实际情况，特制定本工作方案。

一、目标任务

紧抓中国（赣州）跨境电子商务综合试验区和国家商贸服务型物流枢纽建设机遇，不断拓展物流通道、加强对外开放合作，鼓励建设共建共享海外仓、创新发展模式、加快数字经济发展等途径，增强港口服务能力，持续优化赣州跨境电商营商环境，做大业务规模，促进跨境电商高质量发展。

二、主要措施

（一）推动数字化发展，优化提升线上综合服务体系，推动跨境电商更高质量发展。鼓励企业推介使用跨境电商综试区线上综合服务平台、国内外电商平台等，提升跨境电商业务的数字化、智能化水平，探索建设跨境电商智慧平台，推动跨境电商更高质量发展；完善赣州国际陆港跨境电商综合服务平台，定期针对货代企业、运营方、供应商等进行业务培训，提升港口服务质量。（牵头单位：赣州国际陆港；责任单位：区工信局、区商务局、区财政局、赣州国际陆港；完成时限：2022年11月底前取得阶段性成果，并长期坚持）

（二）开通跨境电商班列专线。与跨境电商物流供应商、跨境电商企业合作的专门开通特定的中欧班列线路来运输跨境电商货物，为更多的中国商品出国创造了新的物流选择。基于中欧班列运输和通关优势，跨境电商专线的开通将在全球更大范围地区推进贸易便利化，减少贸易成本，降低参与全球价值链的门槛，为中小企业提供成本相对较低的跨境物流产品，让中小企业加速走向世界。（牵头单位：赣州国际陆港；责任单位：区商务局；完成时限：2022 年 12 月底前取得阶段性成果，并长期坚持）

（三）推进港口、海关、铁路紧密协作机制。为外贸新模式提供更高效、便捷的服务。与赣州海关、南昌铁路集团赣州车务段签订《港关铁联动合作协议》。推动建立港口、海关、铁路设立业务推动小组，定期召开企业对接联席会，破解发展难题，实时了解市场发展动态，推动跨境电商班列市场化运营。（牵头单位：赣州国际陆港；责任单位：区商务局、区发改委；完成时限：2022 年 12 月底前取得阶段性成果，并长期坚持）

（四）探索跨境电商物流新模式。争取与德国威廉港签约合作，建立中欧班列至欧洲港口再海运的铁海联运新物流运输模式，开行中欧班列新路线；发挥赣州国际陆港全省口岸龙头优势和口岸平台功能，推动与省内产业大市构建深层次的对外开放交流合作，持续推动一港多区，建立以赣州国际陆港为主体的全市口岸物流调度系统，大力拓展物流通道，提升物流效率，优化物流线路，整合各类资源，形成“一港多区”开放新局面，全市口岸物流发展“一盘棋”，陆港“龙头”港区+县市“卫星”港区全面服务地方开放发展，形成融湾新优势、新高地，建立在全国物流体系稳固的中部陆海新通道。（牵头单位：赣州国际陆港；责任单位：区商务局；完成时限：2022 年 8 月底前取得阶段性成果，并长期坚持）

（五）建立中欧班列跨境电商绿色服务机制。对跨境电商出口货物实行“优先装车、优先制票、优先挂运”机制，推动实现“网上受理、远程办公”7×24 小时预约通关，确保货物即到、即查、即放，确保跨境电商专列快速通关，彻底消除电商企业的出口顾虑，推动打造跨境电商精品班列。（牵头单位：赣州国际陆港；责任单位：区商务局、区发改委；完成时限：2022 年 11 月底前取得阶段性成果，并长期坚持）

（六）支持建立共建共享海外仓。支持物流、平台或贸易企业共建共享海外仓，丰富海外仓功能，扩大服务范围，鼓励海外仓企业对接跨境电商公共服务平台、电商平台、匹配供需信息。支持海外仓企业建立完善的物流体系，向供应链上下游延伸服务，支持出口商品可按一般贸易方式进入海关特殊监管区域，再以跨境电商方式出境。（牵头单位：赣州国际陆港；责任单位：区财政局、区商务局、区发改委；完成时限：2022 年 12 月底前取得阶段性成果，并长期坚持）

（七）推动“中欧班列+跨境电商+海外仓”加速融合发展。依托赣州国际陆港、赣州综合保税区与中国（赣州）跨境电子商务综合试验区“三区合一”（以下简称“三区合一”）开放大平台，开展“跨境电商+中欧班列+海外仓”业务。充分发挥物流枢纽优势以及沿海腹地、内陆前沿的区位条件优势，依托铁路口岸、综合保税区海关特殊监管区等贸易便利化条件优势，创新创特，先行先试，进一步开拓国际市场，推动赣州传统制造业以及特色产业通过跨境电子商务融入全球供应链体系和国际终端销售市场，建设跨境电子商务产业融合创新示范基地，打造技术领先、规模领先、效益领先的跨境电商公共服务和产业运营服务一站式平台，建设承接粤港澳大湾区产业转移的跨境电商出口集运中心和跨境电商创新创业园区。（牵头单位：赣州国际陆港；责任单位：商务局、区发改委；完成时限：2022 年 12 月底

前取得阶段性成果，并长期坚持）

（八）设立跨境电商专项扶持政策。为进一步缓解疫情及俄乌战争对跨境电商新业态发展影响，常态化对跨境电商企业经营、平台、税收、人才、融资、园区孵化、物流仓储等方面给予政策倾斜，为跨境电商产业大发展提供基础，通过支持政策撬动，打造临港经济增长极，助推赣州国际陆港高质量跨越式发展。（牵头单位：区财政局；责任单位：区商务局、区发改委、区税务局、赣州国际陆港；完成时限：2022 年 12 月底前取得阶段性成果，并长期坚持）

三、成果形式

2022 年实现跨境电商综试区建设进入国内前列（前 30 名），培育跨境电子商务龙头企业（年进出口交易额 10 亿元）5 家以上，跨境电子商务产业园区（园区进出口交易额 50 亿元）3 个以上，跨境电子商务公共服务中心 2 个以上，跨境电商市场主体 500 家以上；建立 1 个共建共享海外仓；发运中欧跨境电商班列 50 列以上，跨境电商年出口额 5000 万元人民币以上。

四、工作要求

（一）加强组织领导。成立赣州国际陆港“中欧班列+跨境电商+海外仓”融合发展推进工作领导小组，由赣州国际陆港管委会主要领导任组长，赣州国际陆港和南康区党政分管领导任副组长，相关部门负责人为成员，承担组织领导、实施推动、综合协调等职责。领导小组下设办公室，设在赣州国际陆港运营管理部，负责领导小组日常工作，统筹协调各有关部门单位扎实推进“中欧班列+跨境电商+海外仓”融合发展各项工作举措落实落细，定期召开领导小组会议，研究解决各项措施推进过程中存在的难点节点问题。

（二）扎实推进工作。赣州国际陆港各有关部门、区直有关单位要严格按照本实施方案制定的措施和目标，结合工作实际，进一步细化工作举措、明确责任分工，确保任务细化到量、具体到点、落实到人，按照有关进度要求，分步骤分阶段有序推进，推进各项目标任务按时保质保量完成。各部门单位每个月底要将有关任务进展情况报办公室汇总，办公室每季度向领导小组报告各工作任务落实进展情况，并适时组织开展 1~2 次现场督察。

（三）加大招商力度。要创新招商模式，加大招商力度，积极“走出去”，以粤港澳大湾区等先进发达地区为重点，大力实施招大引强战略，引进一批跨境电商平台、物流、数字经济、供应链金融等知名品牌企业，加快跨境电商产业集群建设。

（四）持续优化营商环境。加强与深圳、广州、宁波等沿海发达地区跨境电商产业发源地的常态化互动合作，充分借助先进发展经验、完善的产业链和成熟的市场模式，助力更多传统外贸和制造企业运用跨境电商开拓国际市场、加快品牌出海、实现跨越发展。

企业名录

截至2022年12月31日，在赣州市跨境电商公共服务平台上注册并实际开展业务的企业名录见表2-15。

表2-15　赣州市跨境电商企业名录

序号	企业名称	业务类型
1	赣州汇明木业有限公司	跨境电商出口
2	汇森家具（龙南）有限公司	跨境电商出口
3	江西家有儿女家具有限公司	跨境电商进出口
4	江西适意家具有限公司	跨境电商进出口
5	龙南市跨境保税在线电子商务有限公司	跨境电商1210进口
6	赣州综保跨境电子商务有限公司	跨境电商1210进口
7	赣州重明鸟电子商务有限公司	跨境电商1210进口
8	江西远业环保科技有限公司	跨境电商进口
9	赣州陆港国际跨境数字物流有限公司	跨境电商物流
10	赣州陆港组合港有限公司	跨境电商组合港物流

统计数据

2022年，赣州市跨境电商进出口业务情况见表2-16。

表2-16　赣州市跨境电商进出口业务明细表

区域	验放清单（万票）	消费者（万人）	货值（万元）	增长率（%）	税款（万元）	上线商品种类（个）	商品种类	备案电商企业（个）	上线企业（个）
赣州	400	50	1000000	100	5000	4000	母婴、日用消费品、服装鞋帽、儿童玩具等	1182	68

典型案例

加速赣州跨境电商发展的助推器
——赣州国际陆港

赣州国际陆港自正式启动以来，全面贯彻新发展理念，主动服务和融入新发展格局，围绕打造中欧班列集结中心、国际货物集散中心、跨境电商集拼中心、国际贸易服务中心“四个中心”，稳步推进赣州国际陆港、赣州综合保税区、跨境电商综合试验区、进口贸易创新示范区“四区融合”，大力实施市场引领、数字赋能、资产倍增、素质提升“四大行动”，发展壮大枢纽经济，实现量的稳步增长和质的有效提升。

一、多措并举，力保国际通道稳定畅通

（一）积极组织货源，拓展运营品种

组建市场化团队，整合班列和进出口货物资源，开行了冷链班列、新能源车专列等，进出口货物实现多样化，保障班列常态化运行。

（二）优化班列布局，提升运行质效

与德国威廉港开展战略合作，精准开行点对点中欧班列，拓展了至罗马尼亚、老挝的新线路，在长距离、多品类、专业化铁路运输上实现了新突破，促进了赣南老区的进出口贸易；开通了“铁路快通”中欧班列、赣深城际货运高速班列和铁海联运全程提单班列，运输时效持续提升，实现FOB赣州和CIF赣州。

（三）构建联动发展格局，打造全省口岸龙头

推动市级层面统筹“一港多区”建设运营，统筹赣州、抚州、吉安等地市线路、货源，形成了统一的铁海联运品牌。开行了首列“一港多区”“跨境电商B2B出口（9710）+铁海联运”班列，创造了跨境电商+铁海联运班列合作新模式。

（四）完善服务配套，着力提升营商环境

围绕营商环境“一号改革工程”，在全省首创国际贸易服务中心，实现外贸服务一窗办、一链办，集聚了200余家外贸企业，打造具有陆港特色的外贸综合体和营商高地。同时，积极响应减税降负政策，优化了物流补助政策，减免了入驻企业部分仓储租赁费用，进一步降低企业综合成本，保障市场主体稳定发展。

二、项目夯基，推进平台功能跨步提升

（一）优化了港区功能布局

高标准编制了《赣州国际陆港单元控制性详细规划》，进一步优化空间布局，完善平台功能配套。

（二）综合保税区如期竣工验收

组建工作专班，争分夺秒推进综合保税区项目建设，已完成隔离围网、卡口、查验场地、信息化管理系统等监管设施建设，顺利通过预验收，即将正式验收封关运行。

（三）高质量开展精准招商

积极开展平台招商、精准招商，牵头举办了“三区合一”专题招商推介会，成功签约以深圳市怡亚通供应链股份有限公司等为

代表的20个重大项目，签约金额达138亿元。

（四）有序推进深赣港产城特别合作区建设

创新采用“股权合作+EPC”等合作模式，有序推进赣州国际贸易中心、国际木材集散中心二期、进出口商品展示中心项目的建设。

三、口岸赋能，助推临港经济蓬勃发展

（一）积极开展供应链服务

充分发挥国企示范效应，带动江西金融机构融入国际贸易链条，助推赣州国际陆港成为区域性的国际贸易中心。2022年，赣州国际陆港进口木材超15亿元，新增汽车销售额超8亿元，带动进口木材50亿元以上，助推陆港集团主营业务收入超34亿元，资产总额达到81.9亿元。

（二）着力发展跨境电商

依托跨境电商监管功能和跨境电商综合服务平台，全省首单9710、9810跨境电商海关监管模式落地运行，吸引了一批头部跨境电商企业和众多跨境电商主体集聚发展。2022年，出口跨境电商班列95列、9150标箱，进出口量突破2176万票（件）、出口额突破21.8亿元。

（三）推进木材集散中心市场化运营

采取“线上+线下”模式做大、做旺木材市场，引进一批国内一手进口木材贸易商，线上注册用户突破100家，在线交易额超1.4亿元。成功举办了第二届国际进口木材贸易博览会暨第六届世界橡胶木产业大会，国家木材交易中心落户赣州国际陆港，并与青白江国际木材交易中心等六大木材集散地实现互联互通，共同稳定和持续畅通国内大循环。

四、改革创新，实现平台融合效益倍增

（一）探索“三区合一”融合发展

积极争取上级支持，出台了《推进赣州国际陆港、赣州综保区、赣州跨境电商综试区“三区合一”工作方案》，明确了“三区合一”融合发展方向，并通过体制机制改革、推进“一港多区”、开辟物流新通道、建设综合保税区、培育跨境电商等系列措施，全面加强区域关联互动，全面优化产业布局，调动全市资源共同推进。

（二）申报建设国家进口贸易促进创新示范区

赣州国际陆港成功入选商务部等八部委公布的第二批国家进口贸易促进创新示范区名单，属全省唯一，将陆续出台系列先行先试政策举措，为临港经济发展带来更大利好。

大事记

2022年1月12日，赣州国际陆港开行全省首趟至老挝的中老国际班列。

2022年3月30日，赣州国际陆港成功签约两个跨境电商园区项目头，分别为深圳文达科技集团有限公司投资建设的赣州国际陆港数字贸易综合体项目和江西索耶科技有限公司投资建设的赣州陆港跨境电商数字科技园区项目。

2022年4月11日，赣州国际陆港与德国威廉港签订合作协议，建立战略合作

关系。

2022 年 5 月，江西省首家现场清关的零关税集合店五号仓新零售旗舰店第五大道商圈顺利开业。

2022 年 6 月 8 日，江西省首个跨境电商进口退货中心仓在赣州综合保税区启用。

2022 年 6 月 27 日，江西省首列至罗马尼亚中欧班列顺利开通，并从赣州国际陆港完成首发。

2022 年 10 月 12 日，赣州国际陆港综合保税区保税仓储物流中心及进口商品展示中心项目开工。

2022 年 10 月 12 日，赣州国际陆港在“三区合一”投资合作推介会上，与深圳市怡亚通供应链股份有限公司成功签约怡亚通跨境电商产业链项目。

2022 年 10 月 21 日，赣州国际陆港与瑞金国际陆港签订“一港多区”战略合作协议，合作创新“跨境电商+中欧班列+铁海联运”班列开行方式。

2022 年 11 月 3 日，赣州国际陆港成为江西省首个入选国家进口贸易促进创新示范区。

2022 年 11 月，赣州首列“一港多区”“跨境电商 B2B 出口（9710 模式）+铁海联运”班列在赣州海关申报出口。

九江地区

中国（九江）跨境电子商务综合试验区（以下简称“九江综试区”）在九江市委、市政府的坚强领导下，在学习先进综合试验区经验的基础上，创新跨境电商便利化发展政策措施，营造良好生态环境，培育壮大企业主体，打造外贸发展的新引擎、新增长点，将跨境电商综合试验区建设作为稳定外贸经济、推动经济发展转型升级的重要抓手。通过三年的努力，九江综试区建设取得了明显的成效。跨境电商综合试验区成为九江打造江西内陆开放型经济试验区先行区的重要抓手、新的对外开放重要平台。

发展现状

一、取得的成效

（一）推动了外贸发展

九江市虽然是第五批获批的跨境电商综合试验区，但在推进综合试验区建设上敢于争先，跨境电商总体规模发展迅速。2022年，全市跨境电商进出口增速超60%，跨境电商成为稳外贸的重要力量，有力推动了全市外贸的稳定和创新发展，九江市获得了国务院推动外贸稳定和创新发展成效明显激励支持，被江西省委省政府评为2020—2022年全省开放型经济先进单位。

（二）赢得了应有地位

九江市在全省率先打造了共青跨境电商产业园，接着在市区复制共青经验，成功打造了江西海淘跨境电商产业园，江西省市各级领导莅临九江市调研，充分肯定了综合试验区建设成效。江西省内8个兄弟城市，以及湖北宜昌、安徽芜湖、湖南株洲、成都新都区等多个城市纷纷组团来九江调研考察跨境电商工作。2021年新华社《瞭望》、《九江日报》头版头条、《人民日报》网络版、《经济日报》等媒体先后五次，以及2022年新华社先后两次专题报道九江市跨境电商工作成效。九江综试区在近两年全国综合试验区考核评估中，结果均为“成效较好”，同南昌、赣州并列居全国第二档（第一档10个，第二档50个）。

（三）缓解了企业危机

九江市对接外贸企业的需求，及时出台跨境电商支持政策，安排专项资金，协同跨境电商综服企业通过建园区、搞培训、通流程、解难题等措施，让企业通过跨境电商新业态获订单、赢收益，形成良好氛围，九江市已经有400多家外贸企业线上开展业务，跨境电商出口额亿元以上企业超过40家。

（四）丰富了外贸业态

通过外招内孵的方式，积极培育企业主体，在做大跨境电商综合试验区规模的同时，也丰富了外贸业态。一方面，做大了增量，利用各种契机广泛宣传推荐九江，吸引了一大批像宁波必创、腾讯云、大龙网、发现物流、九米科技等跨境电商行业的精英企业落户九江。另一方面，做强了存量，积极培育孵化本地企业，打造典型示范园区，通过园区集聚跨境电商及配套服务支撑企业，初步形成类型齐全、业态完整的跨境电商生态产业链。

二、工作进展情况

（一）健全工作机制

成立了跨境电商综合试验区建设工作领导小组。由九江市市长任组长、分管副市长任副组长，商务、海关、税务等20个有关部门和单位负责同志为领导小组成员，高位推动综合试验区建设。建立商务、海关、税务、外汇、港航等主要部门联席会议和部门间的分管领导和联络人日常联系机制，加强部门之间的密切联系和团结协作，经常召开会议研究跨境电商综合试验区建设的措施、政策，解决推进工作中遇到的各种难题。九江市委、市政府多次召开会议专题研究跨境电商工作。自 2020 年起，九江市将跨境电商发展列入县（市、区）开放型经济高质量考评指标，提高了县级政府发展跨境电商的积极性。

（二）出台支持措施

出台了《九江市关于促进中国（九江）跨境电子商务综合试验区发展的若干政策》，并结合九江市发展实际，于 2021 年年底对政策进行了动态修订完善，重点在支持跨境电商龙头企业引进、培育本地中小微企业、跨境电商综服平台建设、人才培训、降低物流成本等方面加大了支持力度，提高了支持标准，这为综合试验区的未来高质量发展提供了可靠的政策保障。国家外汇管理局九江市中心支局出台了《关于加强中国（九江）跨境电子商务综合试验区外汇服务的指导意见》、国家税务总局江西省税务局发布了《中国（九江）跨境电子商务综合试验区零售出口货物免税管理办法（试行）》的公告，进一步落实了跨境电商方面的外汇和税收优惠政策。

（三）搭建发展平台

在全省率先搭建了市级跨境电商线上综服平台——九江市跨境电商综服平台，在线免费为企业提供跨境电商进出口“一站式”申报服务。截至 2022 年 12 月 31 日，平台注册备案企业超 400 家，2022 年平台申报订单量达 28643 单。打造跨境电商线下示范园区平台，形成跨境电商产业链和生态圈。授牌了 4 个园区为九江跨境电商综合试验区产业园。其中，共青城市跨境电商产业园获评为江西省电子商务示范基地，同时江西省服务业发展领导小组授予园区为江西省现代服务业集聚区。江西海淘跨境电商产业园已经签约实体入驻跨境电商企业 60 多家，是九江市面积大、基础条件好、入驻企业多的跨境电商产业园。

（四）拓展零售进口

九江综合保税区会同九江海关、市商务局，发挥综合保税区“综合保税区+跨境电商综合试验区”政策叠加优势，推动跨境电商业态多元化发展，搭建了九江市跨境电商线下零售进口体验店和线上销售平台，创新了“前店”+“后仓”+“快速配送”模式，实现线上线下平台联动，展示、储存、销售“一步跨境”，打造“买全球、卖全球”的商品展示、体验和购物中心。结合 2022 惠聚九江消费促进季活动，开展九江综合保税区跨境优品“品酒会”“母婴讲座”及跨境电商进口产品直播等活动，大力推广跨境电商进口平台，让老百姓在自己的“家门口”就能以较低成本买到全世界的优质产品。九江综合保税区引进了拼多多、小红书等国内主流平台，项目租赁综合保税区 13000 平方米仓库开展跨境电商进出口业务，项目投产后预计每年可实现跨境电商进出口总额约 1 亿美元。

（五）打通出口通道

国务院在《国务院关于同意在雄安新区等 46 个城市和地区设立跨境电子商务综合试验区的批复》（国函〔2020〕47 号）中，要求国务院有关部门要着力在跨境电商 B2B 相关环节的技术标准、业务流程、监管模式和信息化建设等方面探索创新，研究出台更多支持措施。2021 年 7 月 1 日，海关总署在全国复制推广跨境电商 B2B 出口监管试点，九江市组织企业于当日凌晨成功申报跨境电商 9710 出口江西首单，标志着跨境电商 9710 出口业务在九江市正式落地，九江市跨境电商企业从此可从九江海关报关实现跨境电商 9710 出口。在九江市商务局和九江海关的共同努力下，九江市已落地跨境电商1210进口出口、9610出口、9710出口、9810出口等出口模式，基本实现跨境电商进出口业态全覆盖；分别在美国洛杉矶和新泽西，以及法国里昂、德国汉堡等地布局了共4个跨境电商海外仓。

（六）强化宣传培训

广泛开展跨境电商培训、招商推介、平台推广等活动。每年均举办10多场阿里巴巴国际站、速卖通、亚马逊等主流平台的招商推广活动。深化校企合作，九江职业大学与江西海淘产业园、江西财经职业学院与必创集团等一批高校和企业先后正式合作，成立了跨境电商产业学院，打造九江地区跨境电商“精英人才”的摇篮。推动九江学院、南昌航空大学科技学院、江西农业大学南昌商学院等三所高校正式设立跨境电商学科，每年跨境电商学科结业大学生人数超500人。开展了跨境电商百企孵化培训活动，立足本地优势产业，扶持本地外贸生产型、贸易型企业从传统贸易转型升级，重点培养一批跨境电商示范企业。

（七）加强交流学习

组织海关、税务、外汇、综合保税区、经济开发区等单位人员赴杭州、宁波、深圳、南昌等地学习、借鉴成功经验和成熟做法。九江市政协召集商务、海关、外汇、税务等部门组成专题调研组，赴市内共青城市、九江综合保税区、鄱阳湖生态科技城，省内省外先行综合试验区开展专题调研。通过调研，基本明晰了九江综试区发展现状和困境，借鉴先进地区经验做法，有针对性地提出了意见建议，并邀请九江智库专家专题研究九江跨境电商发展路径。每年召集跨境电商园区和部分跨境电商企业代表召开九江综试区工作分析会，集思广益研究如何加快推进九江综试区建设。

三、存在的不足

（一）思想认识不足

对于九江来说，跨境电商综合试验区还是一个新事物，一些部门对跨境电商综合试验区建设的认识不够充分，多数企业习惯传统贸易方式，参与跨境电商培训的积极性不高，对跨境电商持观望态度，认为程序复杂，害怕风险。

（二）发展基础不牢

跨境电商的物流配套、金融、支付等供应链服务企业较少，没有形成支撑体系。跨境电商线上综服平台功能还需要进一步完善，线下跨境电商园区规模化、集聚化发展还有待进一步提升，跨境电商保税仓还没有充分发挥作用。

（三）品牌实力不强

虽然九江市跨境电商已达到了一定的规模，但是大多数服务企业为中小微跨境电商企业，缺少影响力和带动作用。生产型出口企业开展跨境电商业务存在着品牌含金量不高，产品规模化、标准化水平不高等问题，缺乏核心竞争力。

四、未来展望

九江综试区将不断研究加快推进跨境电商综合试验区建设的方式方法，在做大规模的同时，打牢跨境电商发展基础，确保跨境电商综合试验区高质量发展。

（一）营造良好氛围

进一步强化工作推进机制，加强跨境电商业务培训交流和部门间的沟通协调，把跨境电商作为外贸未来发展重要形态来推进。进一步完善跨境电商考评办法，提升跨境电商考核力度，使各级党委政府高度重视跨境电商综合试验区建设，将其作为推动外贸转型升级、促进外贸高质量发展、提高开放型经济水平的重要任务来抓。广泛开展跨境电商宣传培训，转变企业对跨境电商持观望的态度，教会企业基本实操技能，宣讲跨境电商和相关开放平台的外贸政策。

（二）打造跨境电商全业态

均衡发展跨境电商业务，做大做强跨境电商 1210 进口、出口，9610 出口业务。加强跨境电商 B2B 出口政策的宣讲，结合九江市航运中心的“直航促三同”的物流政策优势，引导和支持九江外贸生产型、贸易型企业，从九江本地海关报关出口，大力推进开展 9710、9810 出口业务，做大外贸出口总量，赋能外贸转型升级。在跨境电商进口方面，加快推进跨境电商进口体验店的建设和进口平台的推广，进一步做大跨境电商进口规模。

（三）打造跨境电商平台

一方面，进一步加快完善九江跨境电商线上综服平台功能，以“一点接入、全网通办”为原则，打造包含备案、报关通关、纳税退税、支付结汇等基本功能的一体化综服平台。逐步建立信息共享、电商信用、智能物流、金融服务、风险防控、统计监测六大体系，在线为跨境电商企业提供信用、仓储物流、金融等供应链商务服务。另一方面，积极培育跨境电商综合试验区示范产业园区，并向省级、国家级示范园区升级。加快推进共青城市和腾讯云合作打造的一站式云上跨境产业生态园建设，构建支撑跨境电商产业发展的数字化供应链服务能力和数字化供应链金融能力。

（四）加大培育企业主体力度

进一步完善跨境电商专项支持政策，加快跨境电商园区建设发展，培育企业做大规模、开拓国外市场。加大招商引资力度，视情况继续举办跨境电商专题招商会、第二届中部地区跨境电商发展峰会等活动，招引一批业务成熟、带动力强、行业影响力大的“自带流量”跨境电商“大卖（买）家”，结合九江市产业发展实际，打造完整的跨境电商产业链和生态圈。

（五）加快培育跨境电商人才

进一步强化校企合作，支持引导企业、高校、科研机构等联合组建跨境电商人才培养基地，形成专业化、社会化、定制化人才培训机制，积极开展各类型跨境电商企业孵化培训活动，重点培养具有外贸经营与管理、国际运输与保险、国际结算、法律服务、平台运营与网络营销等复合型技能的人才。

企业名录

截至 2022 年 12 月 31 日，在九江市跨境电商公共服务平台上注册并实际开展业务的企业名录见表 2-17。

表 2-17　九江市跨境电商企业名录

序号	企业名称	序号	企业名称
1	九江德桥电子商务有限公司	37	九江美业电子商务有限公司
2	九江维泰贸易有限公司	38	九江朝歌云科技发展有限公司
3	九江擎冠贸易有限公司	39	九江锦茗贸易有限公司
4	九江市凌发贸易有限公司	40	九江濂大贸易有限公司
5	九江成唐超贸易有限公司	41	九江尚恩电子商务有限公司
6	九江得业贸易有限公司	42	九江凡语进出口有限公司
7	九江易达成贸易有限公司	43	九江丰远进出口有限公司
8	九江市汉峰商贸有限公司	44	九江光昱电子商务有限公司
9	九江浔溪商贸有限公司	45	九江炎驰贸易有限公司
10	九江卓俗贸易有限公司	46	九江宇晗商贸有限公司
11	江西联合制罐设备有限公司	47	九江市顺天贸易有限公司
12	九江德乾电子商务有限公司	48	九江溪平电子商务有限公司
13	九江州驰电子商务有限公司	49	九江市元缘电子商务有限公司
14	九江市飞哇财电子商务有限公司	50	九江市韦鑫电子商务有限公司
15	九江红冠电子商务有限公司	51	九江溪润贸易有限公司
16	九江复展电子商务有限公司	52	九江欣睿供应链管理有限公司
17	江西佰利洁科技有限公司	53	九江成润龙楠电子商务有限公司
18	九江创拓贸易有限公司	54	共青城森丛电子商务有限公司
19	九江蒂尔马丁贸易有限公司	55	共青城市暖融电子商务有限公司
20	九江庞瑜电子商务有限公司	56	九江康赞布电子商务有限公司
21	九江亮佳商贸有限公司	57	九江趣铭泰电子商务有限公司
22	九江佳之卉贸易有限公司	58	九江围炉煮茶电子商务有限公司
23	九江市法布街电子商务有限公司	59	共青城市超阳出海商贸有限公司
24	九江市牛心菜电子商务有限公司	60	共青城市乐世捷电子商务有限公司
25	九江宇球达贸易有限公司	61	九江昌伦山电子商务有限公司
26	九江市捷云供应链管理有限公司	62	共青城市嘉劲豪电子商务有限公司
27	九江禄达盉贸易有限公司	63	九江一飞冲天电子商务有限公司
28	九江曼灵贸易有限公司	64	共青城市驱驰博特贸易有限公司
29	九江梦秋贸易有限公司	65	共青城市拉奥提电子商务有限公司
30	九江力璋贸易有限公司	66	共青城市朗秦威电子商务有限公司
31	九江奥默商贸有限公司	67	共青城市赫尔颖电子商务有限公司
32	九江芊奥商贸有限公司	68	九江澳美拉电子商务有限公司
33	九江远冠富商贸有限公司	69	共青城市久为功电子商务有限公司
34	九江通速点贸易有限公司	70	九江褚绮贸易有限公司
35	九江丹艳电子商务有限公司	71	九江获彰贸易有限公司
36	九江贵富电子商务服务有限公司	72	九江延惇电子商务有限公司

续表1

序号	企业名称	序号	企业名称
73	九江治谋网络商务有限公司	109	共青城毅众铭电子商务有限公司
74	九江力满正电子商务有限公司	110	共青城森鑫腾电子商务有限公司
75	九江丰开电子商务有限公司	111	九江宝凯满电子商务有限公司
76	九江石左电子商务有限公司	112	九江充逸电子商务有限公司
77	九江雷尔法电子商务有限公司	113	九江典褚电子商务有限公司
78	九江海业电子商务有限公司	114	九江乖乖猪电子商务有限公司
79	九江达曼枫电子商务有限公司	115	九江贺伟电子商务有限公司
80	九江初丰天电子商务有限公司	116	九江洪多电子商务有限公司
81	九江佳尚田电子商务有限公司	117	九江击垒电子商务有限公司
82	九江初商电子商务有限公司	118	九江吉豪电子商务有限公司
83	九江满尚枫电子商务有限公司	119	九江晶千全电子商务有限公司
84	九江楚丰同电子商务有限公司	120	九江良恭电子商务有限公司
85	九江浣溪沙电子商务有限公司	121	九江南成和电子商务有限公司
86	九江攀岩者电子商务有限公司	122	九江千恒公电子商务有限公司
87	九江麦斯科迪电子商务有限公司	123	九江盛寿百电子商务有限公司
88	九江老铁电子商务有限公司	124	九江万奎达电子商务有限公司
89	九江初柏贸易有限公司	125	共青城本进中贸易有限公司
90	九江段达贸易有限公司	126	共青城市进泰宏贸易有限公司
91	九江吹衣贸易有限公司	127	共青城市杰多多贸易有限公司
92	九江凡展贸易有限公司	128	共青城市辉玮贸易有限公司
93	九江荣佩贸易有限公司	129	共青城市誉本泰贸易有限公司
94	九江邵昂贸易有限公司	130	共青城牛创贸易有限公司
95	共青城鼎宸电子商务有限公司	131	共青城译恒贸易有限公司
96	共青城信聚电子商务有限公司	132	九江嘉迈电子商务有限公司
97	江西汲溪盛新电子商务有限公司	133	九江湖冠贸易有限公司
98	九江华趣尚电子商务有限公司	134	九江中润贸易有限公司
99	九江阳森尚电子商务有限公司	135	九江领霆贸易有限公司
100	共青城裕卓电子商务有限公司	136	都昌县亨悦货运代理有限公司
101	九江市浦舟电子商务有限公司	137	都昌县菁流商贸有限公司
102	九江淳亿电子商务有限公司	138	九江市浔材康宏网络商务有限公司
103	共青城杰晟电子商务有限公司	139	九江塞克斯顿贸易有限公司
104	共青城久卓电子商务有限公司	140	九江宏新电子商务有限公司
105	共青城胜望电子商务有限公司	141	九江华普电子商务有限公司
106	共青城得昂电子商务有限公司	142	九江瑾翔电子商务有限公司
107	共青城淘泽电子商务有限公司	143	湖口县睿鑫电子商务有限公司
108	共青城骉奔电子商务有限公司	144	湖口君桓电子商务有限公司

续表2

序号	企业名称	序号	企业名称
145	湖口仕霖翰信息科技有限公司	181	武宁县益玲服装有限公司
146	江西誉时实业有限公司	182	武宁县译冶鞋业有限公司
147	九江随之商贸有限公司	183	九江威驰贸易有限公司
148	九江豪随贸易有限公司	184	九江迅科电子商务有限公司
149	瑞昌市博越服饰有限公司	185	武宁从杏商贸有限公司
150	瑞昌市博君鞋业有限公司	186	武宁县红盛贸易有限公司
151	九江市利明电子商务有限公司	187	武宁县漕坪贸易有限公司
152	九江市尚春电子商务有限公司	188	武宁县郑塅贸易有限公司
153	九江市迪浩电子商务有限公司	189	九江健豪电子商务有限公司
154	九江梦烨商贸有限公司	190	九江东策电子商务有限公司
155	九江理之凯贸易有限公司	191	武宁县广亚服饰有限公司
156	瑞昌市聚贤贸易有限公司	192	修水县堃通贸易有限公司
157	瑞昌市易达成供应链管理有限公司	193	修水县中望贸易有限公司
158	九江肯德金斯电子商务有限公司	194	九江正颖贸易有限公司
159	九江肯德金斯电子商务有限公司	195	九江梅三贸易有限公司
160	瑞昌福能顺贸易有限公司	196	九江叶桔贸易有限公司
161	九江环朔贸易有限公司	197	九江克安贸易有限公司
162	武宁泰邦贸易有限公司	198	九江岸详电子商务有限公司
163	武宁宏威贸易有限公司	199	九江祥迈电子商务有限公司
164	武宁通晟贸易有限公司	200	九江英思贸易有限公司
165	九江宁烨贸易有限公司	201	九江希艾贸易有限公司
166	九江武烨贸易有限公司	202	九江乔泽电子商务有限公司
167	九江杰辉贸易有限公司	203	修水县臻丹服饰有限公司
168	九江天峰贸易有限公司	204	修水县紫色光贸易有限公司
169	九江熙捷电子商务有限公司	205	修水县穿梭电子商务有限公司
170	九江格威斯电子商务有限公司	206	修水县盈韵机械设备有限公司
171	九江华耀供应链管理有限公司	207	修水典复电子商务有限公司
172	九江述高供应链管理有限公司	208	修水县航强贸易有限公司
173	九江市佳利电子有限公司	209	九江市祖迪商贸有限公司
174	九江美特贸易有限公司	210	九江市佳伦贸易代理有限公司
175	九江市廷兴电子商务有限公司	211	修水县帕宇贸易有限公司
176	九江市云联电子商务有限公司	212	九江市篇幅电子商务有限公司
177	九江市佑亮电子商务有限公司	213	九江市吉展科技有限公司
178	九江市丰辉电子商务有限公司	214	修水拓辰商贸有限公司
179	九江伟恒电子商务有限公司	215	九江市千翼贸易有限公司
180	九江星浩电子商务有限公司	216	九江市凯宝商贸有限公司

续表3

序号	企业名称	序号	企业名称
217	永修县佰虹电子商务有限公司	254	九江豪成电子商务有限公司
218	永修县远金电子商务有限公司	255	九江明亚电子商务有限公司
219	永修县君林电子商务有限公司	256	九江亚成电子商务有限公司
220	九江茂乾电子商务有限公司	257	九江拓久电子商务有限公司
221	九江语承电子商务有限公司	258	九江克圣电子商务有限公司
222	九江博凡电子商务有限公司	259	九江建川电子商务有限公司
223	九江市鹏鹏科技有限公司	260	九江亿昕贸易有限公司
224	九江利洲电子商务有限公司	261	九江顺星贸易有限公司
225	九江三权电子商务有限公司	262	九江发哒电子商务有限公司
226	九江品荣电子商务有限公司	263	九江伟发电子商务有限公司
227	九江梅卡电子商务有限公司	264	九江顺壹电子商务有限公司
228	九江增裕贸易有限公司	265	九江市有太电子商务有限公司
229	九江得斯贸易有限公司	266	九江洛神商贸有限公司
230	九江通久德商贸有限公司	267	九江林辉科技有限公司
231	九江通千荣贸易有限公司	268	江西吉事达厨房用品有限公司
232	永修县通补贸易有限公司	269	庐山市海瑞商务有限公司
233	永修县佳苑鞋业有限公司	270	九江欧美特进出口有限公司
234	永修县浔珠鞋业有限公司	271	九江市昆帕电子商务有限公司
235	永修县金烨鞋业有限公司	272	九江柒锦科技有限公司
236	永修县宿优鞋业有限公司	273	九江庐之贸易有限公司
237	永修县大鹏服装有限公司	274	九江庐烨贸易有限公司
238	德安县华屹电子商务有限公司	275	九江龙躬商贸有限公司
239	德安县星屹电子商务有限公司	276	九江鲁布沃尔贸易有限公司
240	德安县新帆电子商务有限公司	277	九江海方贸易有限公司
241	德安县赛雷电子商务有限公司	278	九江望年贸易有限公司
242	德安县荣凿电子商务有限公司	279	九江网方贸易有限公司
243	德安县辰丰电子商务有限公司	280	九江国辉商贸有限公司
244	德安县拓亚电子商务有限公司	281	九江天成拓供应链管理有限公司
245	德安县润锦电子商务有限公司	282	九江市旺廷电子商务有限公司
246	德安县新晓格电子商务有限公司	283	九江市瑞柴科技有限公司
247	德安县新博冠电子商务有限公司	284	九江市丰达电子有限公司
248	德安县柏瑞斯电子商务有限公司	285	九江市咏明电子商务有限公司
249	德安县友福贸易有限公司	286	九江市柴桑区欧诗雅商贸有限公司
250	德安县勇福贸易有限公司	287	九江司郡贸易有限公司
251	德安县锐锦贸易有限公司	288	九江凌凌贸易有限公司
252	德发县德发贸易有限公司	289	九江易欧纺织有限公司
253	九江建盛电子商务有限公司	290	九江润明电子商务有限公司

典型案例

案例一：江西海淘跨境电商产业园

一、园区简介

江西海淘跨境电商产业园（以下简称"海淘园区）位于九江市经济开发区，于2020年10月开始运营，建筑面积1.7万平方米，其中配套仓储面积5000平方米。海淘园区已签约跨境电商及配套企业900余家，九江本地签约入驻跨境电商企业50多家，是九江综试区建筑面积大、基础条件好、配套服务全、入驻企业多的跨境电商产业园。2021年11月，九江综试区授牌园区为"九江跨境电商综试区·经开区产业园"。

二、园区运营模式及特点

（一）完善园区服务功能，构建跨境生态体系

硬件服务方面，海淘园区提供"三年免租"的精装修办公室，集进出口商品展示中心、产教实训基地、培训孵化中心、直播中心、物流中转区、多功能会议室、党建活动中心、休息区等为一体，为落户企业提供"拎包入驻"的办公环境；软件服务方面，为入驻企业提供跨境电商发展一站式综合服务，包括全球开店、物流、海外仓、支付、知识产权、关务、税务、结汇等全流程配套服务。

（二）引入平台优势资源，帮助企业开拓市场

海淘园区与全球各大主流跨境电商平台如亚马逊、eBay、速卖通、Shopee、wish、Jumia、VOVA等全球主流40多家平台建立战略合作关系，为入驻企业提供全球开店绿色通道，帮助企业布局海外市场。同时，在美国知名社交网站Facebook平台上创建九江Plus账号，向海外讲述九江故事、传播九江声音、展示九江文化。网站获得了大量的浏览量和海外粉丝的广泛关注，目前该账号粉丝量关注量已超10万人。

（三）打造产教融合基地，培养跨境需求人才

积极开展校企合作建设产教融合实训基地，引领外贸新业态新模式发展，助力九江综试区建设。2021年10月，海淘园区与九江职业大学成立了九江首家跨境电商产业学院。2022年6月，海淘园区与江西财经职业学院达成战略合作协议，共同建设江西财经职业学院必创跨境电商产业学院。开展校企合作以来，共同培养了1000多名跨境电商应用型人才，为跨境电商企业提供人才支撑。

（四）促进本地多家企业转型升级

海淘园区通过培育孵化九江市传统外贸、传统制造及当地产业带企业，为企业提供拓展产品出海的渠道，满足各企业触电跨境的需求。例如，九江琢匠文化创意有限公司是一家专注设计、生产中国传统题材的金属文创工艺品企业，海淘园区帮助其开通亚马逊北美站、Etsy等跨境电商平台店铺，不到一年时间，该企业就实现了从0到100万美元的突破。又如，九江安默尔跨境电商有限公司是一家主营纺织服装的初创型企业，

海淘园区为其提供了培训、选品、海外仓、国际物流等服务，使得该企业迅速成为亚马逊平台头部企业，仅用一年多时间销售额突破1000万美元。

三、运营成效

截至2022年12月31日，海淘园区入驻率已达到95%，跨境电商及配套服务支撑企业类型比较齐全，初步形成了较为完整的跨境电商生态产业链。2021年，海淘园区跨境电商出口额超5亿美元；2022年，实现跨境电商出口额超8亿美元。海淘园区被评为“九江市创业孵化基地”“九江市巾帼电商创业孵化基地”“九江经开区创业孵化基地”。

案例二：九江琢匠文化创意有限公司

一、基本情况

九江琢匠文化创意有限公司（以下简称“琢匠公司”）成立于2017年，专注于金属艺术品开发，擅于将引人入胜的经典典故或跳脱想法融入每款单品中，并结合当代工艺巧思，诠释自己的艺术探究；通过一件件符合现代审美的高品质作品，“唤醒”现代人对于这些传统题材的讨论。琢匠公司除通过国内电商平台运营外，还积极通过品牌全球官网等多平台架设渠道，开设跨境电商业务，积极推行“品牌出海”战略。在海外，琢匠公司主要以动物元素为主开拓市场。

二、业务特点

（一）打造商标品牌化

在多国（地区）注册商标，原创产品加商标品牌化帮助未来之路无后顾之忧。琢匠公司已经拥有美国专利、欧盟专利，美国商标、欧盟商标、日本商标、澳大利亚商标等知识产权专利100余项。

（二）多种商业平台同步发展

同步发展独立站、亚马逊等平台的建设，琢匠公司已开始在Shopify搭建自己的全球官网，入驻了美亚、英亚、德亚、日亚等亚马逊站点及Etsy手工平台。使客户在多平台都有支付渠道，提升客户体验感。

（三）加强海外仓建设

海外仓的建设能极大提升客户体验感及退货时效问题，截至2022年12月31日，琢匠公司已拥有6个海外仓，在美国加州及新泽西州设有两个海外仓，可以直接从美国发出货物并接受退货。在美亚、英亚、德亚、加拿大亚马逊站点也可实现FBA发货。后续海外仓的数量还在不断增加中。

三、取得成效

2022年，琢匠公司实现跨境电商销售额3300万元，是2021年度全年出口额的3倍多。企业荣获多项省、市级奖项，受到了江西电视台、36氪、阿里巴巴宣传部门等多家媒体的专题采访。琢匠公司的作品曾被国际知名时尚杂志《GQ》英国版2020年第四期收录，登上了yankodesign、colossal等时尚网站。

大事记

2022 年 1 月，九江市首单 9810 跨境电商出口海外仓业务在九江海关监管下顺利通关，企业货物在九江城西港码头顺利装船放行，将运往企业位于美国纽约的海外仓中。

2022 年 2 月 22 日至 26 日，来自九江市商务局、九江市贸易促进委员会、九江海关、国家外汇管理局九江中心支局、九江市税务局、九江市港口航运管理局等服务于外贸企业的政府部门，来自中信保江西分公司、九江长江港口集团、江西必创、江西五湖祥和商务咨询有限公司、九江九米穗仓信息技术有限公司等服务于外贸企业的平台机构，来自上港集团九江港务有限公司、九江交发集团、货代及物流公司等服务于外贸企业的供应链业态，共计 36 名主讲人，乘坐“大篷车”以最亲情的方式分赴九江市 4 个片区，对共计 327 家外贸企业负责人和相关业务人员进行外贸政策宣讲、业务培训及“一箱难求、运费暴涨”专题问诊，策应江西省“一号改革工程”，助力企业解决当下外贸发展过程中面临的各种困难，营造良好的营商环境。

2022 年 6 月 8 日，九江市商务局、九江海关及九江市贸易促进委员会在湖口县联合举办了跨境贸易便利化暨 RCEP 优惠贸易协定政策解读座谈会。九江海关详细讲解了海关总署《促进外贸保稳提质十条措施》和南昌海关《关于促进外贸保稳提质工作的落实举措》，对跨境贸易便利化暨 RCEP 优惠贸易协定政策进行了精要概述。会后，九江市商务局、九江海关及九江市贸易促进委员会走访了相关企业，进行调研。

洛阳地区

2022年，在洛阳市委、市政府的高位推动下，洛阳市立足将中国（洛阳）跨境电子商务综合试验区（以下简称“洛阳综试区”）打造成为“中部地区外贸转型发展示范区、中部地区跨境电商创新创业新高地、全国制造业应用跨境电商转型升级新样板、跨境电商与文旅文创融合发展引领区”的目标，通过强化机制推进、主体培育、园区建设和国际市场开拓等务实举措，促进跨境电商持续发展。

发展现状

一、发展概述

跨境电商交易规模持续提升。持续开展跨境电商零售进口试点和 B2B 出口试点（9710、9810）等业务，截至 2022 年 12 月底，跨境电商通关平台累计通关 106 万单。跨境电商已成为外贸发展的新业态，在钢制办公家具、装备、摩托车及零部件、新材料等特色产品的应用独具优势，助力“洛阳制造”产品出口到美国、俄罗斯等 67 个国家和地区。2022 年，洛阳市跨境电商进出口 72.17 亿元、同比增长 16.9%，其中出口 66.19 亿元、同比增长 16.8%，呈持续增长态势。

二、发展成效

（一）跨境电商载体建设成效显著

在产业园区建设上，洛阳市制定《洛阳市跨境电子商务示范园区认定和管理办法》，开展市级跨境电商示范园区创建活动，全面复制推广综合试验区建设经验做法。全市拥有洛阳国家大学科技园、洛阳信息科技城等 10 个省级电商示范基地，21 家省级电商示范企业，2 个省级跨境电商示范园区，2 个省级跨境电商人才培训暨企业孵化平台。涧西中弘跨境电商产业园、洛阳国家大学科技园、中浩德电子商务产业园、洛阳 863 创智广场、洛阳 ITC 培训孵化平台等电商类园区积极开展跨境电商人才培训、企业孵化等服务，92 个海外商标注册获批，参与制定 59 项国家、行业、团体标准。同时，强化跨境电商品牌培育，综合试验区内跨境电商企业在境外注册的商标、专利、产品认证数量达 300 余个。

（二）跨境电商市场主体不断扩大

截至 2022 年年底，全市拥有各类跨境电商经营主体及服务企业 1207 家，其中高新技术企业 151 家。拥有康搏特钨钼材料、信成精密、铭辰工贸、天久科技、铭诺国际贸易、合胜光伏等一批本土跨境电商出口企业，玖运国际、河南众创、彤润信息等一批本土跨境电商服务企业，邮政、顺丰、中储、联邦、敦豪等跨境电商物流企业等，跨境电商企业类型不断丰富，市场主体规模不断扩大。全市跨境电商出口应用企业队伍逐渐壮大，在跨境 B2B 领域，装备机械、新材料等行业大量的生产制造企业通过阿里巴巴国际站、中国制造网、谷歌搜索等开展线上营销业务；在跨境 B2C 领域，钢制办公家具、机电产品、布鞋、陶瓷、泳镜、假发、相框、无纺布袋、铝锅、艾草、香菇、花椒等洛阳优质商品吸引了大量跨境电商卖家聚集发展，已初步形成跨境电商与传统产业融合发展的新格局。

（三）跨境电商配套服务基础良好

在物流配套方面，洛阳市拥有一类航空口岸和二类铁路、公路口岸，开通了中亚班列和洛阳到宁波、青岛铁海联运班列，现有 36 个公共海外仓，仓储总面积超过 40.2 万平方米，主要布局在美国、欧洲、东南亚及非洲等 22 个国家和地区。在人才保障方面，洛阳综试区内有多所高校设置跨境电商专业，积极推动政校企合作，营造浓厚的跨境电商创新创业氛围。2022 年，联合驻洛高校、职业技术学校、阿里巴巴国际站和洛阳市跨境电商协会等机构，洛阳市相继组织举办“Tik Tok 与跨境电商新机遇”“豫见神都，启境 2022，亚马逊招商大会暨运营公开课”“高效引流、安心支付——优质出海沙龙”“洛企出海，跨境破局新思路”线上直播等跨境电商系列培训活动，同时引导社会力量多形式开展跨境电商人才培训，累计组织 200 余家外贸企业、电商企业参加培训，培训人数 2000 余人次。

（四）副中心建设有利于集聚跨境电商产业的资源

随着推动中部地区崛起战略的深入实施、黄河流域生态保护和高质量发展上升为重大国家战略，洛阳市迎来了特殊的历史机遇。河南省委、省政府支持洛阳以开放为引领，加快建设中原城市群副中心城市，形成辐射豫西北、联动晋东南、支撑中原城市群高质量发展的新增长极。副中心城市建设的全面展开，一方面，将为洛阳发展跨境电商提供全方位支撑，尤其是在聚合产业服务资源、激发创业创新活力、增强进口消费需求、挖掘产业出口潜力等方面创造良好环境。同时，洛阳聚集了河南科技大学、洛阳师范学院、洛阳理工学院等一批高等院校和洛阳职业技术学院等职业院校，相对人才储备优势明显，加之城市综合成本较低，有利于吸引跨境电商产业运营资源聚集发展。另一方面，洛阳跨境电商产业的聚集发展也将助力副中心城市建设跨境商品消费中心、跨境电商创新创业中心，形成对周边区域的带动作用。

（五）外贸出口实力领先

2022 年，洛阳市外贸进出口额为 209.2 亿元，同比增长 1.2%。相继获批复合材料、工程机械、摩托车及零部件、钢制办公家具四个国家级外贸转型升级基地，拥有有色金属、太阳能光伏、铝钛钨钼材料三个省级外贸转型升级基地，围绕传统外贸出口与转型升级的发展需求，跨境电商有非常大的市场空间。同时，洛阳市作为老工业基地，形成了农机装备、高端轴承、航空装备、耐火材料、光电元器件、新能源电池、生物医药、电子显示材料、特色精细化工、人工智能“十大优势”产业集群，集聚一拖、中信重工、洛轴等知名制造企业，拥有“中国制造业名城”美誉，“洛阳制造”誉满全球。依托特色产业带和品牌优势产品资源，洛阳发展跨境电商的潜力巨大、空间广阔。

（六）创新资源赋能跨境电商突破发展

洛阳已有国家级高新技术企业 755 家，国家重点实验室 6 个，国家工程（技术）研究中心 3 个，国家企业技术中心 17 个，国家质量监督检测中心 8 个，省级重点实验室 22 个，省级工程技术研究中心 281 个，省级企业技术中心 117 个，省级质量监督检测中心 9 个，市级企业研发中心 1420 个，在新材料、航空航天、电子信息等高科技领域位居全国先进水平，已成为我国重要的科技研发基地。作为郑洛新国家自主创新示范区片区之一，洛阳集聚科技企业和创新人才，自主创新能力显著增强，为跨境电商创新发展提供了技术和人才保障。

（七）“五区融合”政策创新保障跨境电商创新发展

郑洛新国家自主创新示范区、中国（河南）自由贸易试验区洛阳片区、国家高新技术开发区、国家跨境电商综合试验区、综合保税区 5 个国家级重大创新载体为洛阳跨境电商下一步发展提供独具优势的政策创新机制。跨境电商可发挥龙头带动作用，依托跨境电商综合试验区的载体平台，结合自主创新示范区的创新资源和自由贸易试验区的开放条件，联动高新技术开发区的产业主体，走出一条“四区融合”的独特发展道路。

三、政策法规

为加快出台跨境电商支持政策，洛阳市借鉴郑州、石家庄等10余个跨境电商综合试验区的配套政策和经验做法，从培育跨境电商经营主体、支持跨境电商综合服务平台运维、人才体系建设、支持跨境电商生态发展、支持跨境电商重大项目5个方面，制定了洛阳市跨境电商专项政策措施，加快推进洛阳跨境电商发展。

四、平台建设

（一）加快推进洛阳跨境电商线上综合服务平台建设

依托中国（河南）国际贸易“单一窗口”，建设洛阳市跨境电商线上综合服务平台。该平台具有通关服务、物流仓储、金融服务、出口退税、信用保障、风险监测、数据分析等功能，建成集政府各职能部门的公共服务与企业跨境电商业务服务为一体的一站式综合服务平台，打造跨境电商数据中枢。

2022年8月，洛阳市启动线上综合服务平台建设；12月20日，经过电子政务会商、专家评审、项目立项、预算控制价评审、项目招标等环节，通过公开招标方式确定洛阳综试区线上综合服务平台项目建设方。

（二）洛阳跨境电商通关一体化平台初见成效

依托洛阳（五洲）跨境电商产业园建设的“通关一体化平台”，集保税仓储、保税商品展示、保税物流、通关通检等功能于一体，提供物流仓储、便捷通关等一站式外贸综合服务，实现9610、9710、9810模式累计通关106万单，联合阿里巴巴国际站出口到美国、俄罗斯、法国、英国、澳大利亚等61个国家和地区。出口产品主要有钢制办公家具、新材料、机电产品、布鞋、陶瓷、泳镜、假发、无纺布袋、铝锅、艾草、香菇、花椒等，初步形成了跨境电商与传统产业融合发展的新格局。

五、招商引资

2022年，洛阳市围绕产业招商全年谋划项目389个、总投资4787.2亿元；围绕在谈项目抓签约，组织各县区在京津冀、长三角、珠三角等经济发达区域多频次开展招商活动，全年签约亿元以上招商引资项目345个、投资总额2465.3亿元，特别是宁德时代、海澜集团等项目刷新了洛阳招商速度。2021年，全市实际利用省外境内资金925.8亿元、同比增长3.67%，总量稳居全省第二位。截至2022年年底，洛阳市对外贸易“朋友圈”扩大到215个国家和地区，475种“洛阳制造”商品走向世界，123家境内外500强企业在洛阳投资，高水平开放促进高质量发展的动能更加强劲。

配套文件

关于印发《中国（洛阳）跨境电子商务综合试验区发展规划（2021—2025年）》的通知

（洛跨境电商综试〔2022〕1号）

各县区人民政府，各成员单位：

《中国（洛阳）跨境电子商务综合试验区发展规划（2021—2025年）》已经第106次市政府常务会议研究通过，现印发给你们，请结合实际认真贯彻执行。

2022年5月20日

中国（洛阳）跨境电子商务综合试验区发展规划（2021—2025年）

前　言

近年来，跨境电子商务在全球经济复苏缓慢的背景下呈现逆势增长态势，商务模式不断创新，市场规模快速扩大，已经成为重要的贸易新业态。在“十四五”期间，跨境电子商务将持续促进我国贸易高质量发展，推动外贸结构不断优化，带动传统外贸转型升级，助力打造以国内大循环为主体、国内国际双循环相互促进的新发展格局。

党中央国务院高度重视跨境电子商务发展。截至2021年底，国务院分五批次共设立105个跨境电子商务综合试验区，搭建以“两平台、六体系”为核心的跨境电子商务线上、线下监管与服务体系，出台相关政策措施引导和促进我国跨境电子商务规范健康发展。省委、省政府大力支持跨境电子商务发展，明确将发展跨境电子商务纳入全省对外开放总体布局谋划推动。洛阳作为国家区域性中心城市、中原城市群副中心城市、“一带一路”建设重要节点城市和第四批跨境电子商务综合试验区城市，在发展跨境电子商务方面具有坚实的现代产业基础，蕴含巨大的经济发展活力，在区位交通、综合物流、消费市场等方面根基扎实，在基础设施、发展载体、投资环境等方面支撑良好，在产业结构、体制创新、综合竞争等方面优势凸显。

为深入贯彻习近平总书记视察河南重要讲话重要指示，全面落实省委、省政府支持洛阳建设万亿级中原城市群副中心城市决策部署，锚定洛阳市第十二次党代会以创新引领发展，建强副中心、形成增长极、重振洛阳辉煌目标任务，以中国（洛阳）跨境电子商务综合试验区建设促进跨境电子商务模式创新、管理创新、服务创新和应用创新，加快洛阳跨境电子商务高质量发展，打造洛阳进出口贸易转型升级新动力，助力国家重要的创新高地和装备制造业基地建设，依据《中共中央国务院关于推进贸易高质量发展的指导意见》《国务院办公厅关于加快发展外贸新业态新模式的意见》《国务院关于同意在石家庄等24个城市设立跨境电子商务综合试验区的批复》《“十四五”电子商务发展规划》

《河南省国民经济和社会发展第十四个五年规划和二〇三五年远景目标纲要》《洛阳市国民经济和社会发展第十四个五年规划和二〇三五年远景目标纲要》等战略部署，围绕洛阳市跨境电子商务五年总体发展目标和《中国（洛阳）跨境电子商务综合试验区实施方案》的建设要求，特制定本规划。

本规划是指导我市当前和今后一个时期跨境电子商务发展的纲领性文件。本规划实施期为2021年到2025年。

第一章　规划背景

第一节　发展环境

跨境电商是全球贸易发展的必然趋势。在经济全球化遭遇逆流，新冠肺炎疫情影响广泛深远，世界经济下行压力增大，全球贸易增速下滑的背景下，得益于全球网络、物流、支付等基础设施的快速完善，跨境电商在全球范围逆势高速增长，成为国际贸易的新亮点和贸易增长的新动力。我国跨境电商发展迅猛，进出口交易规模不断上升，新模式、新场景、新业态加速涌现，跨境电商在满足国内消费升级需要和打造外贸出口新通道方面发挥了突出作用，成为拉内需、稳外贸的重要力量。省委、省政府把握跨境电商发展大势，把跨境电商作为内陆省份对外开放的前沿领域，“十三五”期间探索出了一条以创新驱动为特色的内陆地区跨境电商发展之路。洛阳作为河南新的增长极，积极打造内陆开放新高地，郑洛新国家自主创新示范区引领作用凸显，副中心城市建设提速，要紧抓新一轮信息技术革命发展机遇，提升跨境电商的战略定位，以建设高质量的跨境电商综试区为抓手，完善跨境电商产业环境，培育跨境电商产业业态，推动高水平制度型开放，全面提升数字化时代对外贸易发展水平，助力构建双循环发展新格局。

发展跨境电商是洛阳外贸转型升级的内在要求。当前，我国制造业所依赖的能源、原材料、劳动力、土地等要素成本快速上升，中国制造亟需通过新发展模式打造新的核心竞争力。我市拥有装备制造、摩托车及零部件、轴承、新材料、钢制办公家具等产业优势，更需要扎实推进经济结构调整和加速核心产业的转型升级。但在外贸出口上，我市面临出口产品品类过于集中、制造成本上升、品牌影响力弱、市场拓展受限等突出问题，外贸转型升级的压力日渐迫切。跨境电商在快速发展过程中，已经呈现出与加工制造业、传统外贸深度融合态势，助力传统企业在新市场拓展、新品牌培育、新产品研发过程中精准匹配市场需求，形成快速反应能力，打造新的竞争优势。我市应立足跨境电商综试区建设契机，着力延链补链强链，打造农机装备、高端轴承、航空装备、耐火材料、光电元器件、新能源电池、生物医药、电子显示材料、特色精细化工、人工智能“十大优势”产业集群，为制造业高质量发展奠定坚实基础，加速培育一个根植于优势产业的跨境电商新生态，发挥跨境电商的连接优势，助力外贸产品、渠道转型升级，持续打造洛阳先进制造业的全球竞争新优势，加快建设国家制造业强市。

发展跨境电商是洛阳创新引领发展的战略选择。面向未来发展，围绕省委工作会议提出的“洛阳要建强副中心、形成增长极，成为引领全省发展的核心引擎”的城市发展目标要求，市十二次党代会明确提出要坚持以创新引领发展，全面激发创新活力，立足新发展阶段形成以科技创新为核心，包括科技创新、观念创新、体制创新、功能创新、模式创新等全方位创新发展格局。我市建设一个以创新为特色的中国（洛阳）跨境电商综试区，可以为跨境电商产业发展提供一个阳光化、便利化的载体平台和独具优势的创业创新环境，吸引或催生出大量的跨境电商市场主体，形成完善的跨境电商产业链，进而赋能洛阳传统进出口贸易、生产制造业实现高质量发展。这样的一个创新发展路径，既是创新引领发展的具体体现，也是国家批准洛阳建设跨境电商综试区的根本要求，可以为国内其他内陆型中心城市发展跨境电商提供示范。

第二节　发展现状

“十三五”期间，面对复杂严峻的国内外形势，我市积极探索跨境电商外贸交易新模式，促进跨境电商保持快速发展态势，为“十四五”时期实现外贸高质量发展奠定了坚实基础。

交易规模持续提升。近年来，我市跨境电商保持快速发展态势。全市跨境电商进出口由2017年的31.02亿元增长到2021年的61.7亿元，年均增长18.7%；跨境电商交易额已相当于全市外贸进出口总额的26.9%。跨境电商已成为外贸发展的新业态，在钢制办公家具、装备、摩托车及零部件、新材料等特色产品的应用独具优势，助力“洛阳制造”产品出口到美国、俄罗斯、法国、英国、澳大利亚等60余个国家和地区。

载体建设初见成效。我市以载体建设为抓手，积极完善产业配套服务，引导跨境电商企业集聚发展。拥有五洲跨境电商产业园、洛阳信息科技城等2个省级跨境电商示范园区，洛阳ITC培训孵化平台、洛阳863创智广场等2个省级跨境电商人才培训暨企业孵化平台和洛阳天浩泰轨道装备制造有限公司省级跨境电子商务海外仓示范企业，涧西中弘跨境电商产业园、洛阳国家大学科技园、中浩德电子商务产业园、上发跨境电商产业园、洛阳863创智广场等电商类园区和各驻洛院校积极开展跨境电商人才培训、企业孵化等服务，已成功获批87个海外跨境电商商标，参与编制11项跨境电商国家、国际标准。此外，依托洛阳五洲跨境电商产业园建设了“通关一体化平台”，集保税仓储、保税商品展示、保税物流、通关通检等功能于一体，提供物流仓储、便捷通关等一站式外贸综合服务，已实现9610、9710、9810模式累计通关69万单。

企业主体初具规模。截至2021年末，全市拥有各类跨境电商经营主体及服务企业800余家，其中高新技术企业118家，35家规上跨境电商企业。拥有康搏特钨钼材料、信成精密、铭辰工贸、天久科技、铭诺国际贸易、合胜光伏等一批本土跨境电商出口企业，玖运国际、河南众创、彤润信息等一批本土跨境电商服务企业，邮政、顺丰、中储、联邦、敦豪等跨境电商物流企业等，跨境电商企业类型不断丰富，市场主体规模不断扩大。全市跨境电商出口应用企业队伍逐渐壮大，在跨境B2B领域，装备机械、新材料等行业大量的生产制造企业通过阿里国际站、中国制造网、谷歌搜索等开展线上营销业务；在跨境B2C领域，钢制办公家具、机电产品、布鞋、陶瓷、泳镜、假发、相框、无纺布袋、铝锅、艾草、香菇、花椒等洛阳优质商品吸引了大量跨境电商卖家聚集发展，已初步形成跨境电商与传统产业融合发展的新格局。

配套服务日趋完善。在物流配套方面，我市拥有一类航空口岸和二类铁路、公路口岸，开通了中亚班列和洛阳到宁波、青岛铁海联运班列，现有39个公共海外仓，仓储总面积超过 51.72 万平方米，主要布局在美国、欧洲、东南亚及非洲等 16 个国家和地区。在人才保障方面，洛阳跨境电商综试区内有多所高校设置跨境电商专业，积极推动政校企合作，营造浓厚的跨境电商创新创业氛围。联合驻洛高校、职业技术学校、阿里巴巴国际站和市跨境电商协会等机构，通过举办跨境电商论坛或峰会为本地跨境电商企业构筑了交流平台，同时加大培训力度，引导社会力量多形式开展跨境电商人才培训。

监管创新有效推进。我市高度重视进出口领域营商环境的改善，把全领域便利化通关作为提升洛阳外贸竞争力的重要手段。市政府相关部门相继在企业开办、金融服务、支持涉外经济发展、零售货物税收、进口正面监管等方面，制定了 13 项便利化政策举措，形成了一批在全省可复制推广的制度创新成果。洛阳海关围绕贸易便利化，形成了“出口危险货物包装监管创新”、“海关检验检疫证单邮寄服务”、“报关单位注销便利化”、“优化口岸卫生许可审批”、关银一 KEY 通、“两步申报”模式等改革创新成果。市场监管局围绕涉企经营、企业投资等方面，形成“7”减“4”优化兽用医药制品生产许可审批流程、进口食品、化妆品进口商现场备案、优化食品生产许可证办理模式、“一照通行、多证集成”等改革创新成果。其中“一照通行、多证集成”为全国首创，成功入选国家发改委《中国营商环境报告 2020》，受到省政府集中督查通报表扬。2020 年 7 月，我市跨境电商 B2B 模式 9710、9810 业务正式申报通关，标志着跨境电商 B2B 出口试点业务在全国地级市率先启动，洛阳跨境电商迈入出口业务全模式、简化申报秒通关的新阶段。

第三节　发展形势

当今世界正经历百年未有之大变局，新一轮科技革命和产业变革深入发展，我国新发展格局加速推进，洛阳在发展跨境电商方面正处于难得的战略机遇期，同时也将面临诸多挑战。

（一）优势与机遇

副中心城市建设有利于集聚跨境电商产业资源。随着推动中部地区崛起战略的深入实施以及黄河流域生态保护和高质量发展上升为重大国家战略，洛阳发展迎来了特殊的历史机遇。省委、省政府支持洛阳加快建设中原城市群副中心城市，奋力打造带动全省高质量发展新的增长极，这为发展跨境电商提供全方位支撑，尤其是在聚合产业服务资源、激发创业创新活力、扩大进口消费需求、挖掘产业出口潜力等方面创造出良好的发展环境。我市拥有河南科技大学、洛阳师范学院、洛阳理工学院等驻洛高校和洛阳职业技术学院等职业院校，人才储备优势较为明显，加之城市综合成本较低，伴随城市功能的加速完善，必将有利于吸引跨境电商产业运营资源在洛阳及周边区域聚集发展。同时，跨境电商也将助力副中心城市建设，打造形成区域性的跨境商品消费中心，助力洛阳创建国际消费中心城市，形成对周边区域强大的辐射带动作用。

优势特色产业跨境电商应用潜力巨大。2021 年，全市外贸进出口总值 232.4 亿元，同比增长 20.4%。相继获批复合材料、工程机械、摩托车及零部件、钢制办公家具 4 个国家级外贸转型升级基地，拥有有色金属、太阳能光伏、铝钛钨钼材料 3 个省级外贸转型升级基地，围绕传统外贸出口与转型升级的发展需求，跨境电商有非常大的市场空间。同时，我市作为老工业基地，形成了农机装备、高端轴承、航空装备、耐火材料、光电元器件、新能源电池、生物医药、电子显示材料、特色精细化工、人工智能“十大优势”产业集群，集聚一拖、中信重工、洛轴等知名制造企业，拥有“中国制造业名城”美誉，“洛阳制造”誉满全球。依托特色产业带和品牌优势产品资源，洛阳发展跨境电商的潜力巨大、空间广阔。

丰富的文化旅游资源可为跨境电商赋予独特品牌影响力。洛阳是华夏文明的发祥地之一、丝绸之路的东方起点，有着深厚的文化积淀和丰富的旅游资源。“十三五”期间，我市文化旅游产业发展规模不断壮大，全市共有龙门石窟等3项6处世界文化遗产，省级旅游度假区6个，A级旅游景区（点）71家，其中5A级景区5家，4A级景区25家，5A和4A级景区数量在全国地级城市中位居榜首，并且成功打造了“隋唐洛阳城”国际文化品牌、叫响了“运河中心”城市品牌、擦亮了“牡丹花城”金字招牌。我市通过着力打造国际人文交往中心和“古今辉映、诗和远方”的国际文化旅游名城，国际知名度和美誉度明显提升。我市以文化旅游为特色，在国际上拥有知名度较强的城市品牌名片，可为跨境电商发展赋予独特的城市文化IP，带动文创产品跨境电商出口的同时，也可实现跨境电商与文化旅游融合发展。

创新资源丰富可以支撑跨境电商突破发展。我市现有国家级高新技术企业755家，国家重点实验室6个，国家工程（技术）研究中心3个，国家企业技术中心17个，国家质量监督检测中心8个，省级重点实验室22个，省级工程技术研究中心281个，省级企业技术中心117个，省级质量监督检测中心9个，市级企业研发中心1420个，在新材料、航空航天、电子信息等高科技领域位居全国先进水平，已成为我国重要的科技研发基地。作为郑洛新国家自主创新示范区片区之一，我市集聚科技企业和创新人才，自主创新能力显著增强，可为跨境电商创新发展提供强大的技术和人才保障。

“五区融合”政策叠加优势可为跨境电商创新发展提供有力保障。郑洛新国家自主创新示范区、中国（河南）自由贸易试验区洛阳片区、国家高新区、洛阳综合保税区、国家跨境电商综试区五个国家级重大创新载体为洛阳跨境电商下一步发展可提供独具优势的政策创新机制。跨境电商可依托跨境电商综试区的载体平台，结合自创区的创新资源和自贸区的开放条件，联动高新区的产业主体和综保区的配套服务，走出一条“五区融合”的独特发展道路。

从外部条件来看，我市发展跨境电商应紧抓以下几方面历史机遇。

紧抓后疫情时代市场扩张机遇。后疫情时代，各国电子商务应用水平普遍提升，物流支付等线上消费保障条件持续改善，传统外贸企业加速线上化发展，消费者线上消费习惯快速养成，各国产业数字化转型趋势明显，新用户新市场扩大了跨境电商服务空间。我市应紧抓跨境电商市场正在加速扩张的机遇，以做大做强跨境电商产业为依托，充分发挥跨境电商连接国际国内两个市场、有效利用两种资源的优势，赋能外贸转型升级，大力培育产业发展新动能、转型升级新渠道和高质量发展新抓手。

紧抓新业态新模式创新发展机遇。随着互联网技术的发展和新型消费群体日渐崛起，以直播、社交、独立站为代表的新型获客方式逐渐成为跨境电商的新增长动力。我市应及时把握新业态新模式发展风口，积极培育竞争新优势，引导本地跨境电商企业发展集社交互动、内容营销、线上线下多渠道融合于一体的场景化跨境电商营销，提高流量转化率，扩大市场规模，打造洛阳跨境电商发展新亮点。

紧抓国家支持跨境电商发展的政策机遇。党中央、国务院高度重视跨境电商作为推动外贸转型升级、促进经济高质量发展重要突破口的战略价值，以跨境电商综试区建设为主要载体，不断加大对跨境电商的政策支持，持续释放各种利好消息，加速完善跨境电商政策环境，助力我国跨境电商健康快速发展。我市作为国家跨境电商综试区，可享受商务部、海关总署等国家相关部门出台的跨境电商相关支持政策，同时也具备了在监管模式、技术标准、业务流程和数字化建设等方面开展先行先试的有利条件，可通过创新在局部形成全国性政策突破，依托地方特色资源做大做强跨境电商产业。

紧抓国际新规则带来发展机遇。东盟、中国、日本、韩国、澳大利亚、新西兰等15国签署RCEP，在关税减免、投资准入、人员流动、原产地规则、便利化通关及电子商务等多领域达成高标准贸易新规则，必将大大促进占全球人口及贸易总量近3成的区域经济一体化进程。在此基础上，中国政府已正式提出加入CPTPP申请。对于洛阳跨境电商发展而言，RCEP等区域贸易协定的签署生效，将在市场总量、跨境通关、供应链布局等多方面为本地跨境电商发展提供新的增量红利，有利于跨境电商产业进一步做大做强。

（二）问题与挑战

“十三五”期间，在市委、市政府的高度重视下，我市跨境电商发展取得了一些新突破，但相对于跨境电商发达城市在很多方面仍存在明显的短板。

跨境电商产业生态体系尚不完善。我市依托园区载体建设，在一定程度上形成了跨境电商企业集聚效应，但在城市范围内尚未构建起完整的跨境电商产业链和生态圈，跨境电商服务业仍处于发展的初期，跨境物流、营销、财税、海外仓、通关等多环节的优质服务资源还较为匮乏。我市作为内陆城市，相比南方发达城市，跨境电商发展氛围不足，集聚跨境电商产业资源吸引力不强，构建起完整且具备一定竞争优势的跨境电商生态体系将面临不小的挑战。同时，随着跨境电商综试区的持续扩容，各综试区城市之间的竞争也将加剧，对优质跨境电商服务资源的争夺也将更加激烈。

跨境电商与特色产业融合程度不足。我市制造业产业基础雄厚，拥有工程机械、耐火材料、摩托车及零部件、轴承、钢制办公家具、铝钛等特色产品，尽管钢制办公家具、布鞋等部分本地产品已经在通过跨境电商销售或进行网上推广，但总体上仍处于跨境电商应用初级阶段，跨境电商服务优势特色产业产品出口的作用尚不明显。由于跨境电商是外贸新业态，其在运营流程、市场推广、营销方式上都不同于传统外贸，传统制造业、外贸企业往往有思维定式，不愿、不敢涉足转型跨境电商。同时，不少外贸企业有长期合作的固定客户，习惯采用传统邮件通讯、参加展会等方式开拓市场，企业转型跨境电商意识薄弱、需求不强、动力不足。观念意识的转变无法一蹴而就，我市在提升外贸企业及传统制造企业转型意识、培育发展跨境电商市场主体、促进特色产业和跨境电商融合等方面将面临较大挑战。

跨境物流成本高与专业人才缺乏问题成为发展瓶颈。跨境电商企业普遍反映物流问题，已成为制约我市跨境电商发展的瓶颈，主要表现为物流渠道不畅通，洛阳机场尚未开通货运航线，跨境电商企业需将货品通过货代或快件公司运至郑州、杭州、深圳等地完成跨境物流运输；物流成本较高，本地物流资源缺乏整合，中欧班列、中亚班列等物流通道成本较高，本地部分跨境电商企业的大宗货物出于成本考虑，只能通过青岛、宁波等港口城市海运出境。同时，本市跨境电商企业尤其是传统企业在开展跨境电商业务过程中普遍反映人才缺乏问题较为严重，外地人才引不来、本地人才留不住问题比较突出。

跨境电商政策支持力度比较优势不明显。与跨境电商发达城市相比，我市还缺乏有针对性和吸引力的支持性政策措施，跨境电商政策支持力度不大，难以激发本市制造企业和传统外贸企业开展跨境电商业务的积极性、主动性和创造性，导致许多跨境电商业务流向外地。同时，对于从海外和发达地区回流洛阳的跨境电商企业或年轻创业团队，政府给予的支持力度有限，难以发挥返洛的跨境电商企业的示范带动作用。

第二章 总体要求

第一节 指导思想

以习近平新时代中国特色社会主义思想为指导，全面贯彻党的十九大和十九届历次全会精神，深入贯彻习近平总书记视察河南重要讲话重要指示，全方位落实省委、省政府支持洛阳建设万亿级中原城市群副中心城市决策部署，抢抓构建新发展格局战略机遇、新时代推动中部地区高质量发展政策机遇、黄河流域生态保护和高质量发展历史机遇，秉持以创新引领发展为核心要义，以深入实施跨境电商综试区建设为抓手，以做大做强跨境电商产业服务副中心城市建设为目标，充分依托洛阳资源禀赋和产业优势，着力优化跨境电商发展环境，建立健全跨境电商完整产业链和生态圈，促进洛阳特色产业与跨境电商深度融合，将中国（洛阳）跨境电子商务综合试验区建设成为支撑洛阳跨境电商产业高质量发展、服务外贸转型升级和促进区域消费提升的核心载体，为建强副中心、形成增长极，在现代化建设新征程中重振洛阳辉煌增势赋能，打造服务国内国际双循环的跨境电商产业聚集区。

第二节 基本原则

坚持创新引领。坚持以创新引领发展，强化观念创新、政策创新、制度创新、管理创新、服务创新、业态创新、技术创新和协同创新，助力跨境电商创新发展，加快建设国家创新型城市。营造良好的创业创新发展环境，聚合创新资源，激发创新活力，打造以创新引领发展的跨境电商综合试验区，助力建设青年友好型城市。

坚持市场驱动。切实树牢市场思维，遵循市场规律，坚持市场在资源配置中的核心地位，围绕市场需求，发挥企业在跨境电商市场运作中的主体作用，激活市场内生动力，促进跨境电商有序竞争发展。把服务市场主体、解决企业难题作为根本出发点，为企业创造良好的市场环境，按照在发展中规范、在规范中发展的要求，持续打造跨境电商市场化、规范化发展动力机制。

坚持科学布局。结合现有产业布局和跨境电商发展基础，统筹规划全市跨境电商产业布局，形成各具特色、分工明确的整体发展格局。通过科学布局，促进跨境电商要素集聚，产业集聚，推动跨境电商实现集约发展、跨越发展，带动特色产业带与跨境电商深度融合，赋能优势产业转型升级。

坚持协同发展。加强海关、税务、外汇管理、商务、市场监管、邮政等部门协同，推进“部门联动、业务联通”。加强市区与下辖县的协同，加强信息互通、资源共享、业务联动，推动市区与下辖县共享政策红利、创新红利。加强与郑州、南阳等省内综试区的区域协同及与沿海城市综试区的资源协同，加强资源互助、产业互补，多方式打造洛阳跨境电商通道，实现差异化发展格局。

第三节　发展定位

中部地区外贸转型发展示范区。通过深入开展跨境电商综试区建设，把跨境电商发展成为全市外贸发展新动力，优化贸易结构，推动进口与出口、贸易与产业协同发展。做大跨境电商进口服务副中心城市的消费升级，满足本地及周边城市消费群体对进口商品的需求，助力洛阳打造国际消费中心城市。大力促进跨境电商出口与洛阳优势产业和特色产品结合，带动本地联动周边传统外贸企业转型升级和品牌出海，培育出口贸易竞争新优势。

中部地区跨境电商创新创业新高地。以创业孵化为重要的着力点，高标准建设一批跨境电商产业园区，积极打造跨境电商创业孵化基地，聚集投融资、法律咨询、物流仓储、商务交流等创业服务资源，营造支持创新创业的良好氛围，吸引中部地区跨境电商创业群体集聚，激发企业创新活力和人才创业动力，着力建设中部地区跨境电商创新高地和创业中心。

全国制造业应用跨境电商转型升级新样板。立足洛阳制造业产业基础和科创资源，发挥跨境电商模式优势，引导制造业企业更好地适应全球市场变化，拓展海外营销渠道，增强海外市场话语权，推动制造产业链与跨境电商创新链匹配对接，促进贸工一体化，实现制造业与服务业融合发展，在利用跨境电商推动传统制造业转型升级方面打造全国样板。

跨境电商与文旅文创融合发展引领区。依托历史悠久的文化底蕴和得天独厚的旅游资源，打响跨境电商与文旅文创融合品牌，促进文化旅游与跨境电商进口消费需求的融合，带动承载着历史文化内涵的优秀文创产品跨境电商出口，发挥跨境电商赋能作用，全面实施文旅文创融合战略，推动文旅文创成支柱，助力洛阳建成全省文化中心、全国文创高地和国际文化旅游目的地，积极打造跨境电商与文旅文创融合发展引领区。

第四节　发展目标

对标对表国家、省“十四五”商务发展目标、洛阳市国民经济和社会发展第十四个五年规划和2035年远景目标等，聚焦制度型开放战略，锚定万亿级经济总量目标，围绕副中心城市和新增长极建设，“十四五”时期，洛阳在跨境电商领域的主要发展目标如下。

（一）“十四五”时期发展目标

1. 总体目标。到2025年，以高质量跨境电商综试区建设为依托，将洛阳市发展成为跨境电商基础设施完善、产业要素集聚、生态体系完整、创业创新活跃、发展环境优化、对外连接紧密的中部跨境电商新高地，跨境电商在促进洛阳实体产业转型升级，打造新的经济增长点，助力建设全球文化强市、内陆地区开放高地和“一带一路”重要节点城市等方面发挥关键作用。

——产业规模显著提升。到2025年，全市跨境电商进出口交易额突破150亿元，占全市外贸比重达30%以上，年增长率达20%以上，确保跨境电商交易额稳居全省前三，形成引领全省跨境电商发展新的动力源。

——产业生态快速完善。到 2025 年，全面建成功能完善的跨境电商“两平台、六体系”（线上综合服务平台、线下产业园区平台和信息共享体系、金融服务体系、智能物流体系、信用体系、统计监测体系、风险防控体系），监管服务创新取得显著成效，通关便利化程度达到国内一流水平。到 2025 年，跨境电商集聚效应显现，力争新增 2 家特色鲜明、产业集聚的省级跨境电商示范园区，培育 5 个以上交易额超 20 亿元的跨境电商产业集群；市场主体规模不断扩大，全市引进 2 家以上跨境电商龙头企业，重点支持 30 家以上跨境电商知名企业发展，孵化 500 家以上跨境电商创业企业，打造 2 个以上制造业领域跨境电商垂直型行业平台；高效跨境物流体系基本形成，力争新增 3 家信息化程度高、管理服务完善的省级海外仓示范企业，与 3 个以上跨境电商综试区实现口岸资源对接合作；跨境电商金融服务明显完善，出台 2 个以上跨境电商金融领域支持政策；跨境电商人才供需状况基本实现平衡，力争新增 2 家功能健全、服务完善的省级跨境电商人才培训暨企业孵化平台，培训跨境电商人才 10000 以上。

——产业融合成效显著。到 2025 年，传统外贸企业数字化转型水平不断提升，跨境电商使用比例大幅提高，全市出口企业中通过跨境电商渠道开展业务的企业达到 50% 以上。跨境电商与优势制造业、特色农产品及文化旅游领域融合取得显著成效，洛阳跨境电商综试区成为制造业和跨境电商融合发展的典范。

中国（洛阳）跨境电商综试区“十四五”发展指标

类别	指标	目标	性质
产业规模	跨境电商进出口交易额（亿元）	≥150	预期性
	跨境电商交易额占外贸比重（%）	≥30	预期性
	跨境电商交易额年增长率（%）	≥20	预期性
产业生态	构建跨境电商“两平台、六体系”	—	约束性
	新增省级跨境电商示范园区（家）	≥2	预期性
	培育交易额超 20 亿元的跨境电商产业集群（个）	≥5	预期性
	引进跨境电商龙头企业（家）	≥2	约束性
	支持跨境电商知名企业发展（家）	≥30	预期性
	孵化跨境电商创业企业（家）	≥500	预期性
	打造制造业领域跨境电商垂直型行业平台（家）	≥2	预期性
	新增省级海外仓示范企业（家）	≥2	预期性
	与跨境电商综试区实现口岸资源对接合作	≥3	预期性
	出台跨境电商金融领域支持政策	≥2	预期性
	新增省级跨境电商人才培训暨企业孵化平台（家）	≥2	预期性
	培训跨境电商人才	≥10000	约束性
产业融合	全市出口企业中通过跨境电商渠道开展业务企业占比（%）	≥50	预期性

2. 阶段目标。

整体规划分成两阶段实施，第一阶段为完善基础发展期（2021 年—2023 年），第二阶段为全面优化突破期（2024 年—2025 年）。

第一阶段到 2023 年，围绕洛阳跨境电商综合试验区建设要求，涵盖政策创新、机制创新、公共服务、主体培育、要素支撑、产业融合以及内外协同等在内的发展格局基本形成。

（1）到 2023 年，跨境电商进出口交易额突破 100 亿元。

（2）深入开展跨境电商综合试验区建设，高质量完成试点目标，搭建形成通关便利化程度高、适应洛阳市跨境电商快速发展需求的线上综合服务平台，完成洛阳综合保税区、洛阳保税物流中心等支撑跨境电商发展的海关特殊监管区建设，初步构建起信息共享体系、金融服务体系、智能物流体系、信用体系、统计监测体系、风险防控体系等六大综合服务体系，提升洛阳跨境电商公共服务能级。

（3）力争新增 1 家省级跨境电商示范园区，形成跨境电商产业初步集聚。

（4）引进 1 家以上跨境电商龙头企业，集聚跨境电商物流、金融、营销、摄影、代运营、培训等跨境电商产业相关配套企业，重点支持 20 家以上跨境电商知名企业发展，孵化 300 家以上跨境电商创业企业，打造 1 个以上制造业领域跨境电商垂直型行业平台，力争新增 1 家省级跨境电商人才培训暨企业孵化平台，2 家省级海外仓示范企业，初步形成跨境电商生态圈。

（5）建成中国（洛阳）跨境电商综试区体验中心，积极打造 1 家以上跨境电商进口商品交易平台，初步形成跨境电商进口产业链。

（6）建成洛阳市跨境电商供应链选品中心，跨境电商与优势制造业融合增效显著，建成装备制造、智能家居等 3 个以上交易额超 20 亿元的跨境电商特色产业带。

（7）与郑州、宁波、青岛等 2 个以上跨境电商综试区实现常态化对接合作，形成海港、空港、公路、铁路等口岸基础设施共享模式，深化多式联运发展等，弥补洛阳市物流通道服务资源短板。

（8）与 2 个以上“一带一路”沿线国家建立跨境电商合作机制，在主要跨境电商目标市场国家形成一定的国际影响力，大力推动海外仓、洛阳特色产品展示销售服务中心建设。在国家宏观战略框架下，积极落实“丝路电商”发展要求，与 1 个以上海外友好城市间建立点对点的跨境电商合作机制。

第二阶段到 2025 年，通过体制机制和政策举措的持续创新，洛阳跨境电商发展水平明显提升，全面实现规划总目标。

（1）到 2025 年，全市跨境电商进出口交易额实现 150 亿元目标，占全市外贸比重达 30%以上。

（2）全面建成“两平台六体系”，形成完善的跨境电商公共服务体系。

（3）构建起完善的跨境电商生态体系，实现跨境电商龙头企业、创业企业、垂直型行业平台、跨境电商产业集群等引进及培育目标。新增省级跨境电商示范园区、省级跨境电商人才培训暨企业孵化平台、省级海外仓示范企业等达到预期目标，形成不断优化和持续完善的跨境电商仓储物流、金融服务、人才培训、数据服务等要素支撑体系。

（4）洛阳制造业、文创文旅产业等优势产业与跨境电商深度融合，形成紧密互动的产业生态，洛阳跨境电商综试区成为服务洛阳制造业转型发展、服务洛阳国际人文交往中心城市打造、服务洛阳国际消费中心城市建设的核心载体，对洛阳中原城市群副中心城市、新增长极等发展目标形成强大支撑。

（二）2035 年远景目标展望

到 2035 年，全市跨境电商产业规模持续扩大，对经济增长的贡献进一步增强，实现与全球跨境电商产业链的深度衔接，跨境电商在带动洛阳传统外贸企业转型升级、满足跨区域消费升级、推动跨境电商与特色优势产业深度融合、助力打造全球文化名城和国际消费中心城市等方面取得明显成效，把洛阳建设成为内陆地区重要的跨境电商中心城市。

第三章　空间布局

按照突出特色、优势互补、错位发展的基本原则，建设以洛阳综合保税区为核心支撑，以两中心四园区为示范带动，推进各县（区）优势产业带、特色产品与跨境电商融合发展，形成布局合理、协同发展的“一核心支撑、两中心四园区示范带动、多产业融合”洛阳跨境电商空间布局。

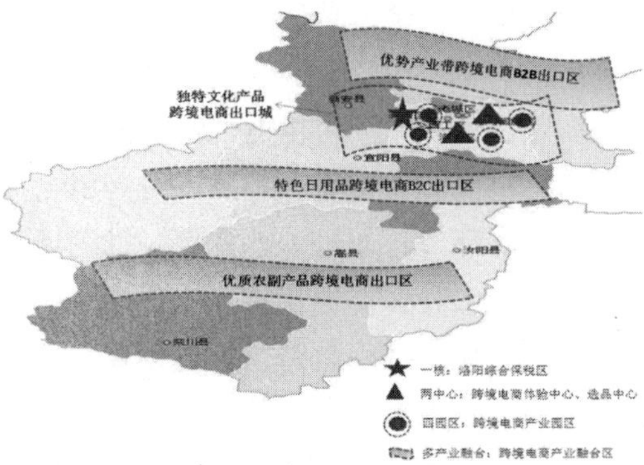

洛阳跨境电商空间布局示意图

第一节　突出一核心支撑

以洛阳综合保税区为跨境电商核心园区，借助洛阳综合保税区海关特殊监管场所的政策叠加辐射效应和仓储物流配套功能，加强保税仓储、物流仓储中心、线下展示交易中心等设施建设，积极培育和引进跨境电商进口企业、应用企业、物流服务企业、外贸综合服务企业等，为跨境电商企业提供全方位服务。支持洛阳综合保税区重点开展“1210”保税进口业务，推动开展直购进口、保税展示交易、特殊区域进出口等多种监管模式跨境电商业务，打造跨境电商核心功能集聚示范区。加强洛阳综合保税区与各县（区）跨境电商进口展示体验中心联动发展，支撑全市跨境电商保税进口业务发展，扩大跨境电商进口消费市场。加快建设完善跨境电商监管模式创新、标准制定、物流仓储和金融服务，通过不断优化管理运营模式与服务机制，为跨境电商主体提供便利高效的综合服务。

第二节　强化两中心四园区示范带动

积极推动“两中心”：中国（洛阳）跨境电商综试区体验中心、洛阳市跨境电商供应链选品中心；积极推动“四园区”：五洲跨境电商产业园、东方红跨境电商综合产业园、中浩德电商产业园、智能家居跨境电商产业园等建设，打造立足洛阳、聚合周边、辐射豫西地区的跨境电商示范带动园区。

中国（洛阳）跨境电商综试区体验中心：依托主城区人流聚集度高、商贸基础好等优势，建设中国（洛阳）跨境电商综试区体验中心，围绕跨境电商进口需求，引进跨境电商企业总部/区域总部、电商网红直播基地、电商人才实训中心、电商服务中心等闭环业态，聚集“跨境电商企业总部、跨境平台服务商、商贸服务商、直播新媒体、人力资源”等相关公司或机构，为综试区跨境电商企业提供线上交易、线下体验的跨境电商 O2O 服务，让本地及周边百姓在家门口就能“买遍全球”。

洛阳市跨境电商供应链选品中心：依托上发电商产业园等产业集群与产业园区，全市重点建设“洛阳市跨境电商供应链选品中心”，集中为跨境电商企业提供线下展示、智能选品、供应链服务，为跨境电商创业创新群体提供载体。推动跨境电商与农村电商联动发展，充分发挥电商进农村示范优势，扩展各县电商公共服务中心的跨境电商服务功能，支持建设跨境电商供应链选品中心，为企业提供资源对接、产品选品、创业孵化、供应链等公共服务，扩大跨境电商创业群体和应用企业队伍。

五洲跨境电商产业园：发挥副中心城市建设优势，以申建洛阳市保税物流中心为依托，加强与洛阳海关、洛阳邮政等部门的对接协调，重点支持五洲跨境电商产业园做大做强跨境电商 B2C 出口“9610”业务，为跨境电商企业提供“清单核放、汇总统计”等创新服务，方便企业通关，便利海关管理与企业退税、结汇业务，带动洛阳及周边城市特色产品出口，实现跨境电商数据本地化统计。

东方红跨境电商综合产业园：依托中国一拖洛阳生产服务型物流枢纽入选国家物流枢纽建设名单契机，积极申建洛阳保税物流中心，结合口岸布局、海关监管资源、构建跨境电商服务和监管体系，吸引跨境电商产业链上下游企业入驻，形成集通关、仓储、物流、商品展示、电子商务孵化、平台服务等一体化的综合性示范园区。依托制造业产业集聚基础，整合中欧班列、中亚班列、多式联运等物流资源，重点开展跨境电商 B2B 出口“9710”、“9810”业务，积极打造跨境 B2B 出口特色载体。

中浩德电商产业园：依托现代化智能仓储项目浩德云仓、京东洛阳本地仓等仓储物流资源，为跨境电商企业提供专业化、智能化的仓储物流服务。积极推进浩德云谷建设，为跨境电商企业提供展览展示、新零售体验、电商孵化、研发设计、产业大数据等综合服务，打造以仓储物流为特色，综合配套完善的跨境电商产业园区。

智能家居跨境电商产业园：依托钢制办公家具特色产业优势，推动智能家居产业集群创新发展跨境电商，完善跨境电商孵化创新服务，积极对接跨境电商平台企业和大卖家，拓展海外销售渠道，打造智能家居整体品牌，发展个性化定制、智能制造，推动智能家居跨境电商出口。

综上所述，洛龙区依托地处中心城区，全市政治经济中心的优势，发挥区位交通便利发达、仓储物流设施完善、科研基础实力雄厚，创新创业平台众多等多方面比较优势，大力推进中国（洛阳）跨境电商综试区体验中心、洛阳市跨境电商供应链选品中心、中浩德电商产业园、上发跨境电商产业园等载体建设，全方位完善跨境电商公共服务，积极打造全市跨境电商产业服务示范区。西工区依托五洲跨境电商产业园，全面完善跨境电商产业生态，重点围绕跨境电商产业链核心环节，通过外地招商一批跨境电商龙头企业入驻、本地扶持一批传统企业转型、园区孵化一批小微跨境电商创业，推动跨境电商要素集聚，资源共享，积极打造全市跨境电商产业集聚示范区。涧西区依托工业基础雄厚的产业优势和摩托车、轴承、耐火材料等产品主要产地，发挥一拖集团、中信重机、洛轴集团等制造业龙头企业带动作用，以东方红跨境电商综合产业园建设为示范带动，推进制造业与跨境电商融合发展，推动产业优势向出口优势转变，实现传统制造业转型升级，积极打造全市跨境电商产业融合示范区。伊滨区依托钢制办公家具特色产业集群，以智能家居跨境电商产业园建设为抓手，推动智能家居产业集群与跨境电商融合发展，探索形成特色产业集群发展跨境电商创新模式，积极打造全市跨境电商产业创新示范区。

第三节　推进多产业融合

围绕跨境电商与优势特色产业结合的应用需求，依托各区域产业发展基础与资源要素禀赋优势，整合区域资源，以点带面，区间联动，基于地方产业特色和产业发展需要，积极推进优势产业带和特色产品跨境电商出口，形成洛阳跨境电商多产业融合发展格局。

优势产业带跨境电商 B2B 出口区。依托工程机械、复合材料、摩托车及零部件、钢制办公家具 4 个国家级外贸转型升级基地以及有色金属、太阳能光伏、铝钛钨钼 3 个省级出口基地，发挥涧西（高新）区、伊滨区、瀍河区、偃师区、新安县等优势产业带优势，强化一拖集团、中信重机、洛轴集团、万基控股等制造业龙头企业带动作用，重点打造农机装备、高端轴承、航空装备、耐火材料、光电元器件、新能源电池、生物医药、电子显示材料、特色精细化工、人工智能“十大优势”产业集群，推进制造业与跨境电商融合发展，深挖工业领域跨境电商潜能，推动优势产业带跨境电商 B2B 出口。

特色日用品跨境电商 B2C 出口区。依托偃师布鞋、宜阳陶瓷和泳镜、伊滨智能家居、洛宁相框等特色产品，重点打造全市特色日用品跨境电商 B2C 出口区，注重跨境电商特色产品创新，加强产业集聚和上下游配套，由“点”跃升为“带”，积极培育新的跨境电商特色产业带。

——布鞋跨境电商 B2C 出口。依托偃师全国最大的布鞋生产基地产业优势，推进布鞋产业园区建设，打造跨境电商创业孵化中心，积极探索“产业集群+跨境电商”发展路径，培育“供应链服务商”群体，引导本地布鞋生产企业对接跨境电商平台、大卖家等资源，把握海外消费者需求，加强布鞋产品创新，提升偃师布鞋市场竞争力，扩大布鞋跨境电商 B2C 出口，发挥产业集聚效应，完善跨境电商综合配套，支持跨境电商中小微企业做大做强，着力打造“中国布鞋产业之都”跨境电商出口品牌。

——陶瓷跨境电商 B2C 出口。依托宜阳县陶瓷特色产品外贸基础，推进宜阳县跨境电商公共服务中心、跨境电商直播基地、县域经济多功能综合园区等建设，充分挖掘陶瓷跨境电商 B2C 出口潜力，增强产业集聚，完善产业配套，积极培育陶瓷跨境电商特色产业带，为本地跨境电商企业提供全方位服务，发挥新业态集聚效应，促进传统外贸企业转型升级。

——智能家居跨境电商 B2C 出口。依托伊滨区智能家居产业集群，鼓励智能家居生产企业面向海外消费者，研发设计适合跨境电商 B2C 出口的产品，打造涵盖跨境电商 B2B、B2C 出口两种业务模式的智能家居特色产业集群，扩大智能家居跨境电商出口规模。

——瑜伽系列产品跨境电商 B2C 出口。依托中部电商港建设跨境电商孵化创客基地、行业大数据联合研发中心、现代物流智能拣选配送中心、跨境电商直播运营中心等，促进瑜伽垫、瑜伽服、瑜伽背包等洛阳优势瑜伽体育产品 B2C 出口，实现集品牌发展、跨境电商和文化产业相结合的新模式经济项目。通过跨境电商传播中国之根在河南洛阳，推动洛阳哈他国际瑜伽名牌形象，使洛阳成为世界的瑜伽产业文化中心。

优质农副产品跨境电商出口区。鼓励伊川县、汝阳县、洛宁县、栾川县、嵩县等县，按照“一县一品”发展思路，依托各县优质农产品，发挥各县具有完善的产业链和产品聚合的竞争优势，加强各县优质农产品与跨境电商融合发展。各县择选本地优势单品，集中打造跨境电商地域品牌，积极塑造伊川小米、汝阳香菇、洛宁苹果、栾川印象等跨境电商农产品出口品牌，重点扩大特色农产品及中草药跨境电商 B2B 出口，助推本地特色产业实现转型升级、出口升级、创新升级。支持各县积极培育跨境电商出口龙头企业，集中优势资源打造具有较高品牌影响力和市场占有率的重点企业，帮助中小企业通过跨境电商“走出去”。

独特文化产品跨境电商出口城。依托洛阳厚重的历史文化和丰富的旅游资源，紧抓建设全省文化中心、全国文创高地和国际文化旅游目的地契机，发挥中原城市群副中心城市辐射带动作用，打好“黄河文化”“盛世隋唐”“伏牛山水”“国花牡丹”“工业遗产”等五大品牌 IP，办好洛阳国际文化创意设计大赛、洛阳工艺美术作品等活动，扩大洛阳文创影响，以洛阳三彩、牡丹瓷等传统优势产品为基础，加强文化产品研发设计，打造文化产品跨境电商 IP，积极推进独特文化产品跨境电商出口。

第四章 主要任务

坚持以创新引领发展为指导，以“两平台、六体系”为基础，加快构建跨境电商一体化监管体系和高水平公共服务体系，突出全面创新，推进载体建设，加大主体培育，扩大进出口业务，强化要素支撑，加强跨区域合作，将中国（洛阳）跨境电商综合试验区建设成为园区载体完备、创业创新活跃、跨境物流高效，特色产业集聚、产业融合增效、政策环境完善及区域协同发展的跨境电商集聚区。

第一节 完善跨境电商公共服务体系

借鉴先进经验，搭建洛阳市跨境电商线上综合服务平台和线下综合园区平台，构建信息共享体系、金融服务体系、智能物流体系、信用体系、统计监测体系、风险防控体系等六大体系，完善洛阳跨境电商综试区公共服务，提升洛阳市跨境电商公共服务能级。

（一）搭建线上综合服务平台

依托中国国际贸易“单一窗口”，建设洛阳市跨境电商线上综合服务平台，平台功能包括通关服务、物流仓储、金融服务、出口退税、信用保障、风险监测、数据分析等方面，建成集政府各职能部门的公共服务与企业跨境电商业务服务为一体的一站式综合服务平台，打造跨境电商数据中枢。完善政府各部门公共服务，打通政府部门间数据接口，实现海关、税务、外汇管理、商务、市场监管、公安、邮政等部门数据信息互联互通，构建无纸化申报、数据化监管、在线化服务新模式，实现政府数字化转型在跨境电商监管领域破题。优化跨境电商企业业务服务，加强线上综合服务平台与跨境电商平台、金融机构、仓储物流、外贸综合服务企业、跨境电商服务商等对接，为跨境电商企业提供金融、物流、供应链、智能选品等全方位服务。同时，加强跨境电商数据存储、交换、统计分析等，为打造跨境电商数据中枢提供良好的支持。

专栏1　跨境电商线上综合服务平台建设行动

明确平台建设方案。依托中国国际贸易“单一窗口”，落实洛阳跨境电商线上综合服务平台建设主体单位、明确平台主要功能等，推进洛阳市跨境电商线上综合服务平台建设。

推进平台落地建设。根据洛阳市跨境电商线上综合服务平台建设目标和要求，推进平台系统开发、试运行，并成功上线。

完善平台服务功能。平台实现海关、税务、外汇管理、商务、市场监管、公安、邮政等部门数据信息互联互通，对接电商平台、金融机构和物流、外贸综合服务企业，为跨境电商企业提供“关、检、税、汇”以及金融、供应链等全方位线上服务。

合力推进平台建设。洛阳海关牵头协调通关平台资源，市商务局负责解决平台建设经费并落实运营主体，市发展改革委、市税务局、市金融工作局、人行洛阳中心支行、市邮政管理局、市公安局、市交通运输局、市市场监管局配合。

（二）建设线下园区平台

依托洛阳综合保税区，同时推进西工区和东方红（洛阳）国际陆港积极申建保税物流中心，推进全市跨境电商海关特殊监管场所建设。围绕以便利通关为核心功能，完善海关特殊监管场所软硬件设施，通过集聚电子商务平台企业、外贸综合服务企业、电子商务专业人才、电子商务专业服务等，提供通关、物流、金融、人才等“一站式”综合服务，有效承接线上“单一窗口”平台功能，促进跨境电商线上平台和线下园区的联动发展，打造跨境电商完整的产业链和生态链。

（三）构建六大服务体系

建立信息共享体系。依托洛阳市跨境电商线上综合服务平台，打通“关”“税”“汇”之间的信息壁垒，推动政府部门、金融机构、电子商务企业、物流企业之间信息互联互通，实现企业一次申报，各部门、多环节信息共享，为跨境电商发展提供数据技术支撑。

建立金融服务体系。开展金融服务创新，提升跨境电商金融服务水平。在风险可控、商业可持续发展的前提下，鼓励符合条件的非银行支付机构依法合规利用互联网技术为跨境电商交易提供在线支付结算服务。鼓励符合条件的金融机构依法合规利用互联网技术为跨境电商交易提供支付结算、小额融资等“一站式”在线金融服务，帮助中小微企业解决融资难问题。

建立智能物流体系。择优引进一批大型物流企业，大力培育一批本地物流企业，鼓励应用智能技术和装备，共同为跨境电商提供智能化物流服务。运用云计算、物联网、大数据等技术和“洛阳市城市电商物流快递公共信息服务平台”等现有物流公共信息平台，构建物流智能信息系统、仓储网络系统、运营服务系统，实现物流运作各环节全程可验可测可控，解决物流成本高、效率低的问题，形成布局合理、层次分明、衔接顺畅、功能齐全的跨境物流分拨配送和运营服务体系。

建立电子商务信用体系。构建跨境电商交易守信联合激励和失信联合惩戒制度，建立洛阳市跨境电商信用数据库和信用评价系统、信用监管系统、信用负面清单系统“一库三系统”，采集全市跨境电商企业、平台企业、物流企业及其他综合服务企业基础数据，逐步解决跨境电商商品假冒伪劣和商家诚信缺失的问题。

建立统计监测体系。探索建立全口径、多方式、多维度跨境电商统计监测模式，形成适应跨境电商发展的数据统计制度，对全市跨境电商商品交易、物流、通关、金融支付等进行数据处理和分析研判，为政府、企业提供决策咨询服务。

建立风险防控体系。强化对跨境电商关键环节的风险监控，对跨境电商的改革创新举措定期进行专业风险防控分析。建立风险信息采集、评估分析、预警处置、复查完善机制，普及国产密码设备、安全应用，有效防控非真实贸易洗钱的经济风险，数据存储、支付交易、网络安全的技术风险，以及产品安全、贸易摩擦、主体信用的交易风险，为政府监管提供有效的技术支撑、决策辅助和服务保障。

第二节　打造跨境电商创新引领发展体系

深化创新引领发展，探索洛阳跨境电商综试区政策创新，加强大数据、云计算、区块链、人工智能、5G、虚拟现实/增强现实等新技术应用，积极探索一站式通关、智慧监管、信用监管等通关便利化创新举措，发展直播电商、社交电商、独立站等新业态新模式，促进跨境电商产业县区、企业协同发展，全面推动跨境电商政策创新、应用创新、监管创新、服务创新及协同创新。

推动政策创新。依托洛阳制造业产业基础，连通周边城市制造业外贸转型基地，积极开展跨境电商 B2B 出口监管试点，探索制造业跨境电商 B2B 出口创新政策，推动制造业跨境贸易优化、升级。积极争取“跨境电商+加工贸易”进口政策创新，依托跨境电商保税进口优惠政策，开展加工贸易终端商品零售进口业务。通过中欧班列加大进口境外国家优质原材料。在洛阳综合保税区实现本地加工，发展加工贸易产业，通过跨境电商进口销售国内市场。开展跨境电商出口海外仓业务出口退税试点，货物实际离境运抵海外仓即可办理出口退税。把握 RCEP 的生效实施及一体化大市场形成的重要机遇，探索制定“一国一策”市场开拓计划。通过政策创新和加强国际合作，提升通关便利化水平。用活用好原产地规则，大力发展跨境电商、外贸综合服务企业等外贸新业态，进一步提升贸易发展水平。积极探索易货贸易与跨境电商结合发展模式，打造新型跨境贸易业态。

加强应用创新。大力推动新一代信息技术在跨境电商领域的集成创新和融合应用。前瞻布局未来产业，大力发展以大数据和智能机器人为代表的智能产业，到 2025 年，结合区域特点，支持一批跨境电商企业应用新技术，尤其突出大数据、智能机器人在跨境电商上的应用。鼓励跨境电商企业加大科技研发投入，提高运营管理效率，创新用户场景，提升商贸领域网络化、智能化、数字化水平。通过构建跨境电商产学研合作机制，积极承接涉及跨境电商应用关键技术等重大课题，着力引进、集成和转化独具创新特色的跨境电商应用成果，全面提升我市跨境电商应用创新实力。

推进监管创新。以“管得住、通得快”为监管理念，以智慧监管、精准监管和高效监管为目标，积极探索通关便利化创新举措，不断优化跨境电商监管服务。推进口岸作业环节电子化、无纸化，减少单证流转耗时。加强与沿海、沿边口岸部门协同联动，建立跨区域大通关协作机制，探索相互接轨的通关模式，完善“一站式”通关服务，不断提升整体通关时效。全面推广跨境电商出口商品退货全流程监管模式，畅通出口商品退货渠道，严格落实跨境电商出口商品退货监管措施，建立退货流程监控体系，开展跨境电商零售出口、跨境电商特殊区域出口、跨境电商出口海外仓商品退货业务，着力解决跨境电商出口商品“退货难”问题。探索智慧监管，在海关特殊监管区域配套符合实际需求的软件部署和管理系统，加大新技术在监管环节的应用力度，提升海关智能监管水平。探索信用监管，建立基于企业诚信评价和商品风险评估的通关便利制度，对关区高资信企业和重点跨境电商企业实行优先办理、简化审核和降低查验率等通关便利措施。

促进服务创新。利用直播电商、社交电商、独立站等新型获客方式，推动跨境电商企业营销服务模式创新，促进国内国际双循环。依托跨境电商产业园区，结合特色产业发展需求，积极引进直播平台、MCN 机构、社交电商、新零售、全渠道营销业态企业等，形成集群效应。进口方面，鼓励跨境电商零售进口企业直播带货，重点围绕母婴用品、化妆品、食品等保税商品直播带货；组织跨境电商进口企业对接 MCN 机构、直播带货达人，通过直播带来的流量加成，提高销量，推动保税备货业务快速发展。出口方面，支持外贸出口企业通过短视频、直播等形式宣传推广产品，进行直播带货；组织直播内容营销策划企业对出口产品进行包装、设计，使其更符合直播场景。依托玖运国际 C2B2F 跨境电商独立站，鼓励形成产业集聚和行业特色的产业带积极探索建立跨境电商独立站，集聚私域大数据，培育自有海外品牌，增强企业竞争力，推动企业数字化建设，满足客户量身打造需求。

专栏 2　跨境电商直播基地成立行动

建设载体，科学规划功能分区。依托洛阳钢制办公家具、布鞋、泳镜、陶瓷、瑜伽产品等特色产业带，打造一个有亮点、有特色、规范化、专业化的跨境电商直播基地，为特色产业带发展注入新的活力。科学规划跨境电商直播基地功能分区，设有选品中心、直播中心、品牌中心、培训中心等功能分区，全方位为入驻基地商家提供服务。依托豫浙数字跨贸科技产业社区项目，积极打造“跨境品网红电商直播基地”，设置共享直播间、直播选品仓、网红商学院和网红主播孵化基地，打通直播电商产业链条，吸引品牌商、直播机构、MCN 机构、品牌策划公司等入驻直播基地，打造中原地区具有影响力的跨境电商直播产业聚集地。

对接资源，积极构建直播生态。跨境电商直播基地积极对接 Amazon、Shopee、速卖通、Lazada 等具有直播功能的跨境电商平台，跨境电商直播营销机构，跨境电商网红主播等资源，为基地商家提供系统化、针对性的跨境电商直播服务。

开展培训，积极培育网红主播。支持 MCN 机构培养精通多国语言、了解产品特点和消费者习惯的跨境电商主播。通过整合国内外产业链资源，助力本地特色产品出口。

强化协同创新。加强中国（洛阳）跨境电子商务综合试验区与中国（河南）自由贸易试验区洛阳片区、洛阳综合保税区、郑洛新国家自主创新示范区洛阳片区、洛阳国家高新技术产业开发区在政策衔接、平台共享、资本运作、人才培养、科技创新等方面融合发展，协同推进我市跨境电商高质量创新发展。促进跨境电商企业协同发展，强化创新链和产业链有机结合，推动产业链上下游、大中小企业融通创新，加强特色产业集群和跨境电商服务商对接，推动生产和销售、线上和线下融合创新。加强市区与县区的协同发展，加强信息互通、资源共享、业务联动，推动市区与县区共享跨境电商发展机遇。

第三节　推进跨境电商载体建设

以产业集聚为目标，以园区建设为抓手，加快建设跨境电商产业园区和产业集群，推进全市跨境电商产业集群集聚和集约化发展，形成各园区错位发展、优势互补的发展格局。

建设跨境电商产业园区。着力推进跨境电商重点产业园区建设，加强跨境电商企业集聚。依托五洲跨境电商产业园、洛阳信息科技城、涧西中弘跨境电商产业园、上发跨境电商产业园、洛阳国家大学科技园、中浩德电商产业园、东方红跨境电商综合产业园、豫浙数字跨贸科技产业社区等跨境电商产业园，集聚跨境电商平台企业、物流企业、金融企业、综合服务企业、专业人才等要素，打造提供通关、物流、金融、人才等“一站式”综合服务的跨境电商产业园区。出台跨境电子商务产业园区认定办法，认定一批示范园区，形成市、县（区）分级管理机制，建设一批具备区域特色、符合区域发展需求、高效协同的产业园，鼓励示范带动较强的跨境电商产业园争创省级跨境电商示范园区。

专栏3　跨境电商产业园区打造行动
五洲跨境电商产业园、洛阳信息科技城、涧西中弘跨境电商产业园、洛阳国家大学科技园、上发跨境电商产业园、豫浙数字跨贸科技产业社区：重点打造跨境电商总部经济、平台经济、数字经济等载体，吸引跨境电商企业集聚，开展跨境电商进出口业务，进一步强化园区的跨境电商综合服务能力和载体影响力，争创跨境电商产业示范园区。 中浩德电商产业园、东方红跨境电商综合产业园、中储洛阳综合物流园：依托园区物流企业集聚、仓储配套完善等优势，重点建设跨境电商和现代化跨境物流为重点的产业园区，为跨境电商企业提供跨境物流仓储服务，打造跨境电商进出口物流区。 新建跨境电商产业园区：充分利用现有工业、科技、高新、文创园区，以及传统加工区、仓储用房和部分物流闲置园区等存量资源用于转型发展楼宇经济，兴办跨境电商产业园区，加快推进全市跨境电商产业集群集聚和集约化发展。

发展跨境电商产业集群。重点打造跨境电商特色产业集群，扩大跨境电商应用主体。依托洛阳装备机械、新材料、摩托车及零部件、轴承、有色金属、钢制办公家具、太阳能光伏、偃师布鞋等特色产业集群优势，通过集聚跨境电商企业，梳理产业集群与跨境电商融合的发展模式，推动“产业集群+跨境电商”发展，以跨境电商带动特色产业集群转型升级，培育一批跨境电商应用主体。积极引入阿里巴巴、敦煌网、亚马逊、Shopee、Lazada、wish等平台资源，对接钢制办公家具、摩托车及零部件、偃师布鞋等优势产业集群，为产业集群应用跨境电商企业提供平台入驻、品牌升级、数字化营

销、线上运营等服务内容，促进传统企业数字化转型。大力发展根植于特色产业集群的创业孵化园区载体平台，积极培育跨境电商供应链服务企业。鼓励优势产业集群利用互联网逆向整合各类生产要素资源，指导产业集群开发设计、产能和生产决策，按照消费需求打造个性化、定制化、创新性产品，实现供应链协同发展。

专栏4　跨境电商产业集群升级行动

积极对接跨境电商平台。鼓励工程机械、复合材料、摩托车及零部件、有色金属、智能家居、太阳能光伏、偃师布鞋等特色产业集群依托完善的产业配套，集中提高生产制造等供货能力，加大与阿里巴巴国际站、亚马逊、Ebay、Shopee、速卖通等知名跨境电商平台、优秀服务商的对接力度，为产业集群提供跨境电商服务，采取集团式、捆绑式、产业链式“走出去”，形成“跨境电商网货”群体，创新“产业集群+跨境电商”发展模式。

大力开展试点示范。以智能家居产业集群为试点，率先开展“产业集群+跨境电商”发展模式，总结发展经验，逐步推广至其他优势产业集群。重点培育产业集群领军企业开展跨境电商业务，树立示范标杆，发挥示范效应，引领带动产业集群其他企业应用跨境电商。

重点打造产业品牌。鼓励产业集群打造整体品牌，提高品牌知名度和影响力，通过发展跨境电商直接对接海外消费者，掌握客户需求，不断进行产品研发创新，塑造产业品牌。

加强政策引导支持。政府部门积极引导和支持产业集群开展跨境电商，在海外注册、专利申请、营销推广、技术创新等方面给予企业政策支持。

第四节　加强跨境电商市场主体培育

以外引内育为手段，积极开展招商引资工作，实现“拳头项目”和“配套项目”齐头并进，大力强化孵化创新，培育跨境电商创新创业群体，形成龙头企业带动、中小微企业联动发展的跨境电商市场主体构成。

（一）招引跨境电商龙头企业与配套企业

结合洛阳跨境电商综试区发展需求，依托跨境电商产业园区和产业集群，对接跨境电商产业资源，借助以商招商、精准招商、项目招商等方式，引入跨境电商龙头企业、平台企业、制造业跨境电商 B2B 平台企业等。集聚跨境电商物流、金融、营销、摄影、代运营、培训等跨境电商产业相关配套企业，做长产业链，做大产业规模，形成良好跨境电商产业发展生态。鼓励外贸综合服务企业为中小微企业提供通关、物流、金融、退税、外汇等一体化服务，提升区域跨境电商产业综合服务水平。用足用好现有招商引资政策，积极组织赴深圳、广州、义乌、杭州、宁波等长三角、珠三角等重点城市开展跨境电商企业招商引资工作，引进一批跨境电商平台型企业、中大型成长性企业及综合服务企业，带动全市跨境电商产业集聚和交易规模。

（二）培育跨境电商创业群体与行业平台

积极打造跨境电商孵化器。积极营造有利于创业创新的政策环境和制度环境，建设青年友好型城市，完善创业孵化器配套服务，聚集投融资、法律咨询、物流仓储、商务交流等创业服务资源，吸引跨境电商创业群体来洛投资创业，鼓励传统外贸企业成立跨境电商团队或部门入驻孵化器，形成资源聚合、企业集聚的中西部地区跨境电商创新高地和创业基地。加强跨境电商孵化器对接亚马逊、Ebay、wish、阿里巴巴国际站、Shopee、中国制造网、速卖通等跨境电商平台企业，开设跨境电商孵化课程，孵化跨境电商企业、培育跨境电商人才，重点为本地有意开展跨境电商企业传授店铺注册、选品、竞品分析、店铺装修、爆款打造、数据分析等跨境电商实操知识，帮助企业快速了解、掌握、拓展国际市场，同时积极为孵化企业提供物流、金融等配套服务，为本地传统外贸企业开展跨境电商业务提供绿色快捷通道，助推企业转型升级和品牌出海，全面营造洛阳跨境电商孵化创新发展氛围。

大力培育跨境电商垂直型行业平台。积极培育本土第三方跨境电商交易平台，通过系列叠加政策扶持平台企业成长壮大，打造成为有影响力、带动力的垂直型行业平台。鼓励已开设跨境电商独立站的企业向垂直型行业平台转型，大力开展跨境电商 B2B 出口、B2C 出口业务，探索推进 C2M 模式应用，全面提升骨干龙头企业跨境电商的综合竞争力，着力扶持和打造一批基础好、有潜力的跨境电商垂直型平台企业。

第五节　做强跨境电商进出口交易

发挥中原城市群副中心城市建设优势，聚焦特色产业，促进跨境电商与制造业、农副产品、文旅文创的融合应用，扩大跨境电商出口业务规模，打造跨境电商 B2B 出口领先优势；依托中国（河南）自由贸易试验区洛阳片区、洛阳综保区、东方红（洛阳）国际陆港等载体，培育壮大跨境电商进口消费市场，满足洛阳本地及周边市场进口消费需求，助力洛阳打造国际消费中心城市。

（一）做大做强跨境电商出口业务规模

做强制造业跨境电商出口。加强制造业全渠道营销，支持有条件的大型传统企业自建行业跨境电商平台或分销平台，鼓励中小企业应用知名第三方跨境电商平台、运营独立站，通过直播、短视频等多种方式，开展在线采购、营销等活动，全场景全渠道触达用户。鼓励泳镜、布鞋、铝锅、陶瓷、假发、瑜伽相关产品等本地特色优势产品开展跨境电商 B2C 出口业务，支持钢制办公家具、装备机械、新材料、摩托车及零部件、轴承等本地特色产业带开展跨境电商 B2B 出口业务，促进制造业应用跨境电商实现转型升级。培育制造业跨境电商出口品牌，加大对制造企业办理国际认证、商标注册等支持力度，塑造“洛阳制造”品牌。优先选择1~2个优势制造行业和 5~10 家重点骨干企业进行深化跨境电商应用试点，在通关便利、物流仓储、金融服务、品牌培育、人才培训等方面给予政策支持，通过试点示范带动制造业领域跨境电商应用。

促进特色农副产品跨境电商出口。依托本地香菇、木耳、小米、花椒、辣椒等具有资源禀赋、比较优势、品质优良的农产品产业优势，加强特色农副产品精深加工，提升产品附加值，实现农业产业化、规模化、品牌化发展，支持传统外贸企业线上转型，扩大特色农副产品跨境电商 B2B 出口。鼓励农副产品跨境电商出口企业利用跨境电商直接对接国际消费者的优势，瞄准目标市场需求，叠加升级农产品标准、质量认证、溯源、品牌等供应链支撑服务能力，构建细分领域农产品跨境电商消费市场。发挥本地丹参、杜仲、柴胡、山萸肉、天麻、二花、黄姜、艾草等丰富的中药材种植优势，在“中药材种植–中药材精深加工–中药提取”产业链条上强链、延链、补链，重点加快中药材提取和检测技术创新应用，加强针对国际市场的中医药产品精深加工及中成药的二次开发，打造未来产业大健康领域多元化产品，向产业链中高端延伸。聚焦东南亚、日韩等中医药重点市场，培育一批中医药跨境电商大卖家，对企业在创意设计、商标注册、专利申请、品牌营销等方面的投入给予奖励。发挥政府力量，围绕特色农产品、中医药领域市场主体培育、食品质量安全认证与溯源体系、品牌塑造、专业人才培训等出台一批针对性强、精准性高的政策措施，创新解决农产品跨境电商出口痛点、难点问题，为农产品跨境电商发展提供强有力的政策支持、环境支撑和措施保障。

扩大文旅文创跨境电商出口。深入挖掘历史文化资源，促进跨境电商与文创产业跨界交融，重点加强文创产品的设计、开发、销售、推介，提升“洛阳礼物”“博礼文创”“古都文创”等文创品牌认可度和影响力，推进唐白瓷、洛阳三彩、澄泥砚、牡丹画等一批优秀文创产品跨境电商出口。鼓励跨境电商行业龙头企业通过融资、合作等方式建设各景区洛阳特色文创产品专区、离境退税连锁品牌，海外文旅融合特色O2O店等，推动国际文旅交流，打造洛阳国际文旅文创特色融合的跨境电商创新模式。

专栏5　跨境电商文旅文创融合发展行动

跨境电商助力华夏历史文明传承创新核心区建设。以打造国际文化旅游名城为路径，坚持创新开放引领，依托世界文化遗产创新发展工程、保护传承弘扬河洛文化工程等一批重大文旅项目建设，培育东方博物馆之都等一批国际知名文旅产品，挖掘利用隋唐文化、古都文化、牡丹文化等经典洛阳文化符号，推进优秀文创产品跨境电商出口，打造华夏历史文化跨境电商出口品牌。

跨境电商助力黄河文化精品旅游带示范区建设。依托洛阳黄河历史资源，打造洛阳黄河文化精品旅游带示范区，新安、孟津、偃师等县区积极挖掘黄河文化、大运河文化、古都文化内涵，推进商旅融合，促进文化旅游与跨境电商融合发展，探索发展文旅产品跨境电商出口。

跨境电商助力伏牛山国民休闲旅游度假地建设。依托汝阳县、洛宁县、栾川县、嵩县等伏牛山地区良好生态环境资源和乡村旅游较好的基础条件，发挥副中心城市辐射带动作用，建设国内一流的伏牛山国民休闲旅游度假地，激发文旅消费潜力，扩大跨境电商出口商品消费。

（二）培育壮大跨境电商进口消费市场

集聚跨境电商进口企业商品资源。发挥洛阳作为自贸区、跨境电商综试区等政策叠加优势，依托洛阳综保区等平台载体，出台强有力优惠政策，不断推进监管创新、服务创新，吸引跨境电商进口企业落户。大力开展跨境电商进口业务，带动扩大优质商品进口，为洛阳及周边城市提供品类丰富、品质优良、品牌众多的进口商品，满足本地及周边市场进口消费需求，持续释放内需潜力，稳步扩大跨境电商进口规模。探索“网购保税+保税展示”等模式，争取开展满足宠物食品等特殊新兴需求的跨境电商零售进口。

推动跨境电商进口通关便利化。支持洛阳综保区发挥海关特殊监管区优势，推动开展网购保税进口业务。探索在海关特殊监管区域内，允许跨境电商企业在符合海关监管要求前提下，在具备仓储管理系统（WMS）等设施的仓库内，探索一般贸易商品与跨境电商商品“同仓存储、同包发货”的监管模式，降低跨境电商企业物流成本，推动跨境电商进口业务发展。全面推广跨境电商进口货物“两步申报”通关模式，进一步简化通关流程、缩短通关时间、提升通关效率，助力洛阳跨境电商进口业务高质量发展。推进海关预裁定制度，开展海关“经认证的经营者”（AEO）国际互认，推动检测报告和认证证书的国际互认，提高进口贸易便利化水平。

提升跨境电商进口消费体验。鼓励跨境电商企业在中国（河南）自由贸易试验区洛阳片区、洛阳综保区围网外设立网购保税进口商品展示体验中心，积极开展“网购保税+线下自提”业务，增强消费者对进口商品购买体验，激发消费者对跨境电商进口商品的购买潜力。支持中国（洛阳）跨境电商综试区体验中心、洛阳五洲跨境电商产业园、涧西区中弘跨境电商产业园、豫浙数字跨贸科技产业社区等平台、载体开设跨境线上线下（O2O）体验店，为消费者提供跨境电商商品线下展示体验、线上下单配送服务，提升消费者的购物体验。

辐射带动跨境电商进口消费。加大对洛阳跨境综试区建设意义及优惠政策宣讲力度，扩大洛阳市跨境电商在中部地区知名度与影响力。满足本地和周边消费者对高品质进口商品的需求，辐射带动周边城市跨境电商进口消费，构建区域消费联动发展新格局。

第六节　强化跨境电商要素支撑

强化跨境电商物流、人才、金融、数据等要素支撑，促进资源要素集聚和服务生态完善，提升综试区综合服务水平，努力将中国（洛阳）跨境电子商务综合试验区打造跨境电商物流成本较低、人才供给充足、金融服务完善、数据支撑完备、发展氛围浓厚的跨境电商综试区。

（一）提升跨境电商物流水平

发挥洛阳承东启西、纵贯南北区位优势，整合一类航空口岸、二类铁路和公路口岸、仓储物流中心、快递物流等物流资源，构建口岸枢纽体系，发展多式联运，推动仓储物流中心建设，大力发展海外仓服务，促进跨境电商快递物流发展，提升物流支撑能力，形成高效畅通、成本较低的跨境电商物流通道。

强化口岸服务功能。加快构建口岸枢纽体系，提升辐射带动能力。一是提升航空货运枢纽能级。加快洛阳机场建设，完善航空口岸软硬件设施，提高航空口岸查验检疫和服务保障能力。支持洛阳机场申请加密国内航班航线，拓展国际航班航线，开通国际货运航线。结合文化旅游特色，完善通航点布局，增开国际客运航线。二是加强综合性物流枢纽建设。支持洛阳生产服务型国家物流枢纽建设，推动洛阳商贸服务型国家物流枢纽纳入国家年度建设名单。三是拓展丰富洛阳口岸功能。支持洛阳进口肉类、粮食等指定监管场地申建，完善口岸服务功能。

大力发展多式联运。支持东方红（洛阳）国际陆港建设，持续开行中欧（中亚）班列和洛阳始发至宁波、青岛等港口的铁海联运班列，加快构筑“东联西进”国际物流联运骨干通道，满足洛阳本地进出口业务发展需要。

推动仓储物流中心建设。在洛阳综合保税区、跨境电商产业园区等具备条件的区域，建设跨境电商仓储物流中心。支持对接国际物流体系，为跨境电商企业提供高效仓储物流服务，提升国际货运保障能力。

积极布局海外仓。充分发挥我市外贸出口企业、跨境电商企业、外贸综合服务企业等资源集聚优势，多措并举鼓励企业结合跨境电商进出口业务发展需求，布局集线上交易、线下仓储、产品展示、营销推广、售后服务、境外通关、金融服务等功能于一体的跨境电商海外仓，提升跨境物流服务水平。鼓励和引导有海外资源的海内外大型企业与洛阳跨境电商综试区共享共用海外仓资源，快速建立稳固的海外服务支撑点，畅通洛阳综试区与海外仓之间业务服务通道，降低跨境物流成本、提高物流时效。

促进快递物流发展。鼓励发展国际寄递业务，吸引国际快递企业、跨境电商平台指定的跨境电商物流综合服务商落户洛阳，开设国际快递网点，进一步降低本地跨境电商企业物流成本，提升国际邮件、快件业务量，形成区域跨境电商物流汇聚效应。全力推进洛阳国际邮件互换局（互换站）的申报设立，大幅提升国际邮件的报关速度和通关效率，有效降低跨境电商企业物流成本。推动开通洛阳到郑州航空港物流专线，对数据统计纳入洛阳跨境电商综合试验区线上综合服务平台，开展跨境电商相关业务的企业，加大物流补贴力度，降低企业物流成本。

提升跨境电商物流数字化水平。支持跨境电商物流企业加大信息化改造力度，建设智能物流信息平台。充分利用现代技术手段，强化信息资源的深度整合，提升物流体系智能化服务水平，促进物流上下游企业之间需求与服务信息的有机衔接和适度共享，形成物流与不同行业、不同运输方式之间的数据互联。建设跨境电商智能化物流仓储、智能化订单处理中心和智能化物流配送网络，为跨境物流企业发展提供全面的数字化服务。

（二）增强跨境电商人才供给

深入实施建设青年友好型城市，坚持跨境电商人才引进和培育两手抓，重点加强跨境电商人才引进、基础教育培养、企业务实培训、学习交流培训等，增加跨境电商人才供给，增强跨境电商人才培训实效，促进跨境电商人才学习交流，突破跨境人才缺乏瓶颈，实现人才供需状况基本平衡。

积极引进跨境电商高端人才。出台跨境电商人才引进支持政策，积极引进本地跨境电商发展亟需的领军人才、行业精英、专业人才、技术人才等紧缺人才。建立市场化人才引进机制，加大对“知识型”人才与“经验型”人才引进力度，吸引一批满足本地市场需求的跨境电商高层次人才、高端创业创新团队到洛阳发展，重点支持乡贤返乡创业。建立多维度跨境电商人才评价标准、科学的激励保障机制和灵活的人才流动机制，探索构建“谁用人、谁评价”的市场化人才评价激励机制，以人才的市场价值、实际贡献为主要评价标准，促进跨境电商人才成长与发展，实现跨境电商人才“引得来，留得住”。设立洛阳跨境电商专家智库，充分依托专家资源，加强对洛阳跨境电商综试区建设发展的政策研究和业务指导。

加大跨境电商人才培育力度。鼓励河南科技大学、洛阳师范学院、洛阳理工学院等驻洛高校结合办学定位，优化跨境电商相关专业学科设置，开展跨境电商高层次人才培养，重点培养跨境电商技术、营销、运营等高端人才。加强驻洛高校与跨境电商龙头企业对接合作，协同培育跨境电商高质量创新创业人才。支持驻洛高校建设跨境电商人才孵化基地，增强大学生在跨境电商领域的创新精神、创业意识和创新创业活力，积极对接洛阳本地优势外贸企业，为其提供跨境电商专业人才，联合开拓国际市场，支持基础较好、成效显著、示范带动性强的跨境电商人才孵化基地争创省级跨境电商人才培训暨企业孵化平台。推动洛阳职业技术学院、洛阳科技职业学院等驻洛职业学校加强校企合作，把握跨境电商企业对人才的需求，重点培养跨境电商美工、摄影、客服等实操型人才。

创新跨境电商人才培养模式。探索开展“3+4 中职本科贯通现代学徒制实验班”（3+4 即：中职 3 年+本科 4 年），支持驻洛高等院校和职业学校合作培育适合企业发展的较高水平的跨境电商实用性人才，形成跨境电商人才定制化培养的校企合作机制，为本地跨境电商企业输送一批又一批专业基础扎实，实操技能过硬的跨境电商人才。

大力开展跨境电商人才培训。鼓励洛阳ITC 培训孵化平台、洛阳 863 创智广场、玖运国际线上培训孵化平台等社会培训机构、行业协会等以市场需求为导向，通过多形式、多手段、多渠道开展跨境电商人才培训，重点加强对优势产业、骨干企业相关人员和行业主管部门人员进行有针对性的跨境电商培训。采取政府主导和高校、协会、园区和骨干企业共同参与的方式，创新培训模式，健全人才服务体系，通过专题培训班、论坛、峰会、交流等多种形式，开展分层次、分区域的培训活动，有效缓解人才供需矛盾。支持洛阳市各行业有丰富跨境电商实践经验，又有高度社会责任感的优秀企业家组织起来成立合法组织，搭建跨境电商学习、交流、培训平台，促进跨境电商知识分享、信息互通、资源对接等。

专栏 6　跨境电商人才培训行动

举办政府部门跨境电商专场培训。组织洛阳海关、税务、外汇管理、商务、发改委、市场监管、邮政等政府相关部门，开展跨境电商专场培训，邀请跨境电商领域知名专家重点宣讲跨境电商产业发展现状及趋势、跨境电商综试区建设意义和要求、跨境电商综试区建设各部门的主要职责等，统一认识，创新业务，合力推进洛阳跨境电商综试区建设。

举办优势产业和领头企业跨境电商培训活动。组织本地工程机械、复合材料、摩托车及零部件、有色金属、智能家居、太阳能光伏等特色产业集群、骨干企业相关人员及传统外贸企业等，进行有针对性的跨境电商培训。邀请跨境电商专家和优秀企业家重点为企业讲解跨境电商综试区建设内容及优惠政策、政府促进跨境电商发展的支持政策、“1210”、“9610”、“9710”、“9810” 等跨境电商业务模式、如何结合市场形势快速找到海外有效客户，跨境电商选品等业务知识，提升本地传统制造业、外贸企业转型意识，鼓励开展跨境电商业务，拓宽海外市场，增强国际竞争力。邀请传统企业转型成功案例的优秀企业家代表现身说法，分享经验，为本地传统企业转型树立标杆，形成示范带动。

搭建跨境电商人才培育平台。鼓励跨境电商企业与洛阳师范学院、洛阳理工学院等高校，阿里巴巴、亚马逊等跨境电商平台、培训企业合作，搭建跨境电商人才培育平台，让企业人才需求与平台培训服务联动，让高校人才资源与行业人才诉求协同，探索定向培训、双向挂职、主题班级等跨境人才培训方式。

创造人才学习交流机会。积极组织本地企业赴广东、深圳、浙江、上海等跨境电商发展领先城市开阔视野，前往与本地资源禀赋、产业产品类似发展跨境电商较好的城市学习交流。积极举办跨境电商大会、论坛、对接会、选品会、比赛等，搭建跨境电商交流平台，促进跨境电商发展经验交流、知识分享、信息互通。

采用线上线下培训结合方式。根据培训目标和对象，积极采用线上线下相结合的培训方式，提升跨境电商培训效率和效果。

（三）创新跨境电商金融服务

围绕聚集资源、聚拢生态、聚合服务，通过构建服务平台、创新金融产品、设立产业引导基金等方式，解决跨境电商企业融资难、融资贵问题。

构建跨境电商一站式金融服务平台。培育和引进银行、第三方支付、信保等金融机构入驻洛阳跨境电商综试区，开展跨境电商支付、结算、投保、融资等完备便捷、风险可控的一站式金融服务，并根据跨境电商不同业务特点创新信用保险和贸易融资产品。鼓励保险机构创新研发适应跨境电商的新型险种，积极探索供应链金融等多种形式，为中小微企业提供在线金融产品和服务。

优化跨境电商支付和结售汇服务。扩大跨境电商人民币结算规模。支持符合条件的法人支付机构开展跨境支付业务，支持符合条件的银行申请凭交易电子信息为跨境电商提供结售汇及相关资金收付服务。鼓励跨境电商通过银行渠道直接开展跨境结算，鼓励从事跨境电商业务的个人凭有效材料在银行办理不占用年度便利化额度的经常项目结购汇，丰富企业和个人资金结算渠道。

加大对跨境电商产业资金支持。积极推动设立洛阳市跨境电商产业引导基金，撬动社会资本在综试区集聚，支持跨境电商平台、跨境物流、海外仓建设等，推动资本与产业深度融合，培育跨境电商企业发展壮大。设立洛阳跨境电商出口退税资金池，有效帮助跨境电商出口企业缩短出口退税周期，缓解资金压力，增强国际竞争力，更好服务洛阳市跨境电商出口企业发展，助力外贸稳增长促转型。

（四）强化跨境电商数据支撑

加强跨境电商数据资源整合互通，积极培育数据服务产业，促进跨境电商数据要素高水平开发利用，有效发挥数据要素在跨境电商领域的赋能作用。

完善公共数据共享机制。依托洛阳跨境电商线上综合服务平台，加快完善高效协同的数据共享机制，推动全市各县区、各部门间政务数据整合共享，提升洛阳跨境电商公共数据开放水平。

培育壮大数据服务产业。规范发展第三方数据服务，探索建立跨境电商企业数据开放共享规则制度，支持跨境电商相关服务企业开发数据产品，拓展数据资源在跨境电商全业务场景中的应用，推动建立消费、信用、溯源等数据的跨境平台交互机制，服务和带动跨境电商中小企业数字化。

（五）成立跨境电商组织机构

设立洛阳市跨境电商研究院。发挥政府、高校、园区等力量，协作成立洛阳市跨境电商研究院，鼓励洛阳市跨境电商研究院聚焦跨境电商领域发展，积极开展跨境电商课题研究、咨询、学术交流、成果转化、人才培训等，制定跨境电商标准，研究国际贸易新规则，推广跨境电商发展经验和先进模式，打造具有影响力的跨境电商研究中心。

完善洛阳市跨境电商协会职能。发挥协会职能，参与全市跨境电商政策制定、发展规划等工作，积极组织开展论坛活动、人才培训、宣传推广等活动。通过整合行业资源，营造发展氛围，搭建政府与企业沟通桥梁，加强跨境电商知识传播，促进跨境电商人才交流，引领行业自律规范发展。

第七节　加强跨境电商跨区域合作

强化区域协同发展，重点加强与郑州、南阳等省内跨境电商综试区合作，共同打造全省跨境电商发展的“新亮点”，积极学习全国其他跨境电商综试区先进经验，建立合作机制，深入推进与“一带一路”沿线国家国际合作，大力发展“丝路电商”。

（一）强化与省内跨境电商综试区竞争合作

结合郑州、洛阳、南阳省内三个跨境电商综试区的发展方向、战略定位和产业基础，加强与郑州、南阳等省内跨境电商综试区合作，强化竞争合作共识，共同助力全省跨境电商发展。推动与郑州跨境电商综试区优势互补、协调联动发展，充分发挥郑州的区位物流优势和进口先发优势，依托洛阳的制造业产业基础和文化旅游特色，共同打造引领全省跨境电商发展的“双引擎”。推动与南阳跨境电商综试区错位发展、协同推进，在郑州跨境电商综试区的示范带动下，依托各自资源禀赋，探索创新发展路径，共同打造全省跨境电商发展的“新亮点”。

（二）建立与全国跨境电商综试区联动合作

加强与广州、深圳、东莞、杭州、宁波等领先发展的跨境电商综试区学习交流，学习发展经验，把握发展前沿。加强与本地资源禀赋、产业产品类似发展较好的内陆跨境电商综试区交流合作，分享发展经验，共享企业资源，形成跨境电商发展联盟。加强与宁波、青岛、大连等沿海城市的跨境电商综试区对接合作，共同探索通关便利化举措、深化多式联运发展等。

（三）深化与“一带一路”沿线国家国际合作

加强与“一带一路”沿线国家和地区跨境电商合作，推动与沿线国家和地区信息互享、监管互认、执法互助、结算互通，为建立跨境电商国际新规则探索经验。探索洛阳与“一带一路”主要国家开展点对点城市合作，推动建立跨境电商通关监管等方面的双边认证标准，简化通关手续、加快通关速度、提高通关效率。鼓励有实力的洛阳外贸物流企业在“一带一路”沿线国家和地区主要出口市场，建立或合作建立公共海外仓及洛阳商品展示体验中心，为洛阳市跨境电商企业提供展示、交易、仓储、配送和售后等一站式服务，提升“一带一路”沿线国家和地区当地消费者的购物体验。

第五章　保障措施

第一节　加强组织领导

洛阳市跨境电子商务综合试验区工作领导小组全面组织、指导、协调和推进跨境电子商务综合试验区建设，研究制定跨境电商产业发展重大政策措施，协调解决跨境电子商务综合试验区建设推进中的重大问题。领导小组成员单位要坚持集中宣传和日常宣传，普及宣传与专项宣传相结合，多形式、多渠道、多方位地宣传国内外跨境电商发展趋势、创新模式与典型经验，形成合力推动跨境电商发展的浓厚氛围。领导小组办公室设在市商务局，负责处理日常工作，并对接和跟进落实各县区的工作。发展基础较好、集聚程度较高的县区和园区，应成立跨境电商专项工作推进办公室，建立常态化跨境电商推进工作机制，承接并落实相应的工作任务与重点工程，制定具体的行动计划方案，及时协调解决实施过程中出现的困难与问题，保障配套政策举措落地，并组织跨境电商重大体制机制改革创新等推进工作。建立工作月调度、联络员、信息报送、考核奖惩等制度机制，统筹推进综试区建设工作。

第二节　突出政策引导

全市各级各部门要认真贯彻落实国家及

省市已出台的促进跨境电商产业发展各项扶持政策，梳理现有各级职能范围内与跨境电商相关的政策措施，确保各项跨境电商政策落实到位。在用好用足现有政策的同时，积极向国家、省争取差异性、针对性的政策支持，争取通过先行试点和政策优势获得发展优势。各县区结合本地跨境电商发展基础与优势，积极出台相关行动计划、实施意见、实施方案及配套举措，为跨境电商产业营造良好的政策环境。组织我市跨境电商专业园区、企业、孵化器、仓储服务设施等主体，申报国家、省级跨境电商示范称号，扩大行业影响力。结合洛阳市跨境电商发展阶段需求，适时建立并完善市级跨境电商产业园区/基地、人才孵化基地、跨境电商示范企业、跨境电商示范（村）镇等在内的市级跨境电商示范体系，发挥不同主体的示范带动作用，结合奖励政策，有效促进产业要素聚集发展。

第三节　加大资金支持

组织制定洛阳市跨境电商资金扶持等政策和措施，统筹利用好中央、省跨境电商政策和资金，用于支持跨境电商综合试验区“两平台、六体系”建设、跨境电商产业园区和产业集群建设、跨境电商主体引进和培育、跨境电商孵化创新、跨境电商人才引育交流、跨境电商物流支撑、跨境电商品牌培育、跨境电商企业市场开拓等重点项目。

第四节　完善监督机制

细化年度目标、重点任务和重点工程，明确牵头单位和工作责任，建立监督考核机制，落实目标责任考核。委托第三方评估机构对工作情况进行中期评估和终期考核，对规划的总体目标、重点任务等进行及时调整。

企业名录

截至2022年12月31日，在洛阳市跨境电商公共服务平台上注册企业名录见表2-18。

表2-18　洛阳综试区内注册企业名录

序号	企业名称	跨境电商业务类型
1	洛阳天浩泰轨道装备制造有限公司	9710
2	洛阳市威诺商贸有限公司	9610
3	洛阳冠卓重工设备有限公司	9710
4	宜阳红星陶瓷有限公司	9710
5	洛阳兴瑞新材料科技有限公司	9710
6	商丘华灿电子商务有限公司	9610
7	洛阳凯宾耐特钢柜有限公司	9710
8	洛阳天久科技有限公司	9710
9	洛阳五邦电子商务有限公司	9610
10	洛阳网创电子商务有限公司	9610

续表1

序号	企业名称	跨境电商业务类型
11	洛阳三夏电子商务有限公司	9610
12	洛阳朵米电子商务有限公司	9610
13	洛阳迈乐耐火材料有限公司	9710
14	洛阳市奇航化工有限公司	9710
15	洛阳领航国际贸易有限公司	9710
16	洛阳源氏食品有限公司	9710、9810
17	河南铁盒子科技有限公司	9710、9810
18	洛阳信成精密机械有限公司	9710
19	洛阳市梓洛网络有限公司	9710、9810
20	洛阳铭辰工贸有限责任公司	9710
21	河南北方永盛摩托车有限责任公司	9710
22	洛阳新邦贸易有限公司	9710
23	洛阳钢美贸易有限公司	9710、9810
24	洛阳铭诺国际贸易有限公司	9810
25	洛阳鸿元轴承科技有限公司	1210
26	洛阳豫欧门窗科技有限公司	9710、9810
27	洛阳信洛进出口贸易有限公司	9710、9810
28	洛阳帅斌机械设备有限公司	9710、9810
29	洛阳宝联机械设备有限公司	9710、9810
30	洛阳菲驰网络科技有限公司	9710、9810
31	洛阳王氏塑业有限公司	9710、9810
32	河南九揽进出口贸易有限公司	9710、9810
33	洛阳汉盈针织有限公司	9710、9810
34	洛阳极致匠心贴膜技术有限公司	9710、9810
35	洛阳速飞信工业技术有限公司	9710、9810
36	洛阳熙泽进出口贸易有限公司	9710、9810
37	洛阳亨盛密封件有限公司	9710、9810
38	洛阳传运商贸有限公司	9710、9810
39	洛阳二方商贸有限公司	9710、9810
40	洛阳鼎满弘天然生物科技有限公司	9710、9810
41	洛阳罗衣商贸有限公司	9710、9810
42	洛阳神都发业有限公司	9710、9810
43	洛阳市舢舻商贸有限公司	9710、9810
44	河南食僖食品科技有限公司	9710、9810
45	河南酷讯商贸有限公司	9710、9810

续表2

序号	企业名称	跨境电商业务类型
46	洛阳金斯特进出口有限公司	9710、9810
47	洛阳阿尔法鞋业有限公司	9710、9810
48	洛阳珊珊进出口有限公司	9710、9810
49	洛阳百冠商贸有限公司	9710、9810
50	河南凡加尔进出口贸易有限公司	9710、9810
51	洛阳欧贝斯商贸有限公司	9710、9810
52	洛阳博准贸易有限公司	9710、9810
53	洛阳苏力网络技术有限公司	9710、9810
54	河南跨了个境网络科技有限公司	9710、9810
55	河南创拓跨境电商运营有限公司	9710、9810
56	洛阳雷蒙国际贸易有限公司	9710、9810
57	洛阳粤美家具有限公司	9710、9810
58	偃师中飞进出口贸易有限公司	9710、9810
59	洛阳安通工贸有限公司	9710、9810
60	洛阳中安工业技术有限公司	9710、9810
61	欧德（洛阳）网络科技有限公司	9710、9810
62	河南酷迅商贸有限公司	9710、9810
63	洛阳格楼宝进出口贸易有限公司	9710、9810
64	洛阳铭盛进出口贸易有限公司	9710、9810
65	大资（洛阳）进出口有限公司	9710、9810
66	洛阳启境电子商务有限公司	9710、9810
67	洛阳捷唐进出口贸易有限公司	9710、9810
68	洛阳市涧西区辉宏网络科技工作室	9710、9810
69	洛阳唐润进出口贸易有限公司	9710、9810
70	洛阳科迪艺思树脂有限公司	9710、9810
71	洛阳大水牛电子商务有限公司	9710、9810
72	河南塔特电子商务有限公司	9710、9810
73	洛阳红腾电气设备有限公司	9710、9810
74	洛阳佳卓电子商务产业园有限公司	9710、9810
75	洛阳良策商贸有限公司	9710、9810
76	河南京昔电子商务有限公司	9710、9810
77	河南好货满仓供应链管理有限公司	9710、9810
78	河南跨贸通供应链管理有限公司	9710、9810
79	河南园小二产业园管理有限公司	9710、9810
80	洛阳富隆特体育用品有限公司	9710、9810

续表3

序号	企业名称	跨境电商业务类型
81	河南欧辰塑料制品有限公司	9710、9810
82	洛阳丰宁贸易有限公司	9710、9810
83	洛阳双十自动化科技有限公司	9710、9810
84	伊川龙泉亚通磨料磨具有限公司	9710、9810
85	洛阳安之宝劳保用品有限公司	9710、9810
86	洛阳嘿哟电子商务有限公司	9710、9810
87	洛阳九邑家居用品有限公司	9710、9810
88	洛阳枇杷汇电子商务有限公司	9710、9810
89	洛阳豪云商贸有限公司	9710、9810
90	天歌（洛阳）贸易有限公司	9710、9810
91	洛阳晨荣商贸有限公司	9710、9810
92	洛阳百捷运动用品有限公司	9710、9810
93	洛阳中创网络技术服务有限公司	9710、9810
94	洛阳中创食品有限公司	9710、9810
95	洛阳凌福商贸有限公司	9710、9810
96	伊川湄格气体有限公司	9710、9810
97	洛阳天宁木制品有限公司	9710、9810
98	洛阳司能商贸有限公司	9710、9810
99	洛阳照途商贸有限公司	9710、9810
100	伊川县东风磨料磨具有限公司	9710、9810
101	洛阳沐唐商贸有限公司	9710、9810
102	河南全东商贸有限公司	9710、9810
103	洛阳纳新进出口贸易有限公司	9710、9810
104	河南北方永盛摩托车有限公司	9710、9810
105	洛阳中科人工智能研究院有限公司	9710、9810
106	河南亨运电子科技有限公司	9710、9810
107	洛阳华荣生物技术有限公司	9710、9810
108	洛阳花都进出口贸易有限公司	9710、9810
109	洛阳先捷进出口贸易有限公司	9710、9810
110	洛阳奥成电子商务有限公司	9710、9810
111	洛阳克达电子商务有限公司	9710、9810
112	洛阳白马集团进出口有限责任公司	9710、9810
113	洛阳康骆商贸有限公司	9710、9810
114	洛阳洛北重工机械有限公司	9710、9810
115	隆华科技集团（洛阳）股份有限公司	9710、9810

续表4

序号	企业名称	跨境电商业务类型
116	洛阳娇颜商贸有限公司	9710、9810
117	洛阳永路商贸有限公司	9710、9810
118	洛阳旭阔商贸有限公司	9710、9810
119	洛阳炫行商贸有限公司	9710、9810
120	河南东力重工机械有限公司	9710、9810
121	洛阳讯吟商贸有限公司	9710、9810
122	洛阳汉江数控刀具技术开发有限公司	9710、9810
123	洛阳市筑道商贸有限公司	9710、9810
124	洛阳欧思来商贸有限公司	9710、9810
125	洛阳天通精工有限公司	9710、9810
126	河南今阳谷电缆有限公司	9710、9810
127	洛阳京乐办公家具有限公司	9710、9810
128	河南焱焰节能环保设备有限公司	9710、9810
129	洛阳展誉进出口有限公司	9710、9810
130	洛阳绿柏进出口有限公司	9710、9810
131	洛阳创嘉星进出口有限公司	9710、9810
132	洛阳锦承得进出口有限公司	9710、9810
133	洛阳贸之缘进出口有限公司	9710、9810
134	洛阳钜汇进出口有限公司	9710、9810
135	洛阳明锦电子科技有限公司	9710、9810
136	洛阳毅搏电子科技有限公司	9710、9810
137	洛阳云图贸易有限公司	9710、9810
138	洛阳飞联贸易有限公司	9710、9810
139	洛阳翼展贸易有限公司	9710、9810
140	洛阳久诚贸易有限公司	9710、9810
141	洛阳信磊贸易有限公司	9710、9810
142	洛阳嬴商荟教育科技有限公司	9710、9810
143	洛阳思可德电子商务有限公司	9710、9810
144	河南省伦度电子商务有限公司	9710、9810
145	洛阳绵合跨境电商有限公司	9710、9810
146	河南哲鸣航空科技有限公司	9710、9810
147	洛阳联加创客空间创业服务有限公司	9710、9810
148	洛阳致朗进出口贸易有限公司	9710、9810
149	洛阳冠力国际贸易有限公司	9710、9810
150	河南万殊进出口贸易有限公司	9710、9810

续表5

序号	企业名称	跨境电商业务类型
151	洛阳奥拉进出口贸易有限公司	9710、9810
152	河南儒典进出口贸易有限公司	9710、9810
153	洛阳赫捷进出口贸易有限公司	9710、9810
154	洛阳卡西进出口贸易有限公司	9710、9810
155	洛阳易存进出口贸易有限公司	9710、9810
156	洛阳正元医疗器械有限公司	9710、9810
157	洛阳高斯智能科技有限公司	9710、9810
158	南阳玉之神韵商贸有限公司	9710、9810
159	洛阳月朗商贸有限公司	9710、9810
160	洛阳傲宁商贸有限公司	9710、9810
161	洛阳朋月优品网络科技有限公司	9710、9810
162	河南物桥实业有限公司	9710、9810
163	洛阳市西工区麦皮百货商行	9710、9810
164	洛阳世纪草本医药连锁有限公司	9710、9810
165	洛阳群瑞装饰工程有限公司	9710、9810
166	洛阳臻泰网络科技有限公司	9710、9810
167	洛阳微诺电子商务有限公司	9710、9810
168	洛阳陆桥航进出口贸易公司	9710、9810
169	洛阳联航网络科技有限公司	9710、9810
170	河南省梦创生物科技有限公司	9710、9810
171	洛阳康淘科技有限公司	9710、9810
172	洛阳天聪商贸有限公司	9710、9810
173	洛阳易购网络科技有限公司	9710、9810
174	洛阳惠高商贸有限公司	9710、9810
175	河南诺一网络科技有限公司	9710、9810
176	河南紫冥网络科技有限公司	9710、9810
177	河南省京东家电网络	9710、9810
178	洛阳梦迈电子商务有限公司	9710、9810
179	洛阳三集积木电子商务有限公司	9710、9810
180	洛阳鲜见科技有限公司	9710、9810
181	重庆有牛电子商务有限公司	9710、9810
182	洛阳鑫方盛端木豪电子商务有限公司	9710、9810
183	洛阳玖运电子商务有限公司	9710、9810
184	洛阳择兴实业有限公司	9710、9810
185	洛阳千鸣办公科技有限公司	9710、9810

续表6

序号	企业名称	跨境电商业务类型
186	河南省赛福德医疗科技有限公司	9710、9810
187	洛阳盛商电子商务有限公司	9710、9810
188	洛阳红奇机械科技有限公司	9710、9810
189	河南民生特种装备有限公司	9710、9810
190	洛阳冠杰软轴控制器有限公司	9710、9810
191	洛阳炬星窑炉有限公司	9710、9810
192	洛阳市耕云文化发展有限公司	9710、9810
193	洛阳市鑫乐机械科技股份有限公司	9710、9810
194	洛阳佰工工业密封有限公司	9710、9810
195	洛阳金合耐磨材料有限公司	9710、9810
196	洛阳顺易钛业有限公司	9710、9810
197	洛阳爱普特光能科技有限公司	9710、9810
198	洛阳市星合特种变压器有限公司	9710、9810
199	洛阳隆达轴承有限公司	9710、9810
200	洛阳超越机械有限公司	9710、9810
201	洛阳源华冶金高温材料有限公司	9710、9810
202	洛阳高铭塑料有限公司	9710、9810
203	洛阳瑞光影视光电技术有限公司	9710、9810
204	洛阳市黄河软轴控制器股份有限公司	9710、9810
205	洛阳开远智能精机有限公司	9710、9810
206	洛阳鸿泰半导体有限公司	9710、9810
207	中航锂电（洛阳）有限公司	9710、9810
208	洛阳秦汉精工股份有限公司	9710、9810
209	洛阳双瑞精铸钛业有限公司	9710、9810
210	洛阳嘉盛电源科技有限公司	9710、9810
211	洛阳市锐创电气设备有限公司	9710、9810
212	洛阳神佳窑业有限公司	9710、9810
213	洛阳特重轴承有限公司	9710、9810
214	洛阳广盈机械设备有限公司	9710、9810
215	洛阳建材建筑设计研究院有限公司	9710、9810
216	洛阳普瑞曼自动控制技术有限公司	9710、9810
217	洛阳冰岩激光设备有限公司	9710、9810
218	洛阳诚创耐磨材料有限公司	9710、9810
219	洛阳高科钼钨材料有限公司	9710、9810
220	洛阳高新四丰电子材料有限公司	9710、9810

续表7

序号	企业名称	跨境电商业务类型
221	洛阳德平科技股份有限公司	9710、9810
222	洛阳金鹭硬质合金工具有限公司	9710、9810
223	洛阳高新技术开发区华海电器有限公司	9710、9810
224	洛阳泰盟机械制造有限公司	9710、9810
225	洛阳凯林铸材有限公司	9710、9810
226	洛阳鑫凯轴承科技有限公司	9710、9810
227	洛阳力宇窑炉有限公司	9710、9810
228	洛阳博智自动控制技术有限公司	9710、9810
229	洛阳彤润信息科技有限公司	9710、9810
230	河南三特炉业科技有限公司	9710、9810
231	洛阳点维电子科技有限公司	9710、9810
232	洛阳松导感应加热科技有限公司	9710、9810
233	洛阳焱华加热科技有限公司	9710、9810
234	洛阳市建园模具制造有限公司	9710、9810
235	河南丝绸之宝卫生用品有限公司	9710、9810
236	春宾电缆集团有限公司	9710、9810
237	洛阳新强联回转支承股份有限公司	9710、9810
238	洛阳爱科麦钨钼科技股份有限公司	9710、9810
239	洛阳王力重型机械有限公司	9710、9810
240	洛阳新能轴承制造有限公司	9710、9810
241	洛阳市大资塑业有限公司	9710、9810
242	洛阳美迪雅瓷业有限公司	9710、9810
243	洛阳普瑞森精密轴承有限公司	9710、9810
244	河南海鑫毛毯纺织有限公司	9710、9810
245	洛阳鹏飞耐磨材料股份有限公司	9710、9810
246	洛阳市兴荣工业有限公司	9710、9810
247	洛阳福格森机械装备有限公司	9710、9810
248	洛阳刘氏模具有限公司	9710、9810
249	洛阳耿力工程机械有限公司	9710、9810
250	洛阳大洋高性能材料有限公司	9710、9810
251	洛阳铜一金属材料发展有限公司	9710、9810
252	洛阳路通重工机械有限公司	9710、9810
253	洛阳峥洁科工贸有限公司	9710、9810
254	洛阳隆中重工机械有限公司	9710、9810
255	洛阳赛罗帕陶瓷科技有限公司	9710、9810

续表8

序号	企业名称	跨境电商业务类型
256	洛阳嘉盛新能源科技有限公司	9710、9810
257	洛阳汇工轴承科技有限公司	9710、9810
258	洛阳中集凌宇汽车有限公司	9710、9810
259	洛阳晨诺电气有限公司	9710、9810
260	洛阳大华重工科技股份有限公司	9710、9810
261	洛阳多维丝环保科技股份有限公司	9710、9810
262	洛阳恒诺锚固技术有限公司	9710、9810
263	洛阳莱普生信息科技有限公司	9710、9810
264	河南通达电缆股份有限公司	9710、9810
265	中钢洛耐新材料科技有限公司	9710、9810
266	黎明化工研究设计院有限责任公司	9710、9810
267	河南柴油机重工有限责任公司	9710、9810
268	洛阳 LYC 轴承有限公司	9710、9810
269	河南英开电气股份有限公司	9710、9810
270	洛阳科威钨钼有限公司	9710、9810
271	洛阳科创新材料股份有限公司	9710、9810
272	洛阳港信玻璃技术有限公司	9710、9810
273	洛阳市浪潮消防科技股份有限公司	9710、9810
274	洛阳风动工具有限公司	9710、9810
275	洛阳启明超硬材料有限公司	9710、9810
276	洛阳卓格哈斯机械有限公司	9710、9810
277	洛阳兰迪玻璃机器股份有限公司	9710、9810
278	中实洛阳机械工程科技有限公司	9710、9810
279	洛阳龙鼎铝业有限公司	9710、9810
280	洛阳中鼎重型机械有限公司	9710、9810
281	洛阳润成石化设备有限公司	9710、9810
282	洛阳帝然特医药包装材料有限公司	9710、9810
283	洛阳金裕新材料科技有限公司	9710、9810
284	洛阳一缆电器有限公司	9710、9810
285	洛阳众悦精密轴承有限公司	9710、9810
286	洛阳合胜光伏科技有限公司	9710、9810
287	洛阳嘉维轴承制造有限公司	9710、9810
288	河南鹏熙玻璃有限公司	9710、9810
289	洛阳申耐电力设备有限公司	9710、9810
290	双洎能源（洛阳）有限公司	9710、9810

续表9

序号	企业名称	跨境电商业务类型
291	洛阳三五电缆有限公司	9710、9810
292	洛阳北苑新材料技术有限公司	9710、9810
293	洛阳花都家具集团有限公司	9710、9810
294	洛阳巨亚钢构工程有限公司	9710、9810
295	河南龙键电力装备有限公司	9710、9810
296	洛阳工匠软轴控制器有限公司	9710、9810
297	国科优仓跨境电商服务（河南有限公司）	9710、9810
298	阿特斯光伏电力（洛阳）有限公司	9710、9810
299	洛阳香江万基铝业有限公司	9710、9810
300	中信重工机械股份有限公司	9710、9810
301	中航光电科技股份有限公司	9710、9810
302	洛阳万基铝加工有限公司	9710、9810
303	洛阳北方易初摩托车有限公司	9710、9810
304	洛宁紫金黄金冶炼有限公司	9710、9810
305	洛阳润宝超硬磨料有限公司	9710、9810
306	中钢集团洛阳耐火材料研究院有限公司	9710、9810
307	洛阳北方企业集团有限公司	9710、9810
308	一拖国际经济贸易有限公司	9710、9810
309	中钢洛耐科技股份有限公司	9710、9810
310	洛阳市东园化工有限公司	9710、9810
311	洛阳帅鹰商贸有限公司	9710、9810
312	洛阳白马集团有限责任公司	9710、9810
313	洛阳崔德进出口贸易有限公司	9710、9810
314	河南豫港龙泉铝业有限公司	9710、9810
315	麦斯克电子材料有限公司	9710、9810
316	洛阳中阅供应链管理有限公司	9710、9810
317	洛阳德生纺织科技有限公司	9710、9810
318	中信重工工程技术有限责任公司	9710、9810
319	洛阳市今丰办公家具有限公司	9710、9810
320	洛阳卡尔办公家具有限公司	9710、9810
321	洛阳双彬办公家具有限公司	9710、9810
322	河南银华锐进电子商务有限公司	9710、9810
323	洛阳海律贸易有限公司	9710、9810
324	佛山市森果科技有限公司	9710、9810
325	洛阳托肯进出口贸易有限公司	9710、9810

续表10

序号	企业名称	跨境电商业务类型
326	洛阳欧司飞利照明有限公司	9710、9810
327	河南盛都环保科技集团有限公司	9710、9810
328	洛阳市澳鑫金属制品有限公司	9710、9810
329	凯弗洛阳实业有限公司	9710、9810
330	洛阳市亿盛达进出口贸易有限公司	9710、9810
331	洛阳大华重型机械有限公司	9710、9810
332	洛阳世必爱特重轴承有限公司	9710、9810
333	洛阳惠群商贸有限公司	9710、9810
334	洛阳芳润物资有限公司	9710、9810
335	洛阳佰旭物资贸易有限公司	9710、9810
336	洛阳欧科拜克生物技术股份有限公司	9710、9810
337	洛阳矿业集团华祥实业有限公司	9710、9810
338	河南般德流体控制有限公司	9710、9810
339	洛阳农发农林投资发展有限公司	9710、9810
340	洛阳卓著商贸有限公司	9710、9810
341	河南光束龙文化发展有限公司	9710、9810
342	洛阳莱瑞智能科技有限公司	9710、9810
343	洛阳华商实业有限公司	9710、9810
344	锐石新材料科技股份有限公司	9710、9810
345	洛阳瑞裴电子商务有限公司	9710、9810
346	河南德宁电子商务有限公司	9710、9810
347	洛阳焱枫电子商务有限公司	9710、9810
348	洛阳小蚁体育用品有限公司	9710、9810
349	万合（洛阳）光电技术有限公司	9710、9810
350	洛阳安耐克科技股份有限公司	9710、9810
351	直控壹贰壹捌酒业股份有限公司	9710、9810
352	洛阳利他进出口有限公司	9710、9810
353	白马轴承技术（洛阳）有限公司	9710、9810
354	克里默（洛阳）进出口贸易有限公司	9710、9810
355	纳百川（洛阳）进出口贸易有限公司	9710、9810
356	北京励鼎汽车销售有限公司洛阳分公司	9710、9810
357	洛阳市顺天冷藏有限公司	9710、9810
358	洛阳特思德智能设备有限公司	9710、9810
359	洛阳市莱恩机械有限公司	9710、9810
360	洛阳万人直订网络科技有限公司	9710、9810

续表11

序号	企业名称	跨境电商业务类型
361	洛阳格茵商贸有限公司	9710、9810
362	洛阳聚午商贸有限公司	9710、9810
363	洛阳东之信进出口贸易有限公司	9710、9810
364	洛阳共拓合金材料有限公司	9710、9810
365	洛阳百策源文化传播有限公司	9710、9810
366	洛阳智磐停车服务有限公司	9710、9810
367	洛阳绮罗服饰有限公司	9710、9810
368	河南巴奥实业有限公司	9710、9810
369	洛阳科拉思纳进出口贸易有限公司	9710、9810
370	洛阳赛轩通讯工程有限公司	9710、9810
371	简悦生态农业科技（洛阳）有限公司	9710、9810
372	洛阳诚浩工程机械设备租赁有限公司	9710、9810
373	河南煜煌国际贸易有限公司	9710、9810
374	洛阳红峰商贸有限公司	9710、9810
375	洛阳六微健康科技有限公司	9710、9810
376	洛阳帕拉丁实业有限公司	9710、9810
377	洛阳烁渊商贸有限公司	9710、9810
378	洛阳白勺商贸有限公司	9710、9810
379	洛阳祥荣再生资源有限公司	9710、9810
380	河南格宇贸易有限公司	9710、9810
381	四维乾储文化传播（洛阳市西工区）合伙企业（有限合伙）	9710、9810
382	洛阳栝蒽商贸有限公司	9710、9810
383	河南广通汇商贸有限公司	9710、9810
384	洛阳胜稳商贸有限公司	9710、9810
385	洛阳宏宇信息科技有限公司	9710、9810
386	洛阳市威诺商贸有限公司	9710、9810
387	洛阳市西工区甲壳虫服饰店	9710、9810
388	洛阳市西工区晟嘉达贸易服务部	9710、9810
389	四维家乐文化传播（洛阳市）合伙企业（有限合伙）	9710、9810
390	洛阳丰兆商贸有限公司	9710、9810
391	洛阳兆益进出口有限公司	9710、9810
392	洛阳港宁机电设备有限公司	9710、9810
393	洛阳利晓商贸有限公司	9710、9810
394	洛阳哲聚贸易有限公司	9710、9810
395	河南思九贸易发展有限公司	9710、9810

续表12

序号	企业名称	跨境电商业务类型
396	河南恒铎商贸有限公司	9710、9810
397	河南省艾威传动科技有限公司	9710、9810
398	洛阳镁特锐新材料科技有限公司	9710、9810
399	洛阳正腾商贸有限公司	9710、9810
400	洛阳德源轴承科技有限公司	9710、9810
401	洛阳派西斯贸易有限公司	9710、9810
402	河南肯道实业有限公司	9710、9810
403	洛阳穿可进出口有限公司	9710、9810
404	洛阳麦特尔商贸有限公司	9710、9810
405	洛阳都岛汽车配件有限公司	9710、9810
406	洛阳耀宏进出口有限公司	9710、9810
407	河南旋展网络科技有限公司	9710、9810
408	洛阳市四维精灵文化传播合伙企业（有限合伙）	9710、9810
409	洛阳商途网络科技有限公司	9710、9810
410	盛创智能科技（洛阳）有限公司	9710、9810
411	洛阳郁溯贸易有限公司	9710、9810
412	洛阳市重仓商贸有限公司	9710、9810
413	河南车居国际贸易有限公司	9710、9810
414	河南鸾耀贸易有限公司	9710、9810
415	河南芳冉生物科技有限公司	9710、9810
416	洛阳领旭国际贸易中心	9710、9810
417	洛阳君静商贸有限公司	9710、9810
418	洛阳九九龄醋业保健品有限公司	9710、9810
419	河南金彭车业有限公司	9710、9810
420	中明泰再生资源有限公司	9710、9810
421	洛阳博雄网络科技有限公司	9710、9810
422	洛阳冠弘网络科技有限公司	9710、9810
423	七维捷诚文化传播（孟津县）合伙企业（有限合伙）	9710、9810
424	洛阳恒恩生物科技有限公司	9710、9810
425	新倍科技（洛阳）有限公司	9710、9810
426	洛阳品高精密材料科技有限公司	9710、9810
427	河南沃驰氢能科技有限公司	9710、9810
428	河南恒珏新材料有限公司	9710、9810
429	河南斯帕罕进出口有限公司	9710、9810
430	洛阳盘博精密机械有限公司	9710、9810

续表13

序号	企业名称	跨境电商业务类型
431	河南汐海再生资源回收有限公司	9710、9810
432	洛阳翼泽实业有限公司	9710、9810
433	洛阳奇恩商贸有限公司	9710、9810
434	洛阳肆维仁源文化传播合伙企业（有限合伙）	9710、9810
435	洛阳东晖文化创意有限公司	9710、9810
436	洛阳易购贸易有限公司	9710、9810
437	高和（河南）机械设备有限公司	9710、9810
438	洛阳松炬国际贸易有限公司	9710、9810
439	洛阳坤耀金属材料有限公司	9710、9810
440	洛阳中岩工程材料有限公司	9710、9810
441	洛阳市光发能源科技有限公司	9710、9810
442	河南省汝香源农业科技有限公司	9710、9810
443	汝阳县海威贸易代理有限公司	9710、9810
444	汝阳县仕溢枫进出口有限公司	9710、9810
445	汝阳县沐霜贸易代理有限公司	9710、9810
446	汝阳县茉婉儿进出口代理有限公司	9710、9810
447	汝阳县义奈康进出口代理有限公司	9710、9810
448	洛阳辰升商贸有限公司	9710、9810
449	洛阳启富商贸有限公司	9710、9810
450	洛阳市八维捷飞文化传播合伙企业（有限合伙）	9710、9810
451	洛阳恒贵建筑劳务有限公司	9710、9810
452	洛阳芬河香料制造有限公司	9710、9810
453	河南欧科旺旺生物技术有限公司	9710、9810
454	河南烽瑞国际贸易有限责任公司	9710、9810
455	洛阳领航国际贸易有限公司	9710、9810
456	朗菲（洛阳）国际酒业有限公司	9710、9810
457	洛阳哆咪商贸有限公司	9710、9810
458	洛阳思德来钢柜有限公司	9710、9810
459	洛阳伊阙帝都生物科技有限公司	9710、9810
460	伊川县一龄营养健康信息咨询服务有限公司	9710、9810
461	洛阳稻小谷农业开发有限公司	9710、9810
462	河南滨渤铝业有限公司	9710、9810
463	洛阳兆丰智慧农业发展有限公司	9810
464	洛阳硒岭农业科技服务有限公司	9810
465	洛阳卓立办公家具有限公司	9810

续表14

序号	企业名称	跨境电商业务类型
466	河南美宝云贸易有限公司	9810
467	河南飞特进出口有限公司	9810
468	洛阳市领跑者鞋业有限公司	9810
469	洛阳市乐友贸易有限公司	9810
470	河南金涵达国际贸易有限公司	9810
471	洛阳踏润鞋业有限公司	9810
472	洛阳星美鞋业有限公司	9810
473	洛阳同创鞋业有限公司	9810
474	洛阳市银雁鞋业有限公司	9810
475	洛阳君得利鞋业有限公司	9810
476	品诚卓越（洛阳）供应链有限公司	9810
477	洛阳京韵达鞋业有限公司	9810
478	洛阳市维度青涵文化传播合伙企业（有限合伙）	9810
479	洛阳锦成鞋业有限公司	9810
480	洛阳顶泰鞋业有限公司	9810
481	洛阳华胜实业有限公司	9810
482	洛阳森迈鞋业有限公司	9810
483	洛阳京凯鑫鞋业有限公司	9810
484	洛阳科巨激光技术有限公司	9810
485	洛阳隆胜实业有限公司	9810
486	洛阳铭航商贸有限公司	9810
487	河南有氧实业有限公司	9810
488	洛阳金泰格摩托车配件有限公司	9810
489	洛阳市凯龙达办公机具有限公司	9810
490	洛阳振铁商贸有限公司	9810
491	洛阳石峻商贸有限公司	9810
492	洛阳讯罗计算机技术有限公司	9810
493	洛阳海奇特进出口贸易有限公司	9810
494	洛阳晟途机械有限公司	9810
495	洛阳康冠进出口贸易有限公司	9810
496	北方中机（洛阳）能源科技有限公司	9810
497	洛阳古创商贸有限公司	9810
498	洛阳科迈复合材料有限公司	9810
499	瓜港智能装备制造园区（洛阳）运营管理有限公司	9810
500	洛阳歌德利特商贸有限公司	9810

续表15

序号	企业名称	跨境电商业务类型
501	洛阳途洋进出口贸易有限公司	9810
502	洛阳途灿进出口贸易有限公司	9810
503	洛阳惠登商贸有限公司	9810
504	洛阳迪纳贸易有限公司	9810
505	永美科技发展（河南）有限责任公司	9810
506	洛阳唐一生物科技有限公司	9810
507	洛阳周游商贸有限公司	9810
508	洛阳绿爱商贸有限公司	9810
509	洛阳讯罗医疗科技有限公司	9810
510	荣景实业（洛阳）有限公司	9810
511	洛阳嗨团网络科技服务有限公司	9810
512	洛阳叁拾商贸有限公司	9810
513	洛阳市亿胜达进出口贸易有限公司	9810
514	洛阳酷玖商贸有限公司	9810
515	爱塑（河南）实业有限公司	9810
516	洛阳美诺斯办公家具有限公司	9710、9810
517	洛阳小锋商贸有限公司	9810
518	洛阳源耕农产品销售有限公司	9810
519	洛阳德胜科技有限公司	9810
520	洛阳洛赋醉商贸有限责任公司	9810
521	河南本源供应链管理有限责任公司	9710
522	洛阳富海和进出口贸易有限公司	9710
523	洛阳常曹赵商贸有限公司	9710
524	中创联新能源（河南）有限公司	9710
525	赫思特国际贸易（洛阳）有限公司	9710
526	洛阳炼小队科技有限公司	9710
527	洛阳沃克鞋业有限公司	9710
528	洛阳楚骁进出口贸易有限公司	9710
529	大工洛阳研究院有限公司	9710
530	洛阳爱科磨料磨具有限公司	9710
531	洛阳赛轩通讯工程有限公司正大分公司	9710
532	洛阳凯弗机械有限公司	9710
533	洛阳嘉年直订网络科技有限公司	9710
534	洛阳皮咔卜文化传播有限公司	9710
535	洛阳裕光商贸有限公司	

续表16

序号	企业名称	跨境电商业务类型
536	河南捷讯信息技术有限公司	
537	河南喜乐多商贸有限公司	9710
538	河南简漫商贸有限公司	9710
539	河南凯禾商贸有限公司	9710
540	河南多禧商贸有限公司	9710
541	河南扬莉之家商贸有限公司	9710
542	洛阳润煌网络科技有限公司	9710
543	洛阳迈程进出口贸易有限公司	9710
544	洛阳梦若蓝商贸有限公司	
545	洛阳祺成国际贸易有限公司	
546	洛阳铜立新材料有限公司	9710
547	洛阳市五维谐美文化传媒中心（有限合伙）	9710
548	河南亿永科技有限公司	9710
549	河南安和家医疗设备有限责任公司	9710
550	耕海科技（河南）有限公司	9710
551	河南哟团网络科技服务有限公司	9710
552	河南吉拉法品牌管理有限公司	9710
553	河南正存实业有限公司	
554	河南秋毫工程管理有限公司	
555	河南舒渊商贸有限责任公司	
556	洛阳多淘商贸有限公司	9710
557	洛阳市科创石化科技开发有限公司	9710
558	洛阳鼎丰办公家具有限公司	9710
559	洛阳铭特威鞋业有限公司	9710
560	河南婉榕贸易有限公司	9710
561	洛阳普菲特进出口贸易有限公司	9710
562	河南乐飞凡汽车用品有限公司	
563	洛阳市硕涵办公家具有限公司	
564	河南佳铭办公家具有限公司	
565	洛阳迅源贸易有限公司	
566	洛阳市格睿特沃办公家具有限公司	
567	唐东都（河南）家具有限公司	
568	洛阳茶言悦舍商贸有限公司	
569	洛阳华普家具有限公司	
570	洛阳洛菲菲洛进出口贸易有限公司	

续表17

序号	企业名称	跨境电商业务类型
571	河南豪牛科技有限公司	
572	洛阳九垠企业管理有限公司	
573	洛阳奥达办公家具有限公司	
574	河南锋可航商贸有限公司	9710
575	宁波一象吹塑家具有限公司洛阳分公司	9710
576	洛阳市源东实业有限公司	
577	洛阳源耕农产品销售有限公司伊滨区分公司	
578	龙门廿四集古酱工坊（洛阳）有限公司	
579	洛阳徐如林贸易有限公司	
580	河南科谱特医药科技研究院有限公司	
581	洛阳格豪商贸有限公司	
582	河南纳才商贸有限公司	
583	河南科牧生物科技有限公司	9710
584	洛阳淘得新材料技术有限公司	9710
585	好墨网络科技（洛阳）有限公司	
586	云鼎企业管理（河南）有限责任公司	9710
587	兆碳（河南）进出口贸易有限公司	9710
588	洛阳驰鸣企业管理有限公司	
589	轻茗进出口贸易（洛阳）有限公司	
590	洛阳海德医疗器械有限公司	
591	众创集团控股（河南）有限公司	
592	赛摩智能科技（洛阳）有限公司	9710
593	洛阳乐宠健康科技有限公司	9710
594	洛阳芷索贸易代理有限公司	
595	洛阳嗯昊贸易进出口有限公司	
596	洛阳市妍烨贸易代理有限公司	
597	洛阳枫文贸易代理有限公司	9710
598	洛阳市健飞贸易代理有限公司	9710
599	洛阳河诺贸易有限公司	
600	洛阳协洋贸易代理有限公司	
601	洛阳港荣进出口贸易有限公司	
602	洛阳贵冠商贸代理有限公司	9710
603	洛阳沃泰研磨工具有限公司	9710
604	洛阳和普新能源科技有限公司	
605	洛阳绿梓进出口贸易有限公司	9710

续表18

序号	企业名称	跨境电商业务类型
606	洛阳卡菲优进出口贸易有限公司	9710
607	洛阳柯果贸易代理有限公司	
608	洛阳培优进出口贸易有限公司	
609	洛阳市可陟外贸有限公司	
610	河南省尤妮贸易代理有限公司	
611	洛阳舟冠进出口贸易有限公司	
612	洛阳市硕点外贸代理有限公司	9710
613	洛阳市惠够贸易代理有限公司	9710
614	洛阳市米柚外贸代理有限公司	
615	洛阳市康妃外贸代理有限公司	
616	洛阳市素琏外贸代理有限公司	
617	洛阳市虫个外贸代理有限公司	
618	洛阳市从万外贸代理有限公司	9710
619	洛阳市拓卡梓外贸代理有限公司	9710
620	洛阳市爵研进出口有限公司	
621	洛阳市彤赛贸易有限公司	
622	洛阳星本贸易代理有限公司	
623	洛阳梓柯进出口有限公司	
624	洛阳市遐思进出口代理有限公司	9710
625	洛阳市沁丽外贸代理有限公司	9710
626	洛阳市璧月贸易有限公司	
627	河南省庚辰进出口贸易代理有限公司	
628	河南碧郡进出口代理有限公司	
629	洛阳市碧筱贸易代理有限公司	9710
630	洛阳倩碧进出口贸易有限公司	9710
631	洛阳市偌雪进出口贸易有限公司	
632	洛阳市欢雀贸易代理有限公司	
633	洛阳巧煌贸易代理有限公司	
634	河南省煌勇贸易有限公司	
635	河南海柠供应链有限公司	9710
636	洛阳卡登贸易有限公司	9710
637	洛阳正电映核医疗科技有限责任公司	
638	洛阳弘固金属科技有限公司	
639	洛阳海霈商贸有限公司	
640	洛阳涂多多新材料科技有限公司	

续表19

序号	企业名称	跨境电商业务类型
641	洛阳归臻网络科技有限公司	9710
642	洛阳罗纳液压科技有限公司	9710
643	洛阳利复农业发展有限责任公司	
644	洛阳桢鸾进出口贸易有限公司	
645	洛阳登博进出口贸易有限公司	
646	洛阳夏松进出口贸易有限公司	
647	洛阳凯曼建筑科技有限公司	
648	河南域桥供应链有限公司	9710
649	洛阳途友进出口贸易有限公司	9710
650	洛阳途畅进出口贸易有限公司	
651	洛阳永满进出口贸易有限公司	
652	洛阳敏博进出口贸易有限公司	9710
653	河南欧迈伦新能源有限公司	9710
654	洛阳途辉进出口贸易有限公司	9710
655	河南特哈玛贸易有限公司	9710
656	洛阳途伦进出口贸易有限公司	
657	洛阳途澍进出口贸易有限公司	
658	洛阳景偌贸易有限公司	
659	懋敦（洛阳）国际贸易有限公司	
660	洛阳隆银铝业有限公司	
661	洛阳瀚柯企业管理有限公司	
662	洛阳奥士达进出口有限公司	
663	洛阳类江化工科技有限公司	
664	洛阳玖懋国际贸易有限公司	
665	洛阳索优对外贸易综合服务有限公司	
666	洛阳敏学信息科技有限公司	
667	洛阳昱恒新能源有限公司	
668	洛阳德玛进出口有限公司	
669	泰斗（洛阳）车业有限公司	
670	洛阳米莎运动科技有限公司	
671	洛阳丝路生态科技有限公司	
672	河南吉乐富商业发展有限公司	
673	正大卜蜂食品（河南）有限公司洛阳分公司	
674	洛阳召嘉供应链管理有限公司	
675	洛阳隆舟国际货运有限责任公司	

续表20

序号	企业名称	跨境电商业务类型
676	洛阳迪舟国际贸易有限公司	
677	洛阳毅航物流有限公司	
678	河南昌达物流有限公司	
679	洛阳正茂供应链管理有限公司	
680	河南一达物流运输有限公司	
681	河南荣丰贸易有限公司	
682	河南文翊供应链管理有限公司	
683	洛阳市豫庆国际货运代理有限责任公司	
684	河南嘉邦物流服务有限公司	
685	洛阳元华国际物流有限公司	
686	河南烨繁科技有限公司	
687	洛阳市豪斯供应链有限责任公司	
688	河南来财运输有限公司	
689	河南来财物流有限公司	
690	河南众创国际供应链有限公司偃师分公司	
691	洛阳满鑫商贸有限公司	
692	河南腾阳道路运输有限公司	
693	河南雄驰运输服务有限公司	
694	河南豫西智慧城物流有限公司	
695	洛阳嘉宏物业管理有限公司	
696	洛阳安之达道路运输有限公司	
697	河南浩瑞达物流有限公司	
698	河南创昶跨境电商运营有限公司	
699	洛阳恒玖物流有限公司	
700	洛阳华晟供应链科技有限公司	
701	洛阳智蜂科技有限公司	
702	中展创供应链有限公司	
703	河南博玖供应链管理有限公司保税分公司	
704	洛阳陆港多式联运有限公司	
705	洛阳凤宇翔供应链有限公司	
706	洛阳登瑞文化传播有限公司	
707	洛阳联拓安国际货物运输代理有限公司	
708	洛阳顺一物流有限公司	
709	洛阳起跑线物流有限公司	
710	洛阳邦聚商贸有限公司	

续表21

序号	企业名称	跨境电商业务类型
711	洛阳驰阳物流有限公司	
712	河南安必胜新材料科技有限公司	
713	洛阳跃腾物流有限公司	
714	洛阳捷威物流有限公司	
715	河南治平国际供应链管理有限公司	
716	伊川县龙行运输队	
717	河南冠扬企业服务有限公司	
718	洛阳海拓道路运输有限公司	
719	洛阳市路福物流运输有限公司	
720	河南晟速供应链管理有限公司	
721	洛阳昊菱汽车科技有限公司	
722	河南省永雄实业有限责任公司	
723	河南省弄町科技有限公司	
724	洛阳创德国际物流有限公司	
725	江舸云国际贸易（洛阳）有限公司	
726	洛阳宇丰供应链管理有限责任公司	
727	洛阳兆林物流有限公司	
728	河南鸿祚道路运输有限公司	
729	河南诚洲运输有限公司	
730	洛阳华茂供应链管理有限公司	
731	新汉方（河南）生命科技有限公司	
732	嵩县兴丰供应链有限公司	
733	洛阳迅科报关服务有限公司	
734	河南盈浩供应链管理有限公司	
735	洛阳超邦商贸有限公司	
736	河南兴杼新材料科技有限公司	
737	河南众创国际供应链有限公司	
738	河南碧波园运营管理有限责任公司	
739	洛阳英派克工业科技有限公司	
740	恒泰科技发展集团（洛阳）有限公司	
741	神州伟盈（河南）供应链有限公司	
742	河南龙迈供应链管理有限公司	
743	盛群（洛阳）精密机电有限公司	
744	洛阳德耳乐供应链有限公司	
745	洛阳市瑞亚丹柜业有限公司	

续表22

序号	企业名称	跨境电商业务类型
746	河南正则实业集团有限公司	
747	洛阳仁凯电子商务有限公司	
748	河南腾曙供应链管理有限公司	
749	河南易菲特能源有限公司	
750	河南仑卓实业有限公司	
751	洛阳瑞创环保科技有限公司	
752	洛阳羽克供应链服务有限公司	
753	洛阳高弗特金属制品有限公司	
754	河南硕翔供应链管理有限公司	
755	洛阳康搏特钨钼材料有限公司	9710、9810
756	洛阳古城机械有限公司	
757	洛阳雷斯达传动有限公司	
758	洛阳泽赫供应链有限责任公司	
759	河南泰享国际供应链管理有限公司	
760	洛阳交安信息技术有限公司	
761	洛阳微晶时代新材料有限公司	
762	洛阳熙成电子商务有限公司	
763	洛阳阿特斯光伏科技有限公司	
764	河南浔桥进出口贸易有限公司	
765	河南化之夷科技有限公司	
766	河南鲲鹏航空服务有限公司	
767	洛阳市聚美商贸有限公司	
768	洛阳市太学染化有限公司	
769	洛阳市奥迈金属材料有限公司	
770	丰联科光电（洛阳）股份有限公司	
771	洛阳巧迪商贸有限公司	
772	中聚（河南）化工科技有限公司	
773	河南任驰石材有限公司	
774	洛阳铎定实业有限公司	
775	洛阳腾捷精密轴承有限公司	
776	洛阳棋帆磨具有限公司	
777	洛阳百年优品生物技术有限公司	
778	洛阳奥通办公家具有限公司	
779	洛阳伏牛电商服务有限公司	
780	嵩县云飘电商服务有限公司	

续表23

序号	企业名称	跨境电商业务类型
781	洛阳北方玻璃技术股份有限公司	
782	河南鑫润科技有限公司	
783	洛阳悦伊服饰有限公司	
784	洛阳妍希电子科技有限公司	
785	洛阳航达新材料科技有限公司	
786	洛阳美圣办公家具有限公司	
787	河南本草健康管理有限公司	
788	金水湾科技（洛阳）有限公司	
789	洛阳德郎克智能科技有限公司	
790	洛阳威力圣商贸有限公司	9710、9810
791	洛阳震海家具有限公司	9710、9810
792	洛阳兴恒电子商务有限公司	
793	河南朝露节能科技有限公司	
794	洛阳施迪优进出口贸易有限公司	
795	洛阳市一苇贸易有限公司	
796	洛阳古都丝路进出口贸易有限公司	
797	洛阳克里斯通矿业机械科技有限公司	
798	洛阳爱芯电子科技有限公司	
799	洛阳方特电器有限公司	
800	洛阳市美之邦办公家具有限公司	
801	洛阳沃狮商贸有限公司	
802	洛阳韩烁机械设备有限公司	
803	洛阳迈纶进出口贸易有限公司	
804	洛阳信美环保科技有限公司	
805	中船双瑞（洛阳）特种装备股份有限公司	
806	洛阳富阔鞋业有限公司	
807	河南艾尔普霖环保科技有限公司	
808	洛阳天汇镁业有限公司	
809	河南博玖供应链管理有限公司	
810	河南京昔电子商务有限公司	
811	中国邮政速递物流股份有限公司洛阳市分公司	
812	河南速贸报关服务有限公司	
813	洛阳恒凯信息科技有限公司	
814	洛阳市万谦网络科技有限公司	
815	河南本易信息工程有限公司	

续表24

序号	企业名称	跨境电商业务类型
816	洛阳美涵网络科技商贸有限公司	
817	洛阳哈他网络科技有限公司	
818	洛阳盛商电子商务有限公司	
819	洛阳易商网络科技有限公司	
820	洛阳中创网络技术服务有限公司	
821	洛阳沃客网络科技有限公司	
822	洛阳愿景科技有限公司	
823	洛阳启明星电子有限公司	
824	洛阳易元电子商贸有限公司	
825	洛阳子午线文化传播有限公司	
826	河南卓安科技有限公司	
827	洛阳创杰网络科技有限公司	
828	洛阳汇思达信息技术有限公司	
829	洛阳卓远软件科技有限公司	
830	洛阳掌端网络科技有限公司	
831	洛阳中业科技有限公司	
832	洛阳汇思达信息科技有限公司	
833	洛阳上源信息科技有限公司	
834	洛阳名威软件开发有限公司	
835	河南锋鸟网络科技有限公司	
836	洛阳自由人网络科技有限公司	
837	河南圣涛实业有限公司	
838	洛阳花媒文化传播有限公司	
839	河南后浪大数据科技有限公司	
840	洛阳优云电子科技有限公司	
841	河南腾洛网络科技有限公司	
842	洛阳源和科技有限公司	
843	洛阳用易网络科技有限公司	
844	洛阳辰康医疗器械有限公司	
845	洛阳银商网络科技有限公司	
846	洛阳夏方网络科技有限公司	
847	洛阳睿濠商贸有限公司	
848	河南跨了个境网络科技有限公司	
849	吉乐富跨境供应链管理有限公司	
850	河南众创企业服务集团有限公司	9710、9810

续表25

序号	企业名称	跨境电商业务类型
851	河南德睿勤财务管理咨询有限公司	
852	河南海罂供应链管理有限公司	
853	河南大华捷通实业有限公司	
854	洛阳丰湾集装箱物流有限公司	
855	中储发展股份有限公司洛阳分公司	
856	中国外运河南公司洛阳分公司	
857	洛阳畅的智能科技有限公司	
858	洛阳谷雨物流有限公司	
859	河南优递安物流代理有限公司	
860	河南融丰陆港服务中心有限公司	
861	洛阳市伟业天公轻纺有限公司	
862	中外运-敦豪国际航空快件有限公司河南洛阳分公司	
863	联邦快递（中国）有限公司洛阳分公司	
864	河南骏腾国际货运代理有限公司洛阳分公司	
865	洛阳鑫禧佳商贸有限公司	
866	洛阳驰鹏国际物流代理有限公司	
867	河南吉象国际物流有限公司	
868	浙江浩华天跃贸易有限公司洛阳分公司	
869	洛阳成谦商贸有限公司	
870	郑州德邦物流有限公司西工分公司	
871	洛阳天时供应链管理有限公司	
872	中国检验认证集团河南有限公司洛阳分公司	
873	中铁物流（洛阳）有限公司	
874	中铁物流（洛阳）现代产业园有限公司	
875	河南益企赢商贸有限公司	
876	众创（河南）外贸综合服务中心（有限合伙）	
877	河南战友供应链管理有限公司	
878	洛阳新招培教育咨询有限公司	
879	中储洛阳物流有限公司	
880	洛阳豫丹物流有限公司	
881	洛阳德瑞华物流有限公司	
882	河南斯德可得物流有限公司	
883	偃师市夏商科技发展有限公司	
884	洛阳优选电商有限公司	
885	洛阳若诚物流有限公司	

续表26

序号	企业名称	跨境电商业务类型
886	河南省欧发物流有限公司	
887	洛阳市凰亮外贸服务有限公司	
888	洛阳木茂电子商务有限公司	
889	洛阳纽良电子商务有限公司	
890	洛阳诺京电子商务有限公司	
891	阿玛迅（河南）科技有限公司	
892	河南似水流年商贸有限公司	
893	洛阳国宏国际贸易有限公司	
894	洛阳贯和进出口贸易有限公司	
895	洛阳跨路翼网络科技有限公司	
896	海奇特（洛阳）供应链管理有限公司	
897	洛阳亨盛进出口贸易有限公司	
898	链上（洛阳）电子商务有限公司	
899	洛阳君雅会计服务有限公司	
900	郑州德邦物流有限公司洛阳武汉路分公司	
901	洛阳乾发供应链管理有限公司	
902	洛阳汇尔丰商务服务有限公司	
903	河南仕冠报关代理服务有限公司	
904	河南巨推跨境电商有限公司	
905	河南飒美跨境电商有限公司	
906	关天之窗（洛阳）供应链管理有限公司	
907	河南肯尼国际物流有限公司	
908	国科优仓跨境电商服务（河南）有限公司	
909	曼巴（河南）供应链管理有限公司	
910	源一（洛阳）物流有限公司	
911	河南思恩国际贸易有限公司	
912	河南中出外贸综合服务有限公司	
913	云诺荟跨境电商服务（河南）有限公司	
914	河南矗银供应链管理有限公司	
915	洛阳哈博网络科技有限公司	
916	洛阳市旗进外贸服务有限公司	
917	洛阳市聚辰对外贸易综合服务有限公司	
918	洛阳灿鸿对外贸易综合服务有限公司	
919	中璟晟新能源发展（洛阳）有限公司	
920	华瀚（洛阳）国际贸易有限公司	

续表27

序号	企业名称	跨境电商业务类型
921	洛阳一手庄国际物流有限公司	
922	河南卓申进出口贸易有限公司	
923	洛阳迅科报关服务有限公司	
924	河南港达供应链管理有限公司	
925	中实洛阳重工有限公司	
926	洛阳吉安汽车运输有限公司	
927	洛阳荣驰特运物流有限公司	
928	河南元华实业有限公司	
929	洛阳丰亿物流有限公司	
930	洛阳开源物流有限公司	
931	河南物通时空物流有限公司	
932	洛阳安欣达物流有限公司	
933	洛阳瑜星建筑工程有限公司	
934	洛阳瑾镒电子商务有限公司	
935	陕西刘备出行网约车有限公司河南分公司	
936	洛阳沧运汽车运输有限公司	
937	米速达高铁快运有限公司洛阳分公司	
938	洛阳可强物流有限公司	
939	河南惠沅物流有限公司	
940	洛阳鑫沐物流有限公司	
941	洛阳品瑞物流有限公司	
942	洛阳缇霖建筑工程有限公司	
943	一拖（洛阳）物流有限公司	
944	洛阳市建勤供应链管理有限公司	
945	洛阳莱特柜业（集团）有限公司	
946	河南省顺丰速运有限公司洛阳分公司	
947	洛阳豫港龙泉铝业有限公司	
948	伊川豫港龙泉铝业有限公司	
949	壹海通国际货运代理（洛阳）有限公司	
950	河南启沃国际货运代理有限公司洛阳分公司	
951	华世迅（洛阳）国际货运代理有限公司	
952	郑州高通国际货运代理有限公司洛阳分公司	
953	洛阳新邦物流有限责任公司	
954	中物洛阳国际物流有限公司	
955	洛阳市老城区无名物流经营部	

续表28

序号	企业名称	跨境电商业务类型
956	河南飞举实业有限公司	
957	洛阳杰通供应链管理有限公司	
958	上海世彬国际货运代理有限公司洛阳分公司	
959	海品（洛阳）商贸有限公司	
960	洛阳洮速物流有限公司	
961	河南博昌供应链管理有限公司	
962	洛阳万运信息技术服务有限公司	
963	洛阳市西工区宠乐游宠物用品店	
964	洛阳恒达物流有限公司	
965	洛阳安诚航空服务有限公司	
966	洛阳博门供应链有限公司	
967	洛阳盛群商贸有限公司	
968	河南醒宝生物科技有限公司	
969	洛阳霖淞商贸有限公司	
970	洛阳荣子商贸有限公司	
971	洛阳一鸣物资设备有限公司	
972	河南联达通国际货运代理有限公司	
973	洛阳市启皓网络技术服务合伙企业（普通合伙）	
974	河南昊越国际物流有限公司	
975	河南中泉达供应链管理有限责任公司	
976	洛阳富尚信息技术服务有限公司	
977	洛阳超联物流有限公司	
978	洛阳创翔运输服务有限公司	
979	洛阳送发农业发展有限公司	
980	洛阳帅鹏物流有限公司	
981	洛阳安本通物流有限公司	
982	洛阳如日中天机械装备有限公司	
983	新安县鸿运货物运输有限公司	
984	洛阳伊同商贸有限公司	
985	嵩县慧通供应链有限公司	
986	嵩县丰云帆物流部	
987	洛阳益为供应链管理有限公司	
988	洛阳超安实业有限公司	
989	西安近代军民物流有限公司洛阳分公司	
990	洛宁县昊宇复合材料有限公司	

续表29

序号	企业名称	跨境电商业务类型
991	洛阳凯尊仓储有限公司	
992	偃师市东强物流有限公司	
993	河南拿大国际贸易有限公司	
994	洛阳市豪运汽车运输有限公司	
995	河南晨铭物流有限公司	
996	洛阳千鸟物流有限公司	
997	河南利驰物流有限公司	
998	河南海邦大件物流有限公司	
999	洛阳运腾物流有限公司	
1000	洛阳亨昌公路运输有限公司	
1001	河南希门特供应链管理有限公司	
1002	河南远图货运代理有限公司	
1003	河南玖乐建材有限公司	
1004	洛阳赤拉网络科技有限公司	
1005	河南丝优客网络科技有限公司	
1006	洛阳圣亚国际货运代理有限公司	
1007	中孚供应链管理（唐山）有限公司洛阳分公司	
1008	洛阳智科物流有限公司	
1009	新疆驰冠信息科技有限公司洛阳分公司	
1010	河南海邦供应链管理有限公司	
1011	河南丹璞商贸有限公司	
1012	河南拓斯商贸有限公司	
1013	河南璞曼商贸有限公司	
1014	洛阳丹航商贸有限公司	
1015	河南合璺国际货运代理有限公司	
1016	洛阳安晟国际物流有限公司	
1017	河南康德供应链管理有限公司	
1018	洛阳中侨进出口贸易有限公司	
1019	河南易两银供应链管理有限公司	
1020	洛阳新达进出口有限公司	
1021	洛阳茂泰进出口有限公司	
1022	洛阳铭通进出口有限公司	
1023	河南龙恒金属科技有限公司	
1024	洛阳壹氏伟业国际物流有限公司	
1025	河南宁润进出口贸易有限公司	

续表30

序号	企业名称	跨境电商业务类型
1026	洛阳天邑物流有限公司	
1027	洛阳市翔鑫物流有限责任公司	
1028	洛阳市卓普物流有限责任公司	
1029	河南吉乐富跨境供应链管理有限公司	
1030	河南威航国际货运代理有限公司	
1031	河南邦瑞达国际贸易有限公司	
1032	河南畅快新生活服务有限公司	
1033	河南有邦供应链管理有限公司	
1034	洛阳柠味健康管理有限公司	
1035	洛阳罗莱夏朵纺织科技有限公司	
1036	洛阳大河新能源车辆有限公司	
1037	洛阳申沃新能源科技有限公司	
1038	洛阳市月升昌商贸有限公司	
1039	邦达优速运有限公司	
1040	洛阳米贸通外贸服务有限公司	
1041	河南玖运国际贸易集团有限公司	
1042	河南众创跨境供应链管理有限公司	
1043	河南创拓跨境电商运营有限公司	
1044	洛阳展誉进出口有限公司	
1045	洛阳绿柏进出口有限公司	
1046	洛阳创嘉星进出口有限公司	
1047	洛阳锦承得进出口有限公司	
1048	洛阳贸之缘进出口有限公司	
1049	洛阳钜汇进出口有限公司	
1050	洛阳明锦电子科技有限公司	
1051	洛阳毅搏电子科技有限公司	
1052	洛阳云图贸易有限公司	
1053	洛阳飞联贸易有限公司	
1054	洛阳翼展贸易有限公司	
1055	洛阳久诚贸易有限公司	
1056	洛阳信磊贸易有限公司	
1057	洛阳卡尔办公家具有限公司	
1058	洛阳双彬办公家具有限公司	
1059	河南银华锐进电子商务有限公司	
1060	洛阳海律贸易有限公司	

续表31

序号	企业名称	跨境电商业务类型
1061	佛山市森果科技有限公司	
1062	洛阳托肯进出口贸易有限公司	
1063	洛阳欧司飞利照明有限公司	
1064	河南盛都环保科技集团有限公司	
1065	洛阳市澳鑫金属制品有限公司	
1066	凯弗洛阳实业有限公司	
1067	洛阳市亿盛达进出口贸易有限公司	
1068	洛阳大华重型机械有限公司	
1069	洛阳世必爱特重轴承有限公司	
1070	洛阳惠群商贸有限公司	
1071	河南跨贸通供应链管理有限公司	
1072	河南合库数字科技有限公司	
1073	河南众创企业服务集团有限公司嵩县分公司	
1074	洛阳东驰网络科技有限公司	
1075	洛阳市洛龙区超凡搬家服务部	
1076	中国人民财产保险股份有限公司洛阳市分公司	
1077	中国太平洋财产保险股份有限公司洛阳中心支公司	
1078	中华联合财产保险股份有限公司洛阳中心支公司	
1079	阳光财产保险股份有限公司洛阳中心支公司	
1080	中国人寿财产保险股份有限公司洛阳市中心支公司	
1081	中国大地财产保险股份有限公司洛阳中心支公司	
1082	大家财产保险有限责任公司河南分公司洛阳中心支公司	
1083	都邦财产保险股份有限公司洛阳中心支公司	
1084	华安财产保险股份有限公司洛阳中心支公司	
1085	中国平安财产保险股份有限公司洛阳中心支公司	
1086	太平财产保险有限公司洛阳分公司	
1087	天安财产保险股份有限公司洛阳中心支公司	
1088	永安财产保险股份有限公司洛阳中心支公司	
1089	中银保险有限公司洛阳中心支公司	
1090	安诚财产保险股份有限公司洛阳中心支公司	
1091	亚太财产保险有限公司洛阳中心支公司	
1092	永诚财产保险股份有限公司洛阳中心支公司	
1093	渤海财产保险股份有限公司洛阳中心支公司	
1094	浙商财产保险股份有限公司洛阳中心支公司	
1095	英大泰和财产保险股份有限公司洛阳中心支公司	

续表32

序号	企业名称	跨境电商业务类型
1096	华泰财产保险有限公司洛阳中心支公司	
1097	国任财产保险股份有限公司洛阳中心支公司	
1098	安盛天平财产保险有限公司洛阳中心支公司	
1099	紫金财产保险股份有限公司洛阳中心支公司	
1100	国元农业保险股份有限公司洛阳中心支公司	
1101	泰山财产保险股份有限公司洛阳中心支公司	
1102	富德财产保险股份有限公司洛阳中心支公司	
1103	中国出口信用保险公司河南分公司洛阳营业部	
1104	中煤财产保险股份有限公司洛阳中心支公司	
1105	中国人寿保险股份有限公司洛阳分公司	
1106	泰康人寿保险有限责任公司河南洛阳中心支公司	
1107	安邦财产保险股份有限公司洛阳中心支公司	
1108	百年人寿保险股份有限公司洛阳中心支公司	
1109	复星保德信人寿保险有限公司洛阳中心支公司	
1110	富德生命人寿保险股份有限公司洛阳中心支公司	
1111	工银安盛人寿保险有限公司洛阳中心支公司	
1112	光大永明人寿保险有限公司洛阳中心支公司	
1113	国华人寿保险股份有限公司洛阳中心支公司	
1114	合众人寿保险股份有限公司洛阳中心支公司	
1115	恒安标准人寿保险有限公司洛阳中心支公司	
1116	恒大人寿保险有限公司洛阳中心支公司	
1117	华泰人寿保险股份有限公司洛阳中心支公司	
1118	华夏人寿保险股份有限公司洛阳中心支公司	
1119	建信人寿保险股份有限公司洛阳中心支公司	
1120	交银人寿保险有限公司洛阳市中心支公司	
1121	农银人寿保险股份有限公司洛阳中心支公司	
1122	平安养老保险股份有限公司洛阳中心支公司	
1123	太平人寿保险有限公司洛阳中心支公司	
1124	太平养老保险股份有限公司洛阳中心支公司	
1125	新华人寿保险股份有限公司洛阳中心支公司	
1126	信泰人寿保险股份有限公司洛阳中心支公司	
1127	幸福人寿保险股份有限公司洛阳中心支公司	
1128	阳光人寿保险股份有限公司洛阳中心支公司	
1129	英大泰和人寿保险股份有限公司洛阳中心支公司	
1130	长城人寿保险股份有限公司洛阳中心支公司	

续表33

序号	企业名称	跨境电商业务类型
1131	中国平安人寿保险股份有限公司洛阳中心支公司	
1132	中国人民健康保险股份有限公司洛阳中心支公司	
1133	中国人民人寿保险股份有限公司洛阳中心支公司	
1134	中国邮政储蓄银行股份有限公司洛阳市分行中心支行	
1135	中信保诚人寿保险有限公司洛阳中心支公司	
1136	中意人寿保险有限公司洛阳中心支公司	
1137	中银三星人寿保险有限公司洛阳中心支公司	
1138	河南先为律师事务所	
1139	河南大鑫律师事务所	
1140	河南万基律师事务所	
1141	河南中冶律师事务所	
1142	河南惠人律师事务所	
1143	洛阳毅航物流有限公司	
1144	河南昌达物流有限公司	
1145	河南一达物流运输有限公司	
1146	河南嘉邦物流服务有限公司	
1147	洛阳元华国际物流有限公司	
1148	河南来财物流有限公司	
1149	河南豫西智慧城物流有限公司	
1150	河南浩瑞达物流有限公司	
1151	洛阳恒玖物流有限公司	
1152	洛阳顺一物流有限公司	
1153	洛阳起跑线物流有限公司	
1154	洛阳驰阳物流有限公司	
1155	洛阳跃腾物流有限公司	
1156	洛阳捷威物流有限公司	
1157	洛阳市路福物流运输有限公司	
1158	洛阳创德国际物流有限公司	
1159	洛阳兆林物流有限公司	
1160	洛阳环宇物流有限公司	
1161	洛阳龙泉华辉贸易有限公司	
1162	洛阳安吉拉国际货运代理有限公司	
1163	河南豫港龙泉铝业有限公司	
1164	洛阳灰熊创客空间有限公司	
1165	洛阳同泰物流有限公司	

续表34

序号	企业名称	跨境电商业务类型
1166	郑州市跨越速运有限公司洛阳分公司	
1167	洛阳驰龙汽车运输有限公司	
1168	河南中运物流有限公司	
1169	兴洛仓（洛阳）物流有限公司	
1170	河南嘉运国际货运代理有限公司	
1171	河南海策国际货运代理有限公司	
1172	浙江首通快运有限公司西工分公司	
1173	河南路之星物流有限公司	
1174	河南省脱颖实业有限公司孟津分公司	
1175	河南京邦达供应链有限公司洛阳分公司	
1176	郑州德邦物流有限公司宝龙分公司	
1177	河南玖誉通网络科技有限公司洛阳分公司	
1178	优仓洛阳供应链管理有限公司	
1179	河南云浪船舶服务有限公司	
1180	洛阳威思汀国际货运代理有限公司	
1181	洛阳万邦优选供应链管理有限公司	
1182	河南熙雯餐饮服务有限公司	
1183	洛阳新川运输有限公司	
1184	河南泓瑞供应链管理有限公司	
1185	洛阳传程物流有限责任公司	
1186	洛阳胜阳物流有限公司	
1187	洛阳国华物流有限公司	
1188	河南省正能量物流有限公司栾川分公司	
1189	河南飞通物流有限公司	
1190	洛阳慧捷物流有限公司	
1191	河南巴音海海物流有限公司	
1192	洛阳云发物流有限公司	
1193	河南中玛物流有限公司	
1194	临沂江滔物流有限公司汝阳分公司	
1195	瑞臻物流（洛阳）有限公司	
1196	河南亚航国际物流有限公司	
1197	河南禾正物流有限公司	
1198	洛阳大元汽车运输有限公司	
1199	洛阳乾沣运输有限公司	
1200	洛阳驰浩运输有限公司	

续表35

序号	企业名称	跨境电商业务类型
1201	洛阳跃盟汽车运输有限公司	
1202	新安县惠民通旅客运输有限公司	
1203	洛阳吉祥汽车运输有限公司	
1204	河南来财运输有限公司	
1205	河南腾阳道路运输有限公司	
1206	河南雄驰运输服务有限公司	
1207	洛阳安之达道路运输有限公司	

典型案例

阿米巴式裂变创业探索

——洛阳五邦电子商务有限公司

一、基本情况

洛阳五邦电子商务有限公司（以下简称“五邦电子”）成立于2015年，位于洛阳（五洲）跨境电商产业园内，拥有员工50人，仓库1000平方米，是一家从事跨境电商出口的贸易公司。五邦电子秉承“卖全球”的经营理念，将中国优质的产品和服务推向世界。五邦电子在亚马逊、速卖通、wish和TEMU等跨境电商平台拥有店铺50家，主营服装和家居用品类业务，可进行服装的定制化加工。五邦电子在每年“黑色星期五”、“网络星期一”、圣诞节等节日时，单日订单量可达一万多单，年营业额达3500万元。

二、创新发展做法

（一）创新经营服务模式，推进跨境电商产业链生态化建设

1. 多渠道提升企业影响力

组建专业的视频宣传团队，以讲好品牌故事为核心，以创意为导向，精细策划视频内容，从而塑造强大的企业公信力；进一步丰富品牌内涵，五邦电子持续将营销热点内容和服装设计进行创意结合，推出系列特色单品，吸引消费者眼球。

2. 搭建垂直型综合媒体平台

五邦电子联合国内外优秀的名师、技术团队，秉承“卖全球”的理念，采用线上营销推广的方式，以教程为龙头，以资讯为重点，以用户为中心，以大矩阵构建传播新格局。通过跨境电商平台店铺为广大顾客提供多样化、个性化服务，提升购物体验，实现企业互联网传播、互动及用户的连接，进而纵深横向拓展服装和家居用品等市场。

3. 打造“C2B”模式的柔性供应链条

消费者的需求变动需要厂商作出快速的反应。五邦电子塑造柔性供应链以满足消费者的购买需求，负责人根据产品的浏览量、浏览时长和收藏三个指标决定是否追加订单。对于确定为旺款或爆款的服饰，马上返单（追加订单），而对于滞销款则立刻打折抛售。这样小批量、多频次订货，及时灵活的返单、抛售，为五邦电子带来了良性库存。

（二）实施信息技术战略，全面提升公司效能效率

在信息技术的支撑下，五邦电子可以清楚地知道现实的市场需求，在什么地方，需要什么产品，需要多少。五邦电子在2015年创立初期开始实行信息化战略，一是整合公司现有的生产、经营、设计、制造、管理，通过信息化和产业化的深度融合，进一步改善和优化对消费者行为的判断、产品销售量的预测、精确的营销范围及对供应链的管理，为公司的战术层、战略层、决策层提供了准确而有效的数据信息，使公司对需求能够作出迅速的反应；二是致力于连接不同类型的数据，打通数据壁垒，让每一条数据关联性更强、更有意义，从而提供更多的数据分析维度和指标，进而做到降本增效，间接地为公司提升利润，提升核心竞争力。截至2022年12月31日，信息系统已涵盖产品设计、修改、打样、下单、采购、生产、质量、仓储、物流、交付等整个生命周期。

（三）完善配套设施，推进电商物流协同发展

五邦电子创立了线上客户服务团队，采取“闪电物流”的运营策略，持续强化仓储、包装、分拨、运输的电商与快递协同作业模式，保障良好的消费者体验，并建立独有的仓储系统，通过自己独有的IT系统和物流公司系统实现对接，监控物流末端的配送速度和服务态度，实现电子商务与物流信息协同化、智能化发展，助力企业降本增效。

五邦电子紧跟时代步伐，不断创新发展模式，在自身实现平稳健康快速发展的同时，还带动河南、广东、福建、浙江等多地的服装和家居产品等制造商连续几年扩大产能，拉动就业，让越来越多的“洛阳制造”通过跨境电商销往全球各地，为推进洛阳市跨境电商产业发展赋能添力。

（四）进行跨境电商孵化探索，促进团队阿米巴式裂变创业

五邦电子在洛阳（五洲）跨境电商产业园的孵化下，两年时间由一家种子企业阿米巴式裂变孵化出五家针对不同层次和不同地区进行服装定制化销售的小微创业企业群，团队人数从最初的3~5人发展到30多人的创业团队，形成了良好的内部裂变孵化机制，增加了跨境企业的集聚效应，也增强了小微创业企业创新创业的信心。

大事记

2022年5月20日，《中国（洛阳）跨境电子商务综合试验区发展规划（2021—2025年）》（洛跨境电商综试〔2022〕1号）印发，规划的发布形成了清晰的洛阳综试区建设蓝图，力争让洛阳综试区的政策释放出更多红利，最终在全市实现跨境电商全覆盖。

2022年5月23日，洛阳综试区考评试行办法印发，通过对县区跨境电商工作的考核推进洛阳综试区高质量发展。

郴州地区

自2020年5月获批成为中国（郴州）跨境电子商务综合试验区（以下简称“郴州综试区”）以来，郴州市认真落实“三高四新”战略定位和使命任务，全力打造内陆开放排头兵，合理规划、积极有序推动跨境电商综合试验区建设，跨境电商已成为郴州市外贸转型升级的重要方向和企业品牌国际化的有效路径。

发展现状

一、发展概述

据海关统计，2022年郴州综试区引进和培育跨境电商经营企业124家，完成跨境电商进出口额8.21亿美元，同比增长168.64%，全面完成2022年郴州综试区重点工作任务。

二、发展成效

2022年郴州综试区考核评价为成效初显。

（一）加强郴州综试区基础建设

加大力度推动跨境电商综合服务平台建设，建设以“一点接入”为原则，集多种贸易方式为一体的一站式跨境电商综合服务平台，实现与海关、税务、外汇管理、市场监管等政府部门之间“信息互换、监管互认、执法互助、数据共享”，切实提升贸易便利化水平。

以国际快件中心和跨境电商海关查验场为主体，由北湖区政府平台公司（郴州市百福投资集团有限公司）收购，提质升级现有铁路货栈，建设高效率的国际快件、跨境电商和一般贸易的清关服务平台。打造“一中心、两平台”，即跨境电商综合服务中心（含孵化基地）、跨境电商数据平台和通关服务平台。

进一步完善国际物流体系建设，包括国际快件中心地提质改造、开通中欧班列、建设郴州国际内陆港等。建设郴州陆港跨境电商产业园和跨境电商运营中心，将其列为郴州内陆港重点建设项目。

利用郴州综合保税区跨境电商零售进口试点的政策优势，搭建1210保税备货监管中心，配备查验分拣线及信息化系统，建设保税备货监管中心。

建设“品质郴州”数字贸易平台，为郴州企业提供一体化、全球化和数字化的企业展示、商品展销服务，帮助郴州本地企业转型升级。2022年出口50台半挂车到非洲，实现了郴州专用汽车出口非洲零的突破。

加强跨境电商产业园的建设工作，完善跨境电商产业园区功能，盛邦达等电商产业园进一步扩大了园区进口展示区，提高跨境电商的服务和孵化水平。开展跨境电商零售进口试点、进口特殊药品创新工作。积极推动苏仙区、临武县、桂阳县、安仁县等地创建跨境电商产业集聚区。

（二）开展“郴品出海”推动本地产品出口

实施传统企业转型计划，对传统外贸企业进行跨境电商培训孵化服务。竹之源、和顺科技、伟丰实业、旅生科技、百氏特工艺、农夫机电、埃瓦新能源等传统生产型企业完成转型升级。对威王打火机、东佳电子、阳普医疗、百绿康、超誉科技、永盛鞋业、锐誉时装等30多家企业开展培育和孵化，列为跨境电商转型试点企业。2022年，郴州综试区实现9810出口、1210进出口零的突破。

积极培育本地优质品牌。进一步拓展本地产品出口，培育手提包、衬衣、银手链、餐具、布鞋、种植袋、狗窝、戒指、牙刷、神香、血压计、数据线、皮衣等多品类产品开发自有优质品牌，如“兴匠”“本太太”

“change”“湖莽一号”“莽山红”“旅生”等。重点扶持郴州特色产品矿晶、茶叶、银制品、竹制品、小五金产品等以跨境电商模式拓展国际市场。

引导市内生产型外贸企业、电商企业入驻亚马逊、速卖通等全球性主流平台和Lazada、Shopee等区域性新兴平台开展跨境电商业务，和顺科技、竹之源、百氏特、伟丰实业、农夫机电、旅生科技、烽火金属等10多家传统生产型企业成功转型，不断拓展对外贸易渠道。

（三）积极探索跨境电商新模式

依托1210模式优势，大力发展跨境电商新零售，1210保税备货海关监管中心项目已完成查验线和公共仓的建设，推出盛开朵朵、保证购等本地跨境新零售购物平台，发展电商进口零售业务，积极探索开展跨境电商医药新零售等业务创新。

积极支持企业建设和利用海外仓资源，海外仓建设取得突破。现有6家外贸企业，在美国、日本、德国、越南等地设立海外仓，面积达4万平方米。

（四）加强政策和人才支撑

落实郴州人才新政52条。对符合郴州高质量发展急需的外贸、电商、物流、金融、法律等专业人才，被归类为市级实用人才（E类）享受相关优待，郴州市人社部门将“跨境电子商务师”纳入了职业补贴范围内。针对跨境电商行业特征，明确重点招引懂外贸、懂英语、熟悉跨境电商业务的专业人才，拟定了跨境电商人才引进计划。

加强跨境电商人才培养。加强郴州职业技术学院新媒体电商学院建设，开通跨境电商日常教学，积极开展产教融合的免费培训；并在盛邦达产业园建立了实训基地，开展毕业生就业对接工作，并面向社会人群提供跨境电商方面的培训和就业岗位。

郴州跨境电商行业协会筹建工作已完成，进一步加强行业管理，增加跨境电商企业黏性，形成行业凝聚力。该协会主办了湖南省首届跨境电商产学研交流会，组织郴州盛开朵朵跨境新零售品牌管理有限公司参加了在重庆举办的西洽会，展示了跨境电商零售进口药品试点业务板块。

三、平台建设

加大力度推动跨境电商综合服务平台建设。郴州市综服平台已完成基础建设，入驻企业90家。以现有的国际快件中心和跨境电商海关查验场为主体，提质升级现有铁路货栈，建设高效率的国际快件、跨境电商和一般贸易的清关服务平台，2022年10月恢复运行。

利用郴州综合保税区跨境电商零售进口试点的政策优势，搭建1210保税备货监管中心，配备查验分拣线及信息化系统，建设保税备货监管中心。2022年9月16日正式投入运行。

建设“品质郴州”数字贸易平台，为郴州企业提供一体化、全球化和数字化的企业展示、商品展销服务，帮助郴州本地企业转型升级。2022年5月17日由湖南金松汽车有限公司出口50台半挂车到非洲，实现了郴州专用汽车出口非洲零的突破。

四、招商引资

积极开展跨境电商招商引资工作。2022年11月3日在杭州举办了郴州综试区专题推介会，签约项目31个，总投资金额292.9亿元。举办2022“顾问为媒·商会搭桥”北湖区、广东省佛山郴州商会招商对接会、2022郴州经济开发区集中招商引月活动推进会暨跨境电商产业招商会、2022“湘商回郴、郴才出湘”苏仙区云招商推介会跨境电商招商专场、郴州自由贸易试验区（高新区）“迎老乡、回故乡、建家乡”专题招商推介会跨境电商招商专场等十数场招商活动。新建或改造跨境电商相关的平台或支撑服务项目8个，引进跨境电商企业30余家，鼓励传统加工贸易企业、外贸企业跨境电商转型升级20余家，培育和孵化本土跨境电商企业30余家。

配套文件

中共郴州市委办公室　郴州市人民政府办公室关于印发《郴州市落实国省稳住经济一揽子政策措施实施细则》的通知

（郴办发〔2022〕9号）

各县市区委、县市区人民政府，市直机关各单位、各人民团体、市属以上企事业各单位：

《郴州市落实国省稳住经济一揽子政策措施实施细则》（以下简称《实施细则》）已经市委、市政府同意，现印发给你们，请认真贯彻执行。

一、高度统一思想，强化组织领导。一要迅速传达部署。各级各部门要深入学习贯彻国家、省、市稳经济政策措施，及时传达到各机关、企业、社区、项目现场，切实抓好惠企利民政策落实，稳住经济大盘，确保实现“双过半”。二要层层压实责任。各级各部门主要领导要亲自抓，分管领导要具体抓，深入基层和企业调研、督促落实情况，带动形成一级抓一级、层层抓落实的工作格局。三要制定行动方案。各相关部门要在2022年6月10日前成立工作专班，按照《实施细则》分工安排，研究制定具体行动方案，对本部门本领域本行业的工作全面推进，确保按照时间节点取得实效。

二、创新工作举措，强化政策落地。一要挂图作战，任务到人。要明确各项政策落实的具体责任人，建立健全企业服务专员和项目服务专员制度，为全市工业企业和重点项目建立“一对一”服务机制，推动政策第一时间落实、诉求第一时间响应、困难第一时间解决，打通服务企业和项目“最后一公里”。二要挂名蹲点，服务到企。在全市开展万名干部联万家企业“送政策、解难题、优服务、稳增长”帮扶行动，推动各级惠企政策100%兑现，助力企业扭亏增盈、纾困解难，实现规模工业企业亏损面10%以下，利润额增长10%以上。三要挂牌销号，落实到位。市发改委要及时收集政策落实过程中存在的困难和问题，梳理分类形成清单，建立问题台账，实施销号管理。相关问题按事权进行分级交办处理，县市区权限范围内的由县市区解决，市本级权限范围内的由市本级解决。市本级一般性问题由市委督查室、市政府督查室直接交办，重大问题由市领导交办。

三、建立工作机制，强化统筹协调。一

要建立工作动态“周报制”。市发改委要加强统筹调度，建立政策措施落实“周调度、月通报”机制。各县市区、市直责任部门要明确专人负责，每周五上午12点前，将本周工作进展情况报市发改委（联系人：周盛），市发改委汇总、梳理后形成每周专报，报市领导和有关部门。二要建立部门领导“会商制”。每月10日召开政策措施落实“会商会”，主要研究解决政策措施落实过程中存在的问题。“会商会”由市政府秘书长或协管副秘书长召集，市发改委、市财政局及相关职能部门参加，视情通知相关县市区负责同志参加。三要建立政策措施落实“督办制”。把各项政策措施落实情况纳入全市重点督查范围，市委绩效考核办、市委督查室、市政府督查室适时组织开展专项督查督导，重点督查政策落实、问题解决等情况，要把“问题化解率”“政策兑现率”作为衡量工作成效的重要指标，每月对督导情况进行总结通报，对成效显著的进行通报表扬，对工作不到位、成效不明显的进行重点督办，并由市领导约谈相关单位主要负责人。

中共郴州市委办公室
郴州市人民政府办公室
2022年6月7日

郴州市落实国省稳住经济一揽子政策措施实施细则

一、加大财政政策落实力度

1. 进一步加大增值税留抵退税政策力度。

①严格落实组合式税费支持政策。2022年6月底前完成制造业等六大行业中大型企业存量留抵退税，新增批发零售业等7个行业按月全额退还增量留抵税额、一次性全额退还存量留抵税额。对购置日期在2022年6月1日至2022年12月31日期间内且单车价格（不含增值税）不超过30万元的2.0升及以下排量符合条件乘用车减半征收车辆购置税。

②核准退税减税规模。进一步核准退税规模，摸清每户企业退税减税底数，对增值税留抵退税、减税降费、减征“六税两费”和缓缴三项社保费等情况及时统计核算。

③规范退税审核流程。建立联席会议、分工协作、工作推进等工作机制，开设留抵退税“绿色通道”。对具体经办人员进行有针对性的政策推送和“点对点”辅导，确保市场主体准确适用政策。

④严防退税减税风险。开展退税减税风险核查和风险应对，对偷逃骗税的行为从严查处、严厉打击，强化对不法分子的警示震慑。

⑤严格财政管理考核。将退税减税降费工作纳入财政管理重点考核内容，严肃财经纪律。（市税务局、市财政局按职责分工负责）

2. 加快财政支出进度。

①严格执行、足额落实“三保”支出预算，及时清理盘活结余资金，2022年6月底前对中省资金指标再次全面清理，对到期指标一律回收，统筹用于“三保”和其他重点支出。强化城市大提级、城市大脑、乡村大振兴等重点项目、重大工程资金保障。

②协调市直相关部门尽快确定2011年度绩效考核结果，及时清算奖励兑现资金。

③按季分月核拨基本民生转移支付预算，尽快核算下达兑现产业政策奖励。

④合理确定月度资金调度额度，每月编

制市辖区资金调度测算预计表，优先保障两区两园“三保”资金需求，严格防范支付风险。

⑤加强库款资金监测，可利用一体化横联系统对全市各县市区（含郴州高新区、郴州经开区）每日库款余额实行动态监控，确保全市库款总体保障水平处于合理区间。（市财政局负责）

3. 进一步发挥政府性融资担保效能。

①扩大支小支农支新的业务范围，将符合条件的交通运输、餐饮、住宿、旅游行业中小微企业、个体工商户纳入重点支持对象。进一步巩固和加强银担合作，力推“总对总”线上批量业务。开发新的融资担保产品为园区工业企业、乡村振兴战略服务。

②降低担保费率和反担保条件，将平均担保费率降至 0.8%以下。支持续保续贷，帮助企业渡过难关。

③加大对政府性融资担保机构的资本金补充、担保费补贴、风险分担等支持力度，支持市县两级将代偿补偿专项资金和保费补贴按规定纳入财政预算。（市财政局、市融资担保集团按职责分工负责）

4. 加大政府采购支持中小企业力度。

①凡采购限额标准以上，200 万元以下的货物和服务采购项目、400 万元以下的工程采购项目，适宜由中小企业提供的，采购人应当专门面向中小企业采购。

②凡超过 200 万元的货物和服务采购项目、超过 400 万元的工程采购项目中适宜由中小企业提供的，预留该部分采购项目预算总额由 30%以上提高到 40%以上专门面向中小企业采购，其中预留给小微企业的比例不低于 60%。

③对于经主管预算单位统筹后未预留份额专门面向中小企业采购的采购项目，以及预留份额项目中的非预留部分采购包，采购人、采购代理机构应当对中小企业报价给予 6%～10%（工程项目为 3%～5%）的扣除提高至 10%～20%（工程项目为 6%～10%）的扣除，用扣除后的价格参加评审。（市财政局、市公共资源交易中心按职责分工负责）

5. 扩大实施社保费缓缴政策。

①延续实施工伤保险、失业保险阶段性降费政策。2022 年 5 月 1 日至 2023 年 4 月 30 日，工伤保险行业费率在全省统一的行业基准费率基础上统一下降 20%，即一至八类行业费率分别按 0.48%、0.72%、0.96%、1.12%、1.36%、1.68%、1.92%、2.08%执行。现行工伤保险行业费率低于上述费率标准的地区，阶段性降低工伤保险费率期间，继续按现行费率执行。建设项目参保不实施阶段性降费政策，统一按工程总造价 1.8‰的费率执行，现行费率低于 1.8‰的，按现行费率执行。失业保险保持 1%（其中单位费率 0.7%，个人费率 0.3%）费率，执行期限至 2023 年 4 月 30 日。

②扩大社会保险费缓缴政策范围。将中小微企业、个体工商户和餐饮、零售、旅游、民航、公路水路铁路运输企业 5 个特困行业缓缴养老、失业、工伤三项社保费政策延至 2022 年 12 月 31 日，并扩围至其他特困行业。其他特困行业的范围根据国家有关政策要求另行规定。做好以个人身份参加企业职工基本养老保险的个体工商户和各类灵活就业人员缓缴养老社会保险费，2022 年未缴费月度可于 2023 年年底前进行补缴。

③依托社保保费征管信息系统开展行业信息比对，对筛选出符合缓缴政策条件的企业名单，通过线上渠道将政策信息精准推送至企业。（市人社局、市财政局、市税务局

按职责分工负责）

6. 加大稳岗支持力度。

①参保企业上年度未裁员或裁员率不高于上年度全国城镇调查失业率控制目标，30人（含）以下的参保企业裁员率不高于参保职工总数20%的，可以享受失业保险稳岗返还。大型企业按企业及其职工上年度实际缴纳失业保险费的返还比例从30%提至50%；中小微企业返还比例从60%提至90%。社会团体、基金会、社会服务机构、律师事务所、会计师事务所、以单位形式参保的个体工商户参照大型企业实施。大力推广通过后台数据比对精准发放的“免申即享”经办新模式，进一步畅通资金返还渠道，对没有对公账户的小微企业，可将资金直接返还至当地税务部门提供的其缴纳社会保险费的账户。

②2022年1月1日至2022年12月31日，累计出现1个（含）以上中高风险疫情地区的县市区，可对因新冠肺炎疫情严重影响暂时无法正常生产经营的困难企业，按每名参保职工500元的标准发放一次性留工培训补助，支持企业组织职工以工作代替培训。

③鼓励用人单位吸纳就业。对招用毕业年度高校毕业生并签订1年以上劳动合同的中小微企业，按照每人1000元的标准，给予一次性吸纳就业补贴。对于吸纳应届高校毕业生就业签订合同并参加失业保险的企业，按照每人1500元的标准发放一次性扩岗补助，从失业保险基金中列支，此项补助与一次性吸纳就业补助不重复享受。上述政策实施期限截至2022年12月31日。（市人社局、市财政局按职责分工负责）

二、加大金融政策落实力度

7. 鼓励对中小微企业和个体工商户、货车司机贷款及受疫情影响的个人住房与消费贷款等实施延期还本付息。

①对因疫情受困人群实施审慎宽容政策。对因感染新冠肺炎住院治疗或隔离人员、疫情防控需要隔离观察人员以及受疫情影响暂时失去收入来源的人群，区分受疫情影响的短期、中长期还款能力和还款意愿，对其存续个人住房等贷款，灵活采取合理延后还款时间、延长贷款期限等方式调整还款计划。对出租车司机、网店店主、货车司机等灵活就业主体，可比照个体工商户和小微企业主，加大对其经营性贷款支持力度。

②加大政策宣传力度，确保符合条件的受疫情影响授信人群知晓并获得纾困支持，落实对其存续个人住房、消费贷款等还款计划调整，对延期贷款坚持实质性风险判断、不单独因疫情因素下调分类，免收罚息，按照调整后的还款安排报送征信信息。

③强化受疫情影响较大的住宿餐饮、批发零售、文化旅游等接触型服务业及其他有前景但受疫情影响暂遇困难行业的差异化金融服务，分行业梳理受困企业名单，多层次组织开展政银企对接，“一企一策”提供差异化金融支持。（市政府金融办、郴州银保监分局、人民银行郴州市中心支行按职责分工负责）

8. 加大普惠小微贷款支持力度。严格落实商业汇票承兑期限由1年缩短至6个月的制度要求。支持核心企业提高融资能力和流动性管理水平，畅通和稳定上下游。（市政府金融办、郴州银保监分局、人民银行郴州市中心支行按职责分工负责）

9. 加强金融机构与实体经济精准对接。

①落实好贷款市场报价利率（LPR）下行、支农支小再贷款利率下调，发挥好民营和小微企业贷款风险补偿政策引导作用，推

动实际贷款利率继续下行。

②加大对不合理收费的督查整改力度，引导金融机构继续向实体经济减费让利。

③督促指导银行健全服务业小微企业和个体工商户动态识别机制，通过精细化、动态化的客户身份认定，降低账户服务收费、人民币转账汇款手续费、银行卡刷卡手续费以减轻服务业小微企业和个体工商户经营成本压力。（市政府金融办、人民银行郴州市中心支行、郴州银保监分局按职责分工负责）

10. 提高资本市场融资效率。

①加快实施企业上市“金芙蓉”跃升行动。加大对京沪深交易所、境外主要证券交易所成功上市、新三板挂牌、区域性股权市场股改挂牌、中小企业债券发行贴息补助等方面的财政资金支持力度。

②针对近五年内有可能上市或报上市材料及辅导报备的晶讯光电、郴州氟化学、炬神电子、弘源化工、东佳电子、久森新能源、长信住工、阿秒光学、旗滨光伏、耐普电源等重点拟上市企业，由市领导牵头成立帮扶工作专班，及时解决企业上市过程中遇到的困难和问题。

③争取更多受疫情影响企业通过“中国银行间市场交易商协会”的“绿色通道”，发行非金融企业债务融资工具。

④加大民营企业债券融资专业指导和服务力度，进一步提升民营企业开展债券融资的意识和能力。

⑤支持市、县、郴州高新区、郴州经开区等二级平台公司通过发行企业债券、公司债券、中期票据、短期融资券、信托、定向工具等融资工具方式开展直接融资。（人民银行郴州市中心支行、市政府金融办、市发改委、市财政局按职责分工负责）

11. 加大金融机构对基础设施建设和重大项目的支持力度。

①引导辖内金融机构扩容对基础设施和重大项目的信贷投放，增强信贷增长的稳定性，力争全年新增贷款规模同比增加。

②鼓励保险公司进一步加大险资入郴力度，通过债权、股权、资产支持计划、私募基金等渠道，扩大对基础设施建设和重大项目的资金投入。

③推动金融机构主动对接我省重大基础设施投资项目，在不新增政府隐性债务的前提下，支持水利、交通、管网、市政基础设施、老旧小区改造等领域惠民生、补短板项目和第五代移动通信（5G）、工业互联网、数据中心等新型基础设施建设，推动新项目尽快开工。（人民银行郴州市中心支行、市政府金融办、市发改委、郴州银保监分局按职责分工负责）

三、加大稳投资促消费政策落实力度

12. 加快地方政府专项债券项目建设。

①组织项目单位加快编制“一案两书”，抓紧做好债券发行前期准备工作，确保2022年新增专项债券在2022年6月底前基本完成发行，8月底前基本完成使用。对短期内无法形成实物工作量的项目，按程序向上级财政部门申请调整用途，争取2022年9月底前调整到位。

②加强项目用地、环评、用能等的协调保障，督促项目主管部门和项目单位加快项目实施进度。对预算已安排专项债券的项目，可根据库款情况，通过先行调度库款的办法加快项目建设进度。

③围绕专项债券资金支持的11个投向领域，抢抓承办全省第二届旅发大会契机，在2022年9月之前为2023年包装储备一批

符合债券发行条件的亿元以上项目。重点包装沙洲片区红色旅游提质改造建设、郴州市文体中心配套及公共基础设施建设、郴州市中心城区水环境综合治理、郴州职业技术学院改扩建等项目。（市财政局、市发改委按职责分工负责）

13. 加快推进一批论证成熟的水利工程项目。

①推进郴州市青山垅水库除险加固工程、北湖区水系连通及水美乡村建设工程、北湖区鲁塘镇集中供水工程、莽山水库城乡供水一体化工程（临武）建设项目、宜章县城乡供水一体化工程、郴资桂城乡供水一体化工程等重大水利工程建设与政策支持相关工作。

②进一步梳理2022年及后续重大水利工程清单，建立健全重大水利工程建设协同推进机制。加快两江两河八库水系连通工程、桂东县石磨岭水库等重大水利工程前期工作。（市水利局、市发改委按职责分工负责）

14. 加快推动交通基础设施投资。

①铁路方面。积极争取国家同意将兴永郴赣铁路赣郴段在国家铁路建设“十四五”中期评估中列入补充项，同时争取广清永高铁过境郴州并在临武设站。

②公路方面。加快实施耒宜高速扩容、茶常高速安仁段等高速公路建设，推动桂新高速桂阳至新田段2022年早日开工。规划建设郴州西环线高速、茶常高速安仁支线南延线，争取将两项目纳入湖南省高速公路路网修编规划。抓好2022年327千米农村公路实施。

③机场方面。加快推进北湖机场通航基地建设，力争尽快竣工投产见效，扎实抓好苏仙飞天山通用机场建设，加快做好各县市区通用机场的前期工作。

④水运方面。加快推进郴州三江（翠江、便江、郴江）通航建设开发项目、沤江汝城（凉滩—大水口）航运建设工程、东江湖航运建设工程等水运项目前期工作。（市交通运输局、市发改委按职责分工负责）

15. 因地制宜继续推进城市地下综合管廊建设。

①指导和支持各县市区按照“路廊同建”原则在新建城区（片区）开展地下综合管廊建设，并同步完善管廊规划、入廊有偿使用、运行管理等相关配套政策制度。积极争取专项债券和中央财政资金，支持各地城市地下综合管廊项目建设。

②鼓励金融机构加大信贷支持力度，在风险可控、商业可持续的前提下，为地下综合管廊项目提供中长期信贷支持。

③积极开展特许经营权、收费权和购买服务协议预期收益等担保创新类贷款业务。支持符合条件的地下综合管廊建设运营企业发行企业债券和项目收益票据，专项用于地下综合管廊建设项目。（市城管和综合执法局、市发改委、市财政局按职责分工负责）

16. 稳定和扩大民间投资。

①加强与国省汇报衔接，争取郴州更多项目纳入国家和省里重大基础设施发展规划。积极申报高质量发展基础设施试点。

②鼓励符合条件的项目参与基础设施领域不动产信托基金（REITS）试点。支持社会资本投入片区综合开发等领域。

③深入开展招投标专项整治，保障民营企业平等参与投资项目建设运营。全面落实“一奖一榜一平台一册一办一中心”工作要求，定期更新发布《民营企业政策支持手册》并评估政策落实情况。

④加快推进已列入省“五个100”重大

科技产品创新强基的10个项目，争取省工信厅制造强省项目资金支持；确保2家企业通过国家重点专精特新“小巨人”企业审核，力争再打造一批国家专精特新“小巨人”。（市委统战部、市发改委、市工信局、市财政局按职责分工负责）

17. 加快消费市场复苏。

①支持壮大商贸市场主体，推动商贸流通企业和个体户入统。促进餐饮消费，支持重点餐饮企业做大做强。稳定增加汽车等大宗消费，做好新能源及智能网联汽车推广工作，积极争取中省奖补资金。加快国省干线、住宅小区和偏远地区等地充电基础设施建设。开展“引客入郴”等旅游消费促进活动，扶持受疫情影响严重的旅游企业和旅游景区渡过难关。

②在全面落实已有促消费回补政策的基础上，抢抓复商复市、复工复产、复学复课有利时机，发放低门槛、广覆盖的消费券，推动住宿餐饮、数字消费、批发零售、文化旅游等消费回暖。引导金融机构提升金融服务能力，更好满足消费升级需求。（市商务局、市文旅广体局、市财政局、市农业农村局、市政府金融办按职责分工负责）

18. 促进平台经济规范健康发展。

①引导外卖等互联网平台企业进一步下调餐饮业商务服务费标准，降低相关餐饮企业经营成本，对疫情中高风险地区所在县级行政区域内的餐饮企业，给予阶段性商户服务费优惠。

②引导平台企业在疫情防控中做好防疫物资和重要民生商品保供“最后一公里”的线上线下联动，最大限度满足居民个性化消费需求。

③引进树根互联、顺丰丰图、四达科技等互联网平台企业，加快我市锻铸造、电子信息产业转型升级。（市市场监管局、市商务局、市工信局按职责分工负责）

四、加大保粮食能源安全政策落实力度

19. 健全完善粮食收益保障等政策。

①根据省2022年稻谷目标价格改革补贴工作实施方案，将补贴资金准确、及时分解下达，并督促各县市区按要求在2022年12月20日前下达2022年稻谷目标价格补贴。

②督促化肥承储企业优化网点布局，落实储备责任，及时投放市场，保障农业生产用肥。

③支持粮食生产绿色高产高效示范样板创建、种粮大户扶持和新品种引进试验示范等。完成粮食生产面积473.3万亩，产量188.5万吨。（市发改委、市农业农村局、市供销社按职责分工负责）

20. 抓紧推动实施一批能源项目。

聚焦风光水火储一体化推进，加速推进三一重能风电、龙源电力光伏发电项目，加快安仁金紫仙、桂阳泗洲山等抽水蓄能项目前期工作，有序推进郴州电网建设计划改造项目。加快完善油气管网，推进“气化郴州”建设。（市发改委负责）

五、加大保产业链供应链稳定政策落实力度

21. 降低市场主体运行成本。

①认真落实防疫物资生产企业水电气“欠费不停供”政策，并开展宣传服务和调研，及时妥善解决存在的问题。

②严格落实国省有关清理规范供水供电供气供暖行业不合理收费政策，指导帮助企业降低用电成本。

③落实基础通信运营商降费主体责任，

全面梳理核算2021年底中小微企业宽带、专线平均资费，建立基准台账。督促通信运营商落实2022年中小微企业宽带和专线平均资费再降10%的政策。

④推动工程领域投标、履约、工程质量保函保险工作试点。支持鼓励具备良好信誉、充足资本偿付能力的市属监管企业开展保证保险业务。支持投标方以保函、保险方式降低投标、履约、工程质量等成本，政府及国有资金投资的项目中，建设单位和相关主管部门不得拒绝企业以保函、保险方式代替各类保证金。

⑤对受新冠肺炎疫情影响严重的行业，引导督促市、县属监管企业为承租国有房屋的服务业小微企业和个体工商户按规定减免租金。出租人减免租金的，可按规定减免当年房产税、城镇土地使用税。因减免租金影响国有企事业单位业绩的，在考核中根据实际情况予以认可。根据实际情况，统筹各类资金，对承租非国有房屋的服务业小微企业和个体工商户给予适当帮扶。明确鼓励非国有房屋租赁主体在平等协商的基础上合理分担新冠肺炎疫情带来的损失。（市发改委、市通管办、市国资委、市公共资源交易中心、市税务局、市财政局、市机关事务管理局按职责分工负责）

22. 推进企业复工达产。

①建立完善运行保障企业、防疫物资生产企业、连续生产运行企业、产业链供应链重点企业、重点外贸外资企业、“专精特新”中小企业等重点企业复工达产“白名单”制度，做好协调保障服务，加强煤电油气运及用工、资金等生产要素保障，落实减税降费、金融支持。

②用好用足促进服务业领域部分困难行业恢复发展、保产业链供应链稳定政策。

③指导工业企业做好疫情放开和闭环管理方案、疫情应急处置预案，在发生疫情时鼓励具备条件的企业进行闭环生产，坚持做到人、物、环境同防，原则上不停产。（市工信局、市发改委、市商务局按职责分工负责）

23. 进一步畅通交通物流。

①全面取消对来自疫情低风险地区货运车辆的防疫通行限制，对持48小时内核酸检测阴性证明、健康码绿码、体温测量正常的货车司机，可直接放行。开展高速公路服务区和收费站违规关停整治行动，全力保障服务区滞留货车司机餐食、加油等需求。

②严禁限制疫情低风险地区人员正常流动，全面落实核酸检测结果全国互认通用。

③严格实施货车司机“即采即走即追”+“人员闭环管理”举措，完善货车司机信息共享机制，实行动态追踪，对通信行程卡绿色带星号持“一证两码”的货车司机直接放行。

④引导支持各县市区对保障生活物资和疫情防控需要的货车司机实行免费核酸检测。（市交通运输局、市卫生健康委按职责分工负责）

24. 统筹物流枢纽和物流企业建设。

①强化郴州物流枢纽集散、仓储、运输等项目的储备、包装，加强物流领域争资立项，争取郴州尽早列入国家物流枢纽建设计划。

②争取中省资金支持郴州生产服务型国家物流枢纽和国际内陆港项目建设，对首次获评国家“3A”“4A”“5A”的物流企业给予一定奖励。

③加快46个农产品供应链项目前期工作，积极争取国家农产品冷链物流资金补助。（市发改委、市财政局、市商务局按职

责分工负责）

25. 保障产业链供应链畅通。

①充分发挥产业链链长制作用，针对产业链上下游存在问题和堵点，“一链一策”制定解决方案。鼓励企业与原材料、能源供应商等签订长期合约，分行业、分领域开展一批产融对接、人才对接、技术对接，促进上下游、产供销、大中小企业整体配套联动。

②支持地方和龙头企业对钢铁、水泥等建材及化肥等农资，采取集中采购方式降低成本。（市工信局、市发改委按职责分工负责）

26. 加大经济运行监测调度力度。强化企业用电、税收、货运、用工等指标监测调度，及时发现经济运行中存在的苗头性、倾向性问题，全力加以解决。建立企业服务专员、项目服务专员制度，加大企业帮扶力度，对一周不用电、一月不开票的企业进行定期监测、准确帮扶，提出针对性举措，帮助企业尽快恢复发展。（市工信局、市税务局、市发改委按职责分工负责）

27. 加快推进重大外资项目积极吸引外商投资。

①积极申报外资奖励资金。依据省市加强招商引资政策措施，在总部经济、招大引强、抱团转移等方面为外资企业积极争取资金奖励，持续支持鼓励外商直接投资企业的发展。

②全面完成全年招商引资目标任务。加大对外资项目的包装招商和调度跟踪，强化对外资项目洽谈履约、落地到资，充分发挥省级园区主力军作用，在新设外资企业数、实际使用外资额、资金项目“倍增行动”等方面确保目标任务的完成。

③培育外贸新实体，开展县域外贸特色产业培育试点，力争2023年实现23家生产型实体企业“破零”，新增加工贸易企业3家以上。（市商务局、郴州高新区、郴州经开区按职责分工负责）

六、加大保基本民生政策落实力度

28. 实施住房公积金阶段性支持政策。

①受新冠肺炎疫情影响的企业，可按规定申请缓缴住房公积金，到期后进行补缴。在此期间，缴存职工正常提取和申请住房公积金贷款，不受缓缴影响。

②受新冠肺炎疫情影响的缴存人，不能正常偿还住房公积金贷款的，不作逾期处理，不作为逾期记录报送征信部门。

③各地根据当地房租水平和合理租住面积，可提高住房公积金租房提取额度，支持缴存人按需提取，更好地满足缴存人支付房租的实际需要。上述支持政策实施时限暂定至2022年12月31日。（市住房公积金管理中心、人民银行郴州市中心支行按职责分工负责）

29. 完善农业转移人口和农村劳动力就业创业支持政策。

①加强督促用好农业转移人口市民化奖励。督促各县市区健全常住地基本公共服务制度，用好奖励资金。支持各县市区将上级下达相关增量资金用于进城农村劳动力就业创业等相关领域。

②加强对吸纳农业转移人口较多区域、行业的财政和金融支持，推动健全常住地提供基本公共服务制度，将符合条件的新市民纳入创业担保贷款扶持范围。

③用好新型农业经营主体贷款贴息政策，对吸纳脱贫户务工的新型农业经营主体，按照每对接一名脱贫户给予5万元贷款额度，且最高不超过银行基准利率50%的贴

息补助，市财政在省财政贴息政策的基础上兜底，实行零成本。对我市范围内依托农担公司贷款项目应缴纳担保费的0.5%进行补贴，实行脱贫县政策性业务零担保费。对新型农业经营主体发展产业融资给予贷款贴息支持，着力解决制约农业生产发展中的融资难题。（市财政局、市人社局、市农业农村局、市乡村振兴局按职责分工负责）

30. 发挥人力资源机构促就业作用。发挥好人才集团作用，加强对季节性用工企业的服务保障，整治劳务非法中介，提升人力资源配置效益。支持开展人力资源市场一线观察，调查企业实际招工缺工状况，分析高校毕业生、农民工等重点就业群体求职情况，发布急需紧缺就业岗位目录，组织开展人力资源供需对接活动。（市人社局、市人才集团按职责分工负责）

31. 着力稳定房地产市场。出台促进房地产市场良性循环和平稳健康发展政策措施，支持刚性和改善性住房需求，优化商品房预售资金监管，加大对优质项目的支持力度。准确把握和执行房地产金融审慎管理各项要求，保持房地产信贷投放平稳有序，支持房地产开发企业、建筑施工企业的合理融资需求。[市住建局（市人防办）负责]

32. 完善社会民生兜底保障措施。

①严格执行社会救助和保障标准与物价上涨挂钩联动机制，对价格临时补贴标准进行阶段性提标扩围，开展“一月一调度”“四不两直”专项督导，督促及时足额发放补贴。

②通过直达机制及时足额发放中央救助补助资金，加强救助对象动态管理和资金监督检查力度。全面开展低收入家庭摸排，将低保人员、特困人员和低保边缘家庭纳入救助范围，确保应保尽保。稳步提高困难群众救助标准水平，确保城市低保标准不低于600元/月、农村低保标准不低于4600元/年。

③完善重要民生商品保供稳价相关配套机制，做好重要节假日、疫情散发期间价格监测、分析、预警。发挥应急保供骨干企业作用，组织保供企业与街道社区、小区物业有效对接。增加政府和商业储备，做好重要民生商品储备摸底和补库等工作。

④扎实开展全市安全生产大检查，以自建房安全专项整治为重点，紧盯矿山工贸、道路交通、危化烟花、建设施工、消防、燃气等重点领域，建立重大风险隐患台账，明确责任限期整改到位，广泛动员全社会支持。[市民政局、市发改委、市财政局、市住建局（市人防办）、市商务局、市应急管理局按职责分工负责]

相关具体措施详见附件1-7。

附件：1. 关于进一步释放消费潜力促进消费持续恢复的若干措施（略）
2. 关于进一步强化精准招商的若干意见（略）
3. 郴州市金融支持稳经济的九条工作措施（略）
4. 关于促进房地产市场良性循环和平稳健康发展的若干措施（略）
5. 关于加快中央预算内投资项目建设努力扩大有效投资的若干措施（略）
6. 关于用好政府新增专项债券扩大有效投资的若干措施（略）
7. 关于推行企业服务专员和项目服务专员工作的实施方案（略）

企业名录

截至2022年12月31日，在郴州市跨境电商公共服务平台上注册并实际开展业务的企业名录见表2-19。

表2-19 郴州市跨境电商企业名录

序号	企业名称	企业类型
1	郴州盛邦达产业园发展有限责任公司	跨境电商企业
2	郴州市方寒会贸易有限公司	跨境电商企业
3	郴州市千辉供应链管理有限公司	电商、物流企业
4	郴州舟顺进出口贸易有限公司	电商、物流企业
5	郴州祥通速递有限公司	物流企业
6	郴州博易电子商务有限公司	跨境电商企业
7	湖南辰京贸易有限公司	跨境电商企业
8	湖南自贸试验区郴州片区格雄跨境电子商务有限公司	跨境电商企业
9	郴州市鸣正跨境电子商务有限公司	跨境电商企业
10	郴州市义希供应链管理有限公司	电商、物流企业
11	郴州市跃琪供应链管理有限公司	跨境电商企业
12	郴州湘赢国际贸易有限公司	跨境电商企业
13	湖南康尔贸易有限公司	跨境电商企业
14	郴州领诚电子商务有限公司	跨境电商企业
15	郴州秋秋贸易有限公司	跨境电商企业
16	郴州市三方贸易有限公司	跨境电商企业
17	郴州三纳贸易有限公司	跨境电商企业
18	湖南圣基跨境电子商务有限公司	跨境电商企业
19	郴州永勤进出口贸易有限公司	跨境电商企业
20	湖南椋镂供应链管理有限公司	跨境电商企业
21	湖南创珑电子商务有限公司	跨境电商企业
22	郴州领航跨境电子商务有限公司	跨境电商企业
23	郴州大燕跨境电子商务有限公司	跨境电商企业
24	湖南锦正跨境电子商务有限公司	跨境电商企业
25	郴州秦宏贸易有限公司	跨境电商企业
26	湖南西佑电子商务有限公司	跨境电商企业
27	郴州萱代贸易有限公司	跨境电商企业
28	湖南裕雷跨境电子商务有限公司	跨境电商企业

续表1

序号	企业名称	企业类型
29	郴州市冠通顺供应链有限公司	跨境电商企业
30	郴州丰颖跨境电子商务有限公司	跨境电商企业
31	郴州何润贸易有限公司	跨境电商企业
32	郴州市基诺贸易有限公司	跨境电商企业
33	郴州市乐宇跨境电子商务有限公司	跨境电商企业
34	郴州榕凌贸易有限公司	跨境电商企业
35	郴州市智宗贸易有限公司	跨境电商企业
36	郴州市卓宇电子商务有限公司	跨境电商企业
37	郴州市毅刚贸易有限公司	跨境电商企业
38	郴州市海阔跨境电子商务有限公司	跨境电商企业
39	郴州市玲义跨境电子商务有限公司	跨境电商企业
40	郴州市文奕跨境电子商务有限公司	跨境电商企业
41	郴州市镱峰跨境电子商务有限公司	跨境电商企业
42	郴州市永青跨境电子商务有限公司	跨境电商企业
43	郴州市勇时跨境电子商务有限公司	跨境电商企业
44	郴州市勇伟跨境电子商务有限公司	跨境电商企业
45	郴州市元煦跨境电子商务有限公司	跨境电商企业
46	郴州市云婷跨境电子商务有限公司	跨境电商企业
47	郴州暖阳跨境电子商务有限公司	跨境电商企业
48	郴州市绪月电子商务有限公司	跨境电商企业
49	郴州英绪跨境电子商务有限公司	跨境电商企业
50	郴州湘港物流有限公司	物流企业
51	湖南保证购电子商务有限公司	跨境电商企业
52	郴州市卫智国际贸易有限公司	跨境电商企业
53	郴州浪花电子商务有限公司	跨境电商企业
54	郴州森瑶电子商务有限公司	跨境电商企业
55	郴州颖歌电子商务有限公司	跨境电商企业
56	郴州市东亨贸易有限公司	跨境电商企业
57	郴州市兵鑫跨境电子商务有限公司	跨境电商企业
58	郴州市润土跨境电子商务有限公司	跨境电商企业
59	郴州市艳蓉跨境电子商务有限公司	跨境电商企业
60	郴州市跃俊跨境电子商务有限公司	跨境电商企业
61	郴州九信跨境电子商务有限公司	跨境电商企业
62	郴州英俊电子商务有限公司	跨境电商企业
63	郴州德米跨境电子商务有限公司	跨境电商企业

续表2

序号	企业名称	企业类型
64	郴州鱼多多跨境电子商务有限公司	跨境电商企业
65	郴州佩琪跨境电子商务有限公司	跨境电商企业
66	郴州市曼琪跨境电子商务有限公司	跨境电商企业
67	郴州市平艾跨境电子商务有限公司	跨境电商企业
68	郴州市秋辉国际贸易有限公司	跨境电商企业
69	郴州市胜金跨境电子商务有限公司	跨境电商企业
70	郴州市云歌电子商务有限公司	跨境电商企业
71	郴州邑之城跨境电子商务有限公司	跨境电商企业
72	郴州小财主跨境电子商务有限公司	跨境电商企业
73	郴州扬途跨境电子商务有限公司	跨境电商企业
74	郴州市昕云贸易有限公司	跨境电商企业
75	郴州市秋艳国际贸易有限公司	跨境电商企业
76	郴州市田芸跨境电子商务有限公司	跨境电商企业
77	郴州毛球电子商务有限公司	跨境电商企业
78	郴州市胜肆通贸易有限公司	跨境电商企业
79	郴州美那国际贸易有限公司	跨境电商企业
80	郴州市冠霖贸易有限公司	跨境电商企业
81	郴州盛开保税供应链有限公司	跨境电商企业
82	郴州市德敏跨境电子商务有限公司	跨境电商企业
83	郴州市芬红跨境电子商务有限公司	跨境电商企业
84	郴州市娜业跨境电子商务有限公司	跨境电商企业
85	郴州市叶庄跨境电子商务有限公司	跨境电商企业
86	郴州女娲电子商务有限公司	跨境电商企业
87	郴州市优滔电子商务有限公司	跨境电商企业
88	郴州云君电子商务有限公司	跨境电商企业
89	郴州旭日跨境电子商务有限公司	跨境电商企业
90	郴州市左安安贸易有限公司	跨境电商企业

统计数据

截至2022年12月31日，郴州市跨境贸易电商进出口业务情况见表2-20。

表 2-20 郴州市跨境贸易电商进出口业务明细表

贸易方式 4 位		进出口交易额							
		2022 年 01—12 月				2022 年 12 月			
贸易方式代码	贸易方式	人民币（万元）	人民币同比（%）	美元值（万美元）	美元值同比（%）	人民币（万元）	人民币同比（%）	美元值（万美元）	美元值同比（%）
合计		568067.02	190.54	81373.22	89.75	25510.81		3607.70	
9610	电子商务	22568.1842	-59.1135	3359.7457	-60.8271	0	-100	0	-100
1210	保税电商	0	—	0	—	0	—	0	—
9710	跨境电商 B2B 直接出口	545413.66	283.79	78001	254.745	25510.81	4266.55	3607.70	3850.32
9810	跨境电商出口海外仓	85.1813	—	12.4732	—	0	—	0	—

典型案例

案例一："品质郴州"数字贸易平台

——跨境电商业态下专注"郴品出海"数字交易平台的打造

"品质郴州"数字贸易平台，利用先进的互联网技术和信息技术，以数字贸易为驱动，为郴州企业提供一体化、全球化和数字化的企业展示、商品展销服务，帮助郴州本地企业转型升级，是中非经贸博览会和中非经贸深度合作先行区两大国家级平台下的数字贸易平台，以跨境电商的方式来建设和推广对非数字贸易平台，将在"一带一路"建设和 RCEP 签订的背景下，顺应市场需求，将郴州数字贸易平台拓展到东南亚、中东等地区和"一带一路"共建国家（地区），达到推进中国（湖南）自由贸易试验区郴州片区和跨境电商综合试验区高质量发展的目标，未来将成为立足郴州，服务湖南，面向非洲、东南亚，连通"一带一路"，"买全球、卖全球"的平台通道。

一、功能齐全

（一）线上展会

装修发布线上展销会，结合线上线下推广，推动郴州跨境电商产业的聚集与发展，带动本地产业、传统商贸业借助电子商务转型与升级。

（二）品牌培育

培育郴州的企业和产品，使其适应国外市场，达到优质出口企业标准，提高郴州产品品在国际市场上的竞争力，扩大郴州市进出口规模。

（三）质检保障

严选当地的产业带、工厂、品牌，通过大数据分析企业画像，进入“品质郴州”数字贸易平台。通过审核的企业，其出口商品均带有质量保障险，打造“品质郴州”的品牌效应。

（四）综合服务

打造郴州地区具有影响力的外贸综合服务龙头企业，为郴州地区出口业务提供通关、物流、外汇、退税等一站式服务。

（五）孵化培训

通过跨境电商培训与实训基地，培养一批本地化的跨境电商人才，形成本地化的跨境电商运营团队和人才洼地效应，建设完善的跨境电商运营服务体系。

二、运营模式

“品质郴州”数字贸易平台运营模式见图 2-1。

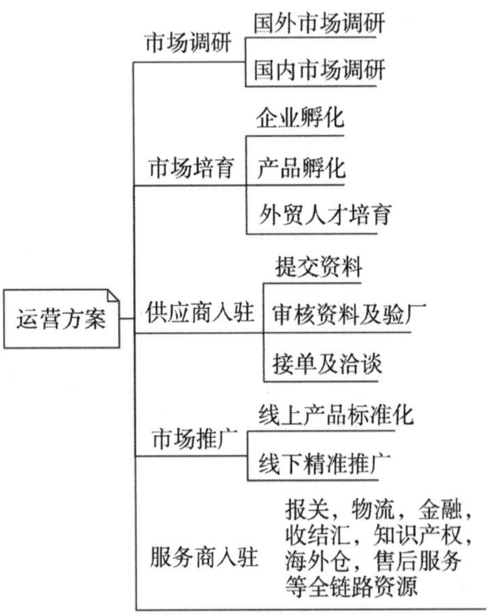

图 2-1 “品质郴州”数字贸易平台运营模式图

三、具体成果

在郴州市商务部门的指导下，通过“品质郴州”数字贸易平台，金松汽车与非洲坦桑尼亚签订订单，历时一个月，首单出口汽车成功发车，实现了郴州专用汽车出口非洲零的突破。

2022 年 5 月 17 日，“品质郴州”首单汽车出口非洲发车仪式在嘉禾县举行（见图 2-2），50 台专用汽车将运往非洲坦桑尼亚，这是湖南省专用汽车领域整车出口第一单，也是中国（湖南）自由贸易试验区郴州片区出口非洲第一个大单。

图 2-2 郴州新闻联播播报 50 台嘉禾产专用汽车运往坦桑尼亚

这批首单出口汽车是由湖南金松汽车有限公司生产的平板运输半挂车，一共 50 台，出口额为 118.5 万美元，销往非洲坦桑尼亚。湖南金松汽车有限公司是集研制、开发、生产、销售于一体的专用汽车生产企业，主要生产园林、环卫、道路运输、市政机械等专用汽车，是湘南地区最大的专用汽车生产、销售企业。

“品质郴州”数字贸易平台具有商品展销、品牌培育、质检保障、数据统计、综合服务及孵化培训等功能，能有效解决中非贸易支付问题，帮助郴州本地企业转型升级，拓展中非市场。

案例二：跨境电商新模式
——全省首单“1210”保税出口海外仓业务在郴州综合保税区成功落地

2022 年 11 月 5 日，位于郴州综合保税区的郴州超电电子商务有限公司成功完成郴州跨境电商综合试验区 1210 保税出口首票的数据申报，将一批约 12 吨、价值 29.5 万美元的家居用品发往德国海外仓，标志着跨境电商 1210 保税出口业务在郴州正式开通，郴州综合保税区率先实现全省首单 1210 出口海外仓业务。自 2022 年 9 月 21 日 1210 保税进口业务首单开通以来，郴州人在家门口实现了从“买全球”到“卖全球”。下一步，郴州综合保税区将充分利用区位、政策叠加等优势，切实发挥好跨境电商综合试验区核心区域的引领作用，招大引强，丰富跨境电商业务，积极引导传统外贸企业运用跨境电商平台拓展海外市场，形成国内国际双循环发展格局，为全市对外贸易高质量发展打造新“引擎”。

大事记

2022 年 3 月 18 日，郴州福茶参加迪拜世界博览会，郴品“借船出海”收获颇丰。

2022 年 7 月 22—24 日，郴州市参加 2022 年湖南（长沙）跨境电商交易会，其间学习考察湖南省优秀跨境电商企业。

2022 年 8 月 24 日，郴州市举办“通道进市州、RCEP 进园区”全省宣传推介活动。

2022 年 8 月 31 日，湖南竹之源环保科技有限公司完成首单 B2B 出口海外仓 9810 业务。

2022 年 9 月 15 日，郴州市举行郴州国际陆港开港仪式暨“郴长欧”国际班列、“湘粤非”铁海联运首发仪式。

2022 年 9 月 21 日，郴州综试区首批跨境电商 1210 模式进口商品测单成功，在郴州综合保税区举行了 1210 业务开通仪式。

2022 年 10 月 19—23 日，郴州市参加在澳门威尼斯人酒店金光展厅举办的第二十七届澳门投资贸易博览会（MIF）。

2022 年 10 月 29—11 月 4 日，郴州市举办 2022 年湖南电子商务师（跨境电子商务师）职业技能大赛市级初赛。

2022 年 11 月 2 日，郴州市在杭州举办“郴州市跨境电子商务招商推介会”。

2022 年 11 月 5 日，郴州超电电子商务有限公司成功完成郴州跨境电商综试区 1210 保税出口首票的数据申报，这标志着跨境电商 1210 保税出口业务在郴州市正式开通，郴州综合保税区率先实现全省首单 1210 出口海外仓业务。

深圳地区

近年来，深圳充分发挥经济特区、中国特色社会主义先行示范区和跨境电商综合试验区政策优势，依托良好的制造业基础、优越的口岸条件和成熟的对外贸易体系，持续推进制度和监管创新，完善公共服务，优化营商环境、挖掘成长潜力，强化发展支撑，不断完善产业生态，推动跨境电商高质量发展，总体发展水平居于全国前列。

发展现状

一、总体情况

（一）规模、质量“双一流”

据统计，2022 年深圳跨境电商进出口额同比增长 2.4 倍以上，创历史新高，规模位居全国大中城市前列。商务部发布的 2022 年度跨境电商综合试验区考核评估结果显示，中国（深圳）跨境电子商务综合试验区（以下简称“深圳综试区”）蝉联第一档“成效明显”（全国共 10 个），连续两年稳居“第一梯队”。

（二）政策体系持续优化

2022 年深圳出台了《深圳市推动跨境电子商务高质量发展行动方案（2022—2025）》，全力推进市场主体培育、产业发展提质、监管服务改革、金融创新支持、人才驱动服务、通关物流提效、优化环境赋能七大方面重点工作，进一步优化营商环境；制定实施深圳综试区 2023 年工作要点、深圳市跨境电商零售出口企业阳光化申报试点工作方案、深圳市海外仓公共信息服务平台建设方案，逐步形成“1+1+4+N”的支撑政策体系。

（三）通关便利化及跨境物流服务水平进一步增强

截至 2022 年年底，深圳跨境电商业务模式已全面落地，开展跨境电商业务的海关监管场所和保税区域达 9 个，深圳机场国际及地区全货机航点 35 个，覆盖北美洲、欧洲、亚洲和大洋洲四大洲，深圳“湾区号”中欧（老）班列开通出口线路 13 条、进口线路 4 条；深圳港已开通 20 条跨境电商海运快线，完善的通关基础设施及“陆海空铁”立体式联运通道有力支撑着跨境电商“买全球，卖全球”。

（四）市场主体持续壮大

2022 年，华宝新能、易佰网络相继登陆资本市场，大批头部跨境电商企业积极进行上市辅导，深圳上市跨境电商企业达 7 家。

（五）示范创建成效显著

2022 年 9 月，深圳星河 WORLD 国际电子商务产业基地被增补为国家电子商务示范基地，华南城电子商务产业园被评为“2022 年综合评价成绩突出的国家电子商务示范基地”（全国共 10 个），深圳获评国家电子商务示范基地的产业园区累计达 4 个；华南城、创智云城获评 2022 年度广东省省级跨境电商产业园区；赛维、通拓、傲基、易佰、环金、三态、睿联获评 2022 年度广东省省级跨境电商企业。

（六）海外仓加速提质增效

截至 2022 年年底，深圳企业在全球主要市场建设运营的海外仓数量超 250 个，建设面积超过 280 万平方米。在广东省 21 个省级公共海外仓中，17 个由深圳企业建设运营。

二、线上综合服务平台建设情况

1. 进一步推进线上综合服务平台建设，丰富完善平台功能，2022 年相继上线金融服务、人才培育、优惠政策申报等功能，持续优化进出口申报、风险防控、统计监测等服务。

2. 依托线上综合服务平台，搭建海外仓

公共信息服务平台，实现海外仓资源信息展示、用仓需求发布、资讯集成等功能。

三、招商引资情况

2022 年 7 月，科技类跨境电商平台新蛋（Newegg）正式落户盐田，建设其功能型总部，其主要业务包括提供一站式运营托管服务、全流程物流服务和海外全渠道营销服务等跨境数字化综合解决方案，并且成立了新蛋深圳招商运营中心、卖家发展中心等多领域业务中心。2022 年 11 月，俄罗斯综合性电商平台 OZON 中国区总部落户南山。

配套文件

深圳市推动跨境电子商务高质量发展行动方案（2022—2025）

为深入贯彻落实《国务院办公厅关于加快发展外贸新业态新模式的意见》和《广东省人民政府办公厅印发关于推进跨境电商高质量发展若干政策措施的通知》，全面提升深圳跨境电子商务高质量发展水平，深化跨境电子商务综合试验区建设，支持广东跨境电子商务示范省创建，根据中央、省、市关于促进跨境电商等外贸新业态加快发展一系列决策部署，制定本行动方案。

一、总体要求

以习近平新时代中国特色社会主义思想为指导，深入贯彻习近平总书记视察广东、深圳重要讲话和重要指示批示精神，紧紧围绕国家和省关于促进跨境电商发展的决策部署，抢抓“双区”驱动、“双区”叠加、“双改”示范和建设中国特色社会主义法治先行示范城市、粤港澳大湾区高水平人才高地等重大战略机遇，扎实推进跨境电子商务综合试验区建设，突出政策创新、模式创新和技术创新，充分发挥跨境电子商务对推动国际贸易质量变革、效率变革、动力变革的重要作用，以更大力度、更优政策、更好服务支持跨境电商产业发展，激发创新动力，提升综合实力，打造跨境电商高质量发展高地。

到 2025 年，深圳跨境电商产业发展规模、创新能力、基础设施、生态环境以及企业综合竞争力、国际交流合作水平等居于全国前列，初步建成跨境电商国际枢纽城市。

——产业规模质量国内领先。力争到 2025 年，跨境电商进出口额超千亿元，跨境电商市场主体数量、营收规模、税收贡献等规模国内领先，新增跨境电商上市企业 5～10 家，年出口额超亿元跨境电商品牌不少于 50 个，企业建设运营海外仓面积超 350 万平方米。

——产业创新能力显著增强。跨境电商新业态新模式不断涌现，创新发展氛围浓厚，市场主体创新发展能力、政府部门改革创新服务水平、创新人才集聚程度引领全国。

——产业基础设施高效完备。建成海陆空铁一体化国际物流服务网络，通关监管区域和场所与口岸实现高效联动，线上综合服务平台具备“一站式”综合服务能力，各类专业服务平台能为企业提供个性化创新服务。

——产业生态环境日臻完善。实施一批创新性、突破性改革试点措施，确立深圳跨境电商营商环境和贸易便利化水平在全国的领先优势地位。培育一批专业化、特色化服务企业主体，全面营造高效分工、全面协作的产业发展生态。

——国际交流合作蓬勃开展。举办一系列国际性产业发展交流活动和知名展会，与“一带一路”沿线国家地区、RCEP 协定国跨境电商合作交流日益紧密，积极参与国际电子商务标准规则制定。

二、实施市场主体强本固元行动

（一）加强平台企业培育引进。大力培育本土综合类、垂直类跨境电商平台，支持龙头企业跨境电商独立站建站平台发展。积极引进具有国际影响力的大型综合性电商平台在深设立中国区总部、区域功能性总部、研发中心、创新中心、结算中心及供应链管理中心等。支持服务企业数达一定规模的各类专业服务企业向平台企业转型。［市商务局，各区（含大鹏新区、深汕特别合作区，下同）负责］

（二）支持电商企业做大做强。摸清跨境电子商务企业情况，开展“抓大扶中育小引强”企业梯队化培育行动，加强重点企业服务力度，支持企业做大做强做优。组织开展“跨境电商+产业集群”试点，注重发挥各行业协会作用，推动制造业企业开展跨境电商业务，探索对通过跨境电商方式销售自有品牌产品的制造业企业给予一定政策支持，助推企业积极拓展海外市场。完善跨境电商产业发展生态，支持信息技术、物流服务、跨境支付、营销推广、售后服务、财税合规、知识产权、人才培训等各类专业服务企业发展。强化示范引领，支持企业参与国家级电子商务示范企业、省级电子商务示范企业评选，到 2025 年实现新增 5 家以上国家级电子商务示范企业。（市商务局、工业和信息化局、中小企业服务局，各区负责）

（三）推进产业园区提质增效。推动产业园区专业化、协同化、网络化、生态化发展。支持跨境电商产业园区整合升级，提升综合服务能力和产业集聚程度，围绕构筑产业生态打造若干示范性产业园区。支持直播基地类、专业服务类、平台合作类产业园区发展。开展电子商务示范园区创建工作，支持优秀园区参与国家电子商务示范基地评选和省跨境电商产业园区认定，到 2025 年实现新增 1 个以上国家级电子商务示范基地。（市商务局，各区负责）

三、实施产业发展提质创新行动

（四）促进企业质量提升和品牌升级。支持企业开展国内外高端品质认证，积极参与各级质量奖评选活动，推动企业围绕跨境电商产品和服务质量双提升，打造一流“深圳质量”。强化跨境电商品牌建设，支持企业立足技术、质量、服务、文化、体验等品牌内涵特质，强化品牌建设和运营，持续提高品牌价值含量。支持品牌企业参与国际国内知名品牌评价活动，树立响亮“深圳品牌”。研究对跨境电商企业优质自主品牌予以支持。（市市场监管局、商务局，各区负责）

（五）强化企业创新发展路径。支持企业以市场需求为导向，瞄准产业变革、消费升级方向，持续加大研发设计投入，不断提升企业价值和产品竞争力。对企业建设产品研发设计中心项目给予一定的支持，支持符合条件企业申请高新技术企业认定。支持企业“独立站+平台”双轨并行发展DTC模式，打造自主品牌，建立线上线下融合、境内境外联动的营销体系。（市科技创新委、工业和信息化局、商务局，各区负责）

（六）引导企业提升数字化水平。支持企业围绕研发、设计、生产、物流、销售、服务等环节进行数字化改造和升级，推动业务流程再造和组织方式变革，带动管理提升、技术创新、模式变革，助力企业打造要素集聚、反应快速的柔性供应链。支持专业服务企业结合市场需求为跨境电商中小企业提供数字化解决方案，推动中小企业借助专业SaaS服务，提升企业运行效率和精细化管理水平。（市商务局、工业和信息化局、科技创新委，各区负责）

四、实施监管服务改革攻坚行动

（七）开展通关便利改革。深化跨境电商审单集约化改革，实行跨境电商出口海外仓模式备案、清单审核等各类业务的“在线”办理、“一站式”办理。优化跨境电商退换货便利化改革，建立跨境电商出口商品关区内集中退货模式，优化和完善跨境电商网购保税进口商品集中退货模式。持续推动监管智能化升级，加大智能监管设备应用，不断创新“嵌入式”顺势监管模式，全力营造良好通关环境。（深圳海关负责）

（八）优化税收政策环境。围绕企业经营实际，优化执行标准和办税流程，切实落实跨境电商零售出口税收政策，探索优化跨境电商出口海外仓退税流程。升级优化市场采购贸易方式的配套税收政策，通过“跨境电商+市场采购贸易”，引导中小跨境电商企业通过市场采购贸易方式在本地阳光化运营，促进外贸数据回流和税收落地。加强企业服务，研究制定跨境电商税务合规指引，引导企业积极适用跨境电商税收支持政策。探索将跨境电商企业纳入前海深港现代服务业合作区企业所得税优惠目录。（深圳市税务局，前海管理局，市商务局，深圳海关负责）

（九）便利跨境资金结算。支持更多符合条件银行为跨境电商企业提供高效、低成本的跨境资金结算服务。不断优化“银行+外综服企业”模式，拓展银行跨境电商结算渠道，支持外综服企业代办跨境电商出口收汇。实施更高水平贸易投资跨境人民币结算便利化试点，深化“出口跨境电商直通车”业务模式。（国家外汇管理局深圳市分局、中国人民银行深圳市中心支行负责）

五、实施金融创新助企惠企行动

（十）加强信贷融资支持。支持银行等各类金融机构拓展多元化跨境电商贸易融资方式，创新融资抵押方式和贸易融资产品，探索开发“信保+担保”及运费、存货、仓单、订单融资等新型融资服务，为企业提供个性化信贷服务。（深圳银保监局，市地方金融监管局，中国出口信保公司深圳分公司负责）

（十一）优化保险服务供给。推动出口信用保险公司积极拓展产业链承保，深化对产业链上下游的协同服务，加大对跨境电商企业上游采购的信用支持，为跨境电商企业及海外仓企业提供更有针对性、更具差异化信保服务。支持财产保险企业结合跨境电商企业经营需求，创新开发货物运输、产品质量等保险产品，聚焦风险防控，护航企业发展。（深圳银保监局、中国出口信保公司深

圳分公司负责）

（十二）支持企业直接融资。鼓励符合条件的跨境电商企业上市挂牌融资，对完成上市融资企业按照现行政策予以奖励。支持有条件的区设立跨境电商发展基金，积极带动社会资本扩大跨境电商直接融资规模。鼓励中小跨境电商企业通过并购重组对接资本市场。（市中小企业服务局，深圳证券交易所，各区负责）

六、实施人才驱动引领创新行动

（十三）探索多元化人才培育机制。支持高校、职业院校、技工院校加强跨境电商专业建设，强化校企合作办学，支持校企共建校外实训基地，深化产教融合提升学生培养质量。鼓励引导各类教育培训机构、电商平台结合产业发展需求开发专业化、个性化培训课程。（市教育局、人力资源保障局、商务局负责）

（十四）加强专业化人才公共服务。依托跨境电商线上综合服务平台，开展人才培育公共服务体系建设。加大跨境电商高层次人才引进工作力度，支持符合条件企业申报深圳市境外高端人才和紧缺人才个人所得税财政补贴政策以及深圳市产业发展与创新人才奖。支持跨境电商专业智库建设，提升专家学者服务政府决策和企业发展的能力水平。支持举办跨境电商技能大赛、创新创业大赛，不断激发人才创新活力。（市商务局、人力资源保障局、科技创新委负责）

七、实施通关物流提效扩容行动

（十五）优化通关服务能力。继续推动跨境电商通关节点布局优化，支持有条件的海关特殊监管区域、海关监管场所加快开展跨境电商业务。支持前海、宝安、光明等结合区位优势和产业需求，统筹优质物流仓储承载空间，新建 2~3 个跨境电商监管场所。持续优化保税备货仓储空间供给，加大重点进口电商项目引进和服务力度，支持前海综保区开展跨境电商零售进口药品和医疗器械业务试点，全面提升深圳跨境电商零售进口业务发展水平。支持监管场所加强信息化、智能化投入，不断提升场所通关服务水平和通关效率，积极营造国内最优跨境电商通关环境。（深圳海关，市商务局，前海管理局，市市场监管局，各区负责）

（十六）构建便捷高效物流网络。加大跨境电商海运快线、中欧班列、中老班列、国际全货机航线布局力度，发展“海陆空铁”多式联运，打造跨境电商物流枢纽城市。支持深圳机场探索开展含锂电池货物航空运输业务，不断提升深圳机场跨境电商物流服务能力，加快重点企业集货仓项目建设，全力打造全球跨境电商快邮集散中心。（市交通运输局、商务局，深圳市邮政管理局，各区，深圳机场集团负责）

（十七）提升海外仓发展水平。优化跨境电商海外仓建设布局，提升海外仓数字化、智能化水平，依托海外仓公共信息服务平台探索建设海外物流智慧平台。支持公共海外仓创新开展二次加工维修、商标注册、营销推广、供应链金融等售后和增值服务，支持头部海外仓企业拓展航空货运业务和末端配送业务，不断完善跨境寄递服务体系。鼓励企业积极申报商务部优秀海外仓实践案例、省级公共海外仓认定，并给予相应支持，到 2025 年实现新增 10 个以上省级公共海外仓。（市商务局、交通运输局、发展改革委，深圳市邮政管理局，各区负责）

八、实施优化环境赋能强基行动

（十八）完善综合服务体系。全面推进

跨境电商线上综合服务平台、国际化网络直播电商服务平台、海外仓公共信息服务平台建设，不断优化信息共享、金融服务、智能物流、电商诚信、统计监测、风险防控、人才培育等公共服务供给。支持跨境电子商务综合服务企业发展，鼓励市场化综合服务平台为企业提供报关报税、数据协同、物流跟踪、支付结算、代售代发、售后服务等综合服务，结合平台服务的跨境电子商务企业经营实绩，给予服务平台企业相应支持。（市商务局、文化广电旅游体育局负责）

（十九）推进标准化能力建设。探索开展跨境电商标准体系建设，研究跨境电商标准发展情况、标准体系框架，开展跨境电商标准化能力提升培训及专项辅导。支持跨境电商商协会、社会团体、企业等积极参与国家标准、国际标准研制。（市商务局、市场监管局负责）

（二十）强化企业合规引导。引导企业增强法律意识、规则意识，重视合规风控体系构建。积极配合广东省成立跨境电商海外风险防范专家委员会，加大对企业海外合规经营的指导和培训，支持商协会开展境外平台规则和出口目的国法规培训。指导企业强化知识产权保护观念，加大知识产权保护投入，加强知识产权法律培训和海外维权能力建设。鼓励企业购买知识产权海外侵权责任险。探索建立跨境电商企业信用评价体系，支持第三方服务机构及信用评级机构开展跨境电商信用建设及信用评级业务。（市市场监管局、司法局、商务局，市贸促委负责）

（二十一）加强国际交流合作。积极发展丝路电商，深化"一带一路"贸易畅通合作，注重发挥深圳 RCEP 服务中心作用，全面加强与 RCEP 协定国跨境电商合作交流，鼓励引导企业借助关税减让、原产地规则，强化企业跨区域供应链管理能力，提升新兴市场本地化经营水平。支持商协会、专业机构和电商平台、头部企业等举办国际化跨境电商产业发展峰会论坛和大型跨境电商展会活动，推动资源对接利用，展现跨境电商良好发展面貌，助力建设国际会展之都。组织开展知识产权保护、跨国物流等领域国际合作，积极参与外贸新业态新模式的国际规则和标准制定。（市商务局、市场监管局，市贸促委负责）

九、保障措施

（二十二）加强组织保障。全面落实跨境电商综合试验区建设工作领导小组工作机制，强化综试区建设和跨境电商产业发展统筹，加大对重点工作任务的督导协调力度。各部门要结合部门职能，认真落实行动方案，不断推动监管优化、政策完善和业务创新。各区要因地制宜，研究制订区域跨境电子商务发展规划和促进政策，深入开展发展情况摸底和企业服务，以更优政策、更实工作推进跨境电商发展。

（二十三）加强资金支持。充分利用中央资金和市商务发展专项资金，各部门可按照专项资金支持方向，结合部门工作重点，研究提出资金支持方向报综试区领导小组办公室统筹。各部门在制定本部门专项资金政策时应考虑将跨境电商纳入支持范围。各区应结合区域产业发展规划和促进政策，将扶持跨境电商纳入区级专项资金预算计划。

典型案例

案例一：为全球品牌开拓新通路
——广东卓志供应链科技集团有限公司

一、发展概述

广东卓志供应链科技集团有限公司（以下简称“卓志集团”）成立于 1997 年，是国内领先的数字化跨境供应链服务商。卓志集团深耕行业多年，通过不断探索外贸新业态和数字科技创新，已形成全链路、全渠道、数字化的跨境供应链服务体系，打造“海外品牌入华直通车”“中国优品出海一站通”，为客户带来安全可靠、全程可视可控、成本更优的服务体验。

二、服务模式

卓志集团结合 26 年外贸发展经验，积极探索前沿打法，迭代升级全渠道、全链路解决方案，创新打造了“全域增长、合规发展、数智决策、无忧交付”的服务模式，为全球品牌开拓新通路。

（一）应变销售渠道数字化沟通，实现全域增长

我国市场充满着机遇，但同时交易模式和技术手段快速迭代，也带来了挑战。卓志集团坚持“以服务促交易”的初心，积极探索和引领数字化增长新模式，携手品牌共同服务消费者，助力海外新品在这里生根发芽，达成全域增长的愿景。

针对跨境品牌在我国发展的起步期、增长期，一方面，卓志集团携手公共数字基础设施及金融机构，推动品牌交易数据有效转化为数据资产、获取信用融资，化解资金困境；另一方面，则有效挖掘庞大而优质的私域流量，进一步激发消费潜能，推动商品高效流通、达成全渠道业务增长。

卓志集团通过私域增长新方案，三管齐下拉动销售增量：一是深挖央企、大型银行等优质渠道，稳住销量大盘；二是通过 Martech 领衔品销合一策略，实现更精准的选品投放和多场景变现；三是链接领先的数字基础设施，通过数据互联互验的方式协助企业进行渠道治理，让企业安心拓展私域销售。

（二）精深专业知识全环节护航，助力合规发展

合规是企业持续发展的基石。当前，日益严格的法规要求、全球化、成本压力等因素，都在影响行业供应链中的订单履行。卓志集团始终关注风险管理难题，以数智化手段打造了集合跨境财税合规、平台合规、产品合规、运营合规、物流合规及 IT 合规于一体的全方位合规支持体系。同时链接领先的数字基础设施，努力提供符合政策要求的工具和可追溯性，为商品的运输及分销建立新的信心和透明度，为企业稳健增长保驾护航。

（三）推动数字化转型降本增效，提供数智决策

全球资源和成果的流通是一个繁复的过程。跨境品牌需要可视、智能的供应链管理系统帮助其简化，以便其能够胸有成竹地应对挑战，为创新提供更多空间。

卓志集团致力于帮助跨境品牌及贸易商实现数字化转型，协助品牌商从整体上进行规划，告别碎片化改造，避免数据孤岛再次产生和二次改造。在物流履约方面，卓志集团通过对数据的实时捕捉分析，实现供应链进度一图尽览，化解难题、提升效率；在商贸领域方面，卓志集团自研技术系统，深度转化自身作为资深跨境供应链服务商、跨境电商先行者的行业经验，从务实的业务发展视角出发，针对跨境品牌在中国市场“直面消费者”的突出需求。

根植于深厚的行业积累，卓志集团数智化解决方案均可一键接入行业资源，包括直连头部电商等渠道，帮助拓宽资源；直连海关等政府监管部门，打通链路实现便利化等，真正有效助力跨境业务。

（四）端到端供应链服务一体化，践行无忧交付

卓志集团的一体化跨境供应链服务，以协助品牌商把货物精准交付到消费者手中为目标。为此，卓志集团不断努力，整合全球端到端的供应链资源，通过数字化供应链控制塔统一跟进调度，应对可能出现的物流中断、瓶颈和冲突，同时适应各种贸易渠道，实现灵活中转、分拨、调配，确保重要商品交给重要的人。无论需求是推进商品进入新市场，还是需要更高效的供应链履约，或者需要可预测的成本、运营透明度，还是中心仓解决方案，卓志集团的无忧交付模式都能满足要求。

三、取得成效

集约化供应链管理，是品牌节约成本，提升效率的重要契机。卓志集团与客户一起打造了企业供应链运行的智能大脑和指挥中心——数字化供应链控制塔。在大数据和算法“武装”下，控制塔可以为整个物流供应链带来以下便利。

（一）业务进度跟踪管理

国际贸易链条很长，参与者众多，控制塔可以为所有物流链路参与者把标准、信息对齐，避免信息孤岛的存在，有效降低信任成本，提升运营效率。

（二）突发情况预警和供应链重新规划

以前业务异常都是事后人主动发现，而现在通过建立业务探针，让系统去代替人发现异常并提前识别，使业务异常从发现到解决快速、准确且独立地完成。

（三）协助分析与预测

收集供应链全流程多个维度的数据，形成数据看板，提供数据分析，辅助品牌商和供应链服务方优化后续决策，从而指引品牌商更好地服务终端客户。

卓志集团与美赞臣中国签署了新一轮战略合作协议，共同打造数字化供应链控制塔，并继续升级品牌中心仓、DTC 履约等方面的合作。双方共建的数字化供应链控制塔服务模式，成功助力美赞臣中国提高运输、仓储、分拨等的灵活性、敏捷性，带来时效提升、成本降低 30%等一系列实际收益，以更少的资源取得了更大的成效。

目前，卓志集团已在全球拥有分支机构 50 余家，业务范围覆盖口岸和仓储网点 30 余个；拥有专利、软件著作权等自主知识产权 500 余项、自主专利 80 余项；并与 100 多个全球品牌建立了深入的合作关系。卓志集团将一如既往，不断精进，秉持创新精神，紧跟各行业供应链转型的动向，积极参与地方政府贸易便利化议程，把握机遇进行前瞻性的供应链方案研发、应用，为全球品牌开拓新通路。

案例二：中国品牌出海营销SaaS服务的领跑者
——创贸集团

创贸科技（深圳）集团有限公司（以下简称“创贸集团”），成立于2014年，专注于外贸品牌整合营销一站式建站推广，是一家以技术为基石的外贸SaaS服务型企业。其中，本案列涉及的是创贸集团旗下主要的产品“全球搜”和“AICC”。

全球搜以领先的大数据技术、人工智能、搜索算法、数字营销和社交营销技术，为中国外贸企业提供了外贸网站建设、外贸品牌整合营销推广、外贸商城建站、国外社交网络推广、社媒营销获客等服务。

AICC作为企业AI解决方案，利用人工智能技术赋能企业，帮助其实现数字化转型。AICC提供的AI解决方案涵盖了企业的多个方面，包括企业营销、客户服务、人力资源、企业管理等多个领域，旨在借助AI，帮助企业降本增效。

在中国跨境贸易体系的不断优化下及政策红利下，创贸集团旗下品牌全球搜、AICC已帮助25000多家外贸企业在线上获得了高效曝光和订单增长，其中包括三棵树、老板电器、福田汽车、字节跳动等行业知名企业。

一、主要做法

（一）找到需求

四川对外贸易的出口地多集中于亚洲、欧洲和北美，出口商品的销售地集中，市场竞争激烈。在开拓广阔的国际市场和新兴市场中有着以下特点：销售线索少，寻找优质大客户难，获客渠道单一；中小型企业能力有限，专业人才流失率较高，业务员水平参差不齐，存在语言、时差问题。从长远考虑，四川外贸的发展，需要在线上尽快建立品牌，打造四川制造，增加产品的文化附加值，形成差异化竞争策略，而传统的第三方线上获客方式无法同时满足快速获客与品牌包装的双向需求。

（二）满足需求

全球搜帮助外贸企业进行外贸整合营销推广：一是搜提供海外营销方案制订、规划制订、官网形象策划、内容方案制订、海外社媒形象搭建等业务，帮助外贸企业打造具有竞争力的海外官网形象；二是针对性提供引流策略并开展实施，包括并不限于通过谷歌自然排名优化、谷歌点击付费投放、海外社媒营销引流等，帮助出口企业提升品牌曝光，高效获客，提高投资回报率；三是通过举办线上线下的大型会议，专题推广会、研讨会及组织游学活动，倡导在跨境电商方面取得成绩的企业，向转型企业、初创企业分享经验，通过实地考察和座谈会的形式，让外贸企业少走弯路，多学知识，稳抓过程，提升质量。

AICC帮助外贸企业进行AI技术转型，构建企业定制化AI，让AI成为企业里知识面最全、最专业的员工。它能和客户聊天，专业解答客户的所有问题，精通109种语言，实现“7×24”小时工作；它能和员工聊天，帮助企业员工实现快速成长，快速学习企业知识，经验传承；它能和老板聊天，成为企业老板的随身高级顾问。

二、实践效果

（一）获得询盘

在海外市场中做营销，必须深刻洞察海外用户的消费习惯。据麦肯锡报告，新冠疫情已经永久地改变了人们了解认知新品牌的途径。海外品牌官网的询盘成为外贸企业获客的重点，通过全球搜引流方案，可以让企业品牌官网占据搜索引擎谷歌的首页位置，海外采购商也顺藤摸瓜，通过全球搜搭建外贸品牌官网主动联系四川的外贸企业进行询盘。同时，一个完全由企业自主的、符合海外用户审美的外贸品牌官网，不仅能积淀品牌力量，还能24小时展示企业产品和公司文化，配置109种语言，满足海外99%以上用户的母语搜索习惯，配置响应式设计，紧随全球移动端搜索趋势，搭载全球CDN加速，让网站的加载速度更快、更流畅，让品牌官网留得住用户，成功收获高精准询盘。

（二）达成订单

全球搜统计数据显示，2022年，在参与全球搜调查的几十家成都企业中，用累计不到200万元的数字营销投入，带来了数亿元海外订单及无法预估的品牌曝光，将投资回报率做到了行业较佳。以成都客户耐斯特为例，合作四年以来，耐斯特通过全球搜的营销方式，不仅在品牌知名度方面获得提升，销售量也保持每年持续成倍增长，每月询盘保持在100以上。通过AICC转型的企业，在裁员30%的情况下，效率可以提升60%，真正实现降本增效。

三、未来的指引

创贸集团将继续秉承初心在外贸出口技术赋能方面不断精进，秉承授人以鱼不如授人以渔的行动标准。不仅在技术上为外贸企业提供支持，还在多渠道海外数字营销方面提供力所能及的支持，包括并不限于政策引导、资金支持、培训支持，并通过实地走访了解企业需求，为企业的长期发展提供帮助。除此之外，创贸集团也将研发更多的SaaS产品，为外贸企业寻找更多商机及提供更多品牌曝光，实现中国出口经济再升级。

品牌出海是一项长期的过程，既要快也要稳，需要快速地找到客群，稳稳地抓住品牌的潜力。中国外贸企业需要差异化品牌出海形象。拥有稳定的流量，通过数字化构建私域流量，自主的高频触达、吸引用户，AI智能化将是中国品牌出海的未来。

大事记

2022年4月，商务部“2021年跨境电子商务综合试验区建设评估”结果正式出炉，深圳综试区评估结果为“成效明显”，综合排名位列第一档（全国共10个）。

2022年4月27日，以“跨越山海　智境未来”为主题的HCDZ城市行深圳站——华为云跨境电商平台产品发布会在深圳市天安云谷成功举办，会上华为正式发布旗下华为云跨境电商独立站建站。该平台具备快速建站、跨境支付及物流、智能营销等核心能力。

2022年6月，深圳机场国际快件运营中心、平安银行股份有限公司深圳分行、深圳市前海九米信息技术有限公司、顺丰集团等第一批跨境电商出口阳光化申报试点企业在各有关监管部门的指导支持下通力合作，按照阳光化备案、阳光化通关、阳光化结汇和阳光化纳税的流程要求，顺利跑通备案、通关、结汇、税收等全链路阳光化出口第一单。

2022 年 9 月 16 日，深圳市跨境电子商务综合试验区建设工作领导小组办公室印发《深圳市推动跨境电子商务高质量发展行动方案（2022—2025）》，规划布局“十四五”期间深圳综试区在市场主体培育、产业发展提质、监管服务改革、金融创新支持、人才驱动服务、通关物流提效、优化环境赋能方面的七大行动。

2022 年 9 月，中国出口信用保险公司深圳分公司创新推出跨境电商企业国内主体向国内供应商采购后出口的出口信保支持模式，将跨境电商出口业务纳入出口信用保险支持范围，支持深圳市跨境电商企业与生产企业（供货企业）间的信用销售，便利企业运用保单融资，解决融资难题。

珠海地区

为深入推进全市跨境电商创新发展，珠海市持续健全完善政策支撑体系，提效升级公共服务平台，提质扩容线下园区载体，加速融合珠港澳跨境电商发展，促进跨境电商技术、模式和业态创新，带动贸易转型升级，助力消费品质提升。

发展现状

一、政策支撑体系健全完善

2022年3月，珠海市商务局出台年度中国（珠海）跨境电子商务综合试验区（以下简称“珠海综试区”）工作计划，锚定年度发展目标，明确重点工作任务，落实责任主体。贯彻落实“省跨境电商十条”措施，起草完成《关于珠海市跨境电商提质倍增工作方案》及配套政策。香洲区5月出台《珠海市香洲区支持电子商务产业高质量发展若干措施》，支持企业加快跨境电商品牌和海外仓建设。鹤洲新区（筹）11月出台《珠海万山海洋开发试验区（珠海保税区）扶持跨境电子商务发展暂行办法（修订）》。各级跨境电商项目资金加大保障力度，2022年共计兑现市级跨境电商政策资金2942.214万元，支持项目25个；完成中央和省级跨境电商事项资金申报工作，入库项目26个、金额1337.31万元。

二、公共服务平台升级提效

2022年，珠海市跨境电商公共服务平台完成信息化模块改造项目建设，引入广州电子口岸的跨境电商数据申报系统，全面升级珠海市跨境电商公共服务平台，为跨境电商货物线上通关提速，系统每日处理申报清单量峰值倍增至100万单。截至2022年年底，平台备案企业超500家。

三、线下园区载体提质扩容

2022年，港珠澳跨境电商作业中心实现的年跨境电商进出口额继续领跑全市其他五个场所，进出口规模连续三年保持全市第一。2022年3月，在鹤洲新区（筹）建成跨境电商跨境货运接驳站，解决新冠疫情期间珠港跨境电商跨境货车运输问题，引进菜鸟、速卖通、DHL等35家企业在此开展跨境电商出口货物理货和接驳业务，全年累计完成粤港跨境货车接驳2.5万车次。2022年9月，位于鹤洲新区（筹）的港珠澳跨境商贸全球中心仓项目开工建设，项目占地2万平方米，规划库容6万平方米，预计2024年一季度建成投入使用。

四、珠港澳跨境电商发展加速融合

港珠澳大桥经贸新通道带动跨境电商发展效果显著，全市跨境电商进出口业务中，依托港珠澳大桥完成的进出口业务占比近97%。菜鸟物流利用港珠澳大桥一桥连三地的区位优势，在珠海建设出口前置仓布局港澳跨境电商市场，面向港澳居民打造跨境电商商品出口半日达服务。2022年10月，在第27届澳门国际贸易投资展览会期间，举办“珠澳跨境电商与新贸易投资趋势论坛”；12月，在首届粤港澳大湾区服务贸易大会举办期间，联合广东省电子商务协会主办“跨境电商创新发展交流峰会暨广东省跨境电商综合试验区资源对接会（珠海专场）”，两场活动吸引珠港澳三地企业合计近300人参加。珠海广丰物流有限公司与澳门企业合作开展跨境电商直购进口业务，推动澳门及海外商品进入内地市场。

典型案例

案例一：开展分级分类培训，助力传统外贸企业数字化转型

珠海市商务局依托各级财政资金，通过政府购买服务的方式，委托行业商协会，以“走出去+请进来”相结合的方式，面向珠海本土企业，分级分类开展跨境电商精准培训。2022 年以来，累计开展 14 场培训，参训人数超 1900 人次。

一、政策送上门

开展“政策服务行”系列活动，组织海关、税务、外汇等部门以及电子口岸，对各区商务系统工作人员及传统外贸企业开展跨境电商政策宣讲、跨境电商公共服务平台接入及依托第三方跨境电商平台转型培训。

二、“走出去”求经

2022 年，先后分 3 批组织 60 家本土工贸企业共计 64 名高层管理人，赴广州、杭州、深圳等跨境电商发展先行城市学习当地优秀跨境电商企业发展经验，推动企业领导层思想和观念转型。

三、“请进来”传授

邀请专家学者、行业大咖、业内精英等来珠开展了 12 场跨境电商业务专题培训，提升珠海企业跨境电商出口运营和风险防范能力。

案例二：创新科技运用，提升跨境电商服务效能

港珠澳集团结合港珠澳大桥的供应链分拨流转优势，先后开发了“跨境电商正贸云数据库”“粤港澳大湾区外贸卡车航班智能调度系统”“跨境电商出口通关一体化系统”“全球中心仓园区信息化管理辅助系统”等具有知识产权的 IT 系统，将跨境电商作业全流程、各节点进行梳理整合，通过前端信息化、中台智能化、后台去中心化的方法，将“人、车、货、场站、仓库”有机地整合成一套信息化综合系统，把跨境电商贸易中复杂、海量的“单+货”数据进行有序规范排整，将传统模式下需要耗费大量人力的通关申报动作缩减为系统快速自动化行为，极大地提升了跨境电商货物进出口通关效能。

大事记

2022年3月，商务部公布“2021年跨境电子商务综合试验区评估”结果，在全国105个参评跨境电商综合试验区中，珠海综试区考核评估结果位列第二档“成效较好”，全国排名前50，全省排名前7。

东莞地区

东莞是中国改革开放的精彩缩影之一。改革开放 40 多年来，东莞从一个地区生产总值仅 6 亿元的农业县发展到全国第十五个地区生产总值超万亿的城市，规模上工业企业数量超 1.1 万家，排名全省地级市第一，五金、箱包、IC 设计、软件等配套产业链发展成熟，形成了涉及 36 个行业 6 万多种产品的完整制造体系。近年来，东莞紧紧围绕“让东莞制造插上电子商务的翅膀”总目标，结合东莞产业优势和货源优势，因地制宜、求实创新、大胆突破，加快完善跨境电商促进制造转型升级的机制体制，助推东莞开放型经济高质量发展。

发展现状

一、基本情况

东莞跨境电商起步于 2013 年，经过多年的快速发展，在体制创新、通关监管、市场培育、园区建设等方面打下了坚实的基础。一批国际知名的第三方电商平台如阿里巴巴、京东、亚马逊、Shopee、TEMU 等均已在东莞布局重大项目，为东莞跨境电商进出口业务提供优质服务。2017—2022 年，跨境电商年进出口额从 159 亿元增长至 818.62 亿元，年均增长率达 38%，多次位居全国前列，发展势头强劲，成效良好。

（一）东莞创造了全国跨境电商领域的两个“第一”

2014 年 7 月 1 日，东莞以“一链式”合作完成海关总署监管平台线上“全国第一票”跨境电商货物通关。同年 8 月 25 日，东莞完成了全国首笔通过海关总署通关平台以 9610 监管代码下申报的跨境电商出口退税。

（二）东莞跨境电商建设获得上级部门充分肯定

东莞获批多项国家级、省级电子商务荣誉称号。2014 年，东莞获批“国家电子商务示范城市”，评分居于当时 30 个创建国家电子商务示范城市之首。2015 年，东莞虎门电商产业园被评为“国家电子商务示范基地”，2016 年被评为“国家电子商务示范园区”，并在 2020 年商务部国家电子商务示范基地评价中，被评为广东省唯一 A 级国家电子商务示范基地。2016 年，东莞被评为“开放型经济综合试点试验城市”。2018 年，东莞获批成为中国（东莞）跨境电子商务综合试验区（以下简称“东莞综试区”）。2020 年，广东尚睿网络技术有限公司获评“国家电子商务示范企业”。2021 年，东莞市宝涵国际物流有限公司泰国仓、菲律宾仓获得第二批省级公共海外仓认定。2022 年，广东联宇物流有限公司美国加利福尼亚州盈仓 1 号仓获得第三批省级公共海外仓认定，联合金融谷跨境电商产业园和虎门电商产业园分别被评为“省级跨境电商产业园区（成长型）”，尚睿科技股份有限公司被评为“省级跨境电商企业（成长型）”。另外，东莞市 19 家企业获评省级及省级以上电子商务示范企业。其中，1 家企业获得国家级电子商务示范企业称号，10 家企业获得省级电子商务示范企业称号，8 个园区获得省级电子商务示范基地。

（三）东莞跨境电商进出口额累计突破两千亿大关

2018 年 7 月，东莞获批成为国家第三批跨境电商综合试验区，跨境电商发展迈上新台阶、新征程。其中，2018 年全市跨境电商进出口额 370.1 亿元，同比增长 133%，排名全国第一。2019 年，全市跨境电商进出口额 419.2 亿元，其中出口额 399.0 亿元，均居全国首位。2020 年，全市跨境电商进出口额 380.56 亿元，其中出口额 362.18 亿元，进口 18.38 亿元。2021 年，全市跨境电商进出口总额 730 亿元，同比增长 91.8%，位居全国前列。2022 年全市跨境电商进出口总额达 818.62 亿元，同比增长 11.3%。

（四）东莞独创了系列改革创新经验

东莞综试区不断摸索总结，形成一系列

创新经验和做法。例如，电商孵化产销分离，以“制造业‘触电’”促进中国制造货通全球；产业集聚示范带动，打造线下跨境电商集聚园区引领行业发展；积极参与标准建设，突出标准引领跨境电商发展；简化手续便利通关，以“简化申报、清单核放、汇总统计”护航新业态发展；大力改革破解难题，推动跨境电商进出口退货多渠道贯通；精准辅导服务实体，将税收优惠转化为企业优势；24 小时在线申报，以线上公共服务平台提供业务办理信息化支撑；拥抱风口开拓市场，以“直播电商”模式构建内外循环相互促进新格局；政银合作优化收支，多渠道畅通跨境电商外汇阳光回流；企业注册 1 个工作日结办，创新跨境电商便利化登记模式加速行业发展。特别是东莞在 9610 出口模式方面的经验，已经被全国各综合试验区城市复制并广泛运用。

二、平台建设

为提高全市电子商务线上综合服务水平，东莞市重点打造了“三大平台”。其中包括 2015 年建成的“东莞跨境贸易电子商务公共服务平台”，该平台将跨境电商监管服务延伸到线上，实现跨境电商在线申报、监管、物流、支付等全流程跟踪功能，实现通关、结汇、退税等便捷服务；2016 年建成的“东莞市开放型经济大数据平台”，该平台由东莞市商务局联合中科院云计算中心共同开发，主要是将外贸进出口、电子商务（含跨境电商）、社消零等商务领域指标数据进行集成、共享、分析，通过商务信息融合、科学分析研判、信息共享协同、数据社会服务、数据安全保障等五方面的能力提升，提高政府的科学决策能力、提高商务部门的行业监管水平和对企业、社会的公共服务能力；2018 年建成的“东莞市电子商务统计监测系统”，该系统应用大数据、云计算等新兴技术手段，整合东莞市国民经济数据和电子商务行业运行数据，同时动态采集和整理各大电商平台上的商品交易、跨境电商公共服务平台备案数据、企业征信等实时数据，开展东莞市电子商务数据统计和监测预警工作。

三、招商引资

东莞市紧紧围绕“让东莞制造插上电子商务的翅膀”这一目标，聚焦数字化转型新思路、新模式，发挥跨境电商龙头企业示范带动作用，着力推动传统制造企业应用电子商务加快转型升级，引导传统制造企业开展工贸分离、研发设计、创建品牌、拓展市场。充分利用制造业发达和产业配套完善优势，开展针对性招商引资，瞄准阿里巴巴菜鸟网络、考拉、亚马逊等优质平台企业，搭建龙头企业与制造业对接平台，近年来有效地促进了东莞跨境电商出口实现放量式增长。主要体现在以下四个方面：一是推动菜鸟网络大进口华南（东莞）区域中心项目做大做强，促进东莞市跨境电商出口与进口平衡发展，2022 年该项目跨境电商进口额突破 10 亿元；二是紧抓阿里巴巴跨境零售出口全球服务中心项目，2022 年，该项目跨境电商出口额约 100 亿元；三是稳步推进国家智慧物流骨干网华南核心节点项目，定期了解项目建设进展及需协调沟通事项，项目已于 2021 年 9 月开工建设；四是推动启盈跨境电商生态园项目建设，引导跨境电商集聚发展。

配套文件

东莞市人民政府关于推动数字经济高质量发展的政策措施

（东府〔2022〕1号）

各镇人民政府（街道办事处），市府直属各单位：

为深入贯彻落实习近平总书记关于发展数字经济的系列重要论述精神，全面落实党中央国务院、省委省政府关于推动数字经济高质量发展的决策部署，认真按照市第十五次党代会工作要求，聚焦科技创新和先进制造，全市三年统筹安排财政资金不少于100亿元，推动产业数字化和数字产业化，促进传统产业转型升级，加快培育产业新支柱。到2025年底，全市数字经济核心产业规模突破1.3万亿元，数字经济核心产业增加值占GDP比重达23%，实现规上企业数字化转型升级全覆盖，全力打造数字经济高质量发展试验区，建设制造业数字化转型示范城市。现制定以下政策措施。

一、加快推动产业数字化

（一）支持龙头企业实施制造业数字化转型试点示范。遴选不多于30家数字经济龙头企业，连续三年"一企一策"予以全方位扶持，打造成为数字化转型标杆企业。每年开展制造业数字化转型示范项目评选，到2023年底建成120个数字化转型示范项目。推动龙头企业争取省级技术改造项目资金支持，按不超过设备购置金额的20%给予最高5000万元资助。鼓励龙头企业申报世界经济论坛"灯塔工厂"，每年认定一批智能制造试点示范项目，给予最高800万元奖励。鼓励龙头企业围绕生产制造全流程，分环节嵌入ERP（企业资源计划管理）、MES（制造执行管理）、SRM（供应商管理）、CRM（客户管理）等数字化系统，实现龙头企业全资源要素、全生产链条、全产品周期数字化闭环管理。率先支持新一代电子信息、高端装备制造等行业龙头企业深度挖掘"5G+工业互联网"应用场景，每年打造一批5G全连接项目，给予最高500万元奖励。鼓励数字化转型成功的龙头企业建设场景化展厅，每年推出3条数字化转型精品线路，定期组织本地企业学习交流。

（二）提升"专精特新"等重点企业数字化应用能力。出台"专精特新"企业高质量发展专项扶持政策，加大重点企业数字化转型政策支持力度，强化重点企业加快转型的信心和动力。依托市级数字化转型咨询平台，提供"一企一档"评价诊断方案，联合国内外优质数字化转型服务商开展"一对一"的方向指引、规划制订、路径选择等服务。支持重点企业在完成生产设备自动化改造的基础上，加大数字化设备采购力度，单个项目按不超过投入金额的10%给予最高200万元资助。支持金融机构创新金融产品，对重点企业数字化转型资金投入、技术攻关等提供融资支持。对获得国家级专精特新"小巨人"称号的最高给予100万元奖励。

支持转型成功的重点企业成立独立法人的数字化转型服务商，优先纳入“软企倍增计划”。

（三）推动中小型制造企业数字化普及应用。根据省制定的“上云上平台”产品目录，重点支持新一代电子信息、高端装备、食品饮料、纺织服装鞋帽、家具等产业集群，开展中小企业“上云上平台”数字化普及。引导中小企业争取省上云上平台奖补，市财政对购买重点服务商应用产品的给予补助，已享受政府其他同类补助的除外。支持赋能中心、工业互联网平台等面向研发设计、生产制造、经营管理、市场营销等全过程业务需求，推出符合我市中小企业数字化转型需求的共性、通用、低成本系统解决方案，加快推进中小企业数字化转型。鼓励中小企业利用自动化生产设备进行技术改造，单个项目最高给予 100 万元资助。推动链主企业牵头搭建与中小企业深度互联的工业互联网平台，引导中小企业融入行业链主企业供应链生态体系。

（四）合力降低优势制造业数字化改造成本。依托我市传统制造产业优势，通过数据采集、流程溯源、柔性生产、协同管理、服务化延伸等，“一群一策”开展数字化转型，提升全要素生产效率，催生数字经济新业态、新模式。制定重点产业集群数字化转型路线图，构建多层次、立体化、全覆盖的制造业数字化改造服务体系，全力推动制造业数字化转型赋能中心建设，每年每家最高给予 1000 万元的运营奖励，并根据其服务本地制造业企业情况按营业收入的最高 70%给予奖励。每年评选一批工业互联网示范项目，大力培育工业互联网平台服务企业，对市内获国家工信部门认定为跨行业、跨领域工业互联网平台的，给予一次性最高 800 万元奖励，获国家级特色型、专业型工业互联网平台的，给予一次性最高 500 万元奖励。对认定为智能化改造项目的，按不超过设备、软件和技术投入总额的 20%给予单个项目最高 400 万元资助。支持企业加大两化融合投入，按不超过投入金额的 20%给予最高 150 万元资助。

（五）持续加快现代服务业数字化升级步伐。加快实施服务业数字赋能工程，推动住宿、餐饮、文化、教育等服务业数字化升级。鼓励企业建设跨境电商独立站，加快线上自主营销渠道建设步伐，推动东莞制造品牌出海、货通全球。支持企业建设数字化、智能化的跨境电商海外仓网络，对经国家和省认定的海外仓给予一定的财政资助。加快生产性服务业数字化转型，支持制造业企业向研发设计、定制生产、共享制造、检验检测、供应链管理、总集成总承包等环节延伸拓展，通过“产品+服务”“制造+服务”等模式培育一批服务型制造示范项目，给予最高 100 万元奖励。积极推广“互联网+工业设计”，加快培育一批国家级、省级和市级工业设计中心（工业设计研究院），对获认定为国家级、省级和市级工业设计中心（工业设计研究院）的给予最高 100 万元奖励。对企业购买用于工业设计的相关专业设备设施、专业软件等支出给予每年最高 300 万元资助。

加快培育基于互联网的科技咨询和研发服务新业态，为企业提供成果对接、技术转移、技术交易等服务。加快服务外包数字化转型升级，争创中国服务外包示范城市和省级数字服务出口基地，到 2025 年服务外包合同金额实现规模倍增。

二、加快推动数字产业化

（六）领跑发展新一代电子信息等关键

优势产业。发挥两大国家级先进产业集群优势，大力发展新一代电子信息产业和高端装备制造产业等战略性新兴产业。大力推进新一代电子信息产业链强链补链，对入驻战略性新兴产业基地、经认定符合条件的企业，自投产年度起，连续三年按当年地方经济贡献的100%给予奖励。支持射频芯片、中高频器件等5G核心设备、核心器件在战略性新兴产业基地研发生产，对符合条件的单款产品按不超过当年销售额10%给予最高500万元奖励。支持引进培育工业机器人、高端数控机床等龙头企业，对战略性新兴产业基地内重点项目按基建投入、装修及购置设备的一定比例给予最高1000万元奖励。支持首台（套）重点技术装备推广应用，获认定的按不超过当年度单台（套）产品销售额的15%给予最高800万元奖励，对拥有核心关键技术的、具有重大战略和示范推广意义的给予最高1000万元奖励。支持数字经济关键优势企业增资扩产，经认定为重点项目的，地方经济贡献标准可按各镇街（园区）的基准线规定予以适当调整。

（七）加快布局半导体及集成电路、基础电子元器件等核心先导产业。巩固衬底材料和外延优势，积极发展模组和器件制造，加快国家第三代半导体技术创新中心（东莞分中心）、广东光大第三代半导体科研制造中心等项目建设，支持第三代半导体龙头企业快速发展。大力发展晶圆级封装、系统级封装、扇出型封装、三维封装等先进工艺，支持封测领域优势企业建设先进封测生产线。研究制定半导体及集成电路产业发展行动计划及配套政策，明确产业发展重点，推动重大项目建设，对公共服务平台、创新平台，以及集成电路企业流片、IP授权或购置、EDA工具购买及升级等费用予以支持。全力争取省级半导体及集成电路产业投资专项子基金落户东莞。推动电子元器件及其配套材料和设备仪器企业、整机企业加强联动，共同开展产品研制，在智能终端、工业互联网和数据中心等行业加快新型电子元器件的产业化应用。健全招商引资和增资扩产事前评估体系，对经评估有重大牵引作用的前沿产业项目分类提供空间保障、资金补助等。

（八）做大做强软件和信息技术服务业等融合发展产业。梳理软件和信息技术服务供给薄弱环节，制定重点目标企业清单，引进培育一批国内外优秀软件和信息技术服务企业。对中国软件百强企业等龙头企业在莞新设区域型总部、职能型总部的，根据规模和贡献给予最高1亿元奖励，对符合条件的企业在莞新设独立法人企业或将在莞分公司转设为子公司的，按年度经济贡献地方留成增量的80%给予奖励。推动本地软件和信息技术服务企业做大做强，对符合条件的分别给予最高100万元上规模奖励和500万元营收增量奖励。鼓励软件和信息技术服务企业进驻市级数字产业集聚试点园区，对入驻企业连续三年给予租金补贴和经济贡献增量奖励。支持市内企业开展国家信息技术服务标准（ITSS）、软件能力成熟度模型（CMMI）等国际国内资质认定，对通过认定的给予补助，每个企业最多可申报3个认证项目，每个项目最高补助50万元。

（九）培育发展大数据、人工智能等前沿新兴产业。加快制定大数据产业发展规划，集中力量引进落地一批数据清洗、数据分析、数据可视化等龙头企业和重大项目。每年围绕十大智慧工程领域由交通、医疗、教育、环保、应急、建筑等行业主管部门遴选并发布不少于30个大数据应用场景需求清单，推动数字经济优质项目和创新技术加速对接落地。出台数据要素市场化配置改革行动方案，建设市大数据融通和交易平台，探索开展数据经纪人资格认证、数据资产凭证应用。开展新一代人工智能核心技术攻关，建设东莞人工智能产业技术研究院，引导企业加强产学研合作，积极引进与培养人工智能人才团队，推动人工智能核心产业规模到 2022 年底、2025 年底分别超 150 亿元、300 亿元。加快推动机器视觉产业发展，搭建开源社区，举办产业创新高峰论坛，加强高精度成像技术、高端工业镜头、3D 视觉技术、智慧视觉底层算法等软硬件攻关，推动人工智能产业在细分领域率先取得突破。

三、夯实数字经济发展基础

（十）优先保障数字经济重点平台载体建设空间。实施连片白地统筹、产业空间更新、低效用地处置三大行动，加强市级统筹产业单元管控，力争三年内整备 4 片 2000 亩以上、6 片 700 亩以上连片土地和一批连片标准地，招引一批数字经济领域投资 30 亿元以上重大产业项目。新增用地指标优先满足数字经济重大产业项目用地需求，确保应保尽保、快批快供。全力推动“工改工”三年行动计划，优先保障数字经济增资扩产项目落地。用好已统筹的 100 万平方米高品质低成本空间，遴选引进一批数字经济领域轻资产、高成长企业，入驻低成本空间的给予 3 年场地租金减半至全免补贴。连续两年每年安排 2000 万元支持市软件和信息技术服务业集聚区建设，重点支持市级数字产业集聚试点园区开展服务体系建设，面向重点企业提供展览、培训、招商等公共服务。规划建设一批数字经济产业园区，引导产业园区主题化发展，项目符合相关产业政策分割转让条件的，分割转让的产业用房由核心配套企业优先受让。推动镇村工业园对消防设施、安防设施、停车设施、能耗监控等进行智慧化改造。由市级主管部门牵头制定智慧园区建设导则和改造标准，并在战略性新兴产业基地率先推广。

（十一）加快建设新型数字基础设施。适度超前开展 5G 独立组网（SA）建设，推动 5G 专网实现重点行业、重点区域深度覆盖，到 2023 年建成 5G 基站 2 万座、窄带物联网基站 7000 座。持续推进城市骨干网络关键节点扩容升级，加快第 5 代固定千兆网（F5G）、互联网协议第六版（IPv6）技术的应用与普及，到 2025 年实现产业园区千兆接入能力和商务楼宇万兆接入能力全覆盖。加快建设 5G+自动驾驶、无人机、无人车、无人船等试验场地，构建人车路云一体化数字系统。积极参与一体化大数据中心体系建设，建立数据中心监测和评估机制，对不符合能评要求的数据中心实行迁移、关停。合理布局边缘计算数据中心（节点），引导数据中心开展云计算等增值业务，推动全市数据业务从存储型向计算型转变。加快建设国家超级计算广州中心东莞分中心，加强推广应用，赋能东莞先进制造，到 2023 年在大数据、大健康、人工智能、工业建模等行业落地 10 个以上应用案例。完善工业互联网数据基础设施布局，到 2023 年底建成工业互联网标识解析二级节点 3 个以上。构建工业互联网安全监测体系，健全数据安全管理机制和技术规范，实施工业互联网企业网络安全分类分级管理和贯标行动，鼓励行业龙头企业、协会机构等共建网络数据安全防护平台。

（十二）加快集聚高层次专业化数字人才。实施新一轮“十百千万百万”人才工程，完善人才地图中的数字人才图层，积极引进数字产业高层次人才。支持数字特色人才来莞创业就业，符合条件的给予2000万元创业类免抵押、免担保信用贷款，给予个人所得税按地方留成部分100%的标准奖励。加快推进市属租赁住房筹集工作，为符合条件的新抵莞数字人才提供住房优惠服务。完善数字人才综合服务，为符合条件的数字人才优先办理优才卡。加大数字人才子女入学保障，教育部门凭优才卡等相关人才证件安排人才子女入读义务教育学校，并在报考普通高中时享受本市户籍同等待遇；对年营业收入1亿元以上的软件和信息技术服务企业，由市教育部门协调企业所属镇街（园区）给予1个义务教育入学指标保障。纳入“倍增计划”的，按规定给予最高6个入学指标。大力推进“数字工匠”培训，用好各类培训平台和培训资源，加快建成一支既熟悉生产制造又懂得数字技术的复合型产业人才队伍。建设数字人才就业平台，每年组织企业赴数字人才富集的城市、高校开展专项人才引进活动，实现人才供需精准对接。

（十三）加快提高数字技术自主研发能力。支持龙头企业牵头建设工业软件攻关基地和创新中心，鼓励保险企业出台首版次工业软件质量安全责任险等产品，对首版次工业软件按项目研发给予资助，加快推进工业软件技术攻关和试点应用推广。

支持组建创新联合体开展集中攻关，加快突破5G射频滤波器、闪存、图像传感器等关键技术，符合条件的给予最高500万元资助。引导企业加大数字技术研发投入，对研发投入年度增量超过100万元的每年给予最高100万元补助。大力实施企业研发机构提升计划，对符合条件并评估优秀的企业研发机构给予最高100万元奖励。加大数字经济创新型企业培育力度，对符合条件的企业给予最高3万元高企认定奖励、50万元高企晋级奖励和100万元创新型企业研发投入补助。用好综合性国家科学中心先行启动区基础科研优势，在先进材料、精密仪器设备、核心零部件等领域孵化培育一批“专精特新”企业。支持大科学装置、省实验室、高水平大学与企业加强数字技术创新合作，在科研团队、技术平台、仪器设备、学科建设等方面提供支撑。

（十四）鼓励引导产业基金加大数字经济领域投资。市战略性新兴产业引导基金统筹安排不少于30亿元用于发展数字经济，加强与数字经济领域优质产业资本的合作，鼓励各类型社会资本参与，通过设立市场化子基金、专项子基金、项目直投等方式支持新一代电子信息、半导体及集成电路、人工智能、工业互联网、机器人等重大产业项目集聚发展。引导龙头企业产业基金和其他各类社会资本积极支持东莞数字经济发展，对龙头企业并购引进高成长性数字经济企业的给予最高2000万元资助。对实现上市、挂牌的企业，上市前一次性奖励300万元，上市后首发融资最高奖励600万元。支持金融机构根据云服务使用量、智能化设备和数字化改造投入等提供云量贷、数字贷等创新金融服务，扩大风险补偿白名单范围，对符合条件的企业按照相关规定给予风险分担。鼓励企业通过融资租赁直租方式购入设备，符合条件的按不超过融资租赁合同融资额的5%给予一年期贴息，单个企业每年列入贴息的融资额不高于1500万元。

（十五）营造良好数字经济发展环境。成立市数字经济发展工作领导小组，由市政府主要领导任组长、分管领导任副组长，负责统筹全市数字经济发展专项规划、年度工作计划编制，协调解决工作推进中遇到的重大问题，由市工业和信息化部门负责领导小组日常工作。各镇街（园区）要参照市一级的组织架构，成立镇级数字经济发展工作领导小组，统筹推动工作落实。深入推进数字政府改革建设，推动政务服务“一网通办”、市域治理“一网统管”、政府运行“一网协同”，培育健康开放的数字产业生态，为数字经济发展提供有力支撑。加快数字交通、数字水务、数字能源建设，推进市属国有企业数字化转型。

大力引入一批国际性、高规格、实效强的数字经济主题展会，定期组织举办具有行业重要影响力的数字经济论坛和大赛活动，努力争取国家级数字经济活动在莞举办。加快成立数字化转型咨询机构库，加强前瞻性、战略性问题研究，为重大问题、重点项目决策提供智力支撑。以开展全国数字经济统计监测试点为契机，明确数字经济统计范围，创新统计调查方法，构建符合东莞特点、反映数字经济发展情况的统计监测机制，更好地服务和推动全市数字经济发展。

本政策自印发之日起正式实施，有效期3年。各镇街（园区）结合实际，研究出台发展数字经济的配套政策，合力推动全市数字经济高质量发展。

附件：制造业重点产业集群数字化转型路线图（略）

东莞市人民政府
2022年1月10日

东莞市商务局关于印发《东莞市促进开放型经济高质量发展专项资金管理暂行办法》的通知

（东商务〔2022〕137号）

各镇人民政府（街道办事处）、市府直属各单位：

《东莞市促进开放型经济高质量发展专项资金管理暂行办法》业经市人民政府同意，现印发给你们，请认真贯彻执行。

东莞市商务局
2022年9月22日

东莞市促进开放型经济高质量发展专项资金管理暂行办法

第一章　总　则

第一条　为贯彻落实《中共广东省委广东省人民政府印发〈关于推进贸易高质量发展的行动方案〉的通知》（粤发〔2021〕11

号）文件精神，根据财政专项资金管理有关规定，结合东莞市商务工作实际，制定本办法。

第二条 本办法所称“开放型经济高质量发展专项资金”是指，由市财政预算安排用于东莞市开放型经济高质量发展的专项资金（以下简称专项资金），重点用于支持以下方向：促进国际物流通道建设、企业拓展市场、企业转型升级、电子商务发展、商贸创新发展、服务外包发展、会展业发展和东莞商务服务发展，以及落实市委、市政府明确需要重点支持的方向和事项。

第三条 专项资金的管理和使用遵循“依法依规、公开公正，突出重点、科学分配，注重绩效、规范管理”的原则。

第四条 市商务局负责制定、修订专项资金管理办法和实施细则；编报资金预算，提出资金使用计划和绩效目标，组织资金实施与管理，开展资金绩效自评、检查监督和信息公开等。

第五条 市财政局负责制定专项资金的预算管理、组织专项资金预算编制及执行；审核绩效目标等；办理资金预算下达；组织实施专项资金财政监督检查和重点绩效评价等。

第二章 促进国际物流通道建设

第六条 保税物流及供应链项目

（一）支持对象

东莞市保税物流及供应链领域符合条件的企业。

（二）支持标准

1. 对东莞市保税仓、出口监管仓、保税物流中心仓库和综保区仓库的进出境货物（不含跨境电商业务），按照实际进出境货物50元/票的标准给予仓库经营企业支持。每家企业每年最高支持50万元。

2. 对保税物流企业，当年进口货值达到4000万美元、8000万美元、4亿美元、8亿美元、16亿美元、24亿美元、40亿美元及以上的，分别给予5万元、10万元、20万元、70万元、150万元、250万元、300万元的支持，符合多项货值标准的，采用就高不就低原则。

第七条 航空国际物流项目

（一）支持对象

通过在东莞设立远程货站收发货物的广东省内机场。

（二）支持标准

机场在东莞设立远程货站，当年数量保持在5个及以上的，给予机场30万元/年的奖励。

第八条 冷链食品进口项目

（一）支持对象

利用冷链物流进口食品、农产品、生鲜水产类商品的企业。

（二）支持标准

对企业利用冷链进口食品、农产品、生鲜水产类商品的，当年进口货值达到500万美元以上的，给予进口货值1%的支持，每家企业每年最高支持100万元。

第九条 东莞港航线项目

（一）支持对象

纳入东莞市港口集装箱吞吐量统计的港口运营企业。

（二）支持标准

1. 上述企业当年外贸集装箱吞吐量不少于25万标箱且通过其运营的港口业务规模纳入东莞统计部分不少于16亿美元的，每年对该企业一次性资助1500万元。

2. 上述企业当年外贸集装箱吞吐量不少于30万标箱且通过其运营的港口业务规模

纳入东莞统计部分不少于30亿美元的，每年对该企业一次性资助2000万元。

（三）说明事项

归属同一母公司控股下的港口运营企业可合并统计。

第三章 促进企业拓展市场

第十条 境内外重点展会及经贸活动项目

（一）支持对象

在东莞市范围内注册登记，具有组织发动能力的商（协）会等单位，以及参加指定的境内外重点展会及经贸活动的企业。

（二）支持标准

1. 境外展：对参加广东省商务厅公布认定的“粤贸全球”计划等相关活动的企业，市财政按实缴展位费的20%予以支持，每家企业每个展览会最高支持不超过2万元，中央、省、市财政支持总额不超过企业实缴展位费。

2. 境内展：市商务局拟定支持企业参展的《粤贸全国东莞活动目录》，对参加目录内展览会的企业，按照每个标准展位3000元的标准予以资助，每家企业每年度限申报一个项目且最高支持不超过5万元；对经市商务局备案同意自行组织不少于10家东莞市企业参加上述展览会的组织单位，按每个标准展位500元的标准予以组展奖励，每个展会组展奖励最高支持不超过20万元。

3. 参加中国加工贸易产品博览会等由地方财政资助举办的市内展会，按实际发生特装布展费的50%给予支持，最高支持每平方米600元，每家企业同一展会最高支持不超过10万元。

4. 对根据国家、省、市有关要求，市商务局及其下属单位自行组织或委托东莞市商（协）会组团参展的政策性强、组织难度大的展会项目，支持内容包括展位费、特装布展费、人员差旅费、展品运输费、组织费用等，其中人员差旅费仅限于经济舱机票、标准间住宿，每个单位支持不超过2名工作人员；支持标准不超过相关费用实际支出额的80%，境外展对组织单位按照每个国际标准展位2000元予以组展支持；境内展对组织单位按照每个标准展位500元予以组展支持。

5. 对由市商务局及其下属单位根据省、市有关要求组织赴粤东西北、新疆、西藏、四川、黑龙江、云南、甘肃、贵州等对口地区开展区域合作经贸活动的东莞商（协）会和企业，按照差旅费的（仅限于经济舱机票、交通费用、标准间住宿）50%给予支持，每次活动每个单位支持不超过2名工作人员。

第十一条 投保出口信用保险项目

（一）支持对象

在东莞市范围内注册登记，具有对外贸易经营资格，自主向国家批准从事出口信用保险业务的保险公司投保短期出口信用保险，并已缴纳保费的企业。

（二）支持标准

对投保短期出口信用保险（“普惠平台类”项目除外）的企业，市财政按企业实缴保险费的20%给予支持，每年每家企业累计不超过50万元，省、市支持总额不超过企业的实缴保险费。

第十二条 外贸综合服务业项目

（一）支持对象

在东莞市范围内注册登记，经税务等有关部门备案的外贸综合服务企业。

（二）支持标准

对建设或使用符合税务等有关部门要求

的外贸综合服务平台的企业，按照实际建设或使用费用的50%给予支持，每家企业最高支持不超过10万元，每家企业只资助一次。

第十三条 外资企业拓展内销市场项目

（一）支持对象

东莞市致力于提升“莞货”知名度，积极开拓内销市场的生产型外商投资企业。

（二）支持标准

对上一年度新增内销额（按国家税务总局东莞市税务局应税货物销售额）5000万元以上的生产型外商投资企业，按新增内销额的0.2%给予支持，每家企业每年最高支持100万元。

奖励基数以国家税务总局东莞市税务局的核准数据为依据。新设企业从满一个会计年度的第2年起算（内销额核算数据以每年的1月1日到12月31日为一个核算年度）。

第十四条 设立境内外展销中心项目

（一）支持对象

经市商务局批复同意，在境内（广东省外）、境外设立“东莞制造”品牌展销平台的东莞行业协会（商会）、进出口代理商、商贸集团、企业和机构，并符合以下条件：

1. 境内的已办理展销平台工商注册登记手续；境外的已办理境外投资核准手续；

2. 与不少于50家在东莞办理工商税务登记、具有独立法人资格的企业签署服务合同，展示不少于50家东莞企业产品；

3. 实际展销面积1000平方米以上。

（二）支持标准

1. 按场地租金每平方米最高50元/月给予支持，每个展销中心每年支持不超过100万元（租金支持自批复当月起计算）。

2. 对展厅整体形象装修按照50%的标准给予一次性支持，每平方米最高支持1000元，支持总额不超过50万元（装修发生期最早追溯至批复年份的上一年度）。

3. 每个项目累计支持不超过3年。

第四章 促进企业转型升级

第十五条 大项目投资项目

（一）支持对象

对东莞市新签或增资的外商投资企业（房地产业、金融业及类金融业项目除外），符合规定条件的，给予支持。行业划分依据为《中华人民共和国国家标准国民经济行业分类》。

（二）支持标准

1. 对在东莞市设立的年实际外资金额（已纳入当年统计且不含外方股东贷款，下同）超过1000万美元（含）的跨国公司总部或地区总部、超过3000万美元（含）的增资项目和超过5000万美元（含）的新项目，属于制造业领域的，市财政按项目当年实际外资金额1.5%的比例予以奖励；属于非制造业领域的，市财政按项目当年实际外资金额1%的比例予以奖励，最高奖励1亿元。

2. 对在东莞市设立的年实际外资金额1000万（含）~3000万美元的增资项目、3000万（含）~5000万美元的新项目，市财政按项目当年实际外资金额1%的比例予以奖励，最高奖励1000万元。

3. 对境外投资者从中国境内居民企业分配的利润在东莞扩大生产经营，符合规定条件的，按以上标准予以支持。

第十六条 AEO认证项目

（一）支持对象

东莞市的海关AEO高级认证企业。

（二）支持标准

对东莞市企业通过海关AEO高级认证

的给予奖励，支持企业提升信用等级和国际竞争力，推动通关便利化。其中，对当年首次通过 AEO 高级认证的企业，一次性给予 6 万元支持；对当年通过海关 AEO 高级认证复核的企业，一次性给予 3 万元支持。

第五章　促进电子商务发展

第十七条　发展直播电商项目

（一）支持对象

在东莞市范围内注册登记的制造企业（含其在东莞市范围内注册登记的全资子公司）或 MCN 机构。

（二）支持标准

制造企业（含其全资子公司）通过直播方式在国内产生的年度线上销售额（MCN 机构服务收入）达 1000 万元及以上的，按销售额（服务收入）的 1%予以奖励，每家企业每年最高奖励不超过 30 万元。

第十八条　电商直播基地建设项目

（一）支持对象

在东莞市范围内注册登记的直播基地运营企业。

（二）支持标准

对直播基地占地面积超过 1000 平方米，直播间数量超过 20 间，签约品牌数量超过 30 个的企业，按其实际投资额（限于场地租赁、装修、设备购置）的 25%给予一次性补助，最高补助 50 万元，每年补助不超过 3 个基地。若当年申报资金的直播基地数量超过 3 个，则按直播基地的实际情况择优进行补助。

第十九条　新引进跨境电商优质企业项目

（一）支持对象

2021 年 1 月 1 日（含）之后在东莞市范围内注册登记的企业。

（二）支持标准

项目落地东莞市后，纳入统计的跨境电商业务规模首次超过 7 亿元的，一次性奖励 100 万元；首次超过 20 亿元的，一次性奖励 300 万元；首次超过 50 亿元的，一次性奖励 800 万元。

第二十条　开展跨境电商 B2B 业务项目

（一）支持对象

应用跨境电商平台进行线上销售，自主申报或使用符合规定条件的外贸综合服务企业相关服务申报跨境电商 B2B 业务的东莞企业。

（二）支持标准

企业当年纳入东莞市统计的跨境电商 B2B 业务规模折合人民币超过 400 万元的，予以 2 万元一次性资金扶持；超过 850 万元的，予以 5 万元一次性资金扶持；超过 1500 万元的，予以 10 万元一次性资金扶持；超过 3000 万元的，予以 20 万元一次性资金扶持。

第二十一条　获评电子商务类荣誉称号项目

（一）支持对象

在东莞市范围内注册登记，并获评国家级、省级电子商务类荣誉称号的企业或园区主办方。

（二）支持标准

首次获评国家、省电商示范基地（园区）或跨境电商示范基地（园区）的，分别给予基地（园区）运营方一次性奖励，奖励标准为：国家级 100 万元，省级 50 万元。首次获得国家级、省级公共海外仓认定的，分别给予海外仓运营方一次性奖励，奖励标准为：国家级 100 万元，省级 50 万元。首次获评国家、省电商示范企业或跨境电商示范企业的，分别给予企业一次性奖励，奖励标准为：国家级50万元，省级30万元。同一企业进档升级的，给予两档之间的差额奖励。

第二十二条 举办电商直播活动项目

（一）支持对象

在东莞市范围内注册登记的电商企业、电商平台、电商直播基地。

（二）支持标准

对电商企业、电商平台、电商直播基地在东莞市内举办经市商务局备案的电商直播活动予以支持，对活动实际支出费用（限于线下场地租赁、线下场地装修、设备租用、线上平台直播活动专区搭建、平台流量采买、讲师费、专家评审费）按相关规定予以50%的支持，每年支持不超过3场，每场活动最高支持80万元。

第六章 促进商贸创新发展

第二十三条 “乐购东莞”促消费活动项目

（一）支持对象

1. 经市民政局批准成立的市级的批发、零售（含汽车）、住宿、餐饮等行业商（协）会。

2. 建筑面积5万平方米及以上商业综合体。

3. 已纳入东莞市限额以上统计名录库，且上一年纳入统计的含税销售额达2亿元及以上的限上零售企业及个体户、上一年纳入统计的含税营业额达2000万元及以上的限上住宿、餐饮企业及个体户。

（二）支持标准

支持上述对象当年自筹资源举办与“乐购东莞”相关的促消费活动（宣传资料、宣传报道、活动现场布景等均须有“乐购东莞”字样及官方标识），经市商务局备案，符合申报条件的，对当年活动费用（含活动策划、宣传推广、场地租赁、设备租赁、现场搭建、场地和摊位布置等费用）的30%予以资助，每个单位全年最高补助10万元。

第二十四条 支持批发业稳定增长

（一）支持对象

已纳入东莞市限额以上统计名录库、当年纳入统计的含税销售额达5亿元及以上的限上批发企业（不含当年新入库企业）。

（二）支持标准

1. 与上一年相比，企业当年纳入统计的含税销售额同比每增加1亿元支持5万元，每家企业支持总额不超过50万元。

2. 按事后补助方式，每家企业只限申报一次。

第二十五条 支持零售业稳定增长

（一）支持对象

已纳入东莞市限额以上统计名录库、当年纳入统计的含税销售额达2亿元及以上的限上零售企业（不含当年新入库企业）。

（二）支持标准

1. 与上一年相比，企业当年纳入统计的含税销售额同比每增加5000万元支持5万元，每家企业支持总额不超过50万元。

2. 按事后补助方式，每家企业只限申报一次。

第二十六条 商贸企业纳统项目

（一）支持对象

当年新增纳入东莞市限额以上统计名录的批零住餐行业企业、个体户。

（二）支持标准

1. 年度入库批零住餐企业、个体户一次性奖励1万元。

2. 月度入库批零企业一次性奖励4万

元、住餐企业一次性奖励 2 万元。如果是个体户或分公司转为独立法人企业并月度纳统的企业，批零企业再额外奖励 4 万元，住餐企业再额外奖励 2 万元。

第二十七条 餐饮企业纳统项目

（一）支持对象

在东莞市依法登记注册、已办理税务登记，已纳入东莞市社会消费品零售总额数据统计名录库的限上餐饮企业，符合规定条件的给予支持。

（二）支持标准

1. 对上一年度营业额全市排名前 10 名的限上餐饮业企业，给予每家企业最高不超过 10 万元支持。

2. 要求餐饮企业上一年度营业额超过 3000 万元，且单个门店营业面积 2000 平方米以上。对符合申报条件的餐饮企业，以上一年度营业额全市排名，给予前 10 名的企业每家最高不超过 10 万元支持。

注：同时符合上述两项标准的餐饮企业，只可选择其中一项标准申报。

第七章 促进服务外包发展

第二十八条 服务贸易项目

（一）支持对象

对东莞市从事服务贸易（服务外包、数字贸易等），并且在商务部业务系统统一平台相关应用中及时、准确填报服务外包业务登记信息的独立法人企业或机构，符合规定条件的，给予支持。

（二）支持标准

1. 对东莞市服务外包企业上一年度服务外包在岸执行金额达 100 万美元及以上的给予奖励。对服务外包在岸执行金额分别达 100 万美元（及以上）、500 万美元（及以上）、1000 万美元（及以上）、5000 万美元（及以上）的，分别给予每家企业不超过 5 万元、10 万元、15 万元、30 万元的奖励。

2. 对东莞市服务外包企业上一年度服务外包离岸执行金额达 100 万美元及以上的给予奖励。对服务外包离岸执行金额分别达 100 万美元（及以上）、500 万美元（及以上）、1000 万美元（及以上）、5000 万美元（及以上）的，分别给予每家企业不超过 5 万元、10 万元、15 万元、30 万元的奖励。

第二十九条 服务外包产业园区项目

（一）支持对象

对符合条件的服务外包产业园区给予支持。

（二）支持标准

园区总建筑面积不少于 5 千平方米；园区入驻企业达到 10 家以上且服务外包企业所占比例不低于 50%的，或园区入驻服务外包企业达到 15 家以上；同时，达到以下任一条件，对每个园区给予一次性不超过 50 万元的支持。

1. 园区服务外包企业上一年度服务外包执行金额累计达到 1000 万美元以上；

2. 园区服务外包企业上一年度离岸服务外包执行金额累计达到 500 万美元以上。

在本管理办法实施之前，已经上级商务部门认定的服务外包示范园区并获省专项资金支持的，不再参与此项奖励。

第八章 促进会展业发展

第三十条 会展业项目

（一）支持对象

在东莞市范围内注册成立，在东莞市内

组织举办会展活动的会展企业，或服务于会展业的商（协）会和社会团体。

（二）支持标准

1. 支持重点展会提升规模。对经市商务局备案，在东莞市专业展馆举办、展览面积大于或等于2万平方米的展览会，按场馆租金实际发生费用予以支持，每天3元/平方米，最多支持5天，最高支持不超过100万元（市财政出资支持举办的展览会除外，但对于“政府办会、企业办展”等创新模式的重点展会，视同市场化办展给予同等待遇）。

2. 支持新办或引进展会落户东莞市。对经市商务局备案，在东莞市专业展馆新办或引进展览面积大于或等于1万平方米、展期在3天及以上的各类专业展览会，给予20万元支持，其中获得国际展览业协会（UFI）认证或由国家行业协会主办的支持标准提高至30万元；展览面积每增加5000平方米的，给予10万元支持。每个展会最多连续支持三年，同一展会累计支持总额最高不超过300万元。

第九章　商务服务专项

第三十一条　结合东莞商务发展实际，为全市商务经济高质量发展开展一系列商务服务的专项活动，包括但不限于内贸监测项目、投保境外投资信用保险项目、境外员工人身意外伤害保险项目、对外投资前期专业服务项目、莞港创新交流项目、电子商务活动项目等。项目每年实行预算总额控制，由市商务局会同市财政局共同审定后实施。

第十章　项目申报和审批

第三十二条　市商务局公布专项资金申报指南，组织申报专项资金，每年可根据需要对申报指南进行修订。申报单位按照申报指南的相关规定进行申请。

第三十三条　市商务局负责审核和组织评审申报单位提出的项目支持申请，拟定项目支持计划。经审定的支持项目，通过网站向社会公示，公示期为5个自然日；经公示无异议的申报单位及项目，由市商务局向市财政局请款并拨付。在公示期间对项目或申报单位有异议的，由市商务局组织调查，并出具调查结论报告。

第十一章　资金分配与执行

第三十四条　市商务局专项资金可安排其他资助事项，包括：上级部门要求一级财政共同分担预算的扶持政策；上级部门明确要求或鼓励市一级财政进行配套资助的事项；相关扶持以“一事一议”方式上报市政府批准后执行；市委、市政府决定扶持的其他事项。专项资金实行预算总额控制管理，当年申报资金超出年度预算总金额时，以预算余额按比例进行支持。根据每年预算规模和重点工作申报数量，在规定的资助限额内，以合理的方式确定受资助项目、单位的数量，以及最终资助或奖励的金额，以保证专项资金使用绩效。其中合理的方式主要包括：

（一）在年度预算内专项资金按申请顺序先到先得，用完即止。

（二）根据预算规模和项目申报数量情况，在不超过资助对象可享受的最高资助标准内，适当下调资助比例和金额。

（三）通过竞争性分配方式，择优选择项目资助。

第十二章　资金拨付和会计处理

第三十五条　专项资金采取无偿支持和奖励两种支持方式。

第三十六条　符合条件的单位向市商务局提出申请支持或奖励，同一项目不得重复申请，市财政不重复给予支持或奖励。

第三十七条　市财政局根据已下达的专项资金支持计划，按预算资金拨付程序向市商务局拨付资金，由市商务局拨付至各项目申报单位。

第三十八条　单位收到项目支持资金后，按照现行会计制度进行账务处理。

第十三章　监督检查和法律责任

第三十九条　市商务局对专项资金使用项目的实施情况进行监督检查。

第四十条　市商务局根据《关于印发〈东莞市“科技东莞”工程专项资金绩效评价管理暂行办法〉的通知》（东府办〔2013〕45号）和其他有关规定，建立专项资金绩效评价制度。市财政局按照相关规定抽查评价重点项目。

第四十一条　各单位严禁截留、挪用专项资金。对弄虚作假骗取专项资金，截留、挪用专项资金，不按规定使用专项资金等行为，可视情节轻重采取撤销支持项目、追缴项目支持资金和五年内取消申请资格的处理，并按照《财政违法行为处罚处分条例》的规定予以处罚；构成犯罪的，移交司法机关依法追究有关责任人员的法律责任。

第四十二条　有关行政主管部门及其工作人员在专项资金监督管理工作中滥用职权、玩忽职守、徇私舞弊，有关单位和个人有权举报，查证属实的，依法给予行政处分；构成犯罪的，依法追究刑事责任。

第四十三条　申请资助单位应符合如下规定：

（一）申请资助、奖励的单位须是在东莞市范围内注册登记，具有独立法人资格，守法诚信经营的企业和机构，以及符合本办法和相应资金申报指南规定的其他机构。

（二）专项资金使用单位的法定代表人负责本单位项目的具体实施，对申报材料的合法性和真实性、资金使用等负责，不得弄虚作假。如果在审核过程中发现申报单位存在弄虚作假行为，一经查实即列入不良名单，五年内取消其申请支持的资格；如构成违法犯罪的，依法追究法律责任。

（三）申报单位应具有健全的财务制度，接受有关部门的检查监督。

（四）严格项目的费用支出管理。每个纳入支持范围的项目，费用支出超过1万元的，须通过单位银行账户付款。以货款抵扣、折让等方式支付费用的，以及支持金额在1000元以下的项目，不予纳入支持的范围。

（五）申报单位有下列情形之一，专项资金不予支持：

1. 在申报过程中提供虚假资料的；

2. 违反专项资金管理规定被取消申请资格的；

3. 被相关部门列入经营异常名录或严重违法失信企业名单的；

4. 根据《东莞市财政局关于印发〈关于东莞市科技发展和产业转型升级财政专项资金不予支持具体范围的若干规定〉的通知》（东财规〔2021〕2号）规定不应予以支持的其他情形。

5. 财政全额拨款的事业单位不纳入支持

范围。

第十四章　附　则

第四十四条　本办法与东莞市其他优惠政策存在交叉的，由申报单位择优申请，不重复资助。

第四十五条　本办法由市商务局会同市财政局负责解释并落实相关的操作办法。本办法自印发之日起实施，每年实施动态调整，有效期至2024年12月31日止。实施过程中可根据实施情况依法委托第三方开展评估修订。

东莞市商务局关于印发《东莞市跨境电子商务综合试验区专项资金管理暂行办法》的通知

（东商务〔2022〕140号）

各镇人民政府（街道办事处）、市府直属各有关单位：

《东莞市跨境电子商务综合试验区专项资金管理暂行办法》业经市人民政府同意，现印发给你们，请认真贯彻执行。

东莞市商务局
2022年9月23日

东莞市跨境电子商务综合试验区专项资金管理暂行办法

第一章　总　则

第一条　根据《国务院办公厅关于加快发展外贸新业态新模式的意见》（国办发〔2021〕24号）《国务院关于同意在北京等22个城市设立跨境电子商务综合试验区的批复》（国函〔2018〕93号）《广东省人民政府关于印发中国（珠海）、中国（东莞）跨境电子商务综合试验区实施方案的通知》（粤府函〔2018〕394号）《广东省人民政府办公厅印发关于推进跨境电商高质量发展若干政策措施的通知》（粤办函〔2021〕328号）和财政专项资金管理有关规定，为加快推进中国（东莞）跨境电子商务综合试验区建设，结合东莞实际，制定本办法。

第二条　本办法所称“中国（东莞）跨境电子商务综合试验区专项资金”是指，由市财政安排用于推动中国（东莞）跨境电子商务综合试验区建设的财政专项资金（以下简称“专项资金”）。

第三条　专项资金的管理和使用遵循“依法依规、公开公正，突出重点、科学分配，注重绩效、规范管理”的原则。

第四条　市商务局负责制定、修订专项资金管理办法和实施细则；编报资金预算，提出资金使用计划和绩效目标，组织资金实施与管理，开展资金绩效自评、检查监督和信息公开等。

第五条　市财政局负责制定专项资金的预算管理、组织专项资金预算编制及执行；审核专项资金目录清单、绩效目标等；办理资金预算下达；组织实施专项资金财政监督检查和重点绩效评价等。

第二章　扶持奖励政策

第六条　支持建设跨境电子商务独立站项目

（一）支持对象

我市范围内注册登记，使用独立站开展跨境电子商务业务的企业，以及开展独立站相关营销服务业务的第三方服务机构或企业。

（二）支持标准（同一个项目只能申报一个支持方向）

1. 对使用独立站开展跨境电子商务业务的中小型企业，独立站年度业务规模超过10万美元的，给予5万元一次性资金支持；超过30万美元的，给予15万元一次性资金支持；超过60万美元的，给予30万元一次性资金支持。

2. 对使用独立站开展跨境电子商务业务的标杆企业，独立站年度业务规模超过1000万美元的，给予200万元一次性资金支持。本办法有效期内一个申报主体只可申请一次。

3. 对帮助我市跨境电子商务企业建设海外独立站并开展独立站相关营销服务业务的第三方服务机构或企业，年度服务相关企业数达20–50家且服务质量优良的，给予20万元一次性资金支持；达50~100家且服务质量优良的，给予30万元一次性资金支持；超100家以上且服务质量优良的，给予50万元一次性资金支持。

第七条　支持建设跨境电子商务集聚园区

（一）支持对象

在我市范围内注册登记的跨境电子商务园区运营方。

（二）支持标准

1. 首次获评国家、省跨境电商示范基地（园区）的，分别给予基地（园区）运营方一次性奖励，相关奖励标准参照《东莞市开放型经济高质量发展专项资金管理暂行办法》（东商务〔2022〕137号）执行。

2. 实际纳入统计的年度跨境电子商务业务规模达到5亿美元以上的跨境电子商务园区，按照跨境电子商务业务规模每1亿美元奖励50万元的标准，对园区运营方予以奖励，每个园区在本办法有效期内累计奖励不超过500万元。

第八条　支持举办大型活动

（一）支持对象

在市内举办跨境电子商务相关活动的我市电商行业组织、电商企业、电商园区。

（二）支持标准

1. 对通过政府购买服务的方式，在市内举办有影响力的全市性大型跨境电子商务采购峰会、展会以及高峰论坛等活动的电子商务行业组织，按照活动实际费用予以全额资金支持，每年支持1场，每场活动最高不超过100万元。

2. 对在市内举办经市商务部门备案的跨境电子商务对接交流和展会活动的电商企业或园区，根据活动实际支出费用（限于线下场地租赁、线下场地装修、设备租用、线上平台活动专区搭建、平台流量采买、讲师费）按相关规定予以50%的支持，每年支持不超过3场，每场活动最高支持50万元。

第九条　支持海外仓建设

（一）支持对象

运营公共海外仓的我市企业。

（二）支持标准（同一个海外仓项目不可同时申报）

1. 首次获得国家级、省级公共海外仓认

定的，分别给予海外仓运营方一次性奖励，相关奖励标准参照《东莞市开放型经济高质量发展专项资金管理暂行办法》（东商务〔2022〕137号）执行。

2、对我市企业运营的公共海外仓项目给予支持，每个项目给予15万元一次性资金支持。每个企业申请支持的海外仓数量不超过3个，且符合申请条件如下：

（1）注册及运营1年以上；

（2）具有对外投资证书；

（3）对外投资股权关系清晰；

（4）具有至少三项综合服务功能（包括但不限于通关物流、报税、法务、入库分拣、信息化数据等服务功能）；

（5）仓储面积3000平方米以上；

（6）服务我市企业20家以上。

第三章　项目申报和审批

第十条　市商务局公布专项资金申报指南，组织申报专项资金，每年可根据需要对申报指南进行修订。申报单位按照申报指南的相关规定进行申请。

第十一条　市商务局负责审核和组织评审申报单位提出的项目支持申请，拟定项目支持计划。经审定的支持项目，通过网站向社会公示，公示期为7个工作日；经公示无异议的申报单位及项目，由市商务局向市财政局请款并拨付。在公示期间对项目或申报单位有异议的，由市商务局组织调查，并出具调查结论报告。

第四章　资金分配与执行

第十二条　市商务局专项资金可安排其他资助事项，包括：上级部门要求市一级财政共同分担预算的扶持政策；上级部门明确要求或鼓励市一级财政进行配套资助的事项；市委、市政府决定扶持的其他事项。专项资金实行预算总额控制管理，当年申报资金超出年度预算总金额时，以预算余额按比例进行支持。根据每年预算规模和重点工作申报数量，在规定的资助限额内，以合理的方式确定受资助项目、单位的数量，以及最终资助或奖励的金额，以保证专项资金使用绩效。其中合理的方式主要包括：

（一）在年度预算内专项资金按申请顺序先到先得，用完即止。

（二）根据预算规模和项目申报数量情况，在不超过资助对象可享受的最高资助标准内，适当下调资助比例和金额。

（三）通过竞争性分配方式，择优选择项目资助。

第五章　资金拨付和会计处理

第十三条　专项资金采取无偿支持和奖励两种支持方式。

第十四条　符合条件的单位向市商务局提出申请支持或奖励，同一项目不得重复申请，市财政不重复给予支持或奖励。

第十五条　市财政局根据已下达的专项资金支持计划，按预算资金拨付程序向市商务局拨付资金，由市商务局拨付至各项目申报单位。

第十六条　单位收到项目支持资金后，按照现行会计制度进行账务处理。

第六章　监督检查和法律责任

第十七条　市商务局对专项资金使用项目的实施情况进行监督检查。

第十八条 市商务局根据我市“科技东莞”工程专项资金绩效评价的有关规定，建立专项资金绩效评价制度。市财政局按照相关规定抽查评价重点项目。

第十九条 各单位严禁截留、挪用专项资金。对弄虚作假骗取专项资金，截留、挪用专项资金，不按规定使用专项资金等行为，可视情节轻重采取撤销支持项目、追缴项目支持资金和五年内取消申请资格的处理，并按照《财政违法行为处罚处分条例》的规定予以处罚；构成犯罪的，移交司法机关依法追究有关责任人员的法律责任。

第二十条 有关行政主管部门及其工作人员在专项资金监督管理工作中滥用职权、玩忽职守、徇私舞弊，有关单位和个人有权举报，查证属实的，依法给予行政处分；构成犯罪的，依法追究刑事责任。

第二十一条 申请资助单位应符合如下规定：

（一）申请资助、奖励的单位须是在我市办理工商税务登记，具有独立法人资格，守法诚信经营的企业和机构，以及符合本办法和相应资金申报指南规定的其他机构。

（二）专项资金使用单位的法定代表人负责本单位项目的具体实施，对申报材料的合法性和真实性、资金使用等负责，不得弄虚作假。如果在审核过程中发现申报单位存在弄虚作假行为，一经查实即列入不良名单，发现之日起五年内取消其申请支持的资格；如构成违法犯罪的，依法移交司法机关追究有关责任人员的法律责任。

（三）申报单位应具有健全的财务制度，接受有关部门的检查监督。

（四）严格项目的费用支出管理。每个纳入支持范围的项目，费用支出超过 1 万元的，须通过单位银行账户付款。以货款抵扣、折让等方式支付费用的，以及支持金额在 1000 元以下的项目，不予纳入支持的范围。

（五）申报单位有下列情形之一，专项资金不予支持：

1. 在申报过程中提供虚假资料的；

2. 违反本办法规定被取消申请资格的；

3. 被相关部门列入经营异常名录或严重违法失信名单的；

4. 根据《东莞市财政局关于印发〈关于东莞市科技发展和产业转型升级财政专项资金不予支持具体范围的若干规定〉的通知》（东财规〔2021〕2 号）规定不应予以支持的其他情形。

5. 财政全额拨款的事业单位不纳入支持范围。

第七章 附 则

第二十二条 本办法与我市其他优惠政策存在交叉的，由申报单位择优申请，不重复资助。

第二十三条 本办法由市商务局会同市财政局负责解释并落实相关的操作办法。本办法自印发起实施，有效期至 2024 年 12 月 31 日。本办法适用于 2022 年 1 月 1 日至 2024 年 12 月 31 日申请的项目，本办法项下申请资助项目具体产生时间的认定以审批机构的认定为准。实施过程中可根据实施情况依法委托第三方开展评估修订。

企业名录

截至2022年12月31日，在东莞市跨境电商公共服务平台上注册并实际开展业务的企业名录见表2-21。

表2-21 东莞市跨境电商企业名录

序号	企业名称	序号	企业名称
1	东莞市邮速通电子商务服务有限公司	23	广东云徒网络科技有限公司
2	东莞市天益电子商务有限公司	24	东莞市快达亚供应链管理有限公司
3	东莞市橙光电子商务有限公司	25	东莞市极速佳供应链管理有限公司
4	东莞市易通致远电子商务有限公司	26	东莞市山水盛贸易有限公司
5	东莞市宏圣电子商务有限公司	27	东莞市欣阳商贸有限公司
6	东莞空港跨境电商供应链有限公司	28	广东尚睿科技股份有限公司
7	东莞市鹿鹿通供应链管理有限公司	29	东莞市上锐电子商务有限公司
8	东莞市米汇多跨境电子商务有限公司	30	东莞市汇晨商贸有限公司
9	东莞市倍星供应链管理有限公司	31	卓比（东莞）包装有限公司
10	东莞市中熹电子商务有限公司	32	东莞市正懿跨境电商有限公司
11	东莞市六方供应链管理有限公司	33	广东联宇物流有限公司
12	东莞市倍赞电子商务有限公司	34	东莞市嘉众电子商务有限公司
13	东莞市翔盈电子商务有限公司	35	广东海新智能厨房股份有限公司
14	广东牛犇电子商务服务有限公司	36	广东格瑞斯精密五金科技有限公司
15	东莞九漾进出口贸易有限公司	37	东莞河边竹子贸易有限公司
16	东莞易达易通电子商务有限公司	38	阿里巴巴一达通企业服务（东莞）有限公司
17	东莞七洋跨境电商服务有限公司	39	东莞市朝胜盟电子有限公司
18	东莞市安利威电子商务有限公司	40	东莞市布迪科技有限公司
19	东莞宇丰电子商务有限公司	41	广东唯客路供应链物流有限公司
20	广东货多多供应链管理有限公司	42	东莞市迪泰龙家居用品有限公司
21	东莞市实通跨境供应链服务有限公司	43	东莞市欧蒙家居用品有限公司
22	东莞贸弘跨境电子商务有限公司	44	东莞盈广跨境电子商务有限公司

续表1

序号	企业名称	序号	企业名称
45	东莞万政电子商务有限公司	53	东莞市腾信供应链管理有限公司
46	东莞市诚和电子商务有限公司	54	东莞市顺开进出口有限公司
47	东莞市德之恒贸易有限公司	55	东莞市百嘉进出口有限公司
48	东莞市美迎电子商务有限公司	56	东莞市裕鸿贸易有限公司
49	东莞市金顺包装材料有限公司	57	东莞永利来跨境电子商务有限公司
50	广东海外仓供应链有限公司	58	东莞泛美光电有限公司
51	东莞昕频跨境电子商务有限公司	59	东莞市盈碧贸易有限公司
52	东莞市雄亮商贸有限公司	60	东莞宏晋智能科技有限公司

统计数据

2016—2022年，东莞市跨境电商进出口额情况见表2-22。

表2-22　2016—2022年东莞市跨境电商进出口额情况表

年份	跨境电商进出口额（亿元）	同比（%）	年份	跨境电商进出口额（亿元）	同比（%）
2016年	18.4	447.50	2020年	380.56	-9.17
2017年	159	766.10	2021年	730	91.8
2018年	370.1	133	2022年	818.62	11.3
2019年	419.2	13.20			

大事记

2022年11月10日，东莞市举办东莞跨境电商采购峰会，共计320家东莞本土制造企业参会，吸引了逾2000名观众到场采购对接，参展规模历届最高。20个热门跨境电商平台（含新兴跨境平台）、服务机构深度参与，举办了18场次主题讲座活动，受到现场企业欢迎，助力东莞制造卖全球。

中山地区

中山市是珠三角地区重要的制造业城市，市场主体超50万户，拥有38个国家级产业基地、3个千亿级产业集群和8个百亿级产业集群，拥有古镇灯饰、小榄五金、南头家电等国家外贸转型升级基地和沙溪休闲服装等省级外贸转型升级基地，中山出口灯饰质量安全示范区已建设成为国家级出口工业产品质量安全示范区。家电产业方面，中山市是广东省乃至全国重要的家电制造集聚区域之一，全市家电及其配套企业超8500家，电视机、空调、冰箱、厨房电器等产品规模在全国位居前列，是粤港澳大湾区重要的家电制造业中心；灯饰产业方面，中山市是国内最大的灯饰专业生产基地和批发市场，全市拥有约3万家灯饰相关企业，灯饰从业人员约20万人，大型灯饰专业市场5个，民用灯饰销量占全国六成以上，灯饰及相关产品出口至130多个国家和地区；纺织服装方面，中山市拥有中国休闲服装名镇（沙溪）、中国牛仔服装名镇（大涌）、中国内衣名镇（小榄）等国家级产业基地，已建成智能裁剪快速加工等公共服务平台。

发展现状

一、发展概述

2022年，中国（中山）跨境电子商务综合试验区（以下简称“中山综试区”）继续有序、有效、有力推进各项建设，学习对标先进跨境电商综合试验区的经验和做法，大力支持跨境电商新业态发展，不断完善跨境电商发展政策措施，积极培育壮大跨境电商主体队伍，充分发挥中山制造强市、外贸大市等优势，推动中山产品向品质化、品牌化、国际化转型升级。跨境电商9710、9810、1210、9610业务现均已在中山落地。

二、发展成效

根据商务部公布的“2022年跨境电子商务综合试验区评估”结果，中山综试区位列第二档“成效较好”。此次评估是商务部对全国前五批105个跨境电商综合试验区的年度建设情况开展的考核评估，旨在引导各个跨境电商综合试验区大胆探索创新实践、发挥示范引领作用。评估内容主要考核跨境电商综合试验区方案实施、工作机制建立、便利化政策落实、跨境电商年度进出口情况、海外仓布局、市场主体情况等40多项指标，评估结果共分为“成效明显”“成效较好”“成效初显”“尚在起步阶段”四档，中山是广东省内同期获批的七个跨境电商综合试验区中唯一入选第二档的城市。

（一）完善线上综合服务平台建设

推动中山市跨境电商公共服务平台线上全年稳定运行，为企业申报跨境电商海关监管代码做好相关服务，并对接税务部门不断推进完善出口信息登记等配套功能，为下一步9610的“无票免税”“核定征收”优惠政策顺利落地奠定基础。同时，依托平台建立完善统计监测体系，继续做好跨境电商进出口申报订单数据统计监测，中山市跨境电商公共服务平台线上申报单量已超1500万票。

（二）完善线下产业园区平台建设

1. 推动新的线下园区緵子品牌出海跨境电商生态产业园顺利落地运营，并鼓励园区向省级示范标准的方向开展建设工作。

2. 指导中山美居电商园持续提升园区的综合实力，使其成功增补为国家电子商务示范基地并成为中山市首个入选的电子商务园区，为进驻企业提供电商培训、创业指导、孵化培育、人才对接、政企服务等运营支持。

（三）完善构建金融服务体系

1. 继续加大信贷支持力度，引导银行机构充分发挥数字化、信息化的专业优势，研发各类金融产品，切实解决跨境电商用款“短、频、急”的核心痛点。针对电商“轻资产”“三流合一”（信息流、资金流、货物流）的特点，银行机构借助电商大数据平台进行数据挖掘分析，以流动资金贷款、供应链融资、信用证等为主要信贷工具，创新推广“电商邮速贷”、跨境“兴易通”、“工银e信”等多种新型融资产品，全力满足企业资金需求，已累计为中山市海外仓企业发放贷款余额3.74亿元，为跨境电商企业发放贷款余额31.67亿元。

2. 推出电子汇总“征税保函”、“关税保函”、关税保证保险等服务，减少因缴纳关税保证金而引起的资金占用问题，提高企业资金周转率。

3. 鼓励银行机构开展跨境电商供应链金融，分别为核心企业的上下游设计了不同的融资方案，推广应收账款、订单等质押融资，以解决核心企业上下游融资难、融资贵等问题，支持跨境电商供应链业务发展。

4. 引导银行运用金融科技化解跨境贸易新业态客群在跨境收款过程中面临的渠道不通畅、资金安全度不高、收款成本高等痛点，推出“跨境 e 汇”创新结算服务，为跨境电商经营者提供跨境收款便利，通过对接境外电商平台数据端口，企业无须再提供任何纸质资料，实现外汇资金“秒提”。

5. 促进跨境金融区块链服务平台应用，完善跨境融资信用服务，推动中山市的银行机构通过平台为企业办理应收账款融资等服务，稳步推进出口信保保单融资业务试点工作，提升外汇服务水平。

（四）完善构建跨境电商物流体系

1. 继续推进完善国际物流分拨中心建设，支持中山保税物流中心不断开拓业务渠道，已建成面积 3600 平方米跨境电商监管中心，配备实现全程信息化作业、智能卡口联动、智能分拣及非侵入式查验一体的四条分拣线，具备开展多种模式跨境电商业务的条件。

2. 支持银行保险机构加大对货运物流金融支持，促进跨境电商货运物流保通保畅，加强交通物流专项再贷款政策宣导力度，鼓励银行机构为优质交通物流行业市场主体提供多元化、方便快捷的专属融资产品和服务。

3. 支持中山市国际货运代理协会发展壮大，引导协会进一步整合行业优势资源，不断提高服务水平，推动建成高效、高能的平台枢纽，以国际视野积极探索新型国际货运代理新模式、新方法，完善提升中山市在整个粤港澳大湾区的跨境电商物流和贸易的功能地位。

4. 积极推动海外仓发展，简化 9810 海外仓注册备案工作流程，落实好“首问责任制”，实施一窗对外、跟办到底，并推动“中山组货+全国通关”模式降低企业物流成本。经海关注册备案的中山企业海外仓已超 50 个，涵盖了小家电、灯饰、卫浴等产业。

（五）完善构建风险防控体系

1. 强化风险保障力度，针对跨境电商应收账款“收款慢、收款难”的情况，引导保险机构为跨境电商提供出口信用保险保障服务，推出“小微企业信保易”、知识产权海外侵权责任险等保险产品，为跨境电商提供应收账款收汇风险保障，补偿因政治风险或商业风险导致的直接损失，进一步为跨境电商持续良性发展保驾护航。

2. 鼓励银行机构对于发展前景良好但暂时受困的外贸企业，不盲目惜贷、抽贷、断贷、压贷，根据风险管控要求和企业经营实际，满足企业合理资金需求，在稳定外贸信贷投放的基础上，推动实际贷款利率稳中有降，促进化解企业的资金风险。

3. 提升企业汇率风险规避意识，组织银行机构通过“线上+线下”“阵地+上门”的形式开展汇率风险管理宣传，强化企业“汇率风险中性”意识，提升跨境电商企业汇率避险能力，为企业汇率风险管理提供优质金融服务。

4. 鼓励银行机构制订专项汇率风险管理服务方案，并为企业提供涵盖信用证、汇款等多种结算方式下的贸易融资贷款，中山农村商业银行股份有限公司推出出口 U 汇贷、出口 U 易贷等信用类融资产品，交通银行中山分行通过远期结售汇、“远期+期权”创新组合产品等，为跨境电商稳定提供有力的金融风险管理支持。

三、加强培育市场主体

（一）不断完善政策支持体系

出台实施《中山市支持跨境电商高质量发展二十四条》，进一步完善了中山综试区的综合政策支持体系，扩大了中山跨境电商的政策扶持覆盖面，围绕龙头企业培育、产业园区建设、海外仓、仓储物流、人才培养、行业交流、风险防范、便利化措施落实等跨境电商业务关键环节提出针对性政策及措施，着力推动跨境电商提质增效。

（二）加强跨境电商业务宣传

1. 持续开展跨境电商“进镇街、进商会、进企业”系列活动，2022 年以来各相关部门单位灵活通过线上线下方式累计开展超过 40 场跨境电商政策宣讲及业务推进会，触达企业人员已超 4000 人次，进一步扩大了业务和政策的知晓度和覆盖面。

2. 政府带队组织企业参加 ICBE 2022 第二届广东省跨境电商综试区发展高峰论坛暨深圳国际跨境电商交易博览会，设立跨境电商综合试验区主题展位，扩大对中山市的惠企政策及营商环境的宣传影响力，充分展示中山市最新发展情况、产业集群优势、跨境电商各项政策措施和优势。

3. 支持、指导相关行业商协会及服务商等广泛开展跨境电商对接交流活动超 20 场，搭建中山市企业与跨境电商交易平台资源对接渠道，营造活跃的跨境电商行业氛围。

（三）加大新模式探索实践力度

协助企业对接中山海关、中山市邮政管理局、中山保税物流中心等部门，全力提供密切指导与精准服务，助力企业理顺 1210 保税进口的业务流程和相关监管要求，推动珠西地区首个“跨境电商网购保税+展示交易”新零售项目“Sunday Box 全球购”在中山落地，打造线上购物、线下展示体验一体融合的新零售模式样板，为外贸及内贸领域的新业态发展赋能，奋力推动中山跨境电商进口业务迈向新台阶。

四、优化口岸营商环境

（一）优化跨境电商通关环境

海关部门结合促进外贸保稳提质工作，制定促进外贸保稳提质“18+21”条措施，开展打造一流口岸营商环境 2022 行动，力促跨境电商新业态实现高质量发展。推广应用“提前申报”“两步申报”“两段准入”等改革，优化货物进出口申报模式。在口岸推出“船边直提”“抵港直装”等便利化措施，开展粤港澳大湾区“组合港”“一港通”改革，支持出口货物在不同港口间“一次申报、一次查验”，提供优先查验、预约通关、加班验放等服务，持续优化口岸通关效率。中山市现已开通了中山港国际码头—南沙港、小榄港—南沙港、中山港外运码头—蛇口港、黄圃港—蛇口港、小榄港—蛇口港、神湾港—南沙港六个组合港、湾区一港通模式，出口货物实现“一次申报、一次查验”，整体物流时间由原来的 5~7 天压缩至现在的 1~2 天。完善监管信息平台运维服务和功能升级，打通海关、码头、船代、理货等不同主体数，推动港航物流类单证电子化，精简报关单申报环节上传随附单证种类，货物进出口全程无纸化。货物停留在码头时间平均减少 5 小时，一般进出口企业、大型生产企业货物平均流转时间分别缩短 10 个小时和 5 个小时，通关效率分别提升 27.1%、56%，单部车辆通过卡口时间由原来的 3 分钟缩短到 15 秒左右。

（二）提升外汇收支便利化程度

继续落实《中山市贯彻落实金融支持粤港澳大湾区建设意见的行动方案》，允许个人利用个人外汇账户办理市场采购、跨境电商等贸易新业态资金结算，不占用年度 5 万美元的便利化额度。支持支付机构和符合条件的银行凭交易电子信息为跨境电商市场主体提供结售汇及相关资金收付服务，为市场主体提供更安全、高效、便捷、低成本的跨境结算服务。引导银行机构扎实做好加强跨境支付工作，银行机构积极研发跨境电商全球收款平台，推出“阳光 E 结算”“跨境通”“信银致汇”等跨境电商贸易平台系统简化跨境企业账户管理程序。积极推广线上收付汇渠道，开通企业线上自主结售汇功能，提高结售汇效率，降低汇兑风险。

（三）优化出口税务服务

积极落实便民办税春风行动，以“提前介入、多级联动、绿色通道”为指导，对开展跨境电商海外仓业务的企业，落实“一对一”“点对点”帮扶措施，对申报操作、确认收入、收付汇等内容进行规范辅导工作，依托网格化服务实现专人快审快批，帮助企业尽快完成出口退税，减轻企业资金压力。

五、强化专业人才培育

（一）完善跨境电商等贸易专业建设

中山市五所高校均已开设跨境电商等相关专业并开展招生工作，专业包括电子商务、国际经济与贸易、市场营销、商务管理和跨境电商等。现有跨境电商等相关专业全日制在校生约 5800 人，其中，中山职业技术学院、中山火炬职业技术学院两所院校已开设跨境电商专业并持续做好行业人才培养工作。

（二）加强高校与企业、行业的国内国际交流合作

国内方面，中山火炬职业技术学院一是联合深圳市跨境电商协会着手起草团体标准《跨境电商物流标准化》，目前标准正处于征求意见阶段；二是承担主办 2022 年全国高校商业精英挑战赛国际贸易竞赛跨境电商赛道广东省赛，中山火炬职业技术学院财经商贸学院派出的团队斩获了全国总决赛的 12 个奖项。该竞赛由中国国际贸易促进委员会商业行业委员会、中国国际商会商业行业商会、中国商业经济学会主办，属于教育部“全国普通高校大学生竞赛排行榜 A 类竞赛”（排名 46 位），已发展成为我国国际经贸教育领域基于校企合作的规模最大的综合实践平台和学科竞赛活动。国外方面，中山火炬职业技术学院还积极开展与泰国方面的交流合作，与当地五家商会及企业签订了跨境电商业务相关的战略合作协议，还与泰国暹罗大学开展跨境电商培训与课程建设的合作，开发三门跨境电商专业的课程。

（三）加强创新创业孵化基地建设

2022 年，中山火炬职业技术学院在中山市易创空间挂牌成立了珠江西岸跨境电商产业服务中心，按照集聚优质资源、促进产业发展的原则，设置灯饰产业品牌推广中心、双创孵化中心、大数据服务中心和展示中心四大功能中心，构建线上线下相结合的服务模式，整合各类资源，满足跨境电商实务课程实训教学需要，引入专业学生团队，打造全平台、一站式服务产业链。

典型案例

中山美居产业园

中山美居产业园是“中山美居”优势主导产业的现代服务业聚集区和产业互联网集中区，建筑面积 10 万平方米，是国家级科技企业孵化器、国家电子商务示范基地。自 2013 年 7 月启动运营以来，中山美居产业园在培育中小微企业、促进模式创新、助力电商行业发展和传统产业数字化转型等方面取得显著成效。依托良好的基础设施和成熟的运营服务团队，围绕电商企业、“中山智造”品牌出海的共性需求，中山美居产业园集聚了跨境电商、品牌电商、直播电商、代运营、第三方平台、电商培训、信息软件、大数据、物联网等电商及相关企业超 300 家，为企业提供电商培训、创业指导、孵化培育、科技金融、人才对接、政企服务等运营支持的一系列服务。据中山美居产业园区统计，2021 年至 2022 年上半年园区全体电商企业的电子商务交易总额超 36 亿元，同比增长 39.1%；园区全体电商企业营业总收入约 18.3 亿元，同比增长 20.5%。

大事记

2022 年 3 月 14 日，《中山市支持跨境电商高质量发展二十四条》印发。

2022 年 9 月 1 日，中山美居电商园成功获批成为国家电子商务示范基地，是 2022 年广东省入选的两个园区之一，也是中山首个入选的电子商务园区。

2022 年 9 月 27 日，珠西地区首个“跨境电商网购保税+展示交易”新零售项目“Sunday Box 全球购”在中山落地运营。

湛江地区

自获批中国（湛江）跨境电子商务综合试验区（以下简称"湛江综试区"）以来，湛江市将跨境电商综合试验区建设工作作为贯彻中央做好"六稳"工作、落实"六保"任务决策部署的重点工作来抓落实，按照《中国（湛江）跨境电子商务综合试验区实施方案》要求，以推动"两平台六体系"建设、企业与知名跨境电商平台合作、跨境电商业务发展、重点项目建设为着力点，大力促进湛江市跨境电商提质增效，不断培育外贸新增长点和贸易高质量发展新动能，取得积极成效。2022 年，湛江市实现跨境电商进出口额 20.85 亿元，跨境电商进出口成为稳外贸的新动能。

发展现状

一、加强领导，建立工作联动机制

（一）加强组织领导

成立湛江综试区建设领导小组，湛江市市长任领导小组组长，湛江市分管副市长、湛江海关分管副关长为副组长，领导小组办公室设在市商务局。

（二）建立工作联动机制

湛江市商务局作为牵头部门，定期不定期召开专题会议研究促进跨境电商公共服务平台建设、跨境电商业务开展等事项。与海关、税务、外管等监管职能部门保持沟通联系、互通信息、密切合作，及时协调解决跨境电商企业在业务开展中遇到的实际问题。

（三）坚持防控和安全生产两手抓

在疫情防控情况下要求各县（市）区、各有关部门和企业抓细、抓实安全生产各项工作，坚决遏制重特大事故发生。2022 年，湛江综试区没有发生被国务院安全生产委员会通报的重大生产安全事故。

二、政策引导，有效推进业务开展

（一）落实跨境电商相关便利化政策

为持续深入推进“放管服”改革，进一步优化湛江市口岸营商环境，实施更高水平跨境贸易便利化措施，湛江市商务局牵头会同有关单位，结合湛江口岸实际，制订印发《2022 年湛江市优化口岸营商环境促进跨境贸易便利化工作方案》。瞄准“提效率、降费用、优服务”工作目标，重点抓好压缩进出口货物整体通关时间、降低企业通关成本等方面工作，全力落实工作方案相关工作措施，取得明显成效。在 2022 年广东省发展改革委委托第三方对湛江市营商环境评价中，跨境贸易指标得分排名全省第五，粤东西北第一，在湛江市共 19 个营商环境指标中排名第一。湛江海关出台支持跨境电商新业态发展促进外贸稳增长的九项措施，从简化企业申报、便利企业通关、服务企业发展三个方面精准施策，优化湛江跨境电商营商环境，加快湛江跨境电商新业态发展。

1. 压缩货物整体通关时间

2022 年以来，湛江市商务局及时加强与广东省口岸办的沟通对接，开展摸底调查，积极协调驻湛口岸查验单位、口岸经营服务企业深入分析影响口岸整体通关时间的原因，制定湛江市具体措施，有针对性地破解湛江市货物进出口通关环节存在的痛点、堵点，在有效防控境外疫情输入的基础上努力提升通关效率。据海关数据统计，2022 年 9 月，湛江关区货物进出口整体通关时间分别为 41.89 小时和 0.6 小时，对比 2017 年进出口整体通关时间分别压缩 73.88% 和 98.02%。

2. 清理规范口岸收费，降低企业通关成本

湛江市市场监督管理局牵头会同有关单位开展跨境贸易便利化专项行动。重点检查口岸报关、物流、仓储、货物装卸等环节收费情况，督促企业做好明码标价工作，主动接受社会监督。规范船公司、船代、货代、报关公司等进出口环节收费名称和服务内容，推动精简收费项目。

（二）出台促进跨境电商发展政策措施

为加快湛江综试区建设，促进外贸转型

升级，培育跨境电商产业链，湛江市商务局出台了《关于促进中国（湛江）跨境电子商务综合试验区发展的扶持办法》，通过支持跨境电商公共服务体系、引导跨境电商产业规模化集群化发展、鼓励企业做大做强、鼓励企业转型升级开展跨境电商业务、支持创新发展跨境电商、支持企业建立物流服务体系、鼓励企业海外营销渠道、优化配套跨境电商通关监管场所、支持跨境电商人才培训、支持跨境电商企业参加专题展会、鼓励企业加快品牌培育 11 条措施，推动湛江综试区加快发展。

（三）复制推广全国其他跨境电商综试区建设成熟经验做法

为贯彻落实《商务部等 14 部门关于复制推广跨境电子商务综合试验区探索形成的成熟经验做法的函》的要求，高度重视复制推广“两平台六体系”工作，湛江市商务局制订了湛江市综试区制度创新清单共 11 项制度创新措施，推动建设线上综合服务平台、线下产业园区、创新金融支持模式、简化通关手续、提升出口退税效率、建立统计监测体系等方面的工作。截至 2022 年年底 11 项制度创新措施已全部落实。

（四）出台落实国家重大战略跨境电商政策

为深入贯彻落实《国务院办公厅关于加快发展外贸新业态新模式的意见》，全面提升湛江跨境电商高质量发展水平，支持广东跨境电商示范省创建，湛江市出台了一系列落实国家重大战略的政策措施，加快湛江市跨境电商发展，例如，《湛江市加快培育建设区域消费中心城市实施方案》《湛江市在高质量落实〈区域全面经济伙伴关系协定〉（RCEP）若干措施》等，提出探索与海南合作发展跨境电商网购保税业务。支持湛江保税物流中心（B 型）拓展业务类型，开展跨境电商网购保税进口。推进湛江综试区和园区建设，谋划布局跨境电商货物集散中心，鼓励企业积极发展跨境电商新业态，开拓国内国外两个市场。支持企业建设面向 RCEP 市场的跨境电商经营平台、海外仓、独立站。支持企业依托湛江水产、小家电、农产品等特色产业优势，开展面向 RCEP 国家的各类跨境电商直播带货活动。

三、加大扶持，培育跨境电商主体

湛江市商务局大力推动跨境电商提质增效，全力支持外贸新业态、新模式加速发展。截至 2022 年 12 月 31 日，湛江综试区跨境电商企业数达 74 家，比 2021 年增加 24 家，其中跨境电商卖家 24 家、平台企业 2 家、服务商 48 家。

（一）利用湛江综试区政策拓展进出口全模式业务

2020 年 8 月 20 日，跨境电商 9610 出口业务以“清单核放、汇总统计”的通关模式正式开通；9 月 1 日，首票跨境电商 B2B 直接出口（9710）业务成功落地。2021 年 3 月 5 日，跨境电商网购保税进口（1239）首票业务正式开通；5 月 7 日，首票跨境电商网购保税进口（1210）包裹在湛江保税物流中心（B 型）跨境电商监管中心内完成通关验放。2022 年，湛江市商务局联合湛江海关、税务、外管等职能部门，协调中菲（湛江）企业咨询管理有限公司在开通跨境电商海外仓首单业务。从企业备案、数据测试、平台对接等方面靠前服务。2022 年 12 月 23 日，一批跨境电商出口海外仓货物立式展示柜，在湛江海关所属霞山海关顺利通关放行，发往位于南非开普敦的海外仓，这标志着粤西首票跨境电商海外仓业务（9810）成功落地，实现跨境电商 B2B 出口两种监管模式的全覆盖，推动了湛江综试区实现跨境电商 9610、1210、9710、9810 进出口模式全业态发展。

（二）充分释放税收政策红利

扎实落实湛江综试区零售出口税收政策，简化免顺应税凭证，对湛江综试区跨境电商出口企业零售出口未取得有效进货凭证的货物，同时符合有关条件的，试行增值税、消费税免税政策；积极鼓励支持符合条件的跨境电商出口企业积极适用出口退税政策，优化精细服务加快跨境电商企业办理出口退税速度，全力支持电商企业再发展，积极促进湛江市跨境电商加快发展提质增效。2022 年，湛江市申报出口退（免）税的跨境电商企业户数及金额同比大幅增长，全市申报办理出口退（免）税的跨境电商企业有 12 家，同比增长 1 倍；办理跨境电商 B2B（9710）业务出口退（免）税 2967.32 万元，同比增长 1.2 倍。

（三）争取财政支持

2020 年，中央财政跨境电商事项的资金支持为湛江综试区公共服务平台、监管场所建设、培育主体、市场开拓等方面提供了有力支撑。同时，湛江市商务局积极争取湛江市级财政支持，增加设立 2021 年度跨境电商综合试验区发展专项预算资金，在鼓励企业做大做强、鼓励企业转型升级开展跨境电商业务方面支持企业发展。

四、精准指导，培育本土企业开展海外仓业务

非洲商务联盟有限公司在湛江设立了非洲商务联盟有限公司湛江代表处，同时成立了中菲（湛江）企业管理咨询有限公司（以下简称“中菲公司”），在南非开普敦市投资设立了非洲商务联盟开普敦海外仓国际公司，租赁当地仓库提供线下产品展示、线上推广销售、货物仓储及订单配送服务。为推动本土企业运营海外仓，湛江市商务局联合相关部门多次开展政策宣传和业务指导工作，从跨境电商海外仓备案、订单数据传输到报关单规范申报、一体化物流通关等方面，为湛江跨境电商企业提供全链条“一对一”精准指导。中菲公司组织湛江家电企业的自主品牌产品以 9810 跨境电商贸易监管方式出口到南非开普敦海外仓。

五、群策群力，加快推进“两平台”建设

（一）推进线上公共服务平台建设

1. 集成广东省跨境电商公共服务平台功能，建设满足湛江本地特色应用需要的湛江市跨境电商公共服务平台。2021 年 4 月 29 日，湛江市跨境电商公共服务平台正式上线。依托中国（广东）国际贸易单一窗口基础运行环境，湛江市跨境电商公共服务平台已实现跨境电商相关申报服务、物流服务、大数据统计分析等基础服务，助力跨境电商、物流、报关等相关企业与海关等部门之间的数据交换，实现有效监管和快速通关。同时，结合湛江跨境电商发展实际，为跨境电商企业提供标准化的接入接口功能及个性化应用功能，更好地发掘本地业务服务形态，减少重复建设和降低企业信息化投资成本，为湛江企业能够快速开展跨境电商业务提供平台支撑。

2. 推进湛江市跨境电商公共服务平台配套税务管理模块建设，实现通过跨境电商公共服务平台税务管理模块上具体的跨境电商相关业务数据的查询、统计、分析功能，辅助企业无票免税申报业务、风险管理等税收

执法业务的受理，为湛江企业能够快速开展跨境电商业务提供更好平台支撑。

（二）推进线下产业园区平台建设

湛江市商务局印发实施《湛江市跨境电子商务产业园区认定管理办法》，支持园区运营主体提升公共服务配套功能，引导跨境电商企业集聚发展。

1. 打造成长型省级跨境电商产业园

北部湾跨境电商产业园于 2017 年 9 月份开始运营，是湛江首家开展跨境电商进出口业务的监管场所，总面积约 6.6 万平方米。园区配备跨境电商分拣清关设备 X 光机和 CT 机查验分拣线共六套，包裹消杀设备、中港车辆智能进出卡口、智能查验分拣系统、理货清关系统等。园区内实现监控全覆盖，与海关总署监管互联，为跨境电商各类型企业等提供一站式跨境物流园区+监管场所+公共平台等服务。

2. 网购保税业务稳步发展

2021 年，湛江保税物流中心跨境电商监管中心开始相继开展了网购保税进口 A（1239）、网购保税进口（1210）等跨境电商新业务模式，已累计完成跨境业务 5000 票，货值 1200 万元，促进跨境电商网购保税零售进口业务发展，积极建立区域性电商分拨基点。

3. 稳步推进湛江快件监管业务

湛江市快件分拣中心分麻章、岭北两个场站。2022 年，快件监管数共有 215 万件，申报货物价值 5.37 亿元，同比增长 56%。

4. 对接粤贸全球跨境电商产业园粤西基地项目

该基地首期投资 500 万元，占地 1400 平方米，设共享办公区、服务商办公区、两个直播间、小展厅，对接高校实习生和跨境电商创业的团队。

六、打造品牌，加强行业交流对接

（一）培育品牌，大力推进产业集群跨境电商

鼓励廉江市以集群式发展为突破口，探索企业数字化，推动“廉江电饭锅”“廉江电热水壶”团体标准，注册区域商标“廉江家电”，形成从产品研发—模具制作—配件生产—成品总装—质量检测—物流配送和内外贸易等产业链条。2022 年 6 月 28 日，湛江市商务局指导湛江市电子商务联合会举办产业集群+跨境电商湛江专场推介会，通过对接优质工厂直播推介方式向卖家展示产品优势，发掘湛江优质源头品牌企业，发挥湛江产业集群的优势，推动产业集群与跨境电商融合互动。

（二）加大宣传力度，优化跨境电商营商环境

湛江市商务局、湛江海关、湛江市税务局、湛江市外管局等相关部门结合职能积极开展宣传推介工作。2022 年，共开展了 18 场跨境电商宣传推介活动，参与人员约 2000 人次。湛江市商务局联合湛江海关在廉江举办跨境电商业务拓展交流会，该会是落实关地合作的有力举措，为县（市、区）送政策、传经验，积极引导企业通过 B2B 模式开展跨境电商出口业务，力推湛江首单跨境电商海外仓 9810 业务早日落地。交流会上湛江市商务局解读了湛江市跨境电商扶持办法，湛江海关介绍了跨境电商出口海外仓监管政策。交流会还邀请了深圳前海跨境电商龙头企业分享跨境电商海外仓业务操作经验。举办 2022 广东省跨境电商综合试验区资源对接会（湛江专场）综合试验区资源对接会，搭建“平台+卖家+供应链”对接平台，赋能企业创新发展，构建良好发展生

态，激发产业活力。举办 2022 年第二届湛江小家电云展会，会议上举行了“非洲商务联盟有限公司湛江代表处”揭牌仪式。通过非洲商务联盟有限公司湛江代表处的设立，让当地小家电进入非洲商务联盟有限公司其他国家海外仓，帮助湛江家电企业拓宽海外市场，扩大小家电在国外的市场占有率，积极开拓国内外两个市场。通过本次云展会，展示湛江小家电的发展历程和全产业链的优势，增强国内外投资方和采购商对湛江产品信心和投资意愿。

（三）加大招商力度，开展跨境电商交流合作

湛江市政府与阿里巴巴华南技术有限公司签订了全面合作框架协议，合力打造“湛江造卖全球”，通过引导和宣传方式，鼓励湛江企业与阿里巴巴平台对接，开展跨境贸易合作，通过阿里巴巴国际站为湛江外向型及制造业企业提供供应链和对外综合服务，实现产业带、商品内容、源头产地信息的线上整体展示。在跨境 B2C 领域依托速卖通、Lazada、天猫淘宝海外等平台，为湛江制造业企业提供物流、金融推广等方面的服务和解决方案。湛江市商务局邀请深圳市深创建控股集团有限公司到湛江考察交流，双方就共同推进落地湛江项目，培育龙头企业达成共识，并在 2022 年 12 月正式开展业务。湛江市商务局与广东跨境时代网络科技有限公司进行项目合作交流，拟在定向招商、高峰论坛举办、人才培养等多方面打造跨境电商生态服务体系。认真筹备 2022 第八届深圳 ICBE 国际跨境电商交易博览会暨中国跨境电商综试区发展高峰论坛参展工作，拟设置湛江跨境电商城市主题展区，展示湛江综试区产业新生态，拓展城市间跨境电商合作领域。2022 年全年共组织湛江市跨境电商企业参加各类论坛、交流会等 5 场，分别有：第七届 ICBE 广州国际跨境电商交易博览会暨广东省跨境电商综试区发展高峰论坛、2022 中国跨境电商交易会（秋季）行业交流活动、海南“第二届中国国际消费品博览会”、中国兰州投资贸易洽谈会、中国机电产品出口网上交易会。

（四）加强行业交流，搭建跨境电商行业组织

2015 年，由湛江百事佳电器有限公司等企业共同发起成立了湛江市跨境电商行业协会。在湛江市跨境电商行业协会的基础上，湛江市电子商务联合会于 2021 年 10 月正式成立，整合了跨境电商、农村电商、工业电商、商贸电商四个分会。2022 年，湛江市跨境电商行业协会积极发挥政府和企业之间沟通的桥梁和纽带作用，为会员提供相关的跨境电商行业信息资源和政策信息，带领会员开拓国际市场，加强行业自律，维护市场秩序，为会员积极争取合法权益等。

配套文件

湛江市商务局关于印发《2022年湛江市优化口岸营商环境促进跨境贸易便利化工作方案》的通知

（湛商务〔2022〕206号）

市委宣传部、市发展和改革局、市科学和技术局、市司法局、市财政局、市交通运输局、市农业农村局、市市场监督管理局、湛江海关、湛江海事局、湛江出入境边防检查站、市税务局、湛江港（集团）股份有限公司：

为贯彻落实中央、省、市优化营商环境工作部署，持续深入推进“放管服”改革，实施更高水平跨境贸易便利化措施，进一步优化我市口岸营商环境，我局结合《中共湛江市委办公室 湛江市人民政府办公室关于印发〈2022年湛江优化营商环境行动方案〉的通知》（湛委办〔2022〕7号），以及我市口岸工作实际，牵头制定了《2022年湛江市优化口岸营商环境促进跨境贸易便利化工作方案》，现予以印发，请遵照执行。

附件：2022年湛江市优化口岸营商环境促进跨境贸易便利化工作方案

湛江市商务局

2022年7月14日

附件

2022年湛江市优化口岸营商环境促进跨境贸易便利化工作方案

为落实《中共湛江市委办公室 湛江市人民政府办公室关于印发〈2022年湛江优化营商环境行动方案〉的通知》（湛委办〔2022〕7号）要求，持续深入推进“放管服”改革，实施更高水平跨境贸易便利化措施，进一步优化我市口岸营商环境，促进我市外向型经济高质量发展，制定该方案。

一、总体要求

坚持以习近平新时代中国特色社会主义思想为指导，深入学习贯彻习近平总书记对广东重要讲话、重要指示批示和关于优化营商环境重要论述精神，全面落实党中央、国务院决策部署及省委、省政府，市委、市政府工作要求，把优化口岸营商环境作为全力建设省域副中心城市，加快打造现代化沿海经济带重要发展极的具体举措。按照“再对标、再倒逼、再细化、再规范”的总要求，坚持问题导向，深化改革创新，确保2022年底我市营商环境跨境贸易指标达到全省前列水平，为我市外向型经济高质量发展提供重要保障。

二、工作目标

到2022年底，持续巩固压缩整体通关时效，为企业提供相对稳定合理的通关预期；持续清理和规范口岸收费，初步实现口岸治理体系和治理能力现代化，形成更有活力、更富效率、更加开放、更具便利的口岸营商环境。

三、主要措施

（一）进一步压缩进出口货物整体通关时间

1. 加大集装箱码头集装箱场桥投入，增加码头查验平台，提高货物装卸效率。（牵头单位：湛江港集团；配合单位：市交通运输局）

2. 开展“单一窗口”“互联网+海关”预约通关，在湛江口岸持续推广“提前申报”“两步申报”等模式。（牵头单位：湛江海关、市商务局；配合单位：市交通运输局、湛江港集团）

3. 在湛江港积极推广进口货物“船边直提”和出口货物“抵港直装”等试点经验，对集装箱货物开展集中查验。（牵头单位：湛江海关；配合单位：市商务局、湛江港集团）

4. 优化检验检疫流程，对鲜活、冷冻、易变质腐烂的需紧急通关的货物建立专业化监管队伍，优先安排查检，争取加快放行。（牵头单位：湛江海关；配合单位：湛江港集团）

（二）进一步降低企业通关成本

5. 严格执行收费文件，继续规范港口、船代、理货等收费，从2022年4月1日起，取消“港口设施保安费”收费项目。（牵头单位：市交通运输局；配合单位：市发展和改革局、市商务局、市市场监管局、湛江港集团）

6. 研究免除货物港务费地方政府留存部分等项目费用。（牵头单位：市交通运输局；配合单位：市发展和改革局、市财政局、湛江港集团）

7. 落实口岸收费目录清单制度，推动企业按实际收费情况公示口岸通关常规收费事项，做到清单之外无收费。（牵头单位：市商务局；配合单位：市发展和改革、市交通运输局、市市场监管局、湛江海关、湛江海事局、湛江港集团）

8. 在保护商业机密信息需要的情况下，依据企业申请，对具有重要利益的与预裁定相关的信息可公开，加强对预裁定依据、执行法规条款等阐述。（牵头单位：湛江海关；配合单位：市商务局）

9. 根据预裁定管理办法，依据属地企业申请，对满足预裁定管理规定的，公平、公正、透明为企业出具归类、价格、原产地预裁定决定书，并重点结合属地中小企业需求，为企业预裁定提供政策宣讲和规范引导。（牵头单位：湛江海关；配合单位：市商务局）

（三）加快“智慧口岸”建设

10. 加强自动化码头建设，及时推进智能审图分类算法部署；加大智能审图应用平台推广使用力度，开展图像初标工作，为智能审图积累算法学心样例，年内完成图像初标200幅；不断提升机检验比例，发挥机检设备效能，力争集装箱机检量增长5%。（牵头单位：湛江海关；配合单位：湛江港集团）

11. 提升国际贸易“单一窗口”功能，实现港口、船代、理货等收费标准线上公开、在线查询，实现查验通知信息与港口信息双向交互、出口退税在线申报等功能。在全市范围开展促进跨境贸易便利化涉企收费专项行动，有序推进口岸收费主体通过“单一窗口”公开收费标准、服务项目等信息，增强口岸收费透明度、可比性。（牵头单位：市商务局；配合单位：市交通运输局、市市场监管局、市税务局、湛江海关、湛江海事局、湛江出入境边防检查站、湛江港集团）

12. 根据海关总署国际合作工作安排部署，加强缔约方海关之间的合作，并持续强化用好现有原产地证书核查机制，针对存疑原产地证书及时联系缔约方海关开展国际合作核查。（牵头单位：湛江海关；配合单位：市商务局）

（四）扩大认证企业（AEO）覆盖面

13. 按照海关总署 AE0 互认协定推进各项通关便利措施落实，提高本地 AEO 认证企业政策培育数量，年内对不少于 8 家企业实施 AEO 认证培育，争取更多企业成为 AEO 企业。（牵头单位：湛江海关；配合单位：市商务局）

14. 为 AEO 企业提供更多通关便利，对 AEO 企业进出口货物平均查验率低于实施常规管理措施企业平均查验率的 20%（法律、行政法规或海关总署有特殊规定的除外）；认真梳理并在湛江海关门户网站公开海关业务领域贸易管理文件，做到“应公开尽公开”。（牵头单位：湛江海关）

（五）加快发展多式联运

15. 争取申报国家多式联运示范工程，研究制定多式联运服务规则，制定多式联运示范工程方案。（牵头单位：市交通运输局；配合单位：市发展和改革局、湛江海关、湛江港集团）

16. 结合推进 RCEP 成员国航线工作，积极推动湛江港增加 1 条航线，并适当增加航班。（牵头单位：湛江港集团；配合单位：市交通运输局）

17. 整合湛江港海铁联运，增加集装箱吞吐量达到 150 万标箱。（牵头单位：市交通运输局；配合单位：市发展和改革局、湛江港集团）

18. 主动融入西部陆海新通道与 RCEP 的衔接联动，打造集 RCEP 揽货、中转分拨、进出口集拼配送等业务一体的优良港口。（牵头单位：市发展和改革局、市交通运输局；配合单位：湛江海关、湛江港集团）

（六）加强标准规则对接

19. 积极推动申建小家电技贸研究评议基地，加强对 RCEP 成员国和主要贸易国家技贸措施的跟踪、预警、评议等，解决技术性贸易措施对进出口贸易带来的不利影响。（牵头单位：湛江海关、市商务局；配合单位：市发展和改革局、市科技局、市市场监管局）

20. 组建专家顾问库，提高海外知识产权等维权能力。（牵头单位：市市场监管局；配合单位：市委宣传部、市司法局、市商务局、市农业农村局、湛江海关）

21. 贯彻落实《国家标准化发展纲要》和全省标准化发展规划，鼓励湛江行业协会、企事业单位、检测机构加强与 RCEP 成员国标准化战略对接，积极参与国际标准、国外（区域）标准制修订。（牵头单位：市

市场监管局；配合单位：市实施标准化战略领导小组成员单位）

（七）建立健全纠纷解决机制

22. 及时发布经贸摩擦预警信息，提升企业防范风险的意识和能力，协助企业应对 RCEP 成员国各类贸易和投资纠纷。（牵头单位：市商务局；配合单位：市市场监管局、湛江海关）

23. 探索多元化贸易投资纠纷解决方式，进一步构建“涉外商事纠纷一站式解决机制”，引导和推荐湛江仲裁委员会仲裁员入选 RCEP 解决争端专家组。（牵头单位：市司法局；配合单位：市相关单位）

24. 积极引进外地涉外专业律师事务所在湛江设立分支机构，制定涉外法律服务人才培养计划，建立湛江涉外法律智库。（牵头单位：市司法局；配合单位：市相关单位）

四、加强组织实施

（一）加强组织领导。成立优化湛江口岸营商环境促进跨境贸易便利化工作小组，由各有关部门分别安排 1 名分管领导担任小组成员，1 名业务科室负责人担任联络员，协同推进我市口岸营商环境整治提升工作。各有关部门要进一步明确责任、加强协调，确保该项工作有序开展。

（二）强化协调配合。各有关部门要切实落实责任，认真研究细化工作措施，明确各项工作的时序进度和目标节点，狠抓落实。加强协同配合，形成工作合力，推动各项措施扎实有序落地实施、取得实效。加大宣传推广力度，指导企业用足用好相关政策措施。各有关部门根据工作开展实际建立《湛江市优化口岸营商环境促进跨境贸易便利化工作台账》，并于每月 28 日前将当月落实情况及《工作台账》报送市商务局（港口口岸科）。

（三）建立健全督导考核机制。市商务局牵头会同有关部门加强对各有关单位优化口岸营商环境工作的督导考核，结合工作实际科学设立考核指标，实施全程监督、长效监督和节点监督，及时开展督促检查和跟踪评估，确保各项措施落到实处。

附件：湛江市优化口岸营商环境促进跨境贸易便利化工作台账（略）

企业名录

截至 2022 年 12 月 31 日，在湛江市跨境电商公共服务平台上注册并实际开展业务的企业名录见表 2–23。

表 2-23 湛江市跨境电商企业名录

序号	企业名称	序号	企业名称
1	广东康汇盈健康管理有限公司	13	湛江市跨境云电子商务有限公司
2	广东良无限实业有限公司	14	湛江星阳实业有限公司
3	广东龙集电器有限公司	15	广东沃尔雅电器有限公司
4	佳润国际物流（广东）有限公司	16	广东佑达电器有限公司
5	遂溪县百事佳电器有限公司	17	广东诺科冷暖设备有限公司
6	湛江宝瑞新材料科技有限公司	18	广东鸿智智能科技股份有限公司
7	湛江宝威建材有限公司	19	湛江市路飞冲供应链管理有限公司
8	湛江宏腊贸易有限公司	20	湛江兴宏贸易有限公司
9	湛江乐博电子商务有限公司	21	湛江振大贸易有限公司
10	湛江启泰工贸发展有限公司	22	中菲（湛江）企业管理咨询有限公司
11	湛江市鸿祺贸易有限公司	23	湛江伟侨跨境电商有限公司
12	湛江市经纬网厂		

统计数据

2022 年，在湛江市跨境电商公共服务平台上注册并实际开展业务的企业销售额约达 154780 万元。

肇庆地区

肇庆市自2020年4月获批设立中国（肇庆）跨境电子商务综合试验区（以下简称“肇庆综试区”）以来，在肇庆市委、市政府的正确领导下，紧紧把握机遇，加强学习上级政策，借鉴外地经验，加强会商沟通与协调联动，全力以赴推进跨境电商综合试验区的建设和发展，大力培育经济发展新模式新业态，推动跨境电商实现了跨越式发展，为外贸发展注入了新动能。

发展现状

一、总体情况

（一）跨境电商规模逐步提升

2020年至2022年的三年间，肇庆市跨境电商出口额从6.2亿元上升到22.6亿元，年均增长率为90.9%。2022年，肇庆市跨境电商进出口总额在广东省排第九，在省内同期（第五批）获批的跨境电商综合试验区城市中位列第三，仅次于中山、惠州，高于梅州、江门、湛江和茂名；跨境电商占外贸进出口总额比例在广东省排第八位。

（二）跨境电商主体企业不断壮大

肇庆市跨境电商主体企业现有约90家，其中2021年新增培育了约60家，包括超40家制造业企业、1家农业企业。广东东璞农业科技有限公司成功搭建了全市首个农产品跨境电商独立站，实现了肇庆农产品跨境电商出口零的突破。

二、建设情况

（一）完善“两平台六体系”建设，夯实跨境电商综合试验区基石

1. 建立完善线上综合服务平台

2021年5月21日，推动肇庆市跨境电商公共服务平台上线运行，为企业、服务机构、监管部门等实现信息互联互通，为跨境电商业务量持续增长提供较为平稳和高效的服务。

2. 进一步完善服务体系

对标中国（广州）跨境电子商务综合试验区关于“六体系”的建设模式，根据国家的政策导向同步完善和更新肇庆市跨境电商公共服务平台模块功能，基本实现信息共享、智能物流、电商信用、金融服务、统计监测、风险防范体系功能。

（二）着力打造“优势产业+跨境电商”模式

以本地优势产业终端产品为突破口，专攻在肇庆市外贸出口商品占比较大的产品，主动上门走访企业，了解企业经营情况，引导制造业企业利用跨境电商模式开展自营出口，开拓国际市场。肇庆市基本形成五金制品、户外运动产品、农副产品、3C电子产品及家居用品五条具有本地特色的跨境电商产业带，推动本地传统中小型企业实现贸易数字化和产品品牌化，助力肇庆优质产品走向全球。

（三）推动肇庆农产品扬帆出海，实现零的突破

2022年8月，肇庆市农业龙头企业广东东璞农业科技有限公司成功搭建起肇庆市首个农副产品跨境电商独立站平台，并通过该独立站获取海外订单，以跨境电商9710模式出口荔枝到泰国，实现了肇庆农产品跨境电商出口零的突破。

（四）加大宣传力度，为企业提供优质服务

1. 推动本地跨境电商企业集聚发展，指导肇庆市网商协会正式成立，其中协会专门设立了跨境电商分会，集聚了本地跨境电商企业一起共谋发展。

2. 通过联合有关部门、行业协会、各大知名跨境电商服务平台等多方面的力量，先后举办了多场形式多样的跨境电商对接交流

和沙龙活动。一方面，对有关跨境电商政策内容进行解读宣讲，引导企业通过跨境电商实现自营出口；另一方面，为企业牵线搭桥，对接平台资源，开拓国际市场。

3. 加强政银、银企对接，积极对接各商业银行，支持本地金融机构能够结合平台现有功能为肇庆市跨境电商企业提供包括本外币支付结算、融资、保险等金融产品和便利的服务，为肇庆市跨境电商企业提供更好的使用体验。

配套文件

肇庆市商务局关于印发2022年中国（肇庆）跨境电子商务综合试验区专项资金使用细则的通知

（肇商务函〔2022〕20号）

各县（市、区）人民政府，肇庆高新区管委会、肇庆新区管委会、粤桂合作特别试验区（肇庆）管委会：

为加快推进中国（肇庆）跨境电子商务综合试验区建设，推动我市企业贸易数字化转型，促进我市跨境电子商务产业高质量发展，我局制定了《2022年中国（肇庆）跨境电子商务综合试验区专项资金使用细则》，现印发给你们。执行中遇到的问题，请径向我局反映。

肇庆市商务局

2022年5月12日

2022年中国（肇庆）跨境电子商务综合试验区专项资金使用细则

一、总则

第一条 根据《国务院关于同意在雄安新区等46个城市和地区设立跨境电子商务综合试验区的批复》（国函〔2020〕47号）、《广东省人民政府关于印发中国（梅州）等7个跨境电子商务综合试验区实施方案的通知》（粤府函〔2020〕123号）、《广东省商务厅关于下达中央财政2020年度外经贸发展专项资金（跨境电子商务事项）项目计划的通知》（粤商务电函〔2020〕104号）、《广东省商务厅关于下达中央财政2021年度外经贸发展专项资金（跨境电子商务事项）项目计划的通知》（粤商务电函〔2021〕92号）、《广东省商务厅关于印发〈中央外经贸发展专项资金（跨境电子商务事项）使用工作指引〉的通知》（粤商务电函〔2022〕10号）以及《外经贸发展专项资金管理办法》（财建〔2022〕3号）等相关文件要求，为提高中央外经贸发展专项资金（跨境电子商务事项）绩效，进一步加快中国（肇庆）跨境电子商务综合试验区建设，推动我市企业贸易数字化转型升级，促进我市跨境电子商务产业高质量发展，结合我市实际，制定本使用细则。

第二条 本细则所涉资金扶持对象为依法在肇庆市范围内进行商事登记或社会组织

登记，具有独立法人资格，且符合申报条件的企业、社会组织。

第三条 本细则所涉资金来源为下达肇庆市的中央财政2020年度外经贸发展专项资金（跨境电子商务事项）结余资金及中央财政2021年度外经贸发展专项资金（跨境电子商务事项）。

二、扶持范围

第四条 支持肇庆市跨境电子商务公共服务平台发展

鼓励本地企业、独立站、自建跨境电子商务平台通过肇庆市跨境电子商务公共服务平台开展跨境电子商务业务。对首次在平台注册备案且年内开展跨境电子商务业务的企业，给予每家企业一次性5000元的资金支持。

第五条 支持跨境电子商务线下园区发展

鼓励从事跨境电子商务经营或者提供相关服务的各类跨境电子商务企业，包括跨境电子商务经营企业、跨境电子商务平台企业、跨境电子商务支付企业、跨境电子商务物流供应链企业等集聚发展。对经我市县级商务主管部门核定的跨境电子商务园区，其入驻的各类跨境电子商务企业在5家、10家、15家以上，分别给予每个园区运营单位不超过20万元、30万元、80万元的资金扶持。

第六条 支持本地企业开展跨境电子商务业务

支持本地企业贸易数字化转型，进一步拓展国际市场，开展跨境电子商务出口业务。对本年度开展跨境电子商务出口业务的企业，对其支付第三方平台入驻费、市场营销拓展及宣传推广等方面费用按有效费用的80%给予资金支持，每家企业最高支持不超过20万元。

第七条 支持企业自建跨境电子商务独立站和跨境电子商务平台

鼓励本地企业通过自建跨境电子商务独立站或平台进一步拓展国际市场。对自建跨境电子商务独立站或平台且本年度有开展跨境电子商务进出口业务的企业，按每个独立站或平台本年度建设（包含购买域名、软件开发、服务器空间、支付集成、后台技术运维等）以及推广宣传等方面有效费用的50%给予资金支持，每家企业最高支持不超过30万元。

第八条 支持企业参加各类跨境电子商务展会

支持企业参加各类跨境电子商务展览活动开拓市场。对经肇庆市商务局确认的，以中国（肇庆）跨境电子商务综合试验区名义和特装形式，组织我市10家以上企业参加跨境电子商务展览的行业组织，给予场地租金、展览搭建费用全额补贴（以实际发生费用为准），同时，按照每平方米光地350元的标准补贴综合服务费。每个展览补贴总额不超过50万元。具体需求和服务内容根据政府采购管理规定，另行制定采购或公开遴选方案。

对本地企业单独参加如ICBE跨境电子商务交易博览会、中国跨境电子商务交易会等由肇庆市商务局组织发动参展的展会，按企业每场参展费用的80%予以支持，每家企业年度总支持金额不超过10万元。

第九条 支持本地农副产品企业通过跨境电子商务开展出口业务

对首次在肇庆市跨境电子商务公共服务平台注册备案且本年度有开展跨境电子商务业务的农副产品出口企业，给予每家企业一次性5000元的资金支持。

对本年度通过跨境电子商务出口农副产

品的企业，对其支付第三方平台入驻费及市场营销拓展、宣传推广等方面费用按有效费用的80%给予资金支持。

对建设用于出口农副产品的跨境电子商务专业平台或专业独立站的企业，按每个独立站或平台本年度建设（包含购买域名、软件开发、服务器空间、支付集成、后台技术运维等）以及推广宣传等方面有效费用的70%给予资金支持。

对本年度通过跨境电子商务出口农副产品的企业，对其用于出口专用的商标、包装设计、国际质量体系管理认证等方面费用按有效费用的70%给予一次性资金支持。

对农副产品企业单独参加如ICBE跨境电子商务交易博览会、中国跨境电子商务交易会等由肇庆市商务局组织发动参展的展会，按企业每场参展费用的80%予以支持，每家企业年度支持总额不超过10万元。

本项目总扶持金额不超过300万元。

第十条 支持跨境电子商务人才培训

支持社会组织针对跨境电子商务专业从业人员、应用人才和技术人才等开展系统化、多层次、针对性强的系列培训。对经肇庆市商务局委托开展的跨境电子商务培训活动给予扶持，具体需求和服务内容根据政府采购管理规定，另行制定采购或公开遴选方案。本项目扶持总额不超过50万元。

三、申报、审批程序

第十一条 肇庆市商务局通过政府信息公开平台等途径公开发布项目申报指引，计划分批次组织开展项目申报、评审和资金拨付工作（具体批次视资金分配情况而定），具体申报要求以申报指引为准。

第十二条 申报单位应当按照本细则及申报指引要求进行申报。申报材料不符合申报指引要求的，或逾期申报的不予受理。

第十三条 申报单位所在地商务主管部门负责收集辖区企业的资金申报材料，同时对申报材料的真实性、合规性、完整性，以及申报单位的经营状态进行核准，并在申报表上加具意见。

第十四条 肇庆市商务局组织专家团队开展项目评审（必要时组织现场核查），制定资金分配计划（申报总额超过资金来源总额的，则按比例进行分配），并按程序进行公示，公示期为7天。对公示有异议的，应在公示期内向肇庆市商务局提出书面复核申请，由肇庆市商务局对异议进行核实处理，逾期提出的异议不予受理。公示期满无异议或已明确异议处理意见后，由肇庆市商务局按程序报肇庆市人民政府审批，并按照有关规定办理资金拨付。

四、附则

第十五条 本细则支持的项目，凡条件涉及开展跨境电子商务业务的，申报单位须为本年度从事9610、9710、9810、1210、1239等海关监管代码业务的跨境电子商务经营及服务企业或组织。相关业务数据纳入我市统计，并将通过海关报关单和肇庆市跨境电子商务公共服务平台综合认定。

第十六条 同一申报单位不得申报超过2个扶持项目（“支持肇庆市跨境电子商务公共服务平台发展”项目除外，可叠加），且同一实施内容的项目不得以不同名称重复申报。农副产品类企业只可按第九条扶持项目进行申报，第九条申报项目个数不限。同一实施内容如同时符合两个或以上项目扶持条件的，只能享受1个项目扶持资金，并按照就高不就低的原则给予支持。

第十七条 同一项目已经获得中央、省、市其他资金支持的，不可再重复申报本政策资金支持。

第十八条 获得资金扶持的涉税支出由申报单位自行承担。

第十九条 专项资金按照《外经贸发展专项资金管理办法》进行管理，并实行责任追究制。对专项资金申报和使用管理过程中存在违规行为的单位、个人，按照《中华人民共和国预算法》《财政违法行为处罚处分条例》等法律法规及相关规定进行严肃处理，涉嫌违法犯罪的，依法移送司法机关处理。

第二十条 本细则由肇庆市商务局负责解释，有效期为 2022 年 1 月 1 日至 12 月 31 日止。

企业名录

截至 2022 年 12 月 31 日，在肇庆市跨境电商公共服务平台上注册并实际开展业务的企业名录见表 2-24。

表 2-24 肇庆市跨境电商企业名录

序号	企业名称	序号	企业名称
1	广东东璞农业科技有限公司	20	肇庆信平贸易有限公司
2	肇庆市越海供应链管理有限公司	21	肇庆跃飞扬供应链管理有限公司
3	肇庆市越洋通运物流供应链有限公司	22	肇庆市骏锋电子有限公司
4	肇庆市越鸿供应链管理有限公司	23	开达五金科技（广东）有限公司
5	肇庆市越速供应链管理有限公司	24	肇庆美匠五金工具制品有限公司
6	肇庆森佰森电子商务有限公司	25	肇庆市特立科技有限公司
7	肇庆环贸世通电子商务有限公司	26	肇庆市楼福丽装饰材料有限公司
8	肇庆金诺电子商务有限公司	27	肇庆市第二机床厂有限公司
9	肇庆超顺电子商务有限公司	28	肇庆市端州区立信达电热科技有限公司
10	肇庆志森盛贸易有限公司	29	肇庆市博顿进出口有限公司
11	肇庆弘扬电子商务有限公司	30	肇庆市祥丰利机械实业有限公司
12	肇庆市秉华供应链管理有限公司	31	肇庆市宝铢工艺品有限公司
13	肇庆市深旺达进出口贸易有限公司	32	肇庆市雷特莉贸易有限公司
14	肇庆互美商贸有限公司	33	广东纬邦铝型材科技有限公司
15	肇庆市信之源供应链管理有限公司	34	肇庆市皇星门控五金有限公司
16	肇庆市捷尔泰供应链管理有限公司	35	广东坚祥建筑五金有限公司
17	肇庆致远铭贸易有限公司	36	肇庆市睿联五金制品有限公司
18	肇庆鑫远供应链管理有限公司	37	高要区金利锐朗泰金属制品厂
19	肇庆鹏昊贸易有限公司	38	肇庆华辰五金制品有限公司

续表

序号	企业名称	序号	企业名称
39	肇庆市祥嘉盛科技有限公司	61	广东康神医疗科技有限公司
40	广东新科艺五金精密制造有限公司	62	广东慧盈科技有限公司
41	肇庆市司丹利五金制品有限公司	63	肇庆金雅乐电器有限公司
42	肇庆市高要区创毅源金属制品有限公司	64	肇庆市高易跨境电子商务有限公司
43	肇庆辉士达五金制品有限公司	65	肇庆市高新区信盈国际货运代理有限公司
44	肇庆市华韵乐器制品有限公司	66	肇庆市德运国际货运代理有限公司
45	肇庆市威普贸易有限公司	67	肇庆高新区全舜意国际货运代理有限公司
46	肇庆市托森家居五金有限公司	68	肇庆市高新区瑞港联程国际货运代理有限公司
47	广东省星泰艺高门控五金有限公司	69	肇庆市卡拉苏跨境电子商务有限公司
48	肇庆市信达五金建材有限公司	70	肇庆高新区睿河跨境电子商务有限公司
49	肇庆市嘉信五金制品有限公司	71	肇庆市睿骏跨境电子商务有限公司
50	坚耀（肇庆）包装有限公司	72	肇庆顺通国际货运代理有限公司
51	肇庆市广进五金制品有限公司	73	广东环球易购（肇庆）跨境电子商务有限公司
52	肇庆市桦炜五金制品有限公司	74	肇庆市悠遊购电子商务有限公司
53	四会市艺星饰品有限公司	75	肇庆市智韬电子商务有限公司
54	广东卓业打火机制造有限公司	76	肇庆市淘天下跨境电子商务有限公司
55	广东创智智能装备有限公司	77	肇庆市端州区信港跨境电子商务有限公司
56	广东高登铝业有限公司	78	肇庆市马斯特鑫电子商务有限公司
57	广东美健生物科技有限公司	79	肇庆来旺信息咨询有限责任公司
58	肇庆博涵体育用品有限公司	80	中盈（肇庆）物流供应链管理有限公司
59	肇庆市永业金属实业有限公司	81	肇庆市汇商现代物流发展有限公司
60	广东锐特科技有限公司	82	肇庆市鼎之恒物流供应链有限公司

统计数据

2022 年，肇庆市跨境电商进出口情况见 表 2-25。

表 2-25 2022 年肇庆市跨境电商进出口明细表

月份	进出口值（万元）	月份	进出口值（万元）
1~2 月	19772.7	8 月	13014.0
3 月	488.6	9 月	1707.0
4 月	1132.6	10 月	13597.2
5 月	19539.4	11 月	21111.2
6 月	41302.4	12 月	70794.3
7 月	23940.5	合计	226399.9

成都地区

在发展跨境电商新模式新业态的过程中，中国（成都）跨境电子商务综合试验区（以下简称“成都综试区”）探索形成以产业地标、公共服务平台、行业组织“三驾马车”为核心的“产业公共服务体系”驱动模式，依托产业公共服务体系，联动构建产业护航政策、金融、信用、统计“四大体系”，并将跨境电商深度融入现代商贸产业生态圈，形成了独具特色的“成都模式”。

发展现状

一、打造多维立体共享生态体系，厚植产业沃土

（一）创新探索“产业公共服务体系”驱动模式

宽视角、体系化构建跨境电商公共服务体系，依托全球跨境电商服务资源中心，搭建以产业地标、公共服务平台、行业组织“三驾马车”为核心架构的产业公共服务体系，联动构建产业护航政策、金融、信用、统计“四大体系”，将跨境电商深度融入现代商贸产业生态圈，初步形成独具特色的跨境电商“成都模式”。

（二）立体推进产业生态资源集聚

发挥产业公共服务资源核心引领功能，加速集聚营销、物流、支付、合规、培训等全生态服务资源；联合40余所高校和重点企业组建跨境电商人才培育联盟，通过建立实训基地、举办创新创业大赛等形式，实现行业人才联合培养、定向输送，行业凝聚力不断增强。

（三）梯度有序推进产业集群布局

按照“一核多点多极”全景发展思路，以成都全球跨境电商服务资源中心为核心引领，在全市错位布局跨境电商仓储物流产业集群、跨境电商进口消费品集群、跨境电商出口制造产业集群、跨境电商服务资源产业集群，同时按照载体标准化、产业规模化、资源集聚化发展思路，梯度有序建成4个省级跨境电商示范基地（园区）、7个市级跨境电商产业园及N个区级跨境电商产业培育园区。

二、坚持多元资源集聚驱动，开辟产业出海新通道

（一）开展“成都造”产业出海系列活动

深入梳理鞋靴、家具、汽配等20个跨境电商产业带，重点以跨境电商需求导向带动传统制造业实现生产方式及交易方式升级改造。同时，依托专业跨境电商服务资源，组织开展外贸综合服务、国际物流、财税合规、跨境金融、知识产权等领域专项培训，加快推动一批“成都造”产业出海。

（二）开展优质创新品牌培育行动

鼓励企业开展自主创新，并进行国际商标注册、产品认证、碳足迹核查等品质、品牌提升工作，加速引导“品质生产”到“品牌塑造”转化。例如，成都觅瑞科技有限公司培育全球性生态化智能家居自主品牌“meross”，2022年实现营收近2亿元，且产品复购率（31.5%）远超行业平均水平（20.5%）。又如，成都柯恩斯科技有限公司坚定海外品牌发展之路，现已拥有1个核心品牌“KHONS”和10个衍生子品牌，并通过传统外贸和全平台运营实现B端、C端双轮驱动，近三年均实现100%业绩增长。

（三）开展服务资源对接赋能行动

依托亚马逊、eBay、阿里巴巴、新蛋等国际大平台开展产业资源对接，开展多层次多维度产业资源对接活动，通过借力国际大平台资源优势，整合国际市场需求与本地产品供给。支持跨境电商营销类企业通过链接国际搜索引擎等营销资源，赋能生产、贸易企业拓展国际

市场。例如，成都谷道科技有限公司致力于服务川商出海，其服务的四川省内外贸企业数量连续三年倍增并实现100%续约。

（四）开展跨境电商出口畅通行动

联动税务、外管等部门，优化跨境电商出口海外仓监管模式退税流程，积极探索“海外仓出口+分批退税”模式，初步形成了海外仓出口模式退税标准流程，助力跨境电商新业态跑通“最后一公里”。同时依托成都国际商贸城市场采购贸易试点，通过“跨境电商+市场采购”融合两种贸易方式便利性，创新川货出海新模式、新通道。

三、实施骨干企业领航行动，打造转型发展新示范

（一）发挥国有企业引领作用

通过发挥国有企业资本、管理优势，聚焦培育跨境电商头部企业，全面整合跨境电商产业链资源，打造跨境电商综合服务标杆企业，逐步形成以点带面、抱团发展的跨境电商企业出海新格局。例如，四川陆海云港发展集团有限公司是四川省港航投资集团有限责任公司服务四川外向型经济发展、服务“川货出川出海”、打造国际物贸供应链平台、搭建综合物贸生态圈的重要载体，其下属丝路易购公司搭建的“云港物贸通—物贸供应链综合服务平台”，实现了外贸全生态产业链的一站式跨境贸易服务。

（二）培育优势企业做大做强

引导已在成都布局的第三方平台企业加快建设跨境电商全产业链生态服务中心，打造区域总部或功能性总部，支持在跨境电商交易、国际物流与海外仓、跨境电商技术服务、国际营销服务等已具备细分领域行业影响力的本市跨境电商企业做大做强。例如，成都爱宝贝跨境电子商务有限公司成功运营跨境进口母婴平台“优时通”、跨境进口母婴供应链平台“海聚购”，以及保税备货仓储企业“蓉汇全球购”，年交易额近20亿元，在国内跨境进口垂直领域市场占有率居前列。

（三）推进传统商贸企业拓展跨境新业务

加快推动贸易数字化发展，支持大型商贸企业、传统外贸企业通过专业合作、数字赋能等方式发展跨境电商。例如，支持大型商贸企业“伊藤洋华堂”延伸线下实体店服务，全新开拓“伊藤电商”跨境业务，“线上拓品+线下体验”双向互补，2022年实现交易额超7000万元，同比增长290%。

配套文件

成都海关促进四川外贸保稳提质的十三条措施

为深入贯彻习近平总书记关于统筹做好新冠肺炎疫情防控和经济社会发展工作的重要指示精神，落实党中央、国务院决策部署，确保海关总署关于促进外贸保稳提质十条措施落到实处，结合四川实际，制定以下措施。

一是持续提升通关效率。持续推广应用“两步申报”“提前申报”“两段准入”等通关模式。扩大“船（车）边直提”“抵港直

装”试点。支持企业开展铁路“快速通关”、水运转关“离港确认”模式试点。不断优化“7×24小时”通关制度。完善通关业务运行监测机制，加强货物抵达14天未申报和已申报未放行信息监控，及时掌握通关异常情况，积极协调处置卡、堵问题。

二是保障重点产业链货物及关键物料快速通关。进一步优化查验、检验检疫模式，稳步推进真空包装等高新技术货物一体化布控查验改革试点应用，加快电子信息、生物医药和汽车制造等产业链货物及关键物料的口岸通关速度。

三是保障鲜活农产品及食品优先通关。发挥省内各类指定监管场地作用，全力支持粮食进口及种禽、种猪等优质动植物种质资源引进。设立进出口鲜活易腐农食产品属地查检绿色通道，实施优先查检和“5+2”预约查检。出口食品生产企业备案办理时间压缩至3个工作日内。

四是保障新冠疫苗和检测试剂快速通关。在风险可控的前提下，对符合条件的新冠疫苗和检测试剂检疫审批申请即到即办。24小时内完成出境新冠疫苗申报地海关单证审核和口岸海关监管验放。

五是优化商品检验模式。全面实施进口汽车第三方检验结果采信制度。对符合条件的进口矿产品实行“先放后检”。提升实验室检测效率，实行接样即检。

六是支持邮政企业开通临时邮路。支持邮政企业利用中欧班列运邮，保障进出境寄递业务物流畅通。

七是支持外贸新业态发展。完善关地联合监管机制，持续扩大通关一体化适用范围，规范转关运输管理方式，进一步支持、促进市场采购贸易健康发展。持续推动跨境电商B2B出口监管方式在四川全面落地，支持跨境电商企业利用中欧班列拓展海外市场，助力海外仓建设。

八是发挥开放平台龙头作用。支持四川的综合保税区和保税物流中心丰富保税业态，支持在综合保税区内建设大型物流分拨中心。大力推进保税维修再制造，支持医药等领域保税研发项目创新发展。

九是落实惠企税收政策。提前介入、全程跟踪四川重点项目，指导企业用足用准用好国家税收优惠政策。助力企业抢抓RCEP机遇，配合相关部门精准开展政策培训、宣传，指导企业用好成员国降税、区域原产地累积规则、经核准出口商等协定条款，帮助企业出口货物在RCEP成员方享受关税优惠。对满足条件的退税申请，将审核时间压缩至15个工作日内。

十是强化统计监测分析和数据服务。跟踪监测全球、全国外贸进出口动态，重点关注四川外贸总量、增速、主要进出口商品和贸易伙伴情况，及时预警提示。开展对四川民营企业、中小微企业和专精特新企业外贸数据分析调研，为企业开拓市场提供数据支持。做好四川外贸数据公开，每月中旬（特殊情况除外）发布四川外贸数据并加强分析解读。

十一是加大企业信用培育和AEO认证工作力度。聚焦四川跨境电商等新业态企业和专精特新企业，开展重点培育，提高认证质量，稳步增加四川AEO高级认证企业数量。推荐符合条件的企业加入全国海关AEO互认观摩对象名录库。指导AEO高级认证企业用足用好通关便利措施，跟踪评估落实效果。实施海关企业信用管理改革措施，落实信用修复制度。

十二是强化技术性贸易措施研究应对。开展技术性贸易措施影响调查，逐步建立重点企业、涉及商品数据库。联合专业机构开展技术性贸易措施培训，帮助企业应对国外技术性贸易措施。发挥技术性贸易措施服务平台作用，监测国外对我国新技术、新材料、新产品采取技术性贸易措施相关情况，协助做好经贸摩擦交涉应对，促进四川优势产品出口。

十三是提升公共服务效能。完善企业意见反馈和协调解决机制，综合运用成都海关门户网站、成都海关发布、12360 热线等平台，多形式、多渠道收集企业诉求，建立“问题清零”台账，采取建账销号方式，及时回应企业关切。

四川省商务厅关于印发《关于促进跨境电商零售进口健康快速发展的重点举措》的通知

（川商贸创〔2022〕6 号）

各市（州）商务主管部门：

为深入实施省委省政府“外贸进口年”行动，推动跨境电商高质量发展，打造国际消费目的地，我厅研究制定《关于促进跨境电商零售进口健康快速发展的重点举措》，现印发你们，请结合实际抓好贯彻落实。

四川省商务厅

2022 年 4 月 20 日

关于促进跨境电商零售进口健康快速发展的重点举措

为深入贯彻实施省委省政府“外贸进口年”行动，支持跨境电商零售进口加快发展，打造国际消费目的地，塑造国际竞争合作新优势，特制定以下重点措施。

一、加强主体引培，形成企业积聚“新高地”

1. 大力引培龙头企业。充分发挥链主企业的引领带动作用，精准招引各类头部企业，给予政策和要素赋能。引进国内外知名、市场占有率高的跨境电商平台，2022 年培育跨境电商零售进口额 10 亿元以上企业 1 家、5 亿元以上企业 2 家、1 亿元以上企业 10 家。

2. 鼓励主体多元化发展。培育壮大有品牌、模式、渠道优势的进口主体，支持本土企业通过自建平台、小程序、开设网上店铺等形式开展跨境电商零售进口。企业在川进口额达到一定规模的，根据进口额给予相应奖励和进口贴息政策。

3. 引进国外新零售品牌和总部。充分发

挥载体型平台“集中资源办大事”优势，整合资源对接全球品牌、企业、产品，与国内外头部企业建立合作机制，大力引进瑜伽运动类、日韩时尚快消品、轻奢品类等国外零售消费品牌，推动来川设立总部，落地新零售首店、旗舰店，形成辐射西部的标杆消费效应。

二、支持平台创新，打造全球“新零售”中心

4. 打造全球消费品进口展贸中心。依托成都国际商贸城，充分发挥保税监管仓进口通道作用，扩大燕窝、藏红花等优质贵细消费品进口，打造批零兼营、跨境电商等多业态融合场景，探索建立消费型进口平台，建立进口商品溯源体系，为海外产品进入中国提供“一站式”服务。

5. 打造特色商品进口口岸。以医疗器械、医美、牙科、药妆等产品为切入点，全力争取跨境电商零售进口药品试点，打造药品（医美）等特色品类商品进口口岸。结合跨境电商零售进口清单扩围，依托四川现有冰雪资源品牌效应，将四川打造成冰雪用具进口口岸。

6. 强化保税仓储引流功能。持续做大青白江京东保税仓，引进抖音保税仓、菜鸟保税仓，通过以商招商带动产业链相关主体落地并给予政策激励。鼓励推广跨境电商零售进口退货中心仓模式，降低企业成本，提升消费者购物体验。在综合保税区内建设 C2M 中心，依托大数据预测消费趋势进行研发设计和加工，搭建内销电商平台开展跨境电商业务。

7. 建设进口品牌网红直播基地。以“网红+直播+社交”为切入口，依托成都国际商贸城、战马网红学校、青白江国家馆设立跨境电商零售进口实训基地、直播基地。大力发展保税仓直播，培育一批有流量的直播账号，带动跨境电商流量增长。

三、推动模式创新，形成多场景的“新业态”

8. 拓展销售渠道和模式。鼓励企业大力发展“前店后仓+快速配送”等模式，通过在人流密集、消费群体集中区域设置线下展示店拓展客源，全年支持打造 5 个跨境电商消费新场景。鼓励商协会联合境外机构开展线上选品资源对接会，为中小跨境进口零售企业拓展海外供应渠道。支持企业增加全渠道 C 端一键代发、B 端快捷分销等多种业务模式。

9. 创新商文旅消费场景。支持新都尖峰滑雪场、融创雪世界、眉山乐高乐园等旅游景点设置海关监管场所，打造商文旅结合的跨境电商进口消费场景。加快设立口岸免税店，推动市内免税店落地，满足群众更高消费需求，打造品质生活新高地。

10. 创新品牌海外孵化。支持进口主体充分利用海外优势技术、资源、产能，创牌 OEM 委托加工后通过跨境电商零售进口，引导进口主体抱团出海资本化运作，代理、收购有核心竞争力的海外品牌，培育海外 OEM 品牌 100 个以上。

四、推动通道创新，形成畅联全球的“新网络”

11. 挖掘班列回程潜力。梳理中欧、中老班列沿线国家主要出口商品，开展精准进口招商。利用公铁联运扩大班列辐射圈。通过融资、战略合作等方式在沿线枢纽国家设立海外集货仓 10 个以上。

12. 拓展航空物流业务。深化综合保税

区、保税物流中心（B 型）与机场联动发展，加快申建天府机场空港综保区，依托双机场优势，发挥机场指定口岸功能，增开成都至澳新、日韩、东盟等国家（地区）货运航线 5 条以上。

13. 发挥海外仓进出口双向通道作用。支持海外仓叠加进口备货、集货功能，集聚海外中小企业优质货源。推动全球布局进出口双向海外仓 10 个以上，带动进口超 10 亿元。在澳大利亚、泰国等地海外仓设立 RCEP 国别化展销中心，展示当地特色商品和文化。

五、推动服务创新，形成国际一流的“新生态”

14. 创新金融赋能。支持网购保税进口（海关监管方式代码 1210）二线出区数据作为银行、担保机构发放贷款、提供担保的依据，加大供应链金融的普惠力度，切实减轻企业资金压力。支持跨境电商企业融资贷款，对获得银行等金融机构融资贷款且跨境电商年度进口额达到一定额度的，经核查认定后，给予一次性贴息。

15. 实施“阳光清关”行动。依托进口贸易促进工作机制，探索优化查验方式、降低查验率到全国平均水平等贸易便利化举措。支持在川重点进口企业开通对接海关数据系统节点保证实效，对龙头企业和重点仓储企业实现“一对一”服务和问题解决，大力优化营商环境。

16. 开展消费促进活动。组织企业参加消博会、进博会、数博会并开展专场推介，承接相关展商资源。联合省外贸集团开展“跨境电商进口嘉年华+盼哒全球购”进机关系列活动，依托中国（四川）国际熊猫购物节，开展“跨境电商进口嘉年华”活动，以沉浸式“吃喝玩购娱”体验带动进口消费。支持商协会、企业开展跨境电商进社区、进楼宇、进机关的“三进活动”，普及根植跨境电商消费理念。

17. 加速培养专业人才。依托四川商务职业学院组建四川省外贸创新发展职教集团，建设四川省外贸创新发展产业学院，打造构建“政校企”融合的外贸人才孵化基地。

成都市商务局关于印发《成都市 2022 年度促进外贸高质量发展若干政策措施》的通知

（成商务发〔2022〕62 号）

各区（市）县商务（外贸）主管部门：

《成都市 2022 年度促进外贸高质量发展若干政策措施》已经市政府同意，现印发你们，请认真贯彻执行。

成都市商务局

2022 年 5 月 11 日

成都市2022年度促进外贸高质量发展若干政策措施

为深入贯彻落实中央、省委、市委经济工作会议精神和全省“外贸进口年”行动，推动全市外贸高质量发展，在中央、省市已出台相关政策基础上，制定本政策措施。

一、支持扩大进口贸易

（一）支持进口特殊商品指定监管场地发挥作用。支持企业依托我市水果、食用水生动物、冰鲜水产品、植物种苗、肉类、粮食、整车、药品、生物制品等进口特殊商品指定监管场地，开展特色商品进口，对年度进口额突破1000万美元、2000万美元、5000万美元、1亿美元的，分别给予一次性奖励20万元、40万元、100万元、200万元。

（二）支持消费品进口促进消费升级。适应消费升级和供给提质需要，支持扩大家具家居、服饰珠宝、护肤保健、食品饮料以及家用电器等国际消费品进口，对年度进口额突破1000万美元、2000万美元、5000万美元、1亿美元、1.2亿美元的，分别给予一次性奖励15万元、30万元、75万元、150万元、200万元。

二、支持拓展RCEP市场

（三）发布成员国市场重点商品贸易机会清单。按国别、产业、品类发布RCEP成员国市场重点商品贸易机会清单，为企业开拓国际市场提供参考指引，开展培训指导。

三、支持外贸创新发展

（四）支持出口企业开展碳足迹核查。支持我市出口企业开展碳足迹核查，对取得碳足迹核查证书或报告的，予以核查、认证及相关服务费用100%支持，每个企业每年不超过10万元。对获得碳足迹核查证书或报告的商品每新增出口额100万元给予奖励5万元，单个企业最高不超过50万元。

（五）支持外贸企业提质增效。鼓励我市外贸企业做大规模，对进入全国外贸500强企业给予支持。对通过“经认证的经营者”（AEO）高级认证的企业给予支持。支持跨境电商企业通过成都航空口岸做大货物集散规模。

（六）支持跨境电商零售进口试点突破。加快推进开展跨境电商医药产品跨境电商零售进口及宠物食品跨境电商零售进口试点，对获批参与上述试点的企业给予当年试点商品通过成都跨境贸易电子商务公共服务平台报关的跨境电商进口额3%的奖励，单个企业最高不超过200万元。

（七）支持跨境电商消费新场景打造。支持符合海关监管要求的“跨境电商+快速配送”、保税仓直播业务，对开展上述业务且当年实现销售额1亿元以上的企业，给予其当年通过成都跨境贸易电子商务公共服务平台报关的跨境电商进口额1%的奖励，单个企业最高不超过200万元。

（八）支持建设跨境电商产业园。支持依托产业资源优势和区域特点建设跨境电商产业园，推动“产业集群+跨境电商”协同发展，提升跨境电商产业聚合能力。

（九）支持公共海外仓建设。支持企业在境外贸易节点城市建设公共海外仓，构建全球贸易及物流网络体系。支持公共海外仓建设及运营企业研发智能仓储技术，配套仓储管理信息化系统和线上信息平台，拓展境外商品展销、落地配送、售后服务等贸易综合服务能力。

四、加强外贸风控支持力度

（十）持续扩大出口信保覆盖面。大力支持中小微企业运用政策性出口信用保险工具，将全市出口信保统保平台统保范围扩大至年出口额500万美元（含）以下企业，对年出口额500万美元（含）以下企业给予100%保费支持。

（十一）支持开展关税保证保险业务。对企业办理关税保证保险业务的，按其实际保险费用的50%给予补贴，每个企业每年不超过50万元。

五、扩大外贸公共服务供给

（十二）支持公共服务平台建设。支持具备企业备案并与海关、税务等监管部门实现业务联动功能的跨境电商、市场采购等外贸新业态公共服务平台建设，为培育外贸新动能提供良好生态环境。

（十三）开展专业提升赋能行动。会同海关、外管、税务等单位，围绕RCEP政策解读、外贸实务操作、汇率避险服务等，结合外贸发展新形势，分片区、分层次、分专题开展辅导培训，提升专业化水平。

六、附则

本政策措施由市商务局负责解释，有效期自2022年1月1日至2022年12月31日。其中第（一）条与第（二）条对进口的同一批商品不予重复支持。

企业名录

截至2022年12月31日，在成都市跨境电商公共服务平台上注册并实际开展业务的企业名录见表2-25。

表2-25　成都市跨境电商企业名录

序号	公司名称	企业类型
1	中国邮政速递物流股份有限公司成都市分公司	物流企业
2	中外运空运发展股份有限公司西南分公司	物流企业
3	四川顺丰速运有限公司	物流企业
4	天津群航国际货运代理有限公司成都分公司	物流企业
5	四川圆通速递有限公司	物流企业
6	中外运-敦豪国际航空快件有限公司四川分公司	物流企业
7	北京群航国际货运代理有限公司成都分公司	物流企业
8	成都鹏展汇供应链管理有限公司	物流企业
9	四川省邮政速递服务有限公司	物流企业
10	四川澳速通国际物流有限公司	物流企业

续表1

序号	公司名称	企业类型
11	深圳市汇通天下物流有限公司成都分公司	物流企业
12	重庆安捷国际运输代理有限公司成都分公司	物流企业
13	深圳棋洋国际物流有限公司成都分公司	物流企业
14	现代金融控股（成都）有限公司	支付企业
15	上海汇付数据服务有限公司	支付企业
16	迅付信息科技有限公司	支付企业
17	上海银联电子支付服务有限公司	支付企业
18	广州合利宝支付科技有限公司	支付企业
19	北京爱农驿站科技服务有限公司	支付企业
20	成都摩宝网络科技有限公司	支付企业
21	开联通支付服务有限公司	支付企业
22	杉德支付网络服务发展有限公司	支付企业
23	易票联支付有限公司	支付企业
24	易联支付有限公司	支付企业
25	深圳市快付通金融网络科技服务有限公司	支付企业
26	上海银生宝电子支付服务有限公司	支付企业
27	成都海晗跨境电子商务有限公司	电商平台
28	中服臻贝（成都）网络科技有限公司	电商企业
29	青岛合众昌国际物流有限公司	电商平台
30	马赛玛拉科技（成都）有限公司	电商平台
31	东易华盛跨境电子商务（宁波）有限公司	电商平台
32	四川双禹淘淘科技有限公司	电商平台
33	成都易通蓉欧供应链有限公司	电商平台
34	成都诚聆网络技术有限公司	电商平台
35	海南商桥供应链管理有限公司	电商企业
36	海南椰免实业有限公司	电商企业
37	海南海成际供应链管理有限公司	电商企业
38	海南省港通达国际贸易有限公司	电商企业
39	海南陆海通联科技有限公司	电商平台
40	花之冠（海南）跨境电商有限公司	电商平台
41	厚普创优（成都）网络科技有限公司	电商平台
42	成都易云供应链管理有限公司	电商企业
43	四川国加电子商务有限公司	电商平台
44	成都百安优品网络科技有限公司	电商平台
45	捷邦（广州）电子商务有限公司	电商平台

续表2

序号	公司名称	企业类型
46	缤德企业管理咨询（上海）有限公司	电商平台
47	重庆太昊嘉网络科技有限公司	电商平台
48	上海创莱优选电子商务有限公司	电商企业
49	上海品得电子商务有限公司	电商企业
50	上海怡合进出口贸易有限公司	电商企业
51	上海泷溢工贸有限公司	电商企业
52	上海爱欢喜生物科技有限公司	电商企业
53	上海科骋生物科技有限公司	电商企业
54	上海蓝果医疗科技有限公司	电商企业
55	上海蓝枫生物科技有限公司	电商企业
56	上海跨境通国际贸易有限公司	电商平台
57	上海路长实业有限公司	电商企业
58	上海锦趣生物科技有限公司	电商企业
59	东方营养科技（苏州）有限公司	电商平台
60	乾盛数贸科技（成都）有限公司	电商企业
61	北京中雍精准生物科技有限公司	电商企业
62	北京人和禄泰商贸有限公司	电商企业
63	北京惠买荟健康科技有限公司	电商企业
64	南京中生联合股份有限公司	电商企业
65	厦门津辉进出口有限公司	电商企业
66	四川奥银电子商务有限公司	电商企业
67	四川广安承平港务有限公司	电商企业
68	四川承平供应链管理有限公司	电商企业
69	四川渡美堂文化传播有限公司	电商企业
70	四川蓉欧智联科技有限公司	电商企业
71	四川迪索国际贸易有限公司	电商企业
72	国药（上海）电子商务有限公司	电商企业
73	宁波澳杰国际贸易有限公司	电商企业
74	常州诺海华欣国际贸易有限公司	电商企业
75	广州宇鑫电子商务有限公司	电商企业
76	惟哇（上海）健康科技发展有限公司	电商企业
77	成都卢丝普贸易有限责任公司	电商企业
78	成都双流维珍绿新零售有限公司	电商企业
79	成都奥特罗拉贸易有限公司	电商企业
80	成都奶巷企业服务有限公司	电商企业

续表3

序号	公司名称	企业类型
81	成都小橘袋健康科技有限公司	电商企业
82	成都岳赢天电子商务有限责任公司	电商企业
83	成都市丸天科技有限责任公司	电商企业
84	成都市易倍特电子商务有限公司	电商企业
85	成都欧健荟进出口贸易有限公司	电商企业
86	成都澳亚网络科技有限公司	电商企业
87	成都澳亚跨境电商有限公司	电商企业
88	成都澳蓉荟都进出口贸易有限公司	电商企业
89	成都爱道品国际贸易有限公司	电商企业
90	成都特友海购电子商务有限公司	电商企业
91	成都金丘香贝丹贸易有限公司	电商企业
92	成都黛梦妃医学科技有限公司	电商企业
93	新沂汇通供应链有限公司	电商企业
94	杭州兆桥贸易有限公司	电商企业
95	杭州德钇通电子商务有限公司	电商平台
96	泸州临港自贸投资有限公司	电商企业
97	深圳奥通顺达商贸有限公司	电商企业
98	深圳市奥立国际贸易有限公司	电商企业
99	深圳市斐婴宝网络科技有限公司	电商企业
100	深圳市格顺电子商务有限公司	电商企业
101	深圳镁锦优视股份有限公司	电商企业
102	澳斯拿商贸（深圳）有限公司	电商企业
103	环球云仓国际贸易（成都）有限公司	电商企业
104	石家庄欧购电子科技有限公司	电商企业
105	苏州隽德生物科技有限公司	电商企业
106	若伊碧欧兰商贸（北京）有限公司	电商企业
107	诺健康城国际健康管理（海南）有限公司	电商企业
108	诺思诺德（北京）科技有限公司	电商企业
109	重庆娜梵俪电子商务有限公司	电商企业
110	鼎桥供应链管理成都有限公司	电商企业
111	四川归途进出口贸易有限公司	电商企业
112	三起（成都）贸易有限公司	电商企业
113	中石化（深圳）电子商务有限公司	电商企业
114	四川依莱舒光学科技有限公司	电商企业
115	四川康为健康产业有限公司	电商企业

续表4

序号	公司名称	企业类型
116	四川新希望营养制品有限公司	电商企业
117	四川自由贸易试验区新华全球购供应链有限公司	电商企业
118	四川致爱母婴产品有限公司	电商企业
119	四川萃趣在线国际贸易股份有限公司	电商企业
120	宁波泰一健康产业有限公司	电商企业
121	弘郁贸易（成都）有限公司	电商企业
122	成都丝路众友电子商务有限责任公司	电商企业
123	成都中欧灵科国际贸易有限公司	电商企业
124	成都中欧通达跨境电子商务有限责任公司	电商企业
125	成都乐加通国际贸易有限公司	电商企业
126	成都九棵松科技有限公司	电商企业
127	成都优时通进出口贸易有限公司	电商平台
128	成都宝妈乐购电子商务有限公司	电商企业
129	成都强乐乐跨境电子商务有限公司	电商企业
130	成都海萌宝贝电子商务有限公司	电商企业
131	成都澳康川优国际贸易有限公司	电商企业
132	成都澳爱电子商务有限公司	电商企业
133	成都环美易购电子商务有限公司	电商企业
134	成都田瑞福国际贸易有限公司	电商企业
135	成都西洋购贸易有限公司	电商企业
136	成都金舶来电子商务有限公司	电商企业
137	成都龙鹏供应链管理有限公司	电商企业
138	上海康蔻园电子科技有限公司	电商企业
139	上海德锌通电子商务有限公司	电商平台
140	上海爱奕生物科技有限公司	电商企业
141	上海翔佑实业有限公司	电商企业
142	上海钛为实业有限公司	电商企业
143	南京森萃国际贸易有限公司	电商企业
144	博莱康（北京）国际贸易有限公司	电商企业
145	哈尔滨市健怡生物科技有限公司	电商企业
146	四川欧城记跨境电子商务有限公司	电商企业
147	四川自由贸易试验区青马跨境电子商务有限公司	电商企业
148	好嗨购国际贸易（成都）有限公司	电商企业
149	宁波诚淘电子商务有限公司	电商企业
150	广州市北欧之约贸易有限公司	电商企业

续表5

序号	公司名称	企业类型
151	广州诺美嘉健康产品有限公司	电商企业
152	成都万锦汇供应链管理有限公司	电商企业
153	成都亿时光跨境电子商务有限公司	电商企业
154	成都倍思德国际贸易有限责任公司	电商企业
155	成都品德品质商贸有限公司	电商企业
156	成都品质宝供应链管理有限公司	电商企业
157	成都易欧达供应链管理服务有限公司	电商企业
158	成都海要供应链管理有限公司	电商企业
159	成都贝喜贸易有限责任公司	电商企业
160	成都青铁国际贸易有限公司	电商企业
161	成都静漪实业有限公司	电商企业
162	成都麦帮电子商务有限公司	电商企业
163	杭州挪购科技有限公司	电商企业
164	江苏唐尚贸易有限公司	电商企业
165	青岛赞美生物科技有限公司	电商企业
166	四川云贸国际供应链有限公司	电商企业
167	四川欧芬极地健康管理有限公司	电商企业
168	天府慧能跨境电商数据（四川）有限公司	电商企业
169	宁波众鑫环球供应链管理有限公司	电商企业
170	成都中蓉自通供应链有限公司	电商企业
171	成都伊藤洋华堂电子商务有限公司	电商企业
172	成都嘉达华利贸易有限公司	电商企业
173	成都弘聆电子商务有限公司	电商企业
174	成都毅峰联合电子商务有限公司	电商企业
175	成都澳云供应链管理有限公司	电商企业
176	成都澳蓉供应链管理有限公司	电商企业
177	成都糖蜜科技有限公司	电商企业
178	成都麦帮供应链管理有限公司	电商企业
179	澳新云集国际贸易（成都）有限公司	电商企业
180	上海吉目家生物科技有限公司	电商企业
181	上海圣定链电子商务有限公司	电商企业
182	上海宇遒供应链有限公司	电商企业
183	上海时赛网络科技有限公司	电商企业
184	北京康奥智能科技有限公司	电商企业
185	南昌行星供应链管理有限公司	电商企业

续表6

序号	公司名称	企业类型
186	厦门市博瑞工贸有限公司	电商企业
187	墨虹（上海）电子商务有限公司	电商企业
188	富地滋（海南）健康产业有限公司	电商企业
189	广州卓普贸易有限公司	电商企业
190	广州拾壹号商贸有限公司	电商企业
191	成都太美供应链管理有限公司	电商企业
192	成都蓉贸通贸易有限公司	电商企业
193	深圳市百佳优品商贸有限公司	电商企业
194	诺思诺德（北京）科技有限公司	电商企业
195	迪马森斯（上海）国际贸易有限公司	电商企业
196	重庆丰趣网络科技有限公司	电商企业
197	长沙宏萃堂贸易有限公司	电商企业
198	上海寻梦信息技术有限公司	电商平台
199	上海洋码头网络技术有限公司	电商平台
200	海南格洛利跨境贸易科技有限公司	电商企业
201	成都自贸通供应链服务有限公司	电商企业
202	上海萌店信息科技有限公司	电商平台
203	四川海宝荟国际贸易有限公司	电商企业
204	山西三恩商贸有限公司	电商企业
205	有品信息科技有限公司	电商企业
206	杭州捷为科技有限公司	电商平台
207	杭州洋驼网络科技有限公司	电商平台
208	杭州起码科技有限公司	电商平台
209	杭州门店帮电子商务有限公司	电商平台
210	深圳市前海开心购跨境商务有限公司	电商企业
211	郑州百宝供应链管理有限公司	电商企业
212	重庆伊晟利合企业管理有限公司	电商企业
213	重庆博联利合贸易有限公司	电商企业
214	重庆双击科技有限公司	电商企业
215	重庆大手拉小手科技有限公司	电商企业
216	重庆天对贸易有限公司	电商企业
217	重庆崇名达科技有限公司	电商企业
218	重庆扬玛科技有限公司	电商企业
219	重庆拉维贝儿科技有限公司	电商企业
220	重庆欧品家科技有限公司	电商企业

续表7

序号	公司名称	企业类型
221	重庆洛远正昊电子商务有限公司	电商企业
222	重庆淘略科技有限公司	电商企业
223	重庆渝欧跨境电子商务股份有限公司	电商企业
224	重庆澳森科技有限公司	电商企业
225	重庆爱酷之星科技有限公司	电商企业
226	重庆翔生达科技有限公司	电商企业
227	重庆聚鑫吉科技有限公司	电商企业
228	重庆谖草电子商务有限公司	电商企业
229	重庆辛莫拉贝科技有限公司	电商企业
230	上海童渠信息技术有限公司	电商企业
231	四川丝路里供应链管理有限公司	电商企业
232	云南乐购前沿电子商务有限公司	电商企业
233	北京口袋时尚科技有限公司	电商企业
234	四川省纺织品进出口集团有限公司	电商企业
235	大连可以有网络科技有限公司	电商企业
236	常州易康萌思网络科技有限公司	电商企业
237	广州晟泰跨境电子商务有限公司	电商企业
238	成都低调科技有限公司	电商企业
239	成都尚品云翔网络科技有限公司	电商企业
240	成都明盛永利商贸有限公司	电商企业
241	成都麦帮信息科技有限公司	电商企业
242	武汉上禾购贸易有限公司	电商企业
243	武汉甄汇淘科技有限公司	电商企业
244	河南一选供应链管理有限公司	电商企业
245	泰立逊（重庆）科技有限公司	电商企业
246	浙江捷拍档电子商务有限公司	电商企业
247	海南省跨境电商科技有限公司	电商企业
248	深圳惠卓安科技有限公司	电商企业
249	湖南澳创文化传媒有限公司	电商企业
250	绵阳兰玥商贸有限公司	电商企业
251	贵州美联美购网络科技有限公司	电商企业
252	重庆利威尔科技有限公司	电商企业
253	重庆宝妈会选电子商务有限公司	电商企业
254	鹰潭沃德嘉科技有限公司	电商企业
255	上海京东才奥电子商务有限公司	电商平台

续表8

序号	公司名称	企业类型
256	广州澳新国际供应链管理有限公司	电商企业
257	成都企贸通贸易有限公司	电商企业
258	无锡诺亚方舟跨境电子商务有限公司	电商企业
259	江苏苏宁易购电子商务有限公司	电商平台
260	深圳市品质宝供应链管理有限公司	电商企业
261	四川交投跨境宝电子商务有限公司	电商企业
262	四川景铭达科技有限公司	电商企业
263	成都快购科技有限公司	电商企业
264	成都瑞奈贝儿科技有限公司	电商企业
265	杭州亲宝科技有限责任公司	电商企业
266	杭州优卖网络科技有限公司	电商企业
267	杭州天猫进出口有限公司	电商企业
268	杭州淘宝营销管理有限公司	电商企业
269	杭州米友圈科技有限公司	电商企业
270	永辉云创科技有限公司	电商企业
271	江油阿尔卡迪亚科技有限公司	电商企业
272	深圳市天行云供应链有限公司	电商企业
273	重庆东企科技有限公司	电商企业
274	重庆伊亲贝科技有限公司	电商企业
275	重庆升态美科技有限公司	电商企业
276	重庆单双科技有限公司	电商企业
277	重庆商社电子商务有限公司	电商企业
278	成都万达美供应链管理有限公司	电商企业
279	成都富乐吉跨境电子商务有限公司	电商企业
280	成都福瑞萃贸易有限公司	电商企业
281	成都集优加国际货运代理有限公司	电商企业
282	四川唯美易电子商务有限公司	电商企业
283	四川海贸通网络科技有限公司	电商企业
284	四川天合六辰国际贸易有限公司	电商企业
285	成都哈帝斯电子商务有限公司	电商企业
286	成都唯博天下电子商务有限公司	电商企业
287	成都玖盟电子商务有限公司	电商企业
288	成都蓉易邮科技有限公司	电商企业
289	成都觅瑞科技有限公司	电商企业
290	成都十一维电子商务有限公司	电商企业

续表9

序号	公司名称	企业类型
291	成都市梵尚电子商务有限公司	电商企业
292	成都格罗西贸易有限公司	电商企业
293	成都欧魅时尚科技有限责任公司	电商企业
294	成都磐达电子商务有限公司	电商企业
295	成都美购儿电子商务有限公司	电商企业
296	世易达供应链管理（成都）有限公司	电商企业
297	四川东方华达国际贸易有限公司	电商企业
298	四川丝路易购科技有限公司	电商企业
299	四川兴天利科技有限公司	电商企业
300	四川加元素国际贸易有限公司	电商企业
301	四川川欧通国际贸易有限公司	电商企业
302	四川憬睿信息技术有限公司	电商企业
303	四川翔展供应链管理有限公司	电商企业
304	成都万羽国际贸易有限公司	电商企业
305	成都万达美电子商务有限公司	电商企业
306	成都九州御魂商贸有限公司	电商企业
307	成都云之诚电子商务有限公司	电商企业
308	成都仁行国际贸易有限公司	电商企业
309	成都全境通电子商务有限公司	电商企业
310	成都几何科技有限公司	电商企业
311	成都吉喆投资管理有限公司	电商企业
312	成都吉步仕鞋业有限公司	电商企业
313	成都天科安讯信息技术有限公司	电商企业
314	成都天羽高科科技有限公司	电商企业
315	成都市伍洋科华电子商务有限公司	电商企业
316	成都市加禾华供应链有限公司	电商企业
317	成都市洋贸深电子商务有限公司	电商企业
318	成都康斯通科技有限公司	电商企业
319	成都拓普森科技有限公司	电商企业
320	成都捷欧路供应链管理有限公司	电商企业
321	成都柏莱雅电子商务有限公司	电商企业
322	成都棋洋彗丰供应链管理有限公司	电商企业
323	成都森罗万象科技有限公司	电商企业
324	成都泛亚科锐硬质合金科技有限公司	电商企业
325	成都洛德岛科技有限公司	电商企业

续表10

序号	公司名称	企业类型
326	成都海拓通电子商务有限公司	电商企业
327	成都潮派元素科技有限公司	电商企业
328	成都环世盛通电子商务有限公司	电商企业
329	成都盛德永福国际贸易有限公司	电商企业
330	成都米米喵电子商务有限公司	电商企业
331	成都经开外贸基地运营有限公司	电商企业
332	成都英卓安智科技有限公司	电商企业
333	成都蓉易速通供应链管理有限公司	电商企业
334	成都蓉欧环球电子商务有限公司	电商企业
335	湖南高朋供应链管理有限责任公司	电商企业
336	跨境优品（江西）科技有限公司	电商企业
337	成都速龙电子商务有限公司	电商企业
338	成都贵合万盈商贸有限公司	电商企业
339	成都易逊跨境电子商务有限公司	电商企业
340	四川泸通电子商务有限公司	电商企业
341	海南省洋妈妈国际贸易有限公司	电商企业
342	四川运启盛科技有限公司	电商企业
343	四川予观商务服务有限公司	电商企业
344	四川环球名品商业管理有限公司	电商企业
345	四川皇免电子商务有限公司	电商企业
346	成都澳蓉奉进出口贸易有限公司	电商企业
347	成都川宇健维生物科技有限公司	电商企业
348	重庆觅创电子商务有限公司	电商企业
349	成都贝赛商贸有限公司	电商企业
350	四川三季天贸易有限公司	电商企业
351	玄掌柜互联网科技（南京）有限公司	电商企业
352	上海甲申速递有限公司成都分公司	物流企业
353	成都圣朵远帆进出口贸易有限公司	电商企业
354	成都达威诺贸易有限公司	电商企业
355	成都鸿博景达贸易有限公司	电商企业
356	攀枝花川流国际贸易有限公司	物流企业
357	成都裕吉昌益贸易有限公司	电商企业
358	成都锦伦曦商贸有限公司	电商企业
359	成都摩澳商贸有限公司	电商企业
360	健博馆（武汉）供应链有限公司	电商企业

续表11

序号	公司名称	企业类型
361	芜湖萌宝电子商务有限公司	电商企业
362	广东白鹭天湖电子商务有限公司	电商企业
363	四川环免电子商务有限公司	电商企业
364	广州韵通外贸综合服务有限公司	电商企业
365	上海机场国际旅行社有限公司	电商企业
366	成都欧信达国际贸易有限公司	电商企业
367	成都恒驰通联进出口贸易有限公司	电商企业
368	成都汇鑫云仓供应链管理有限公司	电商企业
369	成都快益好供应链管理有限公司	电商企业
370	四川茂鑫辰国际贸易有限责任公司	电商企业
371	四川畅碟森进出口贸易有限公司	电商企业
372	四川省辰欧顺电子商务有限公司	电商企业
373	四川鑫昌锐电子商务有限公司	电商企业
374	四川省永加盛合电子商务有限公司	电商企业
375	成都双流国际快件中心有限公司	电商企业
376	深圳海象购物科技有限公司	电商企业
377	成都彩虹电器（集团）股份有限公司	电商企业
378	四川省易思购科技有限公司	电商企业
379	广州生命线健康生物科技有限公司	电商企业
380	成都润宏电子商务有限公司	电商企业
381	成都润汇电子商务有限公司	电商企业
382	成都润庆电子商务有限公司	电商企业
383	成都润宇电子商务有限公司	电商企业
384	成都润玉电子商务有限公司	电商企业
385	四川美美名品商业管理有限公司	电商企业
386	韩梦（成都）商贸有限公司	电商企业
387	南北行（广州）贸易有限公司	电商企业
388	成都叁元达航空服务有限公司	电商企业
389	四川元佑供应链管理有限公司	电商企业
390	成都泛视角科技有限公司	电商企业
391	成都丰阁新零售有限公司	电商企业
392	重庆渭鹏速递有限公司成都分公司	物流企业
393	四川邻来里往电子商务服务有限公司	电商企业
394	全球国际货运代理（中国）有限公司成都分公司	物流企业
395	天津泛艺国际货运代理服务有限公司成都分公司	物流企业

续表12

序号	公司名称	企业类型
396	北京宝通国际货运代理有限公司成都分公司	物流企业
397	优比速包裹运送（广东）有限公司成都分公司	物流企业
398	上海得斯威国际货运有限公司	物流企业
399	四川锦洋国际货运代理有限公司	物流企业
400	敦豪全球货运（中国）有限公司成都分公司	物流企业
401	中集世联达国际供应链有限公司成都分公司	物流企业
402	嘉里大通物流有限公司成都分公司	物流企业
403	四川集运国际物流有限公司	物流企业
404	拓领环球货运代理（北京）有限公司成都分公司	物流企业
405	重庆捷星达国际货运代理有限公司成都分公司	物流企业
406	云南迅捷安国际物流有限公司成都分公司	物流企业
407	上海中汐物流有限公司成都分公司	物流企业
408	成都联洲国际物流有限公司	物流企业
409	四川嘉程国际货运代理有限公司	物流企业
410	唯凯国际物流股份有限公司成都分公司	物流企业
411	成都大航国际货运代理有限公司	物流企业
412	四川大田国际货运有限公司	物流企业
413	成都十力国际货运代理有限公司	物流企业
414	美商宏鹰国际货运（上海）有限公司	物流企业
415	中远海运航空货运代理有限公司成都分公司	物流企业
416	民航快递有限责任公司成都分公司	物流企业
417	成都百特顺国际货运代理有限公司	物流企业
418	四川海通报关公司	物流企业
419	中国航空器材西南有限公司	物流企业
420	成都国航进出口有限公司	物流企业
421	北京康捷空国际货运代理有限公司成都分公司	物流企业
422	成都捷航国际货运代理有限公司	物流企业
423	四川花吉供应链管理有限公司	物流企业
424	乐山畅运国际货物运输代理有限公司	物流企业
425	四川省赛鑫国际货运代理有限公司	物流企业
426	成都环航国际物流有限公司	物流企业
427	近铁国际物流（中国）有限公司成都分公司	物流企业
428	广州市薛航物流有限公司	物流企业
429	爱派克斯国际物流（中国）有限公司成都分公司	物流企业
430	中亚宝丰国际物流有限公司成都分公司	物流企业

续表13

序号	公司名称	企业类型
431	四川极美博强冷链物流有限公司	物流企业
432	重庆瀚达国际货运代理有限公司成都分公司	物流企业
433	成都同鑫物流有限公司	物流企业
434	深圳市柏威国际科技物流有限公司成都分公司	物流企业
435	成都三足乌物流有限公司	物流企业
436	成都天鹰国际货运代理有限公司	物流企业
437	四川昊芮国际物流有限公司	物流企业
438	四川中运通航国际物流有限公司	物流企业
439	四川博信国际货运代理有限公司	物流企业
440	成都铭铖报关服务有限公司	物流企业
441	成都天辰物流有限公司	物流企业
442	成都金诚航空货运有限公司	物流企业
443	四川瑞麟航空货运有限公司	物流企业
444	成都宇航通物流有限公司	物流企业
445	四川艾泊伦国际货运代理有限公司	物流企业
446	成都集益国际货运代理有限责任公司	物流企业
447	成都捷安顺国际物流有限公司	物流企业
448	四川成都兰标冷链物流有限公司	物流企业
449	四川乐翔恒运货运代理有限公司	物流企业
450	盛运全球国际物流（成都）有限公司	物流企业
451	常昇捷运（成都）国际物流有限公司	物流企业
452	四川孚卓瑞兴国际货运代理有限公司	物流企业
453	四川易达全球供应链管理有限公司	物流企业
454	万达川利供应链管理（成都）有限公司	物流企业
455	成都集杰国际物流有限公司	物流企业
456	美亚欧商供应链管理（成都）有限公司	物流企业
457	武汉阮晋科贸有限责任公司	电商企业
458	陕西乐榕融健康药房医药连锁有限公司	电商企业
459	海南森免国际科技有限公司	电商平台
460	拾全拾美（成都）信息科技有限公司	电商平台
461	跨境联盟（厦门）信息科技有限公司	电商平台
462	四川中道恒安供应链管理有限公司	电商企业
463	四川斩月国际贸易有限公司	电商企业
464	成都怡尚美电子商务有限公司	电商企业
465	山免科技（海南）集团有限公司	电商企业

续表14

序号	公司名称	企业类型
466	武汉罗小丹商贸有限公司	电商企业
467	四川青港环贸科技有限公司	电商企业
468	成都君林时代科技有限公司	电商企业
469	浙北新零售科技（浙江）有限公司	电商企业
470	湖南中佑电子商务有限公司	电商企业
471	行吟信息科技（上海）有限公司	电商企业
472	成都协凯供应链管理有限公司	物流企业
473	西空国际物流（成都）有限公司	物流企业
474	链多多信息技术（重庆）有限公司	电商企业
475	广州叙胶坊电子商贸有限公司	电商企业
476	波斯猫国际贸易（海南）有限责任公司	电商企业
477	海南圆博国际贸易有限公司	电商企业
478	重庆翔银奥电子商务有限公司	电商企业
479	宁波商量信息技术有限公司	电商企业
480	小儿方健康科技（北京）有限公司	电商企业
481	天虹数科商业股份有限公司	电商企业
482	广州洋葱时尚集团有限公司	电商企业
483	杭州丁香健康管理有限公司	电商企业
484	安鼎睿科技（北京）有限公司	电商企业
485	武汉兴明华商贸有限公司	电商企业
486	江苏联童网络科技有限公司	电商企业
487	新悦轩（海南）国际贸易有限公司	电商企业
488	上海邮银通信发展有限公司	电商企业
489	迈集客网络技术（深圳）有限公司	电商企业
490	大海国际电子商务（广州）有限公司	电商企业
491	健瑞儿集团（海南）有限公司	电商企业
492	苏州蔻兔科技有限公司	电商企业
493	伟世博货运（广州）有限公司成都分公司	物流企业
494	四川成都天基国际物流有限公司	物流企业
495	成都涵文国际货运代理有限公司	物流企业
496	共勤供应链管理（成都）有限公司	物流企业
497	成都宏嘉国际货运代理有限公司	物流企业
498	密尔克卫化工供应链服务股份有限公司	物流企业
499	成都环世捷运国际货运代理有限公司	物流企业
500	成都惠士通国际货运代理有限公司	物流企业

续表15

序号	公司名称	企业类型
501	深圳环球睿成物流有限公司成都分公司	物流企业
502	川港好帮手供应链（成都）有限公司	物流企业
503	四川港通捷顺国际物流有限公司	物流企业
504	重庆锦航国际货运有限公司成都分公司	物流企业
505	成都甘道夫报关服务有限公司	物流企业
506	成都畅行运通物流有限公司	物流企业
507	成都吉翔通国际物流有限公司	物流企业
508	四川顶天航空服务有限公司	物流企业
509	递四方智慧供应链（成都）有限责任公司	物流企业
510	四川远营达国际货运代理有限公司	物流企业
511	成都捷程航空货运有限公司	物流企业
512	四川顺和丰快运有限公司	物流企业
513	成都飞鹰航空货运代理有限公司	物流企业
514	成都大美物流有限公司	物流企业
515	海南国峰跨境电商有限公司	电商企业
516	东莞市真棒互联网信息技术服务中心（有限合伙）	电商企业
517	成都阳邦科技有限公司	电商企业
518	深圳市加禾华国际物流有限公司	物流企业
519	昆山市安普优生物科技有限公司	电商企业
520	融易通（成都）供应链管理有限公司	电商企业
521	重庆唐印电子商务有限公司	电商企业
522	四川捷欧商贸有限公司	电商企业
523	四川明鹿科技有限公司	电商企业
524	貔狸生物科技（深圳）有限公司	电商企业
525	浙江青鸟供应链管理有限公司	电商企业
526	四川宏远通航物流有限公司	物流企业
527	广州捷晟物流供应链有限公司	电商企业
528	广州鲲豪贸易有限公司	电商企业
529	成都五洲通达电子商务有限公司	电商企业
530	四川云贸国际供应链有限公司成都分公司	电商企业
531	上海宏皇信息技术有限公司	电商企业
532	成都迈链文化传媒有限公司	电商企业
533	深圳市大运国际货运有限公司	物流企业
534	广州建信网络科技有限公司	电商企业
535	斑马西西（湖州）电子商务有限公司	电商企业

续表16

序号	公司名称	企业类型
536	菲利克斯（成都）国际货运代理有限公司	物流企业
537	达州市麦帮电子商务有限公司	电商企业
538	浙江满趣科技有限公司	电商企业
539	四川普华行贸易有限公司	电商企业
540	瑞彼特（成都）科技有限公司	电商企业
541	成都诺克兰德科技有限公司	电商企业
542	沈阳海祈科技有限公司	电商企业
543	四川霍伯麦瑞维拓健康科技有限公司	电商企业
544	成都文雨世纪电子商务有限公司	电商企业
545	南充壹跨境商务信息咨询有限公司	电商企业
546	安徽空港百大启明星跨境电商有限公司	电商企业
547	海南永远的朋友跨境电商有限公司	电商企业
548	重庆南风捷递进出口贸易有限公司	电商企业
549	远宸经贸发展（海南）有限公司	电商企业
550	深圳市启耀全球购电子商务有限公司	电商企业
551	绵阳星煌跨境电子商务有限公司	电商企业
552	绵阳星梦征途电子商务有限公司	电商企业
553	成都贵琪洋峰电子商务有限公司	电商企业
554	四川云港联合智能物流有限公司	电商企业
555	成都泛佰特精密工具有限公司	电商企业
556	武汉洋里洋气科技有限公司	电商企业
557	成都翔实可信供应链管理有限公司	电商企业
558	重庆津保海选贸易有限公司	电商企业
559	深圳市加禾华国际物流有限公司成都分公司	物流企业
560	成都量变互娱科技有限公司	电商企业
561	西安大鱼评测科技有限公司	电商企业
562	成都吾野吉科技有限公司	电商企业
563	河北加尚保税科技有限公司	电商企业
564	宿迁市百宝科技股份有限公司	电商企业
565	齐齐哈尔市齐泰医药连锁有限公司	电商企业
566	四川省川工工具有限公司	电商企业
567	广州蓓施堂生物科技有限公司	电商企业
568	四川寅策国际贸易有限公司	电商企业
569	武汉双锐贸易有限公司	电商企业
570	上海创语生命健康科技有限公司	电商企业

续表17

序号	公司名称	企业类型
571	廊桥供应链科技（武汉）有限公司	电商企业
572	四川智汇海供应链管理有限公司	电商企业
573	成都方大远成环保科技有限公司	电商企业
574	中城免保税品（重庆）供应链管理有限公司	电商企业
575	商盟商务服务有限公司	电商企业
576	四川海鲸跨境电子商务有限公司	电商企业
577	广东良无限实业有限公司	电商企业
578	成都市旭有商贸有限公司	电商企业
579	成都中菁联合电子商务有限公司	电商企业
580	联盛易佳电子商务有限公司	电商企业
581	四川菲煜电子商务有限公司	电商企业
582	成都橘袋食品科技有限公司	电商企业
583	重庆真心善美药房连锁有限公司	电商企业
584	重庆市商街网络科技有限公司	电商企业
585	成都爱派克斯国际物流有限公司	物流企业
586	成都成飞绿色环境科技有限责任公司	电商企业
587	四川英拜国际贸易有限公司	电商企业
588	眉山市爱曼达电子商务有限公司	电商企业
589	成都心有林夕电子商务有限公司	电商企业
590	贵州兆弘跨境电子商务有限公司贵乌店	电商企业
591	眉山泊客科技有限公司	电商企业
592	成都前宏通讯有限责任公司	电商企业
593	杭州叶追源科技有限公司	电商企业
594	海南寅燃易购科技有限公司	电商企业
595	眉山市宣亚电子商务有限公司	电商企业
596	宜宾澳亚供应链管理有限公司	电商企业
597	福建麦帮供应链管理有限公司	电商企业
598	融易通（成都）电商服务有限公司	电商企业
599	上海科骋供应链管理有限公司	电商企业
600	上海深屹实业集团股份有限公司成都分公司	电商企业
601	成都昂力达金属有限公司	电商企业
602	杭州乐爱优仓信息科技有限公司	电商企业
603	四川省医药保健品进出口有限公司	电商企业
604	成都歌莱德贸易有限公司	电商企业
605	四川蔚蓝云海跨境电子商务有限公司	电商企业

续表18

序号	公司名称	企业类型
606	成都市腾翔通电子商务有限公司	电商企业
607	四川万相科技有限公司	电商企业
608	成都鹏越程电子商务有限公司	电商企业
609	湖北晓琳药业连锁有限公司	电商企业
610	深圳市快运通物流有限公司	物流企业
611	深圳市新通银国际货运代理有限公司成都分公司	物流企业
612	成都勋港商贸有限公司	电商企业
613	成都运波贸易有限公司	电商企业
614	成都港呈商贸有限公司	电商企业
615	海南八客科技贸易有限责任公司	电商企业
616	清川商事（成都）贸易有限公司	电商企业
617	成都龙耀供应链管理有限公司	物流企业
618	恩阿孜（成都）生物科技有限公司	电商企业
619	成都嘉亿通电子商务有限公司	电商企业
620	上海深屹实业集团股份有限公司	电商企业
621	福州中正医药连锁有限公司	电商企业
622	成都碧隆双田化工科技有限公司	电商企业
623	成都虎录启灵电子商务有限公司	电商企业
624	眉山双雅进出口贸易有限公司	电商企业
625	成都龙象佳兆电子商务有限公司	电商企业
626	眉山兆润科技有限公司	电商企业
627	眉山杰森恩科技有限公司	电商企业
628	重庆宝妈时光电子商务有限公司	电商平台
629	四川民生智汇供应链管理有限公司	电商企业
630	四川双猊科技有限公司	电商企业
631	启东市一戈网络科技有限公司	电商企业
632	深圳市欧联国际供应链有限公司	电商企业
633	江门市集优网络科技有限公司	电商企业
634	四川工汇海购电子商务有限公司	电商企业
635	华奥欧漫（成都）网络科技有限公司	电商企业
636	成都博大运通货运代理有限公司	电商企业
637	四川天府龙芽科技有限公司	电商企业
638	成都家次方科技有限公司	电商企业
639	成都市爱瑞思科技有限公司	电商企业
640	深圳芥舟科技有限公司	电商企业

续表19

序号	公司名称	企业类型
641	成都维亚博利贸易有限公司	电商企业
642	云南睿茵进出口贸易有限公司	电商企业
643	成都涌生悦供应链管理有限公司	电商企业
644	贵州康思田科技发展有限公司	电商企业
645	山西鼎诚科悦进出口有限公司	电商企业
646	星川供应链管理（成都）有限公司	电商企业
647	成都柒宸电子商务有限公司	电商企业
648	南充海拓通供应链管理有限公司	电商企业
649	成都富睿新程数字信息技术有限公司	电商企业
650	成都众合顺泰贸易有限责任公司	电商企业
651	贵州阳光智晟进出口贸易有限责任公司	电商企业
652	河南云速通跨境电子商务有限公司	电商企业
653	四川飞航通航空货运代理有限公司	物流企业
654	东西经纬新能源（成都）有限公司	电商企业
655	川免（成都）科技有限公司	电商企业
656	四川云展供应链管理有限公司	电商企业
657	锦晟乐免（海南）跨境电商有限公司	电商企业
658	海南兔免跨境电商有限公司	电商企业
659	成都安诺维鲸科技有限公司	电商企业
660	成都橙果电子商务有限公司	电商企业
661	成都尚品杰作网络科技有限公司	电商企业
662	成都优果汇电子商务有限公司	电商企业
663	成都源生鲜电子商务有限公司	电商企业
664	成都智秋鸣远网络科技有限公司	电商企业
665	广东巴金斯科技有限公司	电商企业

统计数据

2021年1月1日至2022年12月31日，成都市跨境电商服务试点进出口业务明细见表2-26。

表 2-26　成都市跨境电商服务试点进出口业务明细表

业务类型	时间	验放清单（万票）	消费者（人）	货值（万元）	增长率（%）	上线商品种类（个）	商品种类（进口量前五位）	备案电商企业（个）	上线企业（个）
进口	2021年1月1日至2022年12月31日	713.2	713.2	267305.65	89.43	383	供婴幼儿食用的零售包装配方奶粉［早产/低出生体重婴儿配方、母乳营养补充剂特殊婴幼儿配方食品除外］，其他商品编号未列名的食品，包装标注含量以体积计的其他美容品或化妆品及护肤品，包装标注含量以重量计的其他美容品或化妆品及护肤品，麦精、粮食粉等制食品及乳制食品	381	315
出口	2021年1月1日至2022年12月31日	4806.42	4806.42	711503.88	179.92	3080	缝纫工具，金属饰品配件，头饰和公主连衣裙彩色，短裤，女士打底裤	295	84

典型案例

案例一：发挥国有企业资本、管理优势，布局跨境电商产业链

——四川陆海云港发展集团有限公司

四川陆海云港发展集团有限公司（以下简称“陆海云港”）是四川省港航投资集团有限责任公司服务四川外向型经济发展、服务“川货出川出海”、打造国际物贸供应链平台、搭建综合物贸生态圈的重要载体。陆海云港致力于搭建线上线下融合的综合物贸服务体系、大物贸产业生态圈和供应链价值创造平台。陆海云港及所属企业在外贸新业态新形式方面取得了以下一系列重大实践成果。

一、深耕跨境电商

陆海云港所属四川云贸国际供应链有限公司自成立起深耕跨境电商板块，已开立20余个国内及跨境电商线上店铺，销售来自全球的美妆、酒水、母婴、保健等多类型产品。其境外运营主体云港（香港）公司在抖音跨境电商自营店铺的美妆产品单日GMV最高突破1300万元。2022年12月，云贸供应链公司被认定为四川省“外贸综合服务试点企业”。

二、产业园区建设

陆海云港所属四川云新国际供应链公司在产业园区建设方面，以对外开放、智

慧智能、绿色低碳作为建设理念，在天府新区投建运营西部首个跨境电商保税智能仓，与沿海物贸项目形成业态联动，建立线上综合服务平台与线下保税仓、物流产业园区的协同示范，整合国际物贸资源，加快推动供应链服务向智能化、低碳化转型，助推四川外向型经济高质量发展，争创西部跨境电商、绿色贸易等外贸业态促进创新示范项目。

三、科技平台建设

陆海云港所属四川丝路易购科技有限公司在科技平台建设方面，通过搭建“云港物贸通—物贸供应链综合服务平台”，致力于为跨境贸易企业、个人卖家提供涵盖跨境物流、智能报关、干线订舱、海外云仓、出口信保、地标认定、绿色认证、碳足迹分析、运营培训、法务支持、知识产权、技术支持等外贸全生态产业链的一站式跨境贸易服务。2022 年 4 月，四川丝路易购科技公司获得中共四川省委、四川省人民政府“四川省开放发展领军企业”殊荣。2022 年 12 月，四川丝路易购科技有限公司被认定为四川省“外贸综合服务重点企业”，是全省三家重点企业中成都市唯一入选企业。

案例二：依托高新技术促进品牌出海

——谷道科技

成都谷道科技有限公司（以下简称“谷道科技”），成立于 2014 年，专注于外贸品牌整合营销一站式建站推广，是一家以技术为基石的外贸 SaaS 服务型企业。其中本案例涉及的谷道科技主要的产品之一“全球搜”，集合了当前领先的大数据技术、人工智能、搜索算法、数字营销和社交营销技术，已为中国 15000 多外贸企业提供了外贸网站建设、外贸品牌整合营销推广、外贸商城建站、国外社交网络推广、社媒营销获客等服务。

成都的外贸发展长期受制于地理因素，规模普遍小于沿海同类企业，中小型企业偏集中，近几年企业出国获得的商机也受到极大地冲击。外贸企业发展举步维艰，转型线上营销获取订单、开拓更广阔的国际市场以及新兴市场迫在眉睫。全球搜在外贸线上推广与数字营销领域，处于行业领先的位置，能帮助传统外贸企业，在线上尽快建立品牌，增加产品的附加值，形成差异化竞争策略。

截至 2022 年 12 月，全球搜已帮助四川 500 多家外贸企业在线获得全球市场的高效曝光及订单增长，其中成都地区典型的案例包括上市企业硅宝科技、厚普清洁能源、国光电气，以及掌上明珠家具、雷迪波尔服装等知名企业。

案例三：服务全球百万家庭的出海智能品牌

——meross

成都觅瑞科技有限公司是一家集研发、销售为一体的国家高新技术企业，于 2017 年打造了自主出海智能品牌“meross”。该品牌产品以智能连接控制类小家电为主，例如，智能插座、智能开关、智能灯泡等，主要通过亚马逊平台远销美国、加拿大、英国、法国、意大利、德国等发达国家，累计数百万忠诚客户，已成为欧美市场排名前三的智能家居品牌。

据相关数据统计，2019 年，全球消费者在智能家居上的支出达到1030亿美元，预计将以11%的复合年均增长率增长到2023年的1570亿美元。千亿美金全球智能家居规模持续放大，家庭智能化成为必然趋势，市场蕴含巨大潜力。meross紧抓市场机遇，全力培育自主品牌，通过智能小家电树立品牌旗帜，逐步发展成为全球性生态化智能家居品牌。

成都觅瑞科技有限公司以成为中国智造出海的头部品牌为目标，若后续上市将在一定程度上拉动地区GDP增长，促进成都市及其地区周边相关产业发展，带动地区工业发展。

案例四：新能源电动汽车充电设备的出海之路

——KHONS

近年来，伴随着中国制造的强大规模效应，中国品牌"走出去"战略的提出，越来越多的企业开始谋划海外市场。成都柯恩斯科技有限公司（以下简称"柯恩斯"）成立于2012年。柯恩斯成立之初，就坚定地选择发展海外品牌。柯恩斯专注于新能源电动汽车交流充电设备和充电桩的研发、生产与销售，为全球客户提供设备和运营端口的解决方案，2013年在欧盟和美国申请了自己的第一个海外品牌"KHONS"。

2017年，柯恩斯紧跟中国跨境电商发展的热潮，果断破局线上，先后入驻亚马逊、速卖通、eBay等C端平台，凭借着研发实力、品牌影响力，完善的供应链，以及源头工厂等优势，兼顾海外市场B端C端双渠道，业务足迹遍及全球。

2019—2021年，柯恩斯业绩每年增长率为100%，旗下申请了10个子品牌。从1个核心品牌发展到拥有1核心品牌+10个衍生子品牌；从传统的线下外贸，发展为全平台运营，B端C端双轮驱动，形成了双循环良性发展。凭借优质可靠的产品质量和完善的服务保障体系，坚持围绕客户需求持续创新和发展，潜心拓展国际市场，业务遍及全球70多个国家和地区。

大事记

2022年1月27日，四川省商务厅在成都召开"跨境电商出口海外仓模式研讨会"。

2022年5月11日，成都市商务局印发《成都市2022年度促进外贸高质量发展若干政策措施》。

2022年5月13日，成都—马德里—圣保罗国际货运航线正式通航，成都与位于南美洲的巴西圣保罗，有了一条跨越国际洲际的重要物流通道。

2022年5月13日，成都市商务局举办"送政策送服务助企业"主题沙龙，以零距离、面对面的方式，共同探讨助企纾困政策措施。

2022年5月25日，成都海关出台十三条措施促进四川外贸保稳提质。

2022年7月1日，成都市商务局印发《市商务局关于组织开展2021年中央外经贸发展专项资金跨境电商事项申报审核工作的通知》。

2022年8月8日，由成都东部新区和航

空口岸经济局、投资促进局主办的“抢抓成渝双城战略机遇开创甬蓉跨境美好未来——成都东部新区临空经济环境推介会”在宁波举行。

2022 年 9 月 7 日，四川省商务厅发布《关于加快培育“四川消费”品牌推进国际消费目的地建设的意见（征求意见稿）》。

2022 年 10 月 12 日，成都市商务局组织举办现代商贸产业建圈强链专题培训。

2022 年 12 月 15 日，成都 SKP 正式开业。

遵义地区

2020 年 5 月，遵义市获国务院批复，成为国家第五批跨境电商综合试验区。近年来，在商务部和贵州省商务厅的关心指导下，遵义市全面落实国家和省关于跨境电商综合试验区建设的各项部署要求，持续强化工作创新，着力激发市场活力。2022 年，遵义市跨境电商交易额达 30.75 亿元，相较 2021 年有较大突破。遵义综合保税区 1210、9710、9810 监管模式已正式落地，为遵义特色产品拓展国际市场，开通了便捷的通道，取得了较好的工作成效。

发展现状

一、发展成效

（一）强化组织领导，政策措施纷纷出台

自2020年获批成为中国（遵义）跨境电子商务综合试验区（以下简称“遵义综试区”）以来，遵义市政府办公室就出台同意建立遵义市推进跨境电商高质量发展联席会议制度的文件，联席会议办公室设在遵义市商务局。此后，遵义市抢抓政策机遇，积极谋划部署，精心组织实施，从设施配套、主体培育、人才培养等方面着手，推进“两平台六体系”建设，支持跨境电商新业态发展，做好跨境电商综合试验区和零售进口试点建设，加快形成“跨境电商+海外仓”联动发展格局。2022年，在成立遵义市跨境电商高质量发展联席会议制度基础上，遵义市政府抢抓国发〔2022〕2号文件重大机遇，高度重视开放型经济发展，而跨境电商作为开放型经济外贸发展的新业态新模式之一，助推跨境电商高质量发展势在必行，各项政策措施也相继出台落地。2022年以来，遵义市政府相继出台了《遵义市推动开放型经济高质量发展的实施方案》《遵义市促进开放型经济高质量发展的若干政策措施（试行）》等政策文件，推动跨境电商发展更加便利化和高水平。

（二）着力内培外引，市场主体不断壮大

通过开展业务指导、组织参加专业培训、宣传解读跨境电商扶持政策等措施，积极引导、支持电子商务及外贸主体开拓发展跨境电商业务。配合遵义市金融局筹建成立遵义市外贸集团公司，为全市外贸企业提供供应链金融、报关、出口退税等外贸综合服务，有力促进跨境电商新业态发展。同时，用好东西部协作政策，积极引进跨境电商企业壮大市场主体。遵义市现有跨境电商及配套企业近20余家，其中，大力引进的深圳盘古集团，依托自身资源优势，结合遵义综合保税区政策功能平台，围绕本地产品优势，建设盘古跨境电商产业园，包括跨境电商总部基地、跨境电商会议中心、跨境电商创新型企业展示中心、跨境电商培训中心、跨境电商金融服务中心、跨境电商创业孵化中心、仓储物流中心等，截至2022年年底该项目已完成一期办公场所的装修改造工作，与近20家企业达成合作意向，部分企业已入驻跨境电商产业园开展相关业务。

（三）强化技能培训，从业人员素质大幅提升

拟定遵义市跨境电商人才技能培训实施方案，2022年上半年与遵义市人社局、遵义市教育体育局共同在遵义职业技术学院开展跨境电商人才培训，为遵义综试区建设提供人才支撑，并授予遵义职业技术学院“跨境电商人才培训基地”称号。拟在“十四五”期间，组织实施8~15期商务人才业务技能培训班，每年开设2~3期，培养本土电商人才。2022年6月，第一期全市跨境电商人才职业技能培训正式开班，55名来自社会各界的学员免费参加了为期15天的职业技能培训。技能培训不断吸纳大学毕业生、退伍转业人员、农村致富青年等有志从事电子商务

行业人员进入队伍，为劳动人口就业，特别是通过电子商务形式灵活就业打下坚实基础。

（四）加速跨境通道建设，货运通道逐步打通

1. “遵义号”成功开通

2022年5月20日，黔粤通道“遵义号”陆海联运班列在遵义阁老坝铁路货场实现首发，已累计开行18列，其中6列338标箱茶叶、白酒等遵义产品出海，今后将推出中欧班列“遵义号”、陆海新通道班列“遵义号”、中老班列“遵义号”等品牌。

2. 新舟机场航空口岸验收工作有序推进

2022年4月，遵义市政府分管领导带队对接协调工作，并得到回函同意遵义新舟机场航空口岸资格验收，领导小组办公室（市口岸办）先后召开5次专题调度会安排部署验收工作，组织相关单位对机场现国际联检查验区域基础设施进行初步检查，口岸各项业务系统测试已完成，均可正常使用，相关工作方案及验收资料编订工作陆续收尾。

二、平台建设

遵义综试区政策落地后，遵义市商务局联系综合保税区积极争取上级相关资金支持，不断完善遵义综试区“六体系两平台”建设。由园区国有平台公司与招商引资的贵州辉盛供应链有限公司在综合保税区围网内合资共建贵州富瑞达跨境电商保税仓储项目，为园区企业开展网购保税进口业务提供智慧仓储服务，目前该项目完成分拣系统及监控系统、WMS系统的建设，已实现跨境电商1210业务模式常态化运营。2022年，支持红花岗区建设遵义跨境电商产业园；支持本地外贸集团打造外贸综合服务平台建设和遵义号智慧物流园建设，现已建成投运。同时，遵义综合保税区通过租用方式先后在欧洲、亚洲挂牌海外仓，实现海外仓项目零突破，为遵义市跨境电商企业降本增效奠定了基础。2022年，遵义市跨境电商交易额达30.75亿元，相较2021年有较大突破。

配套文件

遵义市人民政府关于印发《遵义市促进开放型经济高质量发展的若干政策措施（试行）》的通知

（遵府发〔2022〕5号）

各县、自治县、区（市）人民政府，新蒲新区管委会，市直有关部门：

《遵义市促进开放型经济高质量发展的若干政策措施（试行）》已经市人民政府同意，现印发给你们，请认真抓好落实执行。

遵义市人民政府

2022年4月7日

遵义市促进开放型经济高质量发展的若干政策措施（试行）

为深入贯彻落实《国务院关于支持贵州在新时代西部大开发上闯新路的意见》文件精神，全面贯彻全省开放型经济发展大会要求，不断深化全方位、多领域、深层次对外开放，在推进高水平开放、高层次开放型经济上实现新突破，为贵州省推动内陆开放型经济试验区建设贡献遵义力量。结合我市实际，现制定如下政策措施：

一、做大做强出口产业

1. 壮大出口首位产业规模。加大茶叶、吉他、白酒、辣椒等出口首位产业扶持力度，支持企业开拓外贸业务，拓展国际市场，提高茶叶、吉他、白酒、辣椒特色外贸产业生产企业自营出口能力。

2. 挖掘外贸产业发展潜力。积极支持汽车及零配件、装备制造、灯具、服装鞋帽、皮革箱包、特色食品等潜力出口产业进一步提高外贸销售占比，推动企业“内转外”，进一步挖掘外贸产业发展潜力，夯实外贸产业基础。

二、支持承接产业转移

3. 鼓励发展加工贸易。支持遵义综合保税区创建国家加工贸易产业园区，着力培育加工贸易产业集群。支持加工贸易企业增强自主创新能力，提升加工贸易增值率。支持海关特殊监管区域发展符合规定的保税再制造和保税维修项目。

4. 支持外贸生产企业向我市转移。紧紧抓住新一轮产业转移机遇及珠海对口帮扶机遇，加大外向型产业招商引资力度。对转移到我市的外贸生产企业，对其实际发生的企业搬迁、设备安装、生产线改造、厂房租赁、装修、物流等费用，按照省级相关标准给予支持。

三、大力发展外贸新业态

5. 支持跨境电子商务发展。深入推进中国（遵义）跨境电子商务综合试验区建设，推进贸易数字化发展，夯实跨境电商发展基础，着力培育跨境电商产业链和生态圈，布局一批海外仓和海外营销展示中心，鼓励企业通过海外仓和海外营销展示中心拓展国际市场，迅速做大“9710”“9810”业务规模。加大跨境进口支持力度，积极推进跨境进口O2O线下体验店建设，支持遵义综保区做大“1210”业务规模。

6. 积极引进培育外贸综合服务企业。对认定的省级外贸综合服务企业，支持企业申请海关AEO认证资质，鼓励金融机构为外贸综合服务企业提供贸易融资便利，积极引进一批供应链金融服务企业入驻遵义，支持省外龙头外贸综合服务企业在我市新设立独立法人公司，为企业尽快开展业务创造有利条件。

四、加快开放通道建设

7. 加快推进陆海新通道建设。用好用活省级陆海新通道建设资金，推动在黔北物流新城设立集装箱调拨共享中心，支持外贸货源向阁老坝铁路货场积聚，支持开通阁老坝至深圳、广州的陆海班列，争取开通阁老坝至阿拉木图的中欧（中亚）班列，建设全省外贸货物集散中心。积极主动对接重庆经遵义至贵阳至柳州至广州港、深圳港、北部湾港等铁路集装箱货运大通道建设。支持乌江航道提等升级。

8. 支持企业拓展 RCEP 市场。抢抓《区域全面经济伙伴关系协定》（RCEP）带来的关税减让政策红利，引导企业拓展 RCEP 市场。支持企业参加 RCEP 成员国举办的线上线下展会，对企业出口到 RCEP 市场支付的出口信用保险保费予以全额支持，对企业在 RCEP 成员国开展的境外商标注册、专利申请费用予以全额支持，对出口到 RCEP 市场的物流费用予以支持。

五、发挥平台引领作用

9. 支持开放平台建设。按照国务院关于综合保税区高水平开放高质量发展的 21 项新举措，支持综保区创新发展，支持综保区内企业探索开展保税再制造、保税检测维修等新兴产业业态。对开创试点并获得较好成效的企业，综保区上报企业名单，经审核后，可优先给予项目资金政策扶持。对原注册地在各县（市、区）的企业，入驻遵义综保区或通过遵义综保区开展外贸业务，外贸数据计入企业原注册地。加快推进茶叶、吉他、白酒三个国家级外贸基地建设，支持基地建设研发中心、建立境外营销渠道，开展国际市场准入认证和境外商标注册、专利申请。对有进出口实绩的企业，支持开展质量管理体系认证、产品准入认证、境外商标注册、境外专利申请，对企业认证费、境外商标注册、专利申请费按照省级标准给予支持。鼓励各县（市、区）建设外贸基地，形成“一县一品一园”的外贸产业集聚区，对新获国家级、省级外贸基地的县（市、区）给予奖励。

10. 推动开发区高质量发展。坚持放管结合、优化服务原则，将能够下放给开发区的审批、土地、环保、规划等管理权限依照法定程序下放，提升开发区经济发展活力。开发区用地纳入所在县（市、区）用地统一供应管理，优先满足开发区用地需求。支持遵义经济技术开发区扩区，仁怀经开区创建国家级经济技术开发区，支持遵义高新区创建国家级高新技术产业开发区，支持务川、道真申报省级经开区。

六、加强外资集聚发展

11. 支持外资项目落地。对新引进的符合省市特色优势产业发展导向的外资项目产生的生产经营场所租赁费、装修改造费、设备购置费、搬迁物流等费用按实际发生额按照省级标准给予相应支持。

七、切实强化要素保障

12. 切实优化营商环境。支持引进和培育一批外贸综合服务企业，为中小企业提供外贸综合服务。加大融资信保服务，建立外经贸出口信贷协调机制，大力推广运用“稳外贷”“稳外贴”“黔贸贷”等信贷产品，对外贸实绩突出、解决就业人数多、税收贡献较大的外贸企业实行融资支持，对企业外贸业务所需贷款利息给予 80% 的补助。实施出口信用保险政府保单全覆盖，对进出口额在 500 万美元以下的企业，由政府统一投保，对企业向中国出口信用保险公司所支付的出口信用保险保费根据不同产品、不同出口市场按照省级标准给予支持。

13. 强化人才引进和培养。对转移到我市的外向型企业管理人才、技术人才、专业人才以及其他高级人才，在子女入学、就医、住宿等方面参照遵义市人才工作领导小组人才引进相关政策给予协调保障；对市内高校、人才培训机构以及外贸企业开展的外向型专业人才培训予以支持。

14. 加大开放型经济项目用地保障。鼓励以租代售、成本价出让等灵活方式供应用地。鼓励企业盘活存量土地，更加集约节约利用土地。支持依法使用农村集体建设用地发展开放型经济。适当降低开放型经济项目用地投资强度要求。鼓励利用旧厂房、闲置仓库等建设流通设施。深化水、电、气等要素市场化配置改革。

15. 建立市级外经贸发展专项资金。从2022年起，通过财政预算调整等方式多渠道筹措2000万元外经贸专项资金，今后视财力逐年增加，支持开放型经济发展。

本政策资金来源为中央、省下达我市专项资金和市级财政资金，政策具体实施细则由市开放型经济发展领导小组办公室牵头拟定，中央、省、市同一类型支持政策按就高不就低的原则申请。本政策自发布之日起实施，截止日期为2025年12月31日，期间若遇到国家、省、市政策调整，可进行补充修订。政策由市开放型经济发展领导小组办公室负责解释，项目申报另行发文通知，其他未尽事宜由领导小组研究确定。

遵义市人民政府关于印发《遵义市推动开放型经济高质量发展的实施方案》的通知

（遵府发〔2022〕6号）

各县、自治县、区（市）人民政府，新蒲新区管委会，市直有关部门：

《遵义市推动开放型经济高质量发展的实施方案》已经市人民政府同意，现印发给你们，请认真抓好落实执行。

遵义市人民政府

2022年4月7日

遵义市推动开放型经济高质量发展的实施方案

为深入贯彻习近平总书记视察贵州重要讲话精神和对遵义工作的系列重要指示精神，全面落实《国务院关于支持贵州在新时代西部大开发上闯新路的意见》《省人民政府关于推动开放型经济高质量发展的实施意见》和市第六次党代会要求，全面融入双循环，在开放中谋发展、创新绩，切实推动我市开放型经济高质量发展，特制定本实施方案。

一、指导思想

以习近平新时代中国特色社会主义思想为指导，全面贯彻党的十九届六中全会精神和习近平总书记视察贵州重要讲话精神，立足新发展阶段、贯彻新发展理念、融入新发展格局，紧紧围绕国家建设长江经济带、粤港澳大湾区、成渝地区双城经济圈等重大战略，按照省委“一二三四”工作思路，以高质量发展为统揽，坚持“巩固上海、紧盯广东、融入成渝、联动贵阳”思路，着力打造高水平的开放产业、开放通道、开放平台、开放环境，奋力在建设内陆开放型经济新高地上走前列、作表率，为建设红色传承引领地、绿色发展示范区、美丽幸福新遵义作出新的更大贡献。

二、发展目标

到2025年，开放型经济实现“一达到、三翻番”，即：净出口占GDP比重达到全国平均水平；外贸进出口确保300亿元、力争400亿元，实际利用外资力争达到1亿美元以上、年均增长30%以上，跨境电商达到19亿元以上、年均增长超过30%，实现三个翻番，开放型经济质量和水平明显提升，开放环境明显优化，开放型经济制度明显完善。

三、重点工作任务

（一）实施开放型经济产业提质增效专项行动

1. 构建开放型产业体系。立足各地资源禀赋，打造“一县一品一园”的开放型经济主导产业，全面提升产业开放水平。搭建1+N出口产业体系，打造以茶叶为核心，吉他、白酒、辣椒为支撑的首位出口产业，做大电子信息、装备制造、汽车及零配件、灯具、服装鞋帽、皮革箱包、特色食品等重点出口产业，做强文化旅游等资源优势产业。到2025年，建成国家级外贸转型升级基地5个，省级外贸转型升级基地5个，外贸基地进出口占全市外贸进出口达到50%以上，进出口备案登记企业突破2000家，进出口实绩企业达到500家。［牵头单位：市商务局，责任单位：市工业和能源局、市文化旅游局、市投资促进局，各县（市、区）人民政府、新蒲新区管委会，遵义综保区、遵义国家经济技术开发区］

2. 全面推动内外贸一体化。实施“内转外”“外转内”行动，推动内外销并举、内外贸互转、数转实。组织外贸企业与大型商超、市场等开展产销对接活动，推动进口消费品促销和出口产品转内销。支持企业发展“同线同标同质”产品，引导外贸企业精准对接国内市场消费升级需求，通过个性化定制、柔性化生产，研发适销对路的内销产品，创建自有品牌。［牵头单位：市商务局，责任单位：市工业和能源局、市市场监管局，各县（市、区）人民政府、新蒲新区管委会，遵义综保区、遵义国家经济技术开发区］

3. 推动加工贸易创新发展。依托遵义综合保税区，积极创建国家加工贸易产业园区，着力培育加工贸易产业集群，实现由转企业到转集群、转车间到转研发、转污染到转绿色的链条式、升级式、内涵式承接。大力发展“一头在内、一头在外”的新型加工贸易，重点承接附加值较高、运输成本占综合成本相对较低的加工贸易企业落户我市。到2025年，全市加工贸易企业累计达到30家以上，加工贸易进出口达到100亿元以上。［牵头单位：遵义综保区，责任单位：市商务局，各县（市、区）人民政府、新蒲新区管委会，遵义国家经济技术开发区］

4. 加快发展外贸新业态。加快推进遵义跨境电子商务综合试验区建设，构建“六体系两平台”跨境电商发展基础框架，推动商务、海关、税务、外汇管理、邮政等部门间数据共享。以跨境电子商务企业对企业（B2B）为主攻方向兼顾企业对消费者（B2C）业务模式，实现业务线上线下（O2O）融合发展，推动在国贸广场、高铁新城、新蒲汇、亨特广场、吾悦广场等商业综合体建设一批跨境O2O体验店。充分利用国有平台公司闲置物业，建设1-2个跨境电商孵化产业园，引进一批知名优强跨境电商企业落户遵义。持续做大“跨境电商 B2B 直接出口”“跨境电商出口海外仓”业务规模，支持综保区做大“1210”业务规模，推动特色优势产业与跨境电商融合发展。到 2025 年，引进培育跨境电商及配套企业 50 家以上，跨境电商进出口实现 19 亿元以上。［牵头单位：市商务局，责任单位：市税务局、遵义海关、市邮政管理局、国家外汇管理局遵义市中心支局，各县（市、区）人民政府、新蒲新区管委会，遵义综保区、遵义国家经济技术开发区］

5. 加快服务贸易发展。支持遵义演艺集团出国商演，全面推动文化出口。推动服务外包集聚发展，支持各开发区申报省级服务外包产业园，建立健全服务外包促进体系，创新服务外包业态，优化服务外包发展环境。［牵头单位：市商务局，责任单位：市发展改革委、市文化旅游局，各县（市、区）人民政府、新蒲新区管委会，遵义综保区、遵义国家经济技术开发区］

6. 加强出口品牌培育。推动重点消费品质量安全标准与国际标准接轨，建设产品设计中心、检验检测公共服务平台、注册服务平台、农产品质量可追溯体系平台，支持外贸企业开展境外专利申请、商标注册、质量认证，塑造遵义绿色消费品牌。集中做响“仁怀酱香酒”“遵义红”“遵义绿”“遵义辣椒”“正安吉他”等公共品牌，支持“湄潭翠芽”“凤冈锌硒茶”“余庆小叶苦丁茶”“赤水晒醋”“赤水金钗石斛”知名地域品牌做大做强，鼓励金融机构支持企业收购境外品牌。［牵头单位：市市场监管局，责任单位：市农业农村局、市商务局、遵义海关，各县（市、区）人民政府、新蒲新区管委会，遵义综保区、遵义国家经济技术开发区］

7. 积极扩大进口。鼓励加大设备、冷链冻品、原材料、关键零部件进口，落实国家关于技术改造内外资项目鼓励政策、进口设备减免关税、重大技术装备及进口原材料和零部件免征进口关税、进口环节增值税等税收优惠政策。加快进口直销平台、保税展示交易中心建设，争取设立进境免税店。［牵头单位：市商务局，责任单位：遵义海关、市税务局、国家外汇管理局遵义市中心支局，各县（市、区）人民政府、新蒲新区管委会，遵义综保区、遵义国家经济技术开发区］

8. 开展外贸产业精准招商。紧紧抓住国家推进粤港澳大湾区建设和广东对口帮扶贵州的战略机遇，认真研究广东省外向型产业转移特点，以县（市、区）为单位，结合自身资源优势和产业特点，制定招商引资计划，每个县（市、区）引进一个以上外贸产业链，每年引进外贸实体企业 2 家以上。引进一批外贸综合服务企业为广大中小企业提供报关、报检、物流、金融、市场拓展、品牌培育等专业集成服务，帮助企业降低贸易成本。［牵头单位：市投资促进局，责任单位：市商务局，各县（市、区）人民政府、新蒲新区管委会，遵义综保区、遵义国家经济技术开发区］

9. 多渠道做好外资招引工作。在各类招商活动中增加外资招引份量。进一步借助香港在外资招引中的平台作用，强化与欧美日等合作，重点引进发达国家先进制造业和创新项目。统筹整合资源、加大外资招引力度，积极推进正安吉他国际产业园申报创建省级外资产业园。［牵头单位：市商务局，责任单位：市投资促进局、市外事办，各县（市、区）人民政府、新蒲新区管委会，遵义综保区、遵义国家经济技术开发区］

10. 培育“走出去”主体。支持企业开展境外投资、承接对外承包工程及国际技术服务外包业务。积极推动钢绳集团、中航电梯、成功汽车、106 地质大队等一批特色优势企业“走出去”，参与共建“一带一路”，打造知名出口品牌。支持茅台集团、遵茶集团等企业布局海外营销平台、海外仓。[牵头单位：市商务局，责任单位：市工业和能源局、市国资委、各县（市、区）人民政府、新蒲新区管委会，遵义综保区、遵义国家经济技术开发区]

（二）实施对外开放通道提升专项行动

1. 加快推进西部陆海贸易新通道建设。大力支持陆海新通道运营贵州有限公司拓展开行成渝通道班列，推动陆海新通道班列常态化运营，稳步推进中欧班列测试和常态化运营，积极推广国际陆海多式联运。积极参与重庆经遵义至贵阳至柳州至广州港、深圳港、北部湾港等铁路集装箱货运大通道建设，推动与广东、广西港口合作在黔北物流新城设立无水港。新开阁老坝至深圳、广州的陆海班列，力争开通阁老坝至阿拉木图的图定班列，建设阁老坝公共保税仓。加快黔北物流新城建设发展，设立集装箱调拨共享中心，把黔北物流新城建成黔川渝结合部的分拨中心、交易中心、结算中心、信息中心，将遵义打造为陆港型国家物流枢纽承载城市。（牵头单位：市发展改革委，责任单位：市商务局、市国资委、遵义海关，播州区人民政府，遵义综保区）

2. 完善陆水空口岸体系。推进遵义新舟机场（民用部分）改扩建，推动遵义新舟机场航空口岸通过国家验收实现正式开放，加快提升新舟机场开放口岸能级，积极申建进口肉类、进口水果等指定口岸。到 2025 年，力争开通国际航线 3 条以上，输送国际旅客 6 万人次以上。推动建设阁老坝铁路货场陆运口岸作业区、余庆港码头水运口岸作业区，打造水、陆、空一体化对外开放格局。[牵头单位：市商务局（市口岸办），责任单位：市发展改革委、遵义海关、遵义交旅投集团有限公司，播州区人民政府、余庆县人民政府，遵义综保区，遵义机场公司]

3. 加快构建现代综合立体交通体系。抢抓交通强国建设试点机遇，统筹推进铁路、公路、民航、水运等基础设施建设。积极推进遵泸、新渝贵高铁和涪柳、遵铜铁路落地，构建起横贯东西、纵穿南北的铁路网络；积极推动乌江航运发展，推进乌江水运主通道提等升级工程前期工作；加快遵义全国性综合交通枢纽建设。启动渝赤叙等高速公路规划实施，提升公路畅达度、便捷度，打造“承天接地、通江达海、集散快捷、绿色安全”的综合立体交通枢纽。[牵头单位：市交通运输局，责任单位：市发展改革委，各县（市、区）人民政府、新蒲新区管委会]

（三）实施开放平台能级提升专项行动

1. 强化综保区开放引领作用。以外向型经济为引领，着力推进装备制造和绿色轻工、跨境电商+海外仓“两主一特”的产业发展布局。围绕加工贸易和特色产品出口两个关键，推动遵义综合保税区改革发展，全力保障园区基础设施建设，全面提升标准厂房利用率。积极支持遵义综合保税区加快外向型产业集聚，大力发展“保税+”“电商+”、保税维修、保税再制造、冷链产品进口、饲料保税加工等新型贸易业态。到 2025 年，遵义综合保税区入驻企业达到 100 家以上，实现进出口额 120 亿元以上，力争 150 亿元，年均增长超过 30%，力争跻身全国综保区前 100 强。（牵头单位：遵义综保区，责任单位：

市发展改革委、市工业和能源局、市生态环境局、市商务局、市市场监管局、市税务局、遵义海关）

2. 提升开发区开放能级。深入实施“千亿级、百亿级”开发区培育工程，加快推进遵义经济技术开发区体制机制改革，支持遵义经济技术开发区扩区发展。支持仁怀经济开发区创造条件升级为国家级经济技术开发区。支持遵义高新技术产业开发区创新发展，创建国家级高新技术产业开发区。推动务正道煤电铝循环经济工业园区、道真县上玉工业园区申建省级开发区。到2025年，培育两千亿级开发区1个，千亿级开发区1个，500亿级开发区2个，100亿级开发区7个，国家级开放平台达到4个，新增省级经开区1个以上；全市开发区外贸进出口达到200亿元以上；积极申建贵州自由贸易试验区。［牵头单位：市商务局、市科技与大数据局，责任单位：市工业和能源局、市自然资源局、市生态环境局，各县（市、区）人民政府、新蒲新区管委会，遵义国家经济技术开发区］

3. 充分利用会展交流平台。持续办好“茶博会”“辣博会”“旅发会”“遵商联盟大会”等重大活动，提升招商引资实效，促进成果转化。争取“酒博会”在遵义设立分会场。探索以市场化方式举办“中国（贵州）国际乐器博览会”，用好中国进出口商品交易会、中国国际进口博览会、中国国际服务贸易交易会，扩大国际经贸合作。积极推动能满足现代会展要求的专业化会展基础设施建设。成立遵义市进出口贸易商会，每年组织100家企业参加境内外展览会，积极开拓国际市场。［牵头单位：市商务局，责任单位：市工业和能源局、市农业农村局、市文化旅游局、市工商联，各县（市、区）人民政府、新蒲新区管委会，遵义综保区、遵义国家经济技术开发区］

4. 积极拓展区域合作空间。围绕“巩固上海、紧盯广东、融入成渝、联动贵阳”，聚焦产业链、供应链、创新链、生活链，加强战略、规划、政策、功能链接，推动人流、物流、资金流、信息流互联互通，加强绿色食品工业、文化旅游、装备制造、军民融合等领域合作，全面提升对外开放合作水平，建设国家级承接产业转移示范区。积极对接融入粤港澳大湾区建设，探索“大湾区总部+遵义基地”“大湾区研发+遵义制造”等合作模式。完善“一带一路”重大项目库、重点企业库、重要产品库，深化与重点央企合作，实现“搭船出海”。［牵头单位：市发展改革委，责任单位：市工业和能源局、市商务局、市文化旅游局、市乡村振兴局、市投资促进局，各县（市、区）人民政府、新蒲新区管委会，遵义综保区、遵义国家经济技术开发区］

5. 深入开展RCEP区域合作。持续提升与东盟互联互通水平，加大与东盟商协会及企业对接力度，扩大双方合作领域。扩大我市特色优势产品出口到东盟、澳大利亚、新西兰、日本、韩国，加大从RCEP市场进口我市所需矿产资源、先进技术设备、关键零部件力度，深度融入RCEP市场。［牵头单位：市商务局，责任单位：市发展改革委、市国资委、市外事办、遵义海关，各县（市、区）人民政府、新蒲新区管委会，遵义综保区、遵义国家经济技术开发区］

（四）实施营商环境优化专项行动

1. 提升营商环境市场化水平。全面落实外资准入前国民待遇加负面清单管理制度。外商投资准入负面清单以外的领域，按照内外资一致的原则实施管理，探索设立国际投资“单一窗口”，推动外资企业注册登记更加便利化。[牵头单位：市市场监管局，责任单位：市发展改革委、市商务局、市营商环境建设局，各县（市、区）人民政府、新蒲新区管委会]

2. 提升营商环境法治化水平。清理与外商投资法不符的地方行政法规和规章、规范性文件。推进“双随机、一公开”监管、重点监管、信用监管等深度融合。推动实施公平竞争审查制度。认真落实《贵州省优化营商环境条例》《贵州省政务服务条例》，全力打造“遵满意”品牌。[牵头单位：市营商环境建设局，责任单位：市发展改革委、市司法局、市商务局、市市场监管局，各县（市、区）人民政府、新蒲新区管委会]

3. 深化放管服改革。推进“最多跑一次”改革，完善政策服务直达基层直达民生的直通车制度。推行对外贸易经营者备案登记和原产地企业备案两证合一。落实自动进口许可证、出口许可证全流程电子化、企业非首次办理零跑腿措施。完善国际贸易“单一窗口”本地化功能，扩大信息共享，提供高效便捷的公共化服务。[牵头单位：市发展改革委，责任单位：市商务局、市营商环境建设局，各县（市、区）人民政府、新蒲新区管委会]

4. 深化通关服务改革。持续优化口岸营商环境，压缩进出口整体通关时间。全面推广“互联网+海关”“免到场查验”等便利化措施，积极促进外贸新业态新模式健康发展。做好自贸区海关监管创新制度的复制推广和转化运用，积极推动海关最新改革措施落实落地。（牵头单位：遵义海关，责任单位：市商务局、遵义综保区、遵义机场公司）

5. 提升退税便利化水平。综合运用多种核查方式，提高函调和调查评估质效。将纳税信誉度高、内控机制完善的出口企业纳入重点联系出口企业库，建立快捷办税通道。持续推行符合条件出口企业无纸化申报，正常出口退（免）税平均办理时间在6个工作日以内。[牵头单位：市税务局，责任单位：各县（市、区）人民政府、新蒲新区管委会]

6. 提升外汇监管服务水平。提高外汇管理服务能力，充分利用国家外汇管理局数字外管平台，实现外汇业务网上办理，提升线上线下服务水平。开展货物贸易外汇收支便利化试点，简化跨境电商企业办理贸易资金收付手续，进一步推动服务贸易付汇税务备案电子化。[牵头单位：国家外汇管理局遵义市中心支局，责任单位：各县（市、区）人民政府、新蒲新区管委会]

7. 推进技术性贸易措施评议基地建设。配备专职工作人员，强化资金保障，提高对白酒、绿茶产品技术性贸易措施信息收集。提升分析评议和研究水平，通过国外技术性贸易措施倒逼机制，推动我市茶叶、白酒产业结构调整和转型升级。（牵头单位：市商务局、遵义海关，责任单位：市工业和能源局、市农业农村局）

（五）实施开放型人才培育倍增专项行动

1. 着力引进重点人才。加大力度招引沿海地区和国内外知名高校国际贸易、国际商法、金融等领域人才和创新团队。推动与国家部委和对口协作城市开放型人才双向挂职锻炼。将开放型经济急需人才列为“遵义市高层次人才引进计划”重点招引对象。[牵头单位：市委组织部，责任单位：市教育体育局、市人力资源社会保障局，各县

（市、区）人民政府、新蒲新区管委会]

2. 完善自主培养机制。将开放型经济业务培训列入市、县培训计划，举办对外开放专题研讨或培训班，提升开放型经济干部队伍专业素质。支持开放型经济管理人才出国（境）交流培训。推动校企合作，开展跨境电商实用人才培训，为跨境电商综试区建设提供人才支撑。（牵头单位：市委组织部，责任单位：市人力资源社会保障局，市教育体育局、市商务局）

3. 深入开展“引人聚才·智汇遵义”行动。健全创新创业服务体系，完善外来人员来遵义工作和创业的政策措施，为外来人员和投资者出入境、户籍管理、子女教育、就医等方面提供便利，确保各类人才引得进、干得好、留得住。[牵头单位：市委组织部，责任单位：市教育体育局、市公安局、市卫生健康局，各县（市、区）人民政府、新蒲新区管委会]

四、保障措施

（一）强化组织保障。成立遵义市开放型经济发展领导小组，由市政府主要领导担任组长，相关副市长担任副组长，市直部门和部分中央在遵机构、县（市、区）政府主要负责人为成员，统筹全市开放型经济发展工作，领导小组办公室设在市商务局，抽调相关人员组建专班办公，保障专项工作经费。各县（市、区）比照成立开放型经济发展领导小组，配齐配强商务工作队伍。将外资、外贸指标纳入全市高质量发展考核体系，增加权重，政策、项目和资金向考核优秀的地区倾斜，对年度考核较差的地区予以通报批评。[牵头单位：市政府办，责任单位：市委组织部、市委编办、市发展改革委、市财政局，各县（市、区）人民政府、新蒲新区管委会]

（二）强化财金保障。积极争取中央、省各级各类专项资金、基金，优先支持外经贸企业，推动外经贸稳中提质。从 2022 年起，通过财政预算调整等方式多渠道筹措 2000 万元外经贸专项资金，今后视财力逐年增加。各县（市、区）匹配外经贸发展专项资金，放大政策支持叠加优势。推动金融机构提供多样化融资服务，推进实施“黔贸贷”“稳外贷”。强化“政、银、保、企”合作机制，对涉外头部企业实施主办银行“一企一策”方案，为企业提供“管家式”服务。[牵头单位：市财政局，责任单位：市商务局、市金融办、市银保监局、国家外汇管理局遵义市中心支局，各县（市、区）人民政府、新蒲新区管委会]

（三）强化要素保障。加大开放型经济项目用地支持，鼓励灵活方式供应用地，鼓励企业盘活存量土地，更加集约节约利用土地。支持依法使用农村集体建设用地发展开放型经济。适当降低开放型经济项目用地投资强度要求。鼓励利用旧厂房、闲置仓库等建设流通设施。[牵头单位：市自然资源局，责任单位：各县（市、区）人民政府、新蒲新区管委会]

附件：遵义市开放型经济发展领导小组（略）

企业名录

截至2022年12月31日，在遵义市跨境电商公共服务平台上注册并实际开展业务的企业名录见表2-27。

表2-27 遵义市跨境电商企业名录

序号	企业名称	序号	企业名称
1	遵义市洪熙盛贸易有限公司	13	贵州贵之贵贸易有限公司
2	遵义市海通源贸易有限公司	14	遵义市众博科技有限公司
3	遵义市洋源顺贸易有限公司	15	遵义市飞宇电子有限公司
4	贵州黔佰通农业科技有限公司	16	遵义中铂硬质合金有限责任公司
5	遵义市熙旺友供应链有限公司	17	遵义维卡汽配有限公司
6	遵义市耀富德供应链有限公司	18	遵义市倍缘化工有限责任公司
7	贵州鑫百樽农业科技有限公司	19	遵义飞月商贸有限公司
8	遵义市加菲新电商服务有限公司	20	遵义市晨升科技有限责任公司
9	遵义市加韩特供应链管理有限公司	21	贵州环球音乐乐器有限公司
10	遵义市菲玛奥电商服务有限公司	22	贵州贝加尔乐器有限公司
11	遵义市奥玛特电商服务有限公司	23	遵义市瑞声乐器制造有限公司
12	遵义市黔鹏晟供应链管理有限公司		

统计数据

2022年，遵义市外贸企业进出口情况见表2-28。

表2-28 遵义市外贸企业进出口明细表

单位：万元

序号	企业名称	所属县区	产品类别	进出口	出口	进口
1	贵州博亿行进出口贸易有限公司	湄潭县	茶叶	2828	2828	0
2	贵州锦众农业发展有限公司		茶叶	56	56	0
3	贵州麦斯科技有限公司		电子信息	4914	4914	0
4	贵州升缘茶叶有限公司		茶叶	1498	1498	0
5	贵州省湄潭县静馨茶业有限公司		茶叶	168	168	0
6	贵州省湄潭县栗香茶业有限公司		茶叶	19908	19908	0

续表1

序号	企业名称	所属县区	产品类别	进出口	出口	进口
7	湄潭和泰茶业有限责任公司	湄潭县	茶叶	1288	1288	0
8	湄潭县京贵茶树花产业发展有限公司		茶叶	3906	3906	0
9	湄潭县越崎茶业有限公司		茶叶	490	490	0
10	湄潭县众鑫茶业有限公司		茶叶	595	595	0
11	遵义七味茗香茶业进出口有限公司		茶叶	6818	6818	0
12	汇恒达茶业		茶叶	917	917	0
13	德越闽黔		茶叶	322	322	0
14	野谷草食品有限公司		辣椒	14	14	0
15	贵州晶诚纳米粉体开发有限公司	余庆县	能矿	128	128	0
16	贵州余庆县凤香苑茶叶有限责任公司		茶叶	420	420	0
17	贵州环球贸易有限公司	凤冈县	茶叶	217	217	0
18	贵州亚欧远通贸易物资有限公司		茶叶	630	630	0
19	贵州凤冈锌硒茶业发展有限公司		茶叶	92	92	0
20	凤冈县创富达汽配有限公司		其他	538	538	0
21	贵州倡茗利商贸有限责任公司	红花岗区	其他	286	286	0
22	贵州钢绳股份有限公司		装备制造	21937	20335	1602
23	贵州恒富祥商贸有限公司		其他	122	122	0
24	贵州容百锂电材料有限公司		锂电池	5845	4949	896
25	遵义海德汽车零部件有限责任公司		其他	43	42	1
26	贵州英纳德工贸有限公司		其他	2	2	0
27	遵义林源医药化工有限责任公司		其他	70	70	0
28	遵义市飞宇电子有限公司		其他	267	267	0
29	遵义天磁锰业（集团）亚华有限公司		能矿	13468	0	13468
30	遵义天蕴纺织有限责任公司		服装鞋帽	1676	1676	0
31	遵义中铂硬质合金有限责任公司		装备制造	2066	2066	0
32	贵州鑫瑞商贸有限责任公司		其他	30	0	30
33	贵州思翰贸易有限公司		其他	52	52	0
34	贵州航天南海科技有限责任公司	汇川区	装备制造	45	45	0
35	贵州群建精密机械有限公司		装备制造	268	268	0
36	贵州航天新力科技有限公司		装备制造	7500	7500	0
37	贵州航天成功汽车制造有限公司		装备制造	250	250	0
38	贵州航天精工制造有限公司		装备制造	1	0	1
39	贵州利奇—天义航空电器有限公司		电子信息	11011	5551	5460
40	遵义凯利制衣有限公司		服装鞋帽	200	200	0
41	贵州亿瑞玉贸易发展有限责任公司		其他	35	35	0

续表2

序号	企业名称	所属县区	产品类别	进出口	出口	进口
42	贵州航天南海机电有限公司	汇川区	装备制造	1600	1600	0
43	贵州长征电气有限公司		装备制造	90	90	0
44	遵义市倍缘化工有限责任公司		其他	600	600	0
45	贵州圣凯德科技有限公司		装备制造	395	395	0
46	贵州天义技术有限公司		装备制造	30	30	0
47	贵州艾瑞客进出口贸易有限公司		其他	25	25	0
48	遵义维卡汽配有限公司		其他	16	16	0
49	贵州肆汇贸易有限公司		其他	15	15	0
50	贵州航天天马机电科技有限公司		装备制造	5000	5000	0
51	贵州兰笃礼科技有限公司		其他	30	30	0
52	遵义市洪熙盛贸易有限公司		跨境电商	20000	20000	0
53	国家电投集团贵州金元金能工贸有限公司	绥阳县	能矿	7000	0	7000
54	遵义清溪河富源生态渔业发展有限公司		特色产品	488	488	0
55	贵州丽文服装有限公司	播州区	服装鞋帽	525	525	0
56	贵州润和贸易有限公司		服装鞋帽	510	510	0
57	赤水汇达丰商贸有限公司	赤水市	特色产品	14500	14500	0
58	赤水市新陆进出口商贸有限公司		其他	2000	2000	0
59	贵州华实工业有限公司	道真县	其他	1780	1780	0
60	贵州湃瑞斯鞋业有限公司		服装鞋帽	5130	5130	0
61	贵州向真鞋业有限公司		服装鞋帽	302	301	1
62	遵义市贝嘉玩具有限公司		其他	176	176	0
63	贵州钓鱼台国宾就业有限公司	仁怀市	白酒	65	65	0
64	贵州茅台酒厂（集团）保健酒业有限公司		白酒	213	213	0
65	贵州省仁怀市嘉德鞋业有限公司		服装鞋帽	3600	3600	0
66	贵州省仁怀市聚德鞋业有限公司		服装鞋帽	3500	3500	0
67	贵州省仁怀市茅台镇厚工坊茅竹酒业有限公司		白酒	57	57	0
68	贵州省仁怀市茅台镇金茅古酒厂		白酒	21	21	0
69	贵州五星酒业集团茅台镇五星酒厂		白酒	8	8	0
70	贵州省仁怀市茅台镇糊涂酒业（集团）有限公司		白酒	85	85	0
71	贵州嘉力进出口贸易有限公司	桐梓县	其他	800	800	0
72	桐梓县聚意元贸易有限公司		其他	100	100	0
73	贵州务川永惠蜂业科技有限公司	务川县	特色产品	358	358	0
74	贵州迪克体育用品有限责任公司		其他	35	35	0
75	贵州麦德龙科技有限公司		农产品	5717	5717	0

续表3

序号	企业名称	所属县区	产品类别	进出口	出口	进口
76	贵州习酒销售有限责任公司	习水县	白酒	658	658	0
77	贵州习智科技有限公司		电子信息	34740	23430	11310
78	贵州安酒股份有限公司		白酒	4	4	0
79	贵州德智欣科技有限公司	新蒲新区	电子信息	188	188	0
80	贵州凡丁信息技术有限公司		电子信息	43	43	0
81	贵州钦鹏国际贸易有限公司		其他	43	0	43
82	遵义市新蒲发展物资贸易有限公司		其他	431	431	0
83	遵义勇奕农业发展有限公司		辣椒	124	0	124
84	遵义外贸产业控股集团有限公司		其他	5027	5027	0
85	遵义神曲乐器制造有限责任公司	正安县	吉他	7003	7003	0
86	贵州音格乐器制造有限公司		吉他	2503	2503	0
87	贵州正安吉他实业有限公司		吉他	664	664	0
88	钰丰乐器（正安）有限公司		吉他	871	871	0
89	贵州华成乐器制造有限公司		吉他	864	864	0
90	正安县创韵乐器有限公司		吉他	1462	1462	0
91	遵义和雅乐器有限公司		吉他	1243	1243	0
92	贵州韵乐贸易有限公司		吉他	22123	22123	0
93	贵州前源韵贸易有限公司		吉他	121	121	0
94	贵州吉正科技有限公司		吉他	163	163	0
95	贵州韵恒乐器商贸有限公司		吉他	9225	9225	0
96	正安力诚乐器有限公司		吉他	42	42	0
97	贵州省澳斯登商贸有限公司		吉他	1033	1033	0
98	贵州志达乐器有限公司		吉他	470	470	0
99	贵州杰高乐器有限公司		吉他	514	514	0
100	贵州正安爱德嘉贸易有限公司		吉他	166	166	0
101	贵州潮艺乐器制造有限公司		吉他	127	127	0
102	贵州春生奇瀚气体科技有限公司		其他	272	272	0
103	贵州齐乐乐器有限公司		吉他	60	60	0
104	贵州爱韵乐器有限公司		吉他	171	171	0
105	正安天赐生态科技有限公司		吉他	130	130	0
106	贵州福正隆贸易有限公司		吉他	96	96	0
107	贵州琴夫子乐器有限公司		吉他	158	158	0
108	贵州塞维尼亚乐器制造有限公司		吉他	777	777	0
109	遵义恒乐乐器有限公司		吉他	7906	7906	0
110	贵州艾普丽乐器制造有限公司		吉他	146	146	0

续表4

序号	企业名称	所属县区	产品类别	进出口	出口	进口
111	贵州省觅音乐器有限公司	正安县	吉他	241	241	0
112	贵州泰盛源商贸有限公司		吉他	22350	22350	0
113	贵州宇晟乐器有限公司		吉他	14453	14453	0
114	贵州盛达通商贸有限公司		吉他	21682	21682	0
115	贵州达晟商贸有限公司		吉他	21829	21829	0
116	遵义伯乐乐器有限公司		吉他	910	910	0
117	贵州鸿达瑞商贸有限公司		吉他	7362	7362	0
118	贵州爱而普电子科技有限公司	综合保税区	电子信息	40504	9016	31488
119	遵义博旺科技有限公司		电子信息	16376	8707	7669
120	遵义迅彩贸易有限公司		一般贸易	987	959	28
121	贵州赛维尔光电科技有限公司		一般贸易	130	130	0
122	贵州大华永大农业发展有限公司		一般贸易	93	93	0
123	贵州名邦科技有限公司		电子信息	75326	34156	41170
124	贵州省艾可特电子科技有限公司		电子信息	33034	16536	16498
125	贵州亿创达科技有限公司		电子信息	84089	42521	41569
126	遵义市海通源贸易有限公司		跨境电商	19192	19192	0
127	遵义市洋源顺贸易有限公司		跨境电商	19441	19441	0
128	贵州黔资远贸易有限公司		物流贸易	1184	1184	0
129	贵州港农农业科技发展有限公司		物流贸易	22	22	0
130	湾盟（贵州）国际贸易有限公司		物流贸易	7	7	0
131	贵州浩宇电动车进出口有限公司		一般贸易	42	42	0
132	贵州和煦商贸有限公司		一般贸易	118	118	0
133	贵州辉盛供应链有限公司		一般贸易	622	622	0
134	贵州力德汽车配件有限公司		一般贸易	23	23	0
135	贵州毅旺达科技有限公司		电子信息	41632	9473	32159
136	贵州万信奇科技有限公司		电子信息	36508	8221	28288
137	贵州蓝贵茶业有限公司		一般贸易	342	342	0
138	贵州黔佰通农业科技有限公司		跨境电商	6238	6238	0
139	遵义市熙旺友供应链有限公司		跨境电商	35827	35827	0
140	遵义市耀富德供应链有限公司		跨境电商	35741	35741	0
141	贵州鑫百樽农业科技有限公司		跨境电商	16791	16791	0
142	遵义市加菲新电商服务有限公司		跨境电商	31500	31500	0
143	遵义市加韩特供应链管理有限公司		跨境电商	21000	21000	0
144	遵义市菲玛奥电商服务有限公司		跨境电商	17500	17500	0
145	遵义市奥玛特电商服务有限公司		跨境电商	31500	31500	0

续表5

序号	企业名称	所属县区	产品类别	进出口	出口	进口
146	遵义市黔鹏晟供应链管理有限公司	综合保税区	跨境电商	24500	24500	0
147	贵州贵之贵贸易有限公司		跨境电商	28329	28329	0
148	贵州燊鑫国际贸易有限公司		物流贸易	8880	0	8880
149	遵义晟诚祥国际贸易有限公司		物流贸易	28281	14141	14140
150	遵义永捷顺供应链管理有限公司		物流贸易	29636	21060	8576
151	贵州通黔科技集团有限公司		保税维修	1886	0	1886
合计				121512	789081.0344	272287.5983

2022 年，遵义市分产业进出口贸易情况　　见表 2-29。

表 2-29　遵义市分产业进出口贸易明细表

单位：万元

序号	产业	年初任务数	已完成数
1	茶叶	300000	40153
2	吉他	80000	146865
3	白酒	15000	1111
4	辣椒	10000	138
5	电子信息	305000	378365
6	装备制造	50000	39182
7	能矿	35000	20596
8	服装鞋帽	29000	15443
9	特色食品	26000	15346
10	其他	45000	404168
合计		900000	1061367

2022 年，遵义市分地区进出口贸易情况　　见表 2-30。

表 2-30　遵义市分地区进出口贸易明细表

单位：万元

序号	地区	年初任务数	完成数
1	遵义综保区	345000	687282
2	遵义经开区（汇川区）	90000	47111
3	遵义高新区（红花岗区）	50000	45863
4	播州区	10000	1035
5	桐梓县	10000	900

续表

序号	地区	年初任务数	完成数
6	绥阳县	20000	7488
7	正安县	80000	147137
8	道真县	5000	7388
9	务川县	5000	6110
10	凤冈县	120000	1477
11	湄潭县	80000	43722
12	余庆县	5000	548
13	习水县	25000	35402
14	赤水市	20000	16500
15	仁怀市	25000	7549
16	新蒲新区	10000	5856
合计		900000	1061368

典型案例

波兰汉鼎国际物流有限公司

波兰汉鼎国际物流有限公司（以下简称“波兰汉鼎”）主营国际清关、国际货物自营、欧洲多国海外仓、物流仓储配送、线下展示平台、市场推广拓展等业务，主要依托国内沿海口岸合作方多点联合优势，立足波兰、德国、法国、意大利、西班牙、比利时等国家的“清关+海外仓集散+配送”等配套服务，整合联络产品流通领域、国际贸易领域、跨境国际电商及物流领域等方面的战略伙伴，打造高度集聚的全球化供应链贸易服务。

一、经营模式

（一）国际海外仓

将出口产品集中存放在欧洲波兰海外仓库，并建立入仓产品展示推介（形成前店后仓模式），便于国内企业与国外商户看货下单和网络订单一件代发快速配送。

（二）海外平台服务商

受各企业委托利用波兰汉鼎国外现有资源、技术、管理、服务能力，在国外各大电商平台上展示贵州当地特色出口产品销售。

（三）海外营销

通过波兰汉鼎海外市场资源帮助遵义外贸企业对外出口销售、参加展会、代理分销、代理门到门配送等服务。

二、服务特点

（一）整合资源强

为国内企业“走出去”解决如下诸多问题：企业规模小、零星货量多、产品品种较少、国外信息不畅、经营模式单一、打造国外专业销售团队缺失、各企业抱团产品组合意识较弱、产品销售运输时间太长、国内国际运营成本较高、中间商掌控权太大、企业利润增长缓慢、企业可持续发展受到影响等。

（二）配套服务优

依托波兰汉鼎在波兰的整套物流产业链资源，为遵义市出口企业制订专一的物流、卸载、仓储，分拨，配箱、送箱出口的全产业链清仓配销全物流系统方案。波兰汉鼎波兰国际仓库位于华沙市区，占地 3000 平方米，可使用面积 1000 平方米，区位优势好，辐射能力强，具有欧洲发达的交通枢纽通道，可快速辐射欧洲各国的陆运、空运、海运三种线路，为贵州省的出口生产企业产品出口做好“最后一公里”全流程订制专享服务。

（三）合作方式活

波兰汉鼎依托波兰“海外仓+线下展示馆”的方式，让企业灵活选择合作方式。针对有国际订单的企业，可提供一站式外贸配套服务；针对无国际订单、达到出口标准的产品，可利用线下展示馆拓展海外渠道，如精心挑选一批代表广、竞争强、特色鲜的出口产品存放于波兰线下展示馆，通过线下渠道直接触及海外市场。在降低本地产品海外市场推广费用成本的同时，增加本地产品海外曝光率。

三、取得成效

一方面，波兰汉鼎的海外仓于 2021 年 4 月挂牌运营，已与遵义市正安县吉他产业园达成合作意向，依托该公司拓展吉他出口通道，在促进产品出口数据回流的同时，助推该县吉他外贸做大做强；另一方面，与湄潭凤冈茶叶企业做进一步交流对接，制订相关外贸方案。下一步，波兰汉鼎企业将针对白酒等特色产品，持续深耕市场，力争引领全市茶叶、白酒、竹制品等农特产品走向海外。

大事记

2022 年 5 月 20 日，从遵义阁老坝铁路货运场首发的黔粤班列“遵义号”，运载着 60 标箱遵义茶叶、白酒、铝制品、钢丝绳、水泥等内外贸产品，在两天内直达广东佛山。班列的开行标志着贵州又增添了一条黔粤物流大通道，也是遵义与广东重要港口城市连接，形成“公、铁、海”多式联运、内外贸双循环的有益探索，为黔北地区产业发展注入强劲动力。

2022 年 6 月 27 日，遵义市跨境电商人才培养基地授牌仪式暨 2022 年第一期跨境电商培训结业典礼在遵义市职业技术学院顺利举行。

2022 年 12 月，遵义综合保税区依托盘古集团有限公司，新增挂牌设立遵义综合保税区欧盟（德国）海外仓两个。